人文东亚研究丛书

牛建科 主编 邢永凤 李海涛 副主编

[英] 麦振斯 著

李月珊 译

RIBEN DE KONGZI CHONGBAI

日本的孔子崇拜

中西书局

"人文东亚研究丛书"
总　序

　　本丛书既以"人文东亚研究"命名,就有必要首先阐明我们对"人文东亚"的理解和把握。

　　关于"人文"的理解,我们接受学术界对这一概念的界定,因此不展开讨论。以下稍微展开一下我们对"东亚"概念的把握。关于"东亚"概念,学术界有地理概念(广义和狭义)和文化概念之分,而无论是地理意义上的东亚,还是文化意义上的东亚,在近代以前,可以说基本上都是指以中国为中心的中华文明及其所辐射的周边区域。这种意义上的"东亚",呈现出文化的同源性与一体性的特征。近代以来的东亚,由于西方文化的冲击以及战争等原因,则主要呈现出差异性和多元性的特征。并且由于种种原因,也曾有"隔阂的东亚"的说法。

　　其实,从语源学的角度来考察,"东亚"一词最早起源于日本近代学术界,它是从欧洲人文学科的视角出发而被发现的一个概念,"所谓'东亚',指包括作为文明起源的中国,以及与中国构成同一个文明圈的朝鲜、日本等地域,可以称之为中华文明圈"。而作为文化上区域概念的"东亚","乃是一个在以中国为中心的文明圈里,通过从中国以外的国家、地区来观照此文明的新型学术视角而构筑的文明论或文化史概念。这里所谓'新型学术视角',即成立于欧洲而日本最先接受过来的历史学和考古学,以及文献学、文化史学、宗教史学、艺术史学等。这样,在 20 世纪的早期已经获得这些学术视角的近代日本,率先建立了文明论或者文化史上的'东亚'概念"。[1] 不过,直到第二次世界大战结束,被近代日本学术界所建构的"东亚"概念,不仅仅是一个文化历史概念,它同时还是一个"历史的政治性概念,而绝非单纯的地理概念"[2]。也就是说,追根溯源的话,我们今天所使用的"东亚"概念,是一个被近代日本学术界所建构,并逐渐带有特殊时代背景及意识形态色彩的概念。

20 世纪 80 年代末,随着"冷战"结束,在重建世界新秩序的过程中,围绕着自身的定位问题,日本学术界开始将"亚洲"或"东亚"作为重要问题加以重构;而在 20 世纪 90 年代的韩国学术界(知识界)也兴起了"东亚论",试图超越国家层面来思考地域之间的实际情况,具有了"何为东亚"的问题意识。这些思潮中有关"东亚"的理解,越来越具有一种去意识形态化的趋势,并作为一个区域文化的概念被使用。因此,学术界也有"文化东亚"的说法,我们觉得"文化东亚"是一种对既有状态的描述,尚缺乏把"东亚"作为一种方法的视角。而"人文东亚"则是在承认"文化东亚"的基础上,运用人文的方法对"文化东亚"进行研究和探索,以期在对既有状态进行描述的前提下,对理想状态进行一种尝试性的建构。这是我们将本丛书命名为"人文东亚研究"的初衷。本丛书由"翻译"和"研究"两个系列组成。即将推出的是"翻译"部分,待时机成熟再推出"研究"系列。

诚如学术界的通常理解,"文化东亚"主要指中国、朝鲜、韩国、日本、越南,其中以中日韩为主体。作为文化上的"东亚",在古代以儒释道及巫俗思想来认识和理解世界、社会与人的生活。而进入近代以来,面对西学的冲击,在如何实现传统向现代的转换过程中,东亚各国所选择的道路大相径庭。究其原因,当然有境遇的不同使然,但文化上或思维上的不同,应该是最为根本的。因此,为了真正把握东亚看似相同的文化背后更为本质的区别,我们试图打破文史哲的学科界限,在大人文的视野下来思

---

[1] 参阅[日]子安宣邦著,赵京华译《近代日本的亚洲观》,生活·读书·新知三联书店,2019年,第122页。
[2] [日]子安宣邦著,赵京华译《近代日本的亚洲观》,第56页。

考东亚世界。

"人文东亚研究"丛书,旨在从哲学、宗教、历史、文学、民俗等多个角度来认识东亚世界,推动对东亚的跨学科式研究,展现学界的最新研究成果或有特点的研究成果。这既是与早期日本学术界有关"东亚"研究在方法上保持了一定的连续性关系,更是在当代学术语境下对带有特殊历史性色彩的"东亚"研究的超越。更希望能够发挥人文东亚的精神,为实现东亚的共同理想做出我们的努力。

出于组织翻译本丛书的具体语境和目的,"人文东亚研究丛书·翻译系列"主要选译的是日本、韩国学界的名作或两国著名学者的代表作,还有欧美学者有关日韩研究的力作,目的在于加深对中国两个最重要邻居的进一步理解。这也与当前我国大力发展区域与国别研究的目的一脉相承。从选译范围来看,主要是对日韩两国及对东亚的整体性研究,其内容大体上涉及日韩两国的佛教研究、儒学研究,日本的神道研究、哲学研究等;还涉及日本与韩国的社会学、民俗学、考古学等相关研究。另外,以"他者"视角,关注欧美学者眼中的"日本学"等研究成果也是本丛书的一大特色。"人文东亚研究"丛书,既传承经典,又激励创新,更希望推出多学科相互交叉的综合性研究成果。希望本丛书能为学界带来一抹新绿,也能为大家的学术研究提供一定的支持和帮助,更希望得到学界同仁的支持与厚爱。

组织出版本丛书的另一个缘由是,山东大学的东方哲学研究(尤其是日本哲学研究)素有传统。20世纪80年代,山东大学哲学系就成立了东方哲学教研室,是国内为数不多的东方哲学教研室之一。同时,山东大学还成立了国内较早的日本研究中心,其后,又成立了韩国研究中心。改革开放四十年来我国所取得的经济社会发展成就,以及随着全球化时代到来而产生的各种挑战,使以中国、日本、韩国等国家为核心的东亚地区的重要性日益提升。另一方面,改革开放以来,国内哲学、宗教、社会文化方面的研究越来越重视欧美地区、重视"西方"的研究成果,而在国际上具有重要影响力的东亚区域的研究还未得到应有的重视,相关研究成果的译介也需要进一步加强。

有鉴于此，山东大学哲学与社会发展学院刘森林院长，着力倡导在发挥山东大学传统优势学科引领作用的前提下，致力于发展以哲学与宗教文化为中心、跨学科、以东亚整体为对象的东亚研究，力争通过五到十年的努力，恢复山东大学在日本、韩国的哲学、宗教文化研究方面的传统优势地位，并希望通过对以中国、日本、韩国为主的东亚作跨学科的整体性研究，提升山东大学哲学与宗教等相关学科的国际国内知名度，为学科建设和人才培养作出重要贡献，取得更大成就。因此，"人文东亚研究"丛书，既是对山东大学学术传统的继承，也是在新形势下对这种学术传统的进一步发扬，是历史与现实的一种有机结合。

之所以出版本丛书，除了时代的需求和学术传统的机缘外，还要特别感谢我校哲学系 80 级校友、湖北贤良汽车投资有限公司董事长胡为胜先生的慷慨捐助，是胡为胜校友的善举，才使这一研究计划得以最终实现。

"人文东亚研究"编委会

牛建科代笔

2020 年 10 月

日本供奉的孔子雕像

由日本佐贺县杵岛郡江北町教育委员会及东京汤岛圣堂提供。元禄时代(1688—1704)早期,九州多久邑从中国购买了这尊青铜雕像(高36.4厘米)。起初被安置在该邑的校舍内,后因其过于朴素而引起了大名的不满。1701年,京都儒者中村惕斋监督制作了更大、更宏伟的雕像取代了该像(见图E.3)。祭孔仪式的资金来自附近白木村的税收。明治维新后,白木村村民通过请愿成功将该像安置在了他们的守护神社——白木神社中。直至今日,它仍作为每年两次仪式的崇奉对象,用于祈祷孩子们"平安成长、热爱学习"。该形象代表了孔子在非正式场合的"燕居"姿态,经典中称"子之燕居,申申如也,夭夭如也"(《论语·述而》)。

献给邦妮和安德鲁

中文版序

　　本书是一部研究日本文化史、思想史的学术专著。原书语言为英语，面向的是英文读者群，本书为中文译本。书中关注的是与儒教（中国的信仰及实践主体，英语称之为 Confucianism）相关的最重要的大型仪式在日本的传播。这种仪式被称为"释奠"，指的是对孔子及其重要追随者的祭祀。它创始于古代中国，不过从唐代开始也为东亚其他国家所采用。

　　释奠于 8 世纪初正式传入日本。它原为中国政治仪式，体现的是与日本不同的对社会政治秩序的设想。几百年来，日本释奠一方面保留了对孔子本人及其教义进行崇敬的仪式原意，同时采取了适应日本政治现实的特殊形式，并形成了鲜明的日本特色。最值得注意的是，日本的释奠实践往往呈现出文化色彩，而非政治色彩。

　　本书重点关注释奠的礼仪细节，采用历时性视角，聚焦仪式与日本前近代政治权力的关系。其中一个重要主题是将历史上的日本释奠与不断演变的中国释奠进行比较。在本书的编写过程中，笔者还亲临了日本及东亚其他地区的释奠表演或排演现场。希望这些方法的结合有助于阐明日本对儒教的诠释，从而增进彼此的理解。

　　本书的编写最初始于个人学术研究，未曾期待它的影响会超越英语圈内从事日本历史研究的群体。然而，在多年来研究日本仪式历史的过程中，我接触到了对释奠历史及更广泛的东亚儒学历史感兴趣的研究人员。2009 年秋，我曾应邀到日本仙台的东北大学讲学。在片冈龙教授的带领下，东北大学展开了一系列有关日本思想史的专业研究并呈现蓬勃发展的态势。在该专业的博士生中，我认识了来自中国的优秀青年学者李月珊女士，她在日本释奠历史研究方面取得了出色的成果。从那时起，我一直与李博士保持联系,她的论著及博士论文让我对她的研究更加尊重。

李博士对我的研究进展很感兴趣。她诚恳地提出想要将我的书翻译成中文。得知我的作品能够提供给中国读者,我十分高兴且倍感荣幸。此事得到了原书出版社——美国哈佛大学亚洲中心的支持与授权。以李博士对日本释奠的深入了解及她对英语的熟练掌握,没有哪位译者比她更胜任这份工作了。回到山东后,她投入时间完成了本书的翻译。在此,我对李博士及其同事的专业技能、长期的辛勤付出以及他们的善意表示衷心的感谢。

麦振斯

目　　录

第一次演变
8 世纪到 16 世纪的释奠

第二次演变

第一阶段：释菜，1598 年至 1771 年

第二次演变
第二阶段：1800 年的改革、仪式的建立与衰落

最后一幕

图表目次

注：图 9.4 和图 9.5 可参见在线附录五"彰考馆文献及朱舜水《改定释奠仪注》文本的注解"之"释奠图"一节，图像可放大。图 17.1 的图像扩展版参见在线附录二"礼仪细节（c）19 世纪中期的幕府释奠：示意图与仪节"。

致　谢

　　本书的完成离不开众多学者的工作,其中包括一些前辈学者。首先,近现代以前的儒家学者们记录了东亚祭孔仪式的性质与变化,为本书提供了重要基础。此外,本书还广泛借鉴了明治维新后许多历史学家的成果,他们从更客观的角度探讨了该主题。本书在脚注中列举了这些前人研究,其中对以下几位进行了频繁引用:久木幸男、犬冢印南、弥永贞三、John K. Shryock、Warren W. Smith。

　　除了上述学者以外,还应深深感谢从事释奠相关领域研究的学者及朋友。特别感谢读过本书前期部分草稿的两位学者,他们提出了宝贵的建议,其所做的研究亦被我广泛借鉴:一位是我的双胞胎弟弟、唐史学家麦大维(David McMullen,剑桥大学圣约翰学院),为我的中国释奠研究提供了重要参考;另一位是中井凯特(Kate Wildman Nakai,上智大学,东京),在德川时期儒学的本土化、新井白石的生平及水户儒教传统三个方面为我提供了大量宝贵的背景研究知识。

　　对孔子崇祀有深入研究的一些同仁为我在获取材料及其他方面提供了帮助,他们是:李月珊(山东大学)、翠川文子(川村短期女子大学)、水口拓寿(武藏大学)、所功(京都产业大学)、Thomas A. Wilson(汉密尔顿学院)、朱全安(千叶商科大学)。

　　此外,还有其他很多学者和朋友,他们不从事释奠或相关领域研究,但提供了支持和帮助。他们或发送了书目信息,或作为机构负责人给予协助,或分享了相邻领域的知识。他们是:Wim Boot(莱顿大学)、Richard Bowring(剑桥大学)、John Breen(国际日本文化研究中心)、Robert Chard(牛津大学)、Minh Chung(牛津大学博德利图书馆)、Bettina Gramlich-Oka

（上智大学）、Thomas Harper（莱顿大学）、David Helliwell（牛津大学博德利图书馆）、平石直昭（东京大学社会科学研究所）、桂绍隆（龙谷大学）、河合秀和（学习院大学）、小岛康敬（国际基督教大学）、小室正纪（庆应义塾大学）、Peter Kornicki（剑桥大学）、桑原朝子（北海道大学、国际基督教大学）、Jay Lewis（牛津大学）、Joseph McDermott（剑桥大学）、松泽弘阳（北海道大学、国际基督教大学）、源了圆（东北大学、国际基督教大学）、守屋正彦（筑波大学）、本山幸彦（京都大学）、中田喜万（学习院大学）、Kiri Paramore（莱顿大学）、Brian Powell（牛津大学）、Luke Roberts（加州大学圣巴巴拉分校）、Gaye Rowley（早稻田大学）、Timon Screech（伦敦大学亚非学院）、竹村英二（国士馆大学）、德川真木（水户德川博物馆馆长）、德川齐正（水户德川博物馆理事长）、Izumi Tytler（牛津大学博德利图书馆）、渡边浩（东京大学）、山口和夫（东京大学史料编纂所）、横山俊夫（京都大学人文科学研究所）。

本研究依据的史料中有一些是尚未出版的手抄本，已出版的史料中也有很多难以查找。因此，我要感谢以下图书馆和工作人员：首先感谢水户彰考馆馆长、理事长及工作人员的特别关照；感谢博德利日文图书馆工作人员的耐心帮助；感谢剑桥大学图书馆、岩濑文库、庆应义塾大学图书馆、京都大学图书馆、九州大学图书馆、龙野市立图书馆、书陵部、早稻田大学图书馆、筑波大学图书馆、汤岛圣堂及斯文会的支持。

在撰写本书的这些年中，我对日本数所机构进行了学术访问：2001年3月至6月在京都大学人文科学研究所做客座研究员；2002年9月至10月在庆应义塾大学经济学部做客座教授；2004年至2005年，我有幸在笠谷和比古教授的赞助下于国际日本文化研究中心（日文研，京都）度过了整个学年，收集了很多资料，本书就是从当年开始撰写的；2009年10月至12月作为"沼田访问学者"访问了龙谷大学。我还要感谢牛津大学笹川委员会多年来为我的数次短期日本调研之行提供的资金和支持，以及为本书的前期准备工作提供的资助。

我还要感谢哈佛大学亚洲中心出版项目（Harvard University Asia Center Publications Program）的三位匿名审阅人，感谢他们对本书初稿提出的宝贵意见。他们的建议使本书得到了改进,尽管由于我个人原因可能仍存在不准确和错误信息。我也要感谢罗伯特·格雷厄姆(Robert Graham)先生及其出版社的团队,感谢他们在书籍出版过程中的无限耐心与出色能力。我想特别感谢我的编辑黛博拉·德尔·盖斯(Deborah Del Gais)女士,她以卓越的能力和极大的耐心改进冗长而难懂的文本。如果本书能获得认可,她功不可没。如果书中还有问题,自然是我的过失。

本书第一章至第三章是我一篇已发文章的修订版,已获转载许可,该文是:"The Worship of Confucius in Ancient Japan," P. F. Kornicki and I. J. McMullen, eds., *Religion in Japan: Arrows to Heaven and Earth* (Cambridge:Cambridge University Press, 1996)。该文版权归剑桥大学东方研究院所有。此外,在线附录三"德川日本的非官方与民间孔子崇拜"是我关于卡门·布莱克(Carmen Blacker)所作演讲(2016 年 7 月 18 日,伦敦)的修订版,已获出版许可,首次刊载于 *Japan Society: Proceedings*, no. 153 (2017), 36-69;后收入 Hugh Cortazzi, ed., *Carmen Blacker: Scholar of Japanese Religion, Myth, and Folklore* (Folkestone:Renaissance Books, 2017), 413-439。

现如今,日本儒教是一个蓬勃发展的研究领域。很高兴看到两部 2016 年新出版的英语学术著作:基里·帕拉莫尔(Kiri Paramore)的《日本儒教:文化史》(*Japanese Confucianism: A Cultural History*,剑桥大学出版社);理查德·鲍林(Richard Bowring)的《寻道:近世日本的思想和宗教 1582—1860》(*In Search of the Way: Thought and Religion in Early-Modern Japan*,牛津大学出版社)。两书出版时本专著已进入出版程序,因此来不及作出相关回应。希望我对儒教礼仪表演方面的研究能对日本儒教历史的新研究有所补充。

最后,我要感谢我的妻子、英国文学研究者邦妮·麦克马伦(Bonnie McMullen),以及任职于英国文化教育协会马德里办事处的儿子安德鲁·麦克马伦(Andrew McMullen)。感谢他们多年来在学习和工作方面给了我无限的理解与支持。

中文版凡例

英文原著中使用的汉语拼音、韩语及日语拼字法皆改用相应的简体汉字表示。

明治维新前的日期基于传统的农历,为了保留原著的表述风格,公历年用阿拉伯数字表示,阴历月、日一律用汉字表示,如 1691 年四月二十日。从 1873 年开始,所有日期均按公历引用,表述时皆使用阿拉伯数字,如 1891 年 4 月 20 日。此外,历史人物生卒年、事件起止年、作品完成年等,公历年用阿拉伯数字表示,如天智天皇(668—671 在位)。

脚注文献按照原著的引用方式,仅列出作者名、文献名、页码,其他信息请参见书后所附"参考文献"。脚注中引用的日文文献除文献名称用日文表记外,作者名、页码等皆用简体字表记。

在参考文献中,东亚语言中的汉字及作者名称通常根据各自的正字法录入。日文文献中,1946 年日本正字法改革之前出版的文献名称使用"旧字体",之后出版的文献使用官方认可的"新字体"。

专用词和术语

所有关于东亚地区前近代史的英文研究都面临专用词和术语的问题,主要涉及制度、建筑、官僚机构及书面文本的名称。本书中译本采用了以下原则:

1. 原著收录于标准英语词典中的传统英语化术语,直接改为对应汉字。如"Bakufu""shogun"改为"幕府""将军"。

2. 原著指代现象,尤其是社会政治制度的中文或日文术语,直接改为对应汉字,如 rector(jijiu 祭酒;literally,"bationer")改为"祭酒";Bakufu College(Shōheizaka gakumonjo 昌平坂学問所;literally,"Shōheizaka place of study")改为"昌平坂学问所"。

3. 原著用英文进行了翻译或释义的术语,尽量还原中文或日文的原貌,较为生僻的词语则同时保留作者的释义。

4. 原著引用并翻译的汉文中日史料,经查阅后直接引用原文。例如:"Hail! You, Master, were surely vouchsafed by Heaven"直接改为"惟!王,固天攸纵"。非汉文的日本史料,如倭文、和歌等,酌情结合原著英文释义进行翻译。引用时,【 】中的内容为史料原文中的夹注,( )中的内容为本书作者的解释。

5. 原著正文中出现的"shidian""sekiten""释奠"皆改为"释奠","shicai""sekisai""释菜"皆改为"释菜"。

6. 原著正文中出现的"Confucianism"一词,在特指学问、教育方面时译为"儒学",在关涉思想、礼仪、宗教、文化等其他方面时译为"儒教"。

祭孔仪式用语

仪式名称各不相同。中国称"释奠",朝鲜称"sŏkchŏn",日本称"sekiten"或"shakuten"(日文写作"释奠"),泛指祭孔仪式,本书也如此使用。不过,这些术语也被用来区分另一种特定形式的仪式,中国称"释菜",朝鲜称"sŏkch'ae",日本称"sekisai"(日文写作"释菜")。东亚礼学家对两种仪式的区别进行过辨析。从广义上讲,释奠是大型的、官方的,可能包含动物肉类牺牲;释菜是小型的、非官方的,正如其字面意思,是回避动物祭品的。关于术语用法的详细分析,参见在线附录一"东亚孔子崇祀中的术语"。

孔庙

孔庙的命名特别多样。专门建造的礼堂或举行礼仪的实体建筑(不

包括侧翼、回廊、大门、附属建筑、教育建筑等）在史料中也以不同的名称
被提及，在整个历史中缺乏一致性：中国唐代称"庙堂"，宋代称"堂"（指
的是举行非官方仪式的小型建筑）；古代日本简称为"庙"或"庙堂"，德川
初期称"先圣殿"，1691年起称"大成殿"。大成殿是德川纲吉在昌平坂建
造的建筑，但该词一般也用于表示举行祭孔的礼仪建筑。

明治维新后，东京孔庙最常用的名称是"汤岛圣堂"，源于该建筑所
处的东京汤岛区。注意该词必须与"汤岛天满宫"（或称"汤岛神社"）区
分开来，后者指的是附近一处祭祀菅原道真（845—903）的神社。

日文文献中也出现了"圣庙""孔子堂"等名称，不过最常用的是"圣
堂"。"圣堂"一词有几种含义：

1. 日本释奠的第一次演变（8世纪初至1177年，在京都）以及第二次
演变（1633—1868年，在军事首都江户）期间，举行祭孔仪式的特定礼仪
建筑；

2. 泛指1104年之后在中国、1691年之后在日本举行仪式的实体建
筑，也被称为大成殿；

3. 指代区域，包括附属建筑和学校，有时专指，有时泛指；

4. 通过转喻来指代与该区域相关的社会或政治机构。

导　论

东亚的孔子崇拜

在日本,崇拜孔子的历史已超 1300 年之久。神道、佛教和儒教是构成现代日本宗教及哲学遗产的三大传统,然而,其中儒教留下的可见历史遗物最少。去日本的游客能看到无处不在的佛寺与神社,但在明治维新前修建的 50 多座孔庙中,只有少数得以幸存。神道与佛教的宗教活动在当今依然盛行,但崇敬孔子的仪式却鲜为人知。然而,明治维新前的一个世纪曾是该仪式的鼎盛时期,当时全国各地每年定期举行的仪式多达 200 余场。该仪式的举行是考察前近代日本对儒教接受程度的重要衡量标准,但在日本以外,该仪式很少引起学者的兴趣。

该仪式用中文通常写作"释奠",日文写作"釈奠",日语发音为 sekiten。[1] 规模较小或非官方的版本通常称作"释菜",日文写作"釈菜",日语发音为 sekisai。仪式的直接意图是祭祀孔子及其他先贤人物的神灵(称"配",指除孔子以外的其他人物)。仪式用来崇敬和供奉这些神灵,或在少数情况下,安抚或请求他们给予世俗的恩惠。[2] 同时,仪式象征着参与者认同了儒教中关于自然与人类世界的学说、对于政治秩序与权力的理想,以及关于个人与家庭道德的教义。此外,参与者也承认儒学经典的权威,并通过对配祀人物的选择来宣告自己对儒教内部不同学派的信奉。

---

[1] 关于仪式的名称,请参阅在线附录一"东亚孔子崇祀中的术语"。
[2] 关于中国的祭祀信仰,参见 Thomas Wilson, "The Cultic Confucius in the Imperial Temple and Ancestral Shrine," 173-182。

该仪式起源于孔子逝世时期的中国,后来传遍东亚,在朝鲜、越南和日本都有上千年的历史。后来,琉球也采用了这一仪式。[1] 起初仪式主要在国家级别举行,由君主赞助。在制度上,释奠往往与官方教育联系在一起,并在为这一目的而设立(至少是临时设立)的庙宇或空间内举行。反过来,教育也被理想地看作是为行使政治权力而做的准备。然而,自中国宋代(960—1279),理学(新儒学)运动将儒教作为一种个人修养(individual self-cultivation)进行了重新解释,并由此创造出一种非官方版本的仪式。但是,释奠通常都保留了微妙的政治色彩,将其理解为一种政治仪式最为恰当。

孔子崇拜仪式一直是东亚儒学者关注的主题。大量的仪节规定、仪式记录及其他文字内容为相关研究提供了主要材料。然而,该仪式也被称作"可能是儒教中最不为人知的方面之一"[2]。在西方,最早对其感兴趣的只有天主教及新教的传教士们。他们主张一神教,因而对孔子的神学地位感到十分困扰。关于该仪式是否为宗教仪式一直存在争议,不过,人们倾向于将其视为一种世俗的致敬行为。[3]

如此,孔子崇拜仪式长期未能引起学术界的关注。战前,对仪式进行了先驱性调研的是美国学者约翰·史洛克(John Shryock)于1932年写成的《国家祀孔的起源与发展:一个介绍性调查》[4]。不过,该调查关注的是中国的官方祀孔,长期以来未能引起反响。近几十年来,这种忽视开始得到转变。最近,以魏伟森(Thomas A. Wilson)为代表的学者进行的中国礼仪史研究证明,该仪式对于更全面地理解儒教的政治及文化历史具有重要意义。[5] 有人认为,儒教确实应该被视为一种宗教。[6] 仪式不

---

[1] 关于中国及日本以外孔子崇祀的简单调查,请参阅在线附录七"朝鲜、越南和琉球的孔子崇祀"。

[2] Thomas Wilson, "Introduction." In Thomas A. Wilson, ed., *On Sacred Grounds*, 3.

[3] Thomas Wilson, "Introduction." In Thomas A. Wilson, ed., *On Sacred Grounds*, 7–12.另参见 Bell, *Ritual: Perspectives and Dimensions*, 147。

[4] Shryock, *Origin and Development of the State Cult of Confucius: An Introductory Study. 1932.*

[5] 主要参见 Thomas Wilson, *On Sacred Grounds*。

[6] 关于此问题的概述,参见 Thomas Wilson, "Introduction"。

再被认为是孤立的、静态的。有研究分析了仪式与中国政治历史的关系，特别是在平衡皇权与官僚力量方面。然而，这种进展主要聚焦于对中国的研究。

该仪式的历史在中国以外的其他国家也是丰富多彩的。在朝鲜和越南，其中央集权的君主政体及官僚体制皆模仿中国，其礼仪形式也遵照中国。同样，对日本来说，连续接受中国仪式构成其发展的起点，要理解日本释奠，就必须了解中国释奠及其背景。然而在日本，该仪式的发展历程更加崎岖，仪式本身也缺乏稳定性。

战后，日本学者对日本释奠进行了具有开创性的学术研究，大多数为描述性研究。日本释奠的历史可分为两个阶段。在应仁之乱（1467—1477）至德川政权（1600—1867）建立之间，存在一段历史空缺。在此前与此后，日本释奠有两次演变过程：第一次是在古代，日本试图效仿中国国家制度，将该仪式作为制度中的一环应用在早期国家建设中；第二次大致是在封建晚期的德川日本，当时的仪式借鉴了其在日本古代的形式，但也受到了日本社会政治秩序变化、中国国家仪式发展及宋代非官方仪式的影响。

针对第一次演变时的中国释奠与日本释奠，弥永贞三（1915—1983）、翠川文子作了不少有价值的比较研究。关于第二次演变，须藤敏夫进行了基础性考察，考察对象包括半官方的江户林家塾仪式、后来纳入幕府管理下的仪式、部分藩校仪式等。[1] 此外，有不少学术研究持续关注了该崇祀历史的细节方面。而在西方，研究者对此兴趣不大。有些历史学家在研究日本教育或儒学历史的文脉中曾提到该仪式，如 R. P. Dore、J. W. Hall、W. J. Boot。[2] 可以说，西方学者对中国礼仪的分析才刚刚开始。

---

[1]　关于此处提到的相关研究的详细信息，见本书参考文献。
[2]　Dore, *Education in Tokugawa Japan*, 91-95; John Whitney Hall, "The Confucian Teacher in Tokugawa Japan," 276-277; Boot, "Education, Schooling, and Religion in Early Modern Japan," 25-28.

目前学界尚需对日本释奠仪式进行总体叙述,分析其历史意义。本书对日本在接受该仪式时的反应进行了历时性追溯,分析了该政治仪式脱离其中国模式的方式与原因。本书在概念框架、术语及出发点方面借鉴了魏伟森的分析。魏伟森指出,孔子是中国庙祀体制的一员,向孔子及其追随者的灵魂祈祷并献祭被认为是一种一般意义上的"宗教"行为。[1] 这些观点经过适当修改后可以适用于日本版的仪式。同样,本书借用了魏伟森使用的"崇祀"(cult)一词,用来指代对孔子的崇拜(worship of Confucius),不把它理解为一种流行运动,而是作为"一种特殊的崇拜形式,尤其指其外在形式及相关仪式"[2]。这一点很重要,因为在后来,许多拥有自身教义的团体对儒教仪式的宗教地位提出了重大挑战,如17世纪中国的耶稣会士,以及19世纪日本的民族主义者。在一个"宗教"被认为是西方晚期概念的时代,虽然儒教的基调是理性的,但承认儒教的宗教层面也是很重要的,尽管它有时看上去较为薄弱。此外,在考察日本独特的仪式时,尤其有必要区分它的"宗教"层面(在此使用更多的术语是"祭祀的"或"虔诚的")及更世俗、更广泛的"文化"层面。

本书的视角是纵观历史的,且注重对比。本书的主题在于考察释奠这一具有政治色彩的中国仪式是如何挑战日本社会政治秩序的。日本的反应呈现出一种持续的矛盾心理,仪式原有的统一性遭到破坏,导致了仪式祭祀部分与文化部分相互分离。不过,这种做法并非毫无争议。本书的描述将展现释奠如何成为政治斗争的一枚棋子。人们既试图遏制它,又试图扩大它的影响。因此,本研究的目的是探索位于前近代日本权力中心的儒教被忽视的一面,揭示其地位及其遗产。本书关注不断变化的仪式特征,如斋戒、仪式委托者、献给孔子的祝文措辞、参与者的社会政治地位、"从祀"人物的身份、供品的规格与内容、仪式中的文化艺术部分及祭祀部分的地位等。同样重要的还有仪式所依据的形而上学的假设,这

---

[1] Thomas Wilson, "Sacrifice and the Imperial Cult of Confucius." 参见各处,尤其是第282—284页。
[2] Thomas Wilson, "Introduction," 21.该词定义参考 *Shorter Oxford English Dictionary*。

一点在本书的高潮部分——19世纪儒教世界观受到本土传统的挑战时尤为明显。本书主要对比了日本与中国的礼仪实践与仪式精神，也涉及与朝鲜、越南、琉球等地的对比——只有通过这样的比较，才能了解日本释奠的特殊性；同时考察各种因素，包括制度的、文化的及某种程度上的物理环境；同时将释奠作为周期性仪式中的一种，考虑释奠相对于其他仪式的重要性，不过这个问题有待进一步研究。这种历时性考察是有必要的，因为就像世界各地的仪式一样，释奠是以自我为参照的。不仅是日本，在整个东亚，仪式都不断借鉴自己的过去，早期的仪式形式在后世不同的历史条件及特殊的意图下得以复兴。因此，详细了解仪式的早期历史对于理解其后续发展至关重要。

仪式与释奠

在展开全面考察之前，有必要对以下三个范畴进行概述：儒教仪式，尤其是释奠；中国与日本政体差异的本质（这是造成日本仪式不稳定的原因）；日本对释奠的总体反应。首先，有必要意识到儒教中仪式与表演的独特重要性、其政治性质及其与当下的关联。人类学家有力地阐述了仪式表演在宗教中的中心地位："宗教不只是一个认知系统、一套教条而已，它也是有意义的经验、有经验的意义。"[1] 仪式对于儒教尤为重要。正如香港首任会吏长约翰·亨利·格雷（John Henry Gray）牧师早在1878年所指出的，"中国人对孔子的持续崇敬"形成了一种"宗教"，但"与其说是一套教义体系，不如说是一套仪式"。[2]

格雷牧师的观察暗示，释奠所要神圣化的儒教世界观在超验方面是很弱的。不过，尽管对信仰的需求不高，儒教却十分重视表演仪式。它更

---

[1] Turner, *The Anthropology of Performance*, 48.
[2] Gray, *China: A History of the Laws, Manners, and Customs of the People in Two Volumes*, 1: 87.

关注"正统行为",而非"正统观念",这一点已经被强调很多次了。[1] 用人类学的语言来讲,它的"终极神圣假设"和"宇宙公理"将世俗社会的和谐进行了神圣化,这种社会和谐在前科学体系中,是与可见的自然秩序紧密联系在一起的。[2] 这种儒教传统反映了其官僚文化的起源。儒教关于世界的主张是理性的,对信仰的需求是相对薄弱的。儒教很少关心超自然的力量,也很少涉及来世。儒教仪式不是"通过仪式"(rite of passage),它未曾承认人们可以被拯救至另一个难以企及的世界。它不是忏悔式的,通常也不是请愿式的或辟邪式的。孔子的神灵极少忿怒,也未曾提供加护,甚至通常情况下都不曾保佑文运通达。

尽管如此,正如对古代巴厘国家仪式的研究指出的那样,仪式的真实表演仍然是"形而上的戏剧:戏剧的设计是为了表达一种对现实终极本质的看法,同时,塑造现有的生存条件,使之与那种现实相一致。也就是说,戏剧呈现的是一种本体,通过它的呈现来使它发生,使它成为现实"[3]。然而,儒教缺乏超验要素,这就意味着,仪式表演带来的转变、期望和回馈在很大程度上局限于世俗的社会政治世界。作为一种政治仪式,原始的儒教释奠不可避免地反映了中国古代的价值观与社会政治结构。当这种仪式跨越了地理与历史边界传播到其他国家时,它的这种历史局限性影响了人们的反应。在一个不同的社会政治环境下,比如在日本,仪式要发挥作用,就需要增加灵活性、调整时间、表现得更加虔诚及提供相应资源。此外,儒教仪式可能被不同的团体所采纳,他们对仪式拥有独特兴趣,不管是出于对现实的肯定还是对现实的挑战。

在日本释奠的两次演变过程中,由于日本社会没有"本土儒教"的传统,仪式变得尤为重要。尤其在德川时期,许多儒教礼仪实践都带有传教的特点。应该说,孔子崇祀是"可视化儒教"的组成部分。"可视化儒教"的说法是近年来被提出的,十分恰当,能够客观地反映

---

[1] Thomas Wilson, "Introduction," 19; Bell, *Ritual: Perspectives and Dimensions*, 191-197.

[2] Rappaport, *Ritual and Religion in the Making of Humanity*, 263-276.

[3] Geertz, *Negara: The Theatre State in Nineteenth-Century Bali*, 104.

儒教传统。[1] 正如17世纪一位日本儒学思想家所说:"道学微时,(礼)不备则道不显。"[2]"可视化儒教"包括各种物质结构及人工制品,如庙宇、礼器、孔子像等,也包括祭祖、丧葬等仪式。然而,释奠是其中最突出的代表,因为它让众多成员公开参与到一个广泛的、具有政治色彩的集体性表演中。

儒教的这种表演性方面在日本受到特别的重视。日本第一次接受释奠时,仪式代表着一种普遍的行为范畴,显得尤为重要。在古代日本,仪式是国家运作的基础,甚至可以说"日本主要以仪式的形式存在"[3]。日本国家是一个"仪式共同体","仪式自身是救赎性的"。[4] 到德川时期日本第二次接受释奠时,数百年的战乱可能表明武力在社会控制方面与礼仪同样有效,而日益复杂的世俗社会也可能降低了仪式的重要性。但尽管如此,在儒教这个外来的、时而抽象的传统中,儒教的表演性方面仍然是语言和文本研究的重要补充。

中国和日本的政体

本研究的一个主题就是,日本释奠独特发展背后的推动力来自中日政体之间的结构性差异。释奠是在中国的社会政治秩序中形成的,起初主要由官僚阶层举行。中国的政体是以专制世袭君主与官僚机构之间的联盟为前提的。其中,官僚机构不断招募成员的方式就是科举考试,考试内容为有关政治道德与历史的儒学经典。也就是说,官僚因受过原则性极强的、理性的儒学教育而被赋予了权力。值得注意的是,专制君主与官僚之间存在潜在的紧张关系。释奠仪式将这种关系进行了神圣化,并从

---

[1] Shu Zen'an, "Cultural and Political Encounters with Chinese Language in Early Modern Japan: The Case of Kinoshita Jun'an (1621-1698)," 103, 134, 136.
[2] 熊泽蕃山《集義外書》,第14页。原文为日文。
[3] Grapard, "The Economics of Ritual Power," 71.
[4] Alan Miller, "Ritsuryō Japan: The State as Liturgical Community," 119.

中汲取了仪式的能量。在释奠中,二者共同接受了超越政体二元结构的个人与政治道德,由此实现了和谐。

在中国,官方的孔子崇祀是在学术机构内进行的,这些机构将儒学传统知识传授给年轻人,使他们有资格担任官僚职位。同时,儒学研究作为任职的先决条件,帮助孔子崇祀从学术机构延伸至国家官僚机构。一方面,释奠的礼仪角色被分配给了在职官员;另一方面,科举及第者在就任时也会参加释菜等祭孔仪式。这就使得学术仪式与官厅之间的联系日益神圣化。在中国,孔子崇祀与科举考试形成了一种协同效应。孔子不仅是学问之神,也是官僚之神。这种协同效应是本书将要反复讨论的主题。

上述原理在明治维新前的日本是很难实现的。无论是在释奠首次传入日本的 8 世纪初,还是在释奠实现最广泛传播的德川时期,日本的社会政治条件都与中国相差甚远。尽管古代日本的政治结构在表面上与中国较为相似,但仍有本质的不同。日本政体从"家族国家"发展而来,是一种以天皇及其亲属为中心,或以后世幕府将军为中心的独特的世袭寡头政治。社会的分层和连接基本上是以家系为基础的。从中国引进的儒学教育被用来使寡头政治现状合法化,儒学考试也未能为那些出身较低的人提供既定的晋升途径。事实上,世袭地位优先于学术成就。在古代日本,对儒学知识的掌握并不能使人获得官职。在国家教育机构"大学寮"接受教育的人中,只有极少数能升任高官。学生们更多地是去从事服务性工作,类似于日本国家形成早期由世袭职业群体(日文称"部")担当的工作。这就破坏了中国释奠与考试制度之间的协同效应。一直到封建晚期,这种与中国的结构性差异及其对教育、释奠的影响仍然在延续。德川日本虽然是武家政权,但仍保留了世袭的、先赋性(ascriptive)的寡头政治结构。可以说,古代日本和德川日本之间的这种连续性促进了日本释奠的礼仪传统在两次演变过程中的连续性。

罗伯特·贝拉(Robert Bellah)在战后对日本社会进行了有影响力的分析,据其理论可知,中国和日本的政体可以从两方面进行极具启发性的对比:一是从成就—普遍性的价值方面,二是从先赋—特殊主义的价值方面。[1] 从这些价值上来讲,中国政体可分为二元。其中一元是皇帝,尽管有的说法将皇帝地位归结于普遍性的"天命",但皇帝存在的基础仍是出身、特殊主义与先赋性。与此相对,另一元则是中国的官僚,其特征是"强调成就的普遍主义标准"[2]。学者团体参与释奠在很大程度上是基于成就的,具有普遍性,因为不管在理论上还是实践中,参与释奠越来越取决于对成就进行公开检验的选拔考试。因此,从这种二元角度来看,中国的国家释奠并置了普遍主义与特殊主义,不过应该说,其中的成就—普遍性元素较强。这种政体模式为制度带来了显著的稳定性,并使仪式具有保守性。然而,它也导致了暴动的出现、王朝的动荡甚至颠覆。或者像日本学者所说的,它导致了对特定皇族血统的不忠,这被认为是违反儒家道德规范的。

　　这种二元理念影响下的释奠传到了日本。但与中国明显不同,日本具有世袭寡头的社会政治结构,被先赋性、特殊性的价值所支配,人的地位不是由普遍价值决定的,而是由不受考试影响的特殊"家系"叙事决定的。考试和孔子崇祀之间不存在协同效应。此外,家系的叙事是相互竞争的,造成了分裂性的断层线:一是在天皇与寡头之间,二是在掌权的精英与其下属之间。这些断层线有时遭遇破坏的威胁,出现动荡与暴力。本书后面的内容中会出现一个副主题:野心勃勃的统治者或其盟友试图夺回专制权力。相关事件涉及了孔子崇祀,因为释奠可以用来挑战日本社会的世袭性和先赋性结构。

对仪式的反应

　　在日本政体中,仪式是建设国家并实现其合法化的主要方式。中日两国在结构和价值观上的差异影响了日本的孔子崇祀。中国释奠侧重普

---

[1]　Bellah, *Tokugawa Religion: The Values of Pre-Industrial Japan*.

[2]　Ebrey, *Aristocratic Families of Early Imperial China: A Case Study of the Po-ling Ts'ui Family*, 102.

遍主义及成就的神圣化,这一点在释奠传到日本后极大挑战了日本社会政治秩序的特殊主义和先赋性。尽管如此,儒教仍然受到日本国家建设者的青睐,一是因为当时的日本认为儒教象征着现代性的实现,二是为了构建一个至少象征性地由天皇统治的中国式官僚国家,三是为了吸收中国及儒教文化的其他方面。日本早期的国家建设者们似乎没有考虑过将释奠仪式拒之门外,相反,为了减轻或转移其潜在的颠覆性影响,他们对仪式进行了修改。由此,日本释奠的历史走上了一条与日本儒学考试制度相类似的道路:两者反映了同一持续历史动向的不同侧面,最终都指向日本政治精英对中国政体模式的排斥。

早在释奠传入 100 年后的 9 世纪,日本为了适应其独特的政体结构而对这一外国仪式进行了重要的选择与调整。此时,日本对释奠的反应就是破坏其统一性,消除其政治影响,并使其地位低于日本本土仪式。这样修改的目的是使仪式的献祭方面远离天皇及天皇周围的寡头掌权者,将其限制在大学之内。另一个与之互补的趋势是减少仪式中的虔诚元素或直接关乎政治的元素,把仪式改造成精英们的文化庆典,而不是一个将儒家普遍主义神圣化的仪式。仪式的献祭部分完全成为代表中下层官僚教育神圣性的校内仪式,而这些中下层官僚的前途和地位受到了世袭制度及无效考试制度的限制。在古代及德川时期,日本释奠的两次演变过程中都出现了这种对仪式的控制及巧妙的修改,这也构成了日本孔子崇拜的重要研究主题。在明治维新前的日本,孔子主要作为中国文化的象征而存在,对他的崇拜往往被局限在教育机构内。在日本,孔子成为学问之神,而未能像在中国那样成为官僚之神。

因此,日本对儒教的总体反应是矛盾的。从古代到前近代,日本对孔子崇祀的态度具有两面性:一是试图利用其中体现的君权观念,二是试图遏制其对寡头政治的挑战。两者未能取得平衡,故而仪式总是处于不稳定的状态。在日本,释奠依旧是一种政治仪式,不过,日本社会的变化及政治权力的争夺对其产生了影响。日本的寡头集团不断演变,而他们曾于 9 世纪作出的仪式调整也面临新的考验。后来,仪式被削弱了。这种现象在第二次演变时再次出现。也就是说,在两次演变过程中,释奠都遵循了一个从最初建立到正规化、再到苍白化的循环。其间,有人间歇性地尝试复兴仪式,这种努力通常与政治变革或广泛的权力争夺有关。本书将在后面展开讨论。

仪式类型

仪式研究者已经将仪式进行了类型划分,并将其与历史社会联系起来。为了在东亚孔子崇祀的大量相关文献中识别各种不同样式,有必要找到一种适合释奠的类型学分类,以便提供概念框架。本研究采用了著名的仪式理论研究者、已故的凯瑟琳·贝尔(Catherine Bell)提出的类型说。[1] 贝尔的第一种类型是"安抚与恳求"(appeasement and appeal),或称"地方宗教"(local religion),以巫术为特征。这种对非理性的诉求虽然在一定程度上被东亚儒教所容纳,却与其理性精神格格不入。然而,日本有时发生的情况是,当仪式与求子、求雨、祈福或辟邪等各类请愿目的相联系时,就能发现这种类型的踪迹。[2]

与东亚的孔子崇祀更相关的是第二种类型"宇宙秩序"(cosmic ordering)仪式。在这种仪式"出现的社会或政治体系中,往往有一位中央集权君主维系着庞大而又不完全同质的政体"[3]。孔子被认为是规范的宇宙秩序及社会政治秩序的揭示者,他协调了政体内的不同要素。"宇宙秩序"型释奠中最具威望及影响力的经典版本是《大唐开元礼》(732 年颁布)所载的唐代皇太子释奠礼,这是东亚现存最早的一套完整仪节,构成仪式研究的起点。该仪式诞生的背景是中世纪中华帝国以皇帝为中心的

---

[1]　Bell, *Ritual: Perspectives and Dimensions*, 185-191.
[2]　关于中国儒教对巫术的兼容,参见 Sutton, "Prefect Feng and the Yangchou Drought of 1490: A Ming Social Crisis and the Rewards of Sincerity";关于日本释奠拥有巫术属性的例子,如祈求丰收、治愈疾病,参见 Dore, *Education in Tokugawa Japan*, 93, notes 1 and 2;关于求雨,参见多久市史编纂委员会《多久市史》,第 849 页;关于孔子灵魂的抚慰,参见须藤敏夫《近世日本釈奠の研究》,第 197 页。
[3]　Bell, *Ritual: Perspectives and Dimensions*, 187.

礼仪文化,而皇帝即为宇宙秩序的主要执行者。这种类型在中国唐代以后的历代国家仪式中持续存在且有所变化。在这种仪式中,孔子被奉为众神之首。众神共分四个礼仪等级:一是圣人孔子,二是以孔子最爱的弟子颜回为配祀(后来配祀成员增至四人:颜子、曾子、子思、孟子),三是九哲(后来改为十哲),四是其他孔门弟子及先贤先儒,人数最多,总计七十二名从祀者(名字和人数后来有所变化)。开元礼后来传入日本,927年日本制定的《延喜式》中保存了开元礼释奠的修订版本,成为明治维新前日本最具影响力的官方释奠版本。

"宇宙秩序"类型的仪式通常能够解决反映社会结构断层线的紧张关系。这是一种象征性的解决,靠的是将各种角色结合在"社会戏剧"中的过程。这一过程分为三个阶段,即"三方过程":一是通常以斋戒形式从社会中退出,二是仪式本身的中间阶段,三是重新进入社会。中间阶段提供了一种暂时性的"阈限"状态,并在其中创造出超越了社会结构断层线的和谐与相互尊重。这种状态被称为"共睦态"(communitas):"仪式将一个群体的特定成员(以某种形式的斋戒)从日常生活中分离出来,将他们置于一种中间过渡位置(仪式本身),这不是他们以前所在的地方,也不是他们将来所在的地方。仪式以某种方式改变了他们,然后,又把他们归还给了世俗生活。"[1]

虽然这种三重结构主要适用于"通过仪式",但《大唐开元礼》中的皇太子释奠也是其典型代表。这里的断层线指的是前文提到过的世袭专制君主(皇帝或代表皇帝的皇太子)与科举选拔的官僚(或官僚阶层)之间的结构紧张关系。释奠创造了一个阈限空间,在这里,人们共同向孔子表达敬意。孔子的教义以宇宙本身为基础,超越并调和了不同人的利益。用当时的语言来讲,仪式协调了"内"(君主、宫廷的专制权力)与"外"(儒家官僚)。[2] 专制君主与官僚之间紧张的二元关系为中国整个帝制

[1]　Turner, *The Anthropology of Performance*, 25.
[2]　关于这种紧张关系,参见 David McMullen, "Disorder in the Ranks: A Political Analysis of Tang Court Assemblies"。

时期的国家释奠提供了活力。然而,这在日本却证明是难以实现的。在日本,官僚权力较弱,虽然紧张关系存在于仪式与更广泛的外部社会之间,但在仪式内部却并不存在。中国儒家文人的独特之处在于,他们坚持一套能够挑战君主专制意志的信仰和实践。"(中国)儒家文人的权力和威望都寄托在孔子崇祀上,通过彰显孔子在众神及宇宙秩序中的地位来确立文人的角色,从而提升其地位"[1]。

"宇宙秩序"仪式的一个重要分支是地方级仪式。在地方级仪式中,宇宙秩序的性质仍然存在,不过仪式能将延伸后的中央权力神圣化,并促进社会秩序的维持。这类儒教仪式不能解决冲突,但能维护统治,具有意识形态上的意义。值得注意的是,在中国的地方级释奠中,仪式的主要礼仪官是行政官僚,他们是中央委任的皇权代理人。这种政治仪式可称作"权力巩固"仪式,在中国,以"州"级和"县"级仪式为代表。在古代日本,中国式的律令制度规定了地方国释奠,复制了中国的地方级仪式,不过根基较为薄弱。更成功的例子是封建晚期德川政权下出现的众多"藩校"仪式。仪式的目的之一是使大名的统治合法化、权威化,在武士社会中强化纲纪,并让那些有时难以驾驭的平民百姓服从。因此,仪式具有了加强中央权力与社会秩序的意识形态作用。

"宇宙秩序"仪式及其分支的"权力巩固"仪式使得释奠与中央君主及地方政权的权力行使直接联系起来。除此以外,还有两种不太直接关乎政治的重要仪式类型:"文化展示"(rituals of cultural display)与"传统主义"(traditionalist rituals)。它们有助于对日本释奠的分析,因为前面提到,日本的一个反应就是将仪式的直接政治影响转移到文化活动中。"文化展示"仪式起源于中国。该类型的特点就是将音乐、诗歌创作等文化实践纳入仪式。该仪式保留了政治意味,但较为模糊。文化展示被视为亚洲国家特有的形式,是一种"文化活动、符号和过程","尽管缺乏有效的

---

[1]　Thomas Wilson, "Sacrifice and the Imperial Cult of Confucius," 268.

机制,仍然创造了一个领域、一个空间"。[1]

在中国思想中,这些实践被归入"文"的概念。"文"是一个与"文学""文化"有关的词,但其含义也涵盖了自然界及人类社会中固有的规范。[2] 在儒教思想中,乐与礼是相辅相成的。恰当地使用音乐具有宇宙及社会政治意义,它被用来表示"天地之和"。[3] 同时,它也创造了一种人类学家所说的"共睦态",用《礼记·乐记》中的词来讲,它能够带来"同和""同爱"及"上下和"。[4] 作为原始儒家文化的组成部分,诗歌创作同样被认为具有政治重要性,有利于维护良好的统治。就像音乐一样,诗歌的恰当形式展现了自然与人类世界的和谐状态。以释奠为例,在中国六朝时期(220—589),诗歌创作曾是早期宫廷仪式的重要组成部分。[5] 从广义上讲,这种活动本身是受欢迎的,同时也是一种"霸权性的""权力建构",证明了"特定的社会领导力与事物应有形式之间的有效契合"。[6] 应该说,诗歌创作的参与者被限定于有权行使政治权力的文化精英成员。

从中国唐代开始,诗歌创作逐渐退出官方释奠。然而,它仍然是日本释奠的一个显著特征。这类仪式的吸引力在于,虽然它使参加者表现出社会优越性与文化权威,但它与社会政治秩序的任何特定结构模式无关,甚至被用来转移对社会政治秩序的注意力。对于古代日本的高级寡头朝臣来说,"文化展示"的意义取代了祭祀的意义,成为仪式的主要意义所在。在中国,为国家释奠赋予活力的是有效的科举考试制度,而在日本,对许多人来说,"文化展示"取代或者弥补了本应由科举考试带来的礼仪能量。然而,到了德川时期的第二次演变时,文化技能得到了更广泛的普

---

[1] Rudolph, "Presidential Address: State Formation in Asia Prolegomena to a Comparative Study," 740.

[2] David McMullen, "Historical and Literary Theory in the Mid-Eighth Century."

[3] 《礼记·乐记》,参见桂湖村《禮記》,第 2 册,第 205 页。

[4] 《礼记·乐记》,参见桂湖村《禮記》,第 2 册,第 197 页。

[5] 与"文化展示"类似的表达出自颜延之 443 年所作《皇太子释奠会作诗》,称释奠"阐扬文令"。参见 Raft, "Four-Syllable Verse in Medieval China," 435。

[6] Bell, *Ritual: Perspectives and Dimensions*, 129.

及,高级文化阶层不再垄断行政权力,"文化展示"呈现出的政治意蕴也较少。最终,孔子成了中国学术与文化之神,只能对日本统治者构成间接挑战。

与"文化展示"相关的还有另外一种仪式类型,即"传统主义"仪式。仪式通常是自反性的(self-reflexive),并要求对传统的认可,因为它们声称要将跨越时间与空间的永恒真理神圣化。然而,这种保守主义可以在利益集团受到社会变革威胁时为其提供保护。随着古代日本国家的衰落与崩溃,很多宫廷仪式的功能发生了变化。在混乱的社会秩序中,仪式构成对现实的反应,维护了那些失去原有功能的群体的历史身份认同。这种仪式应该被恰当地称为"传统主义"。[1] 它在日本释奠的两次历史演变中都有所体现,其代表就是平安时代晚期至应仁之乱爆发前的日本宫廷释奠,以及德川时代晚期幕府学问所(昌平坂学问所)的幕府释奠。

在体现文艺趣味的日本释奠中,当仪式的文化和审美方面——"文化展示",尤其是诗歌创作——是为了自身而实践的时候,便有可能形成一个"传统主义"的分支,并同时具有超越它的可能。于是,仪式就变成了一种"游",一种娱乐,在很大程度上与当时的社会脱离了关系。最后,在仪式的文化符号系统中,"当群体的信仰文化框架与社会互动模式之间不再连续,且差距越来越大时",就有可能出现无关紧要的仪式或"失败的仪式"。[2] 换句话说,在这种情况下,"文化和社会学的范畴被认为是不连续的"[3]。仪式没有提供社会戏剧的可能,因为仪式的象征世界对社会现实没有牵引力。仪式可以被形容为"苍白化"(由于不见阳光而变得苍白),或日本学者的用词"形骸化"。在日本释奠历史中,"失败的仪式"多次出现,在平安时代末期和德川政权的最后几十年皆有发生。另一方面,更具说服力及重要性的新信仰或"终极神圣假设"可能会融入仪式,

---

[1] Bell, *Ritual: Perspectives and Dimensions*, 145-150;另参见 Rappaport, *Ritual and Religion in the Making of Humanity*, 52。

[2] Bell, *Ritual Theory, Ritual Practice*, 33-34.

[3] Bell, *Ritual Theory, Ritual Practice*, 34.

使衰落的仪式重新具有活力。比如在日本明治维新前的几十年里，一些地方级释奠中引入了本土神灵的祭祀。

上述仪式类型都与政府的官方释奠有关。除此以外，还有最后一种与国家不太相关而与个人息息相关的仪式，被称为"道德救赎"（moral redemption）或"伦理道德"（ethical moral）。在此，也可以将其称为"道德赋能"（moral empowerment）。这种仪式并不是宏大的、基于宇宙论的官方仪式，其"有效宗教行为的主要形式实质上是伦理和纪律"[1]。这一类型适用于宋代理学家朱熹（1130—1200）创立的非官方的小规模仪式。继《大唐开元礼》之后，这是礼仪史上最重要的创举。在日本儒教的第二次演变过程中，朱熹的仪式被采纳。这种仪式强调了与孔子的非官方个人关系：其目的论强调的是个体，神圣化的对象是孔子的道德要求，但实际上是一种精神信仰（spiritual devotion）、自我征服与自我实现的新模式。它指向圣人的境界，一种救赎性的终极状态，但同时也理想地拥有政治权力。值得注意的是，这种仪式的参与者是小众的自愿群体，经常由儒学者带领其门徒举行。

朱熹非官方版本释奠的作用并不是在拥有潜在结构紧张关系的庞大复杂群体中创造"共睦态"。应该说，仪式神圣化了学者的自我修养，但同时也试图增强学者与更大政治体之间的关联。[2] 因此，将孔子崇祀定性为政治仪式的说法与这种类型的仪式并不冲突。然而，这种仪式与政治等级制度之间拥有相对距离，且仪式规模小、成本低，这使它比官方版更普遍、受到的历史限制更少。它适用于私人实践，执行者中包括无政治权利、被边缘化甚至持反对性政见的群体。在德川日本，它吸引了武士统治阶层以外的人，包括宫廷贵族及城乡平民。它与权力保持相对独立，这使它在历史上扮演了重要的桥梁角色。它通过个体媒介在不同的社会或国家之间以非正式的方式传播，带有传播教义的意图。

---

[1]　Bell, *Ritual: Perspectives and Dimensions*, 188.
[2]　比较《大学》修身治世之"八条目"。

仪式的其他方面

不言自明,即使仪节规定、礼仪动作及语言形式相同,即使仪式表现的信仰源自相同经典,对于不同的主体来说,仪式的意味是不同的。正如大卫·克策尔(David Kertzer)所指出的,仪式符号是"多义的",它们"对不同的人意味着不同的东西,即使对同一人来说,也可能有相异甚至冲突的意义"。[1]

在释奠的情况下,这种多义性与儒教本身的多元性融合在一起。诚然,孔子的形象隐含着一种超越历史的真理,但每个参与者或观察者对这一真理的解释都是不同的。由于存在自我发展的信念,儒教可以使平等主义及个人赋能的做法合法化。矛盾的是,儒教又可以使等级制度合法化。因此,作为当权者的天皇、将军及大名对孔子崇祀的兴趣各不相同。此外,对于学生、渴望官僚权力的人及制定仪节的礼学者来说,仪式的吸引点也各不相同。有的礼学者可能以仪式为手段,试图将新的社会政治框架合法化,在其中行使统治力、特权并树立威望。本书在第三部分将展开分析的 19 世纪早期宽政释奠改革这一重点内容,尤为突出地展现了这种多义性。

释奠及其他礼仪传统的研究都面临一个问题,即仪节与历史实践之间的关系问题。现存的仪节是否反映了历史的实践? 如果是的话,准确程度如何? 它们仅仅是一种设想吗?"二仲享奠,绍继不绝"[2]——类似的措辞在日本释奠的大量文献中都能找到。然而通过调查就可以发现,在许多情况下,这只是一种修辞而已。从历史上看,仪式经常被推迟、简化或放弃。仪式未必能配备足够的人员,也未必能提供规定的供品或执行礼仪的细节。然而,本书并不是人类学研究,本书侧重于将仪节作为思想史及文化史的文本,而非实际仪式表演的记录。就像道德论集(moral treatises)一样,仪节的价值在于揭示了仪式的理念、抱负及规范。

---

[1]　Kertzer, *Ritual, Politics, and Power*, 11, 129.
[2]　此处引用的是德川纲吉在 1688 年对林凤冈所说的话,明显存在夸张成分。参见本书第十章"将军的资助"一节。

本书概要

前面对释奠的概述已经暗示了前近代日本仪式研究的突出主题,这些主题包括:日本与中国仪式的差异;仪式的政治性质;9 世纪日本反应中的矛盾心理;仪式祭祀方面的去政治化;文化展示的倾向。本书对中国仪式关注较多,但并非旨在全面介绍中国仪式的历史,而是将其作为解释日本仪式的基础。本书将探讨仪式发展背后的政治利益,并应用前述类型来辨别不同的仪式。本书的目的是探索日本对儒教表演性方面的反应,以此来展现日本对儒教的态度。本书亦关注一千多年的仪式历史为近代日本留下的遗产,因此着重考察了明治维新前一个世纪内仪式的最后历史阶段。在此期间,仪式在京都朝廷及江户幕府的发展情况变得复杂,这决定了儒教的影响如何延续至近代日本。

有大量文献记载了东亚释奠的历史。儒教是一个庞大的学术工程,儒家学者意识到自己处于一种权威传统中,并渴望在其中立足。本书试图对日本释奠的演变过程进行较为细致的研究,但不可能面面俱到。目前研究的重点在于仪式历史最突出的方面——日本政治最高层的掌权者们对仪式的反应。在第一次演变中,本研究主要关注的是古代大学寮及朝廷的释奠。在德川时期的第二次演变中,本研究的探讨对象是林家塾及其 19 世纪后期的继承者——幕府学问所的释奠,还有虽不知名但具有重要历史意义的京都皇室及朝廷的释奠。本书描述了两次演变过程中日本试图在权力中心建立仪式的尝试,并分析了仪式的局限性及其"苍白化"的原因。本书并未试图系统地考察德川时期地方藩校及非官方学校中丰富多样的仪式,但有必要拿出一章来概述一下德川时期各藩的仪式情况。因为在权力分散的封建统治下,中央与各藩之间存在辩证关系,仪式在各藩的发展也影响了政权中心的仪式。[1]

---

[1]　关于这一点,参见 Totman, *Politics in the Tokugawa Bakufu, 1600-1843*, 85-86。

第一次演变

8 世纪到 16 世纪的释奠

第一章

中国起源：儒家经典中的仪式与《大唐开元礼》

儒家经典与中国早期的仪式表演

祭祀孔子的仪式出现于儒教发展后期，与圣人本身的教诲相差甚远。有现代历史学家指出，若在天有灵，孔子可能会对以祭礼为主要表现形式的崇祀感到"震惊和不悦"[1]。对孔子的祭礼没有特定的经典为基础。它是从祖先崇拜、帝王祭祀及先师祭祀的习俗中发展而来的。

相传，孔子的弟子在坟墓前哀悼，并建立祠堂来祭祀他的神灵。据载，公元前195年，西汉开国皇帝汉高祖（前202—前195在位）在孔子的出生地曲阜献上"太牢"（牛、羊、猪），自此，孔子崇祀在全国盛行（图1.1）。[2] 在之后的千余年里，即汉朝（前206—220）至唐朝（618—907）的这段时期，儒家关注的重点是国家制度，尤其是皇帝制度，而不是后世受到重视的个人修养。仪式的发展也体现了这种倾向。此时的仪式将孔子作为宇宙真理的揭示者，属于"宇宙秩序"类型的仪式。

然而，孔子崇祀在经历了漫长的过程后，才最终成为定期举行的仪式。《礼记》《周礼》等经典中最早提及的释奠或释菜既缺乏一贯性，其崇祀对象也并非孔子，而是已故的无名先师。这些记录虽然反映的是一个理想化的汉代仪式版本，但为后世的祭孔仪式奠定了基础。仪式的特点

---

[1]　Shryock, *The Origin and Development of the State Cult of Confucius: An Introductory Study. 1932*, 176.

[2]　参见司马迁《史记》卷四十一，第 6 册，第 1945—1946 页；另参见 Nylan, "Kongzi, the Uncrowned King," 71-72。

图 1.1 首次国家释奠：高祖崇祀

出自顾沅(1799—1851)《圣庙祀典图考·附祭图》木版插图，由牛津大学博德利图书馆提供。汉高祖在孔子诞生地曲阜首次献上"太牢"。祭坛上有孔子的衣冠，这与《史记》中的记载相一致。

包括：与学校紧密关联；仪式表演具有季节性；皇帝及皇太子亲临或参与；有地方级仪式版本及皇室不参与的大学内部仪式版本；根据祭主身份或祭祀机构不同而改变供品；仪式伴随音乐、舞蹈；仪式伴随讲经、养老礼、宴会等。在此有必要简要地引用这些经典中的语句，因为这是东亚孔子崇拜的历史起点，展现了仪式的威严。后世的礼学者认为，这些经典体现了成功仪式所具有的权威"不变性"与"正典性"。[1]

首先，"凡始立学者，必释奠于先圣先师。及行事，必以币"。在建立学校时，必行释奠，仪式中献上丝织品。此外还有常规的季节性祭祀："凡学，春官释奠于其先师，秋冬亦如之。""凡释奠者，必有合也。"可见学校皆在春、秋及冬季举行释奠，并伴有舞蹈及乐曲。[2]

此外，皇帝及高级贵族亲临的京城大学释菜在仲春（二月）举行："上丁，命乐正习舞，释菜。天子乃帅三公、九卿、诸侯、大夫，亲往视之。"[3]另外，皇帝"视学"之时，举行祭祀及养老之礼，并对"父子、君臣、长幼之道"等儒教道德进行阐述。[4]　大学内部也规定了定期的仪式："大学始教，皮弁祭菜，示敬道也。"即大学开始教学时，教师们头戴皮帽，向古代圣贤献上蔬菜祭品，向学生们展示所崇之道。[5]　这些学校仪式的礼仪特征与中国宫廷仪式相类似，并存在于后来的中日释奠中，即预行斋戒，清洁器具，供奉动物牺牲。此外，《礼记》中还记载了京城以外小型学校及小型仪式的相关规定。[6]

除汉高祖举行了祭祀孔子的仪式外，在汉代几乎没有执行相关仪式的记录。[7]　更明确的记载出现在六朝时期，即汉朝之后长达三个半世纪的分裂时期。正是在这些短命的王朝宫廷中，现在所谓的"释奠"仪式初

---

[1]　Rappaport, *Ritual and Religion in the Making of Humanity*, 36–37, 372–373.

[2]　《文王世子》，见桂湖村《禮記》，第1册，第514—515页。

[3]　《月令》，见桂湖村《禮記》，第1册，第408页。

[4]　《文王世子》，见桂湖村《禮記》，第1册，第529—530页。

[5]　《学记》，见桂湖村《禮記》，第2册，第177页。

[6]　《文王世子》，见桂湖村《禮記》，第1册，第14—16、529—530页。

[7]　明帝在公元59年访问大学的记录有时被称为崇祀孔子的首次释奠；参见 Raft, "Four-Syllable Verse in Medieval China," 211–212。

见雏形,但尚未定期举行。一个重要特点是人们在仪式相关的宫廷宴会上吟诵诗歌。这些诗句表现的是"诗人与君主之间的纽带",被后世称为"释奠诗",现存最早的一首是诗人潘尼(247?—311?)的《释奠颂》。[1] 到公元4世纪时,释奠已经成为"政治仪式景象的常规组成部分"[2]。到了唐代,该仪式成为"对皇太子身份的一种肯定",并作为"儒家精英参与政权的一种象征",展现了"王朝对儒教传统的崇奉"。[3]

公元443年的一次释奠被记录得较为详细。仪式的结构可以从颜延之(384—456)广为流传的后宴诗《皇太子释奠会作诗》中得到展现。[4] 这是中国分裂时期现存23首释奠诗中最著名的一首。诗中用华丽的语言描述了仪式的几个阶段:在太学的彩色圣人像前讲学;皇太子、执读及侍讲就礼文进行论辩;在太学的正殿举行祭祀仪式,包括献供、观礼、奏舞和奏乐;回宫,皇帝赐宴。[5] 在此,"文化展示"的元素十分突出。用颜延之的诗句来说,仪式有助于"阐扬文令"[6]。唐代以来的中国现存礼典中并没有对宴会及后宴诗进行记录,不过有证据表明仪式之后有时会设宴,并有两首8世纪晚期的释奠诗存世。[7] 相比之下,这种形式的"文化展示"至少在高丽王朝(918—1392)中期之前一直是朝鲜孔子崇祀的

---

[1] 关于这些诗,参见福田俊昭《平安朝的释奠诗》,第18—19页;Raft, "Four-Syllable Verse in Medieval China," 433–506。关于潘尼的诗,参见 Raft, "Four-Syllable Verse in Medieval," 220–224, 482–489。

[2] Raft, "Four-Syllable Verse in Medieval," 227–228.

[3] Raft, "Four-Syllable Verse in Medieval," 239–240,282.

[4] Raft, "Four-Syllable Verse in Medieval," 231–237,434–441.这首诗特别有影响力,因为它被收录在《文选》中。参见导论"仪式类型"一节。

[5] Raft, "Four-Syllable Verse in Medieval," 434–441.同时参见弥永贞三《古代の释奠について》,第376—379页。

[6] Raft, "Four-Syllable Verse in Medieval China," 435."文令"被解释为"文学之政令","文"涵盖"文明""文化""文学"等义。参见诸桥辙次《大汉和辞典》,13450/931。

[7] 647年许敬宗(592—672)所作的释奠诗证明了宴会的举行,参见藏中しのぶ《〈翰林学士集〉の释奠诗》,第22—23页。也有研究认为该诗是646年所作,参见 Raft, "Four-Syllable Verse in Medieval China," 242–243.此外,8世纪晚期的例子中可见两首与释奠相关的五言诗,作者分别为令狐峘、滕珦,收入彭定求《全唐诗》卷二百五十三,第4册,第2857页;参见福田俊昭《平安朝的释奠诗》,第18页。关于更晚时期的宴会举行的证据,参见1465年关于宴会中止的通告,见于龙文彬《明会要》卷三,第219页。关于朝鲜的诗歌创作,参见郑麟趾《高丽史》卷六十二,第2册,第344页,1114年相关记事。

重要方面,在日本则延续更久。

唐代释奠:《大唐开元礼》

在唐代,释奠是国家礼仪制度的一部分,因其庄严性和复杂性而知名。儒教约束下的皇室礼仪成为“唐代国家主要职能的一个重要部分”[1]。唐代的重大礼仪包括即位礼、郊祀礼、皇室宗庙祭祀、封禅仪式、明堂之礼等,体现了皇帝在“天”与社会之间进行调和的宇宙论主张,并象征王朝的正当性。此外,唐代的国家礼仪具有重要的公共意义。皇帝代表整个国家的五千多万臣民,远远超过之前的朝代。唐代国家礼仪实践的特点是“更加开放,参与者的包容性更强,追求的目标多为公共的、政治的,而不是个人的、私人的”[2]。这一趋势在 8 世纪上半叶的唐玄宗(712—756 在位)时期达到了顶峰。与此同时,官僚十分关注礼仪问题,“所有受过教育的人都能接触到礼仪”,而不是特定群体或氏族的特权。[3] 释奠是这一庞大礼仪系统的重要组成部分,同样受到公共价值观的影响。释奠被正式列为“中祀”,仅次于祭祀天地、宗庙、社稷的“大祀”。之所以定位为“中祀”,可能是因为“若将孔子崇祀提升为大祀的话,除了皇帝,其他人可能都无权祭祀孔子”[4]。尽管如此,孔子还是被纳入了近来所谓的“帝国万神殿”(the imperial pantheon)体系中。[5] 就类型而言,该仪式符合“宇宙秩序”类型。

为了与日本释奠作对比,在此有必要对唐代孔子崇祀的范围及其活力进行分析。从唐代初期开始,皇帝们就认为在统治中国时必须赢得儒家学者的支持。他们采取的措施之一是对孔子及其后裔进行追谥,即追

---

[1] David McMullen, “Bureaucrats and Cosmology: The Ritual Code of T'ang China,” 187.有关唐代的孔子崇祀,主要参见第 32—35、43—47、58—61 页。

[2] Wechsler, *Offerings of Jade and Silk: Ritual and Symbol in the Legitimation of the T'ang Dynasty*, 194;David McMullen, *State and Scholars in T'ang China*, 10-11.

[3] Wechsler, *Offerings of Jade and Silk*, 114.

[4] Thomas A. Wilson, “Sacrifice and the Imperial Cult of Confucius,” 260.

[5] Thomas A. Wilson, “The Supreme Sage and the Imperial Cults: Ritual and Doctrine,” 139.

封爵位、增谥头衔。[1] 此外,皇帝亲赴曲阜孔墓献祭,如唐高宗(649—683 在位)在 666 年的祭祀。[2] 同样,在 725 年,唐玄宗"幸孔子宅,遣使以太牢祭其墓"[3]。不过,皇帝最显著的赞助姿态体现在京城官方教育机构国子监之中——在国子监孔庙的释奠中,皇帝亲自献祭。例如,唐高祖(618—626 在位)曾于 624 年亲奠孔子,还参与过 623 年和 625 年的仪式。唐太宗(626—649 在位)于 640 年"幸国子学,亲释奠"[4],此外,他还参加了 626 年、631 年和 638 年的仪式。[5] 朝鲜国王及越南国王很快效仿了这种行为。后来,有三位日本天皇也作出了效仿,尽管不是完全公开的。唐代除了皇帝亲临献祭,同样具有重要象征意义的是皇太子在 646 年及其后六次参与的释奠仪式。[6]

初唐的礼典有 637 年的《贞观礼》(贞观年间〔627—649〕的礼典)与658 年的《显庆礼》(显庆年间〔656—660〕的礼典),它们可能影响了日本早期的释奠仪式,但现在已经失传。完成于 732 年的《大唐开元礼》(开元时期〔713—741〕的礼典),被认为是指导唐礼实践的最高典籍。其中的释奠仪式成为后世典范,并深刻影响了日本古代和德川时期的释奠。在此,有必要对《大唐开元礼》的释奠版本进行描述。

皇太子释奠

《开元礼》规定了在国子监和各州县举行的不同版本的释奠仪式。这些仪式按重要性降序排列。[7] 最重要的仪式关乎皇朝统治,仪式中皇

---

[1] David McMullen, *State and Scholars in T'ang China*, 34, 43.

[2] 陈镐《阙里志》卷六,第六页下。

[3] 陈镐《阙里志》,卷六,第七页上。

[4] 陈镐《阙里志》,卷六,第六页上,640 年的记录。另参见王洪军、李淑芳《唐代尊祀孔子研究》。有一种不同的观点认为,唐代的皇帝并没有亲自进行祭祀,参见弥永贞三《古代の釈奠について》,第 388 页。

[5] David McMullen, *State and Scholars in T'ang China*, 32.

[6] 王洪军、李淑芳《唐代尊祀孔子研究》。另见中野昌代《唐代の釈奠について》,第 199 页。

[7] 相关文本参见《大唐开元礼》卷五十三,第一页上至第十三页下(第 292—298 页);卷五十四,第一页上至第八页下(第 298—302 页)。

室成员与学界成员的礼仪待遇是十分重要的问题。规模最大的仪式版本——皇太子释奠将初献这一重要角色授予了皇太子。[1] 将该版本的仪式与日本进行对比后可知，日本释奠中皇太子的角色较为消极。不过，唐代的皇太子释奠并非常规仪式，仅在皇太子适龄就学期间举行。[2] 与六朝时期一样，该仪式亦有其政治功能，即通过举行仪式而将皇太子介绍给学界及官僚群体。

在皇太子释奠中，主要的祭祀对象是孔子，称"孔宣父"。不过，中国的祭祀通常会增添一批配享者，或称"从祀"。释奠中就加入了孔子的弟子颜回等及其他先贤，构成一个儒家的"万神殿"（图 1.2）。与定期举行的春季及秋季释奠一样，该仪式在长安城宫城东南的国子监内举行，具体有两个举行地点——祭祀在孔子庙内，祭祀后的讲经仪式移至"学堂"。孔子庙内安放了圣人孔子及其主要配享者的画像。有资料表明，他们在庙内的位置在不同时期有所不同。墙上还挂着许多先贤的画像。孔子庙和学堂都位于南北轴线上，二者的厅堂建筑都位于北面，南面有一个开放的庭院。学堂地面较高，有露台，朝南有一个台口，这构成了举行主要仪式程序的空间。露台与下面的庭院之间有连接的楼梯。

在这个规模最大的释奠中，众多的参与者来自政体的不同部分。与其他版本的释奠最明显的不同之处在于，祭仪之后会在学堂举行皇太子出席的"讲学"。祭仪开始前，皇太子作为主祭官随正式的队伍从宫殿出发。协助者主要有"负玺"（负责执玺）的左庶子（太子侍从官之一）、太傅、少傅（太子的老师）、宫官、内侍及侍卫。左庶子将供品交与皇太子，皇太子的动作由"率更令"指导。国子监祭酒与司业担当亚献和终献。此外还有执经者、执读者、侍讲者、学官、学生。仪式中规定了向孔子及颜回的神灵念祝文的太祝，以及奉礼、赞者、赞引、监官、御史、斋郎、执如意者。此外还包括协律郎、乐者、舞者、宰人（厨师）等，以及来自音乐、宴饮、

---

[1] 《大唐开元礼》卷五十三，第一页上至第十三页下（第 292—298 页）。
[2] 弥永贞三《古代の釈奠について》，第 389 页。

图 1.2 孔子:拥有"万神殿"的宇宙圣人

中国山东省曲阜孔庙中乾隆时期(1736—1795)碑刻拓片。出自西山松
之助《汤岛圣堂与江户时代》,图 B6。由东京汤岛圣堂与斯文会提供。在此,
孔子被神化,伴有七十二名门徒。

郊祀等其他朝廷部门的官员，即太乐令、太官令、良酝令、郊社令等。仪式中有观众观礼。用于仪式的有大量的礼器、七十三座神位、两套"太牢"、祭祀用酒、币帛及专门题写的祝版。仪式的准备时间很长，主要参与者需要进行六天的斋戒。其中包括三天的"散斋"，其间皇太子不吊丧问疾，不作乐，不行判罚。随后是两天的"致斋"，其间皇太子身着斋服，被安置在宫内的隐蔽之处，有侍卫守护。其他参与者也进行斋戒，其间排练仪式。在仪式开始前三天，正式的准备工作就开始了，主要参与者的位置被作出标记。仪式前一天傍晚开始准备供品：郊社令监督用具的摆放；国子监祭酒与司业（分别为亚献官与终献官）负责检查厨房中牺牲的清洁情况；御史检查"馔具"（盛放供品的器具）。黎明前四个小时，太官令带领宰人去宰杀并"割"牺牲。祝史将"毛血"置于馔所。牺牲被煮熟、切片，放在"俎"（托盘）上以作供品。大约在黎明前的一个小时，郊社令带来了孔子、颜回及其他 71 位先贤的神座。孔子神座设于庙内西侧两楹间，面朝东；颜回及其他先贤的神座设于北墙，面朝南，北墙容纳不下则延至东墙。[1] 在整个仪式中，参与者在四个基本方向上的站位具有重要象征意义，是表明地位关系的重要原则。在仪式不同阶段，奏乐者在庭院右侧（西边）演奏特定的音乐。释奠颂歌（乐章）也是在音乐的伴奏下唱诵的——虽然《大唐开元礼》并没有提及颂歌。[2] 此外，另有文舞和武舞表演。

　　馈享的部分包括献上一系列祭品：首先，皇太子亲自在孔子及颜回的神座前"奠币"（献上丝织品）；随后，太祝献上盛有割牲时留下的毛皮与血液的"毛血豆"，这个步骤在日本的仪节中十分罕见；之后撤掉毛血，代之以"馔"（食物供品）。[3] 接下来，皇太子在孔子及颜回神座前"奠

---

[1]　孔子的位置反映了早期崇祀中以孔子为周公配祀的做法，后来孔子的位置发生了改变。欧阳修《新唐书》卷十五，第 2 册，第 375 页。
[2]　关于唐代释奠乐章的记录，参见彭定求《全唐诗》卷十二，第 1 册，第 117—119 页。
[3]　《大唐开元礼》卷五十三，第八页上至第八页下（第 295 页）。弥永贞三称其是"一种神圣化的行为……为了使仪式更加严肃"。弥永贞三《古代的释奠について》，第 452 页。在日本有 1799 年弘前藩校的例子，参见《日本教育史资料（六）》，第 53 页。

爵"(献酒)。同时,太祝向孔子及颜回分别跪读祈祷文,即"祝文"。祝文是整个仪式历史中最重要的元素之一,除少数非正式仪式外,几乎是必不可少的。它指明了仪式的权威负责人——要么是委托人与行礼者,要么只有行礼者本人——从而为仪式设定了至关重要的社会政治背景。例如,皇太子释奠的祝文如下:

> 维!某年岁次月朔日子,皇太子敢昭告于先圣孔宣父。

接下来是对孔子的赞颂,称孔子是神圣自然界与人类秩序的揭示者与推动者,这些说法在东亚流传了几个世纪:

> 惟!夫子固天攸纵,诞降生知,经纬礼乐,阐扬文教,余烈遗风,千载是仰,俾兹末学,依仁游艺。[1]

随后恭敬地请圣人及从祀的"先师颜子等"接受供品。接下来对颜回诵读相似的祝文。[2] 此后移至"东序",祭酒品尝圣酒。皇太子接受取自先圣及先师座前的三牲胙肉及黍饭,并饮用圣酒。接下来,祭酒和司业分别行亚献(第二次献酒)和终献(第三次献酒)。随后将"币"埋于瘗坎(一个特别准备的坑穴)。最后在斋坊焚烧祝文。

仪式程序中有各种重复,既有同一献官向不同祭祀对象作出的献祭,也有三位献官先后的献祭,这为仪式赋予了节奏与连贯性。仪式中有鞠躬和俯伏的动作,通常采用从站姿开始的"再拜"(拜两次)形式。比如仪式开始时,皇太子与所有参与者(包括学生)共行"再拜"。即使对于礼仪角色较为被动的人,这种做法也能激起一种共同体意识。献上祭品时采用的是"跪"的姿势,以表现出谦逊的姿态,皇太子也不例外:"每受物,搢

---

[1]《大唐开元礼》卷五十三,第九页上至第九页下(第296页)。最后一句出自《论语》第七篇第六章。
[2]《大唐开元礼》卷五十三,第九页上至第十页上(第296页)。

笏;奠讫,执笏,俯伏,兴。"[1]赞者与赞引向主要参与者发出口令进行引导,口令的音调很高,元音被拖长。[2] 仪式的重要动作都伴有音乐,以协律郎举麾为信号,敲打木制乐器"柷"后开始每段演奏。当仪节中轮到皇太子做动作时,奏"永和之乐",以体现皇太子与其他人的不同。此外,舞蹈亦标志着仪式中的重要环节,不过在日本释奠中很少采用。还有在殿内演奏的"登歌"等。这些美学元素与庄重的环境、古朴的器具及精心引导的祭祀动作相结合,共同营造出一种肃穆的气氛。伴随着仪式不同阶段的庄严旋律,参与者之间表现出的互敬姿态也创造了一种超越等级的联合感,出现了维克多·特纳(Victor Turner)所讲的阈限状态——"标准的共睦态"(normative communitas)。[3]

在馈享之后,仪式转至第二个进行地点——学堂,步入"讲学"这一世俗阶段。皇太子退出,入"便次",换上"常服"。随后乘舆至学堂,在侍卫及太傅、少傅的陪同下就座。所有人皆行"再拜"之礼,只有"执经者"不拜。这一点在仪节中被单独标注出来("执经不拜"),可见执经者职责的超然性与神圣性。[4]座席的方向性再次变得非常重要,朝南是最重要的方位:皇太子的位置在东墙下,面朝西;持经者的座位在北墙下,面朝南。由此可见,执经者占据了象征最高权威的朝向。可以认为,经书的权威性使得执经者在仪式该阶段拥有了象征性的礼仪优先权,甚至超越了皇太子这一专制皇权的代表。这种做法无疑会对日本的传统构成一种挑战。

当所有人在学堂落座后,"执读者"朗读经书内容并进行释义。"侍讲"面朝北方——这是象征从属的方位——向执经者询问疑点,执经者作答。随后其他侍讲轮流提出问题,执经者皆作答。该过程结束后,皇太子

---

[1] 《大唐开元礼》卷五十三,第八页上(第295页)。笏呈长条形,用木头或其他材料制成,象征公职。一般置于身前,插于腰带间。
[2] 据牧师贾斯特斯·杜利特尔(Rev. Justus Doolittle)描述,1858年九月十一日福州举行的仪式上"祭祀颂歌""以一种尖利而又悲哀的语调"宣读。参见 Doolittle, *The Social Life of the Chinese*, 367.
[3] Turner, *The Anthropology of Performance*, 45.
[4] 《大唐开元礼》卷五十三,第十二页下(第297页)。

离开,祭酒、学官、学生等于"学外"列队目送。

这就是《大唐开元礼》中规定的皇太子释奠。该仪式以神圣化和理想化的形式反映了社会的价值观:在宇宙中,孔子是"天"的代理人,是宇宙、自然和人类真理的揭示者,是人类文化的守护者。同样重要的是,中国帝制官僚国家的元素被巧妙地融合在仪式中。专制皇权(皇太子)与文人官僚(祭酒、学官、学生)这两个主体的代表在和谐统一的表演中被聚集在一起,表现出相互尊重的特点。不过,参与者也被分配了明确的角色,这些角色阐明了他们的相对等级地位。仪式由皇太子作为初献官负责开始和结束,且皇太子由侍卫保护,这可能象征着皇室在维持秩序时拥有的强制力。皇太子象征性地分发食物祭品,可能也代表了王朝对自然生产力的管理。与此同时,皇太子也在仪式上认可了对儒教传承者——学者群体的服从:皇太子在其老师的带领下前往仪式现场;在"讲学"环节中,执经者占据了学堂中极为重要的朝南位置,无须向皇太子行礼。尽管皇太子的世袭地位很高,但他仍然是一名学生,必须接受教导。不过最重要的一点是,仪式中的皇室及学者被联合起来,通过斋戒及相互尊重的姿态创造了一个阈限空间。在这个空间中,他们共同向儒学传统的创始人致敬,而官僚机构本身的培训、功绩评定和人员选拔依赖的正是这个儒学传统。同时,在该空间中形成的共同的道德与政治理想,在理想状态下,将影响整个政体。

其他释奠仪式

在《大唐开元礼》中还记载了一个规格相对较小但定期举行的释奠,即"国子"释奠。[1] 该仪式每年在京城国子监举行两次,分别在二月和八月的第一个丁日举行。该仪式在后来成为日本孔子崇祀中最广为流传和最具影响力的版本。它在仪节上跟皇太子释奠相类似,但没有皇室成

---

[1] 《大唐开元礼》卷五十四,第一页上至第八页下(第298—302页)。

员的参与，并略去了讲学的环节。这是学校内部的仪式，国子监祭酒为"初献官"，司业为"亚献官"，一位"博士"为"终献官"。不过，仪式明显是在皇权的委托下进行的，因为祝文中提到皇帝"谨遣"祭酒来执行仪式。[1] 此外，与皇太子释奠一样，仪式使用"太牢"作为牺牲，这与皇帝献祭的规格相同。

《大唐开元礼》还规定了在"州"和"县"每年举行两次的释奠。[2] 这些地方级释奠是京城释奠的缩小版，牺牲的规格为"少牢"，仅献祭羊和猪。器具也较少，没有音乐及"毛血"，献祭后也没有讲学。[3] 仪式人员的安排方式也有很大不同。在州县释奠中，州和县的官员充当献官。[4] 行政官员作为皇权的代表掌管释奠，这使仪式产生了不同于京城释奠的功能。州县释奠保留了京城释奠的"宇宙秩序"特征，但它表现出的"社会戏剧"是不同的。它为皇帝的中央政府和州县社会之间提供了一个接口。仪式在地方学校的孔庙中举行，学校及孔庙皆由国家建立，是儒教国家的皇权象征。释奠仪式是"国家权力延伸和国家礼仪建设历史"的真实组成部分，这也是中世纪以来中国历史发展的一个永恒主题。[5] 不过，就像京城版本的释奠一样，成功的地方级释奠能够创造一种"共睦态"，在这里，皇权代表与地方的有志学生接受了同样的儒教理想。毫无疑问，学生们的志向也是成为皇帝委任的官吏。

开元礼中与孔子崇祀相关的其他仪式：视学、束脩与乡饮酒

《大唐开元礼》中还包含了释奠之外的其他儒教仪式，有必要与日本

---

[1] 《大唐开元礼》卷五十四，第六页下（第301页）。

[2] 《大唐开元礼》卷六十九，第一页上至第五页下（第355—357页）；卷七十二，第一页上至第五页下（第366—368页）。

[3] 在州级释奠中，准备动物牺牲时没有提到"毛血"。但县级释奠有所提及，在祭祀当日黎明前"烹牲"时，祝史"取毛血"。但仪节的其他部分不再提及仪式的这一方面。参见《大唐开元礼》卷七十二，第二页下（第366页）。

[4] 在州一级，初献官为刺史，亚献官为上佐，终献官为博士；在县一级，初献官为县令，亚献官为丞，终献官为主簿或尉。

[5] Faure，"The Emperor in the Village：Representing the State in South China，" 297.

的孔子崇祀进行一下比较。唐代的"视学"是在皇太子的陪同下由皇帝亲自进行的：目的是聆听一场关于儒学经典的讲解与阐述。[1] 因为没有规定斋戒或神圣的献祭行为，这被认为是一个相对世俗化的礼仪。仪式中，皇帝的"御座"位于中央，面朝南，背靠学堂的北墙；"讲榻"位于其西方，与皇帝一样，也是朝南的。因此，皇帝和执经者被赋予了一种近乎平等的象征性地位。皇太子的座位在皇帝的东南，面朝西。在日本，这种视学礼在平安宫廷中十分重要。在德川时期，与其近似的仪式是"藩主临校"，它为封建行政当局维护其在藩内学界的政治权威提供了一种普遍的手段。

《大唐开元礼》还规定了束脩礼（字面意思是赠送一捆干肉作为老师的报酬），包括"皇子"及普通"学生"在进入国子监时的束脩，以及学生进入州、县学校时的束脩。[2] 日本似乎没有正式采纳皇太子束脩，但学生束脩的仪式经常被采用。

最后，还有一种乡饮酒礼，整合了州县教育与中央官僚机构。唐代法律规定，地方学校的优等生被选为"贡生"后赴京城继续参加考试，并可能被授官。出发前，地方会为他们举行一场儒家宴饮礼仪，即"乡饮酒"，见于《礼记》《仪礼》，《大唐开元礼》作了重新规定。[3] 仪式的动力来自在中央官僚机构中任职的吸引力及其回报。正如一千多年后西方传教士所看到的那样，地方仪式的活力是与同时期帝制国家本身的活力保持一致的。然而在古代日本，尽管律令中对于从地方给中央选拔官员的途径作了一些正式规定，但该规定似乎从未真正实现。[4]

---

[1] 《大唐开元礼》卷五十二，第一页上至第三页上（第290—291页）。
[2] 《大唐开元礼》卷五十四，第八页下至第十页下（第302—303页）；卷六十九，第五页下至第六页上（第357页）；卷七十二，第五页下至第六页上（第368页）。
[3] 《乡饮酒义》，参见桂湖村《禮記》，第2册，第690—704页；《大唐开元礼》卷一百二十七，第一页上至第六页上（第603—605页）；Moore，"The Ceremony of Gratitude，" 201-202。
[4] 参见第三章"教育的发展"一节。参考曾我部静雄《日唐の郷飲酒の礼と貴族政治》。

晚唐时期的孔子崇祀

《大唐开元礼》被认为是唐代最权威的礼典。然而，它并没有严格而永久地决定实际操作的细节。[1] 礼典完成后不到十年，即公元739年及740年，皇帝颁布了新的法令，引起了在唐日本学生的注意。739年八月廿四日颁布的法令宣扬了孔子在天地间的卓越地位，宣称其教学为国家之根本。法令强调了释奠的重要性，提升了孔子的等级，并追谥孔子为"文宣王"。《大唐开元礼》中孔子的神座位于孔庙的西墙，此时被移到了朝南的最高礼仪位置。[2] 从此，"自天子至庶民，皆北面，尊之为师"成为一个普遍接受的原则。[3] 事实上，到了宋代，虽然有人建议庙中朝南的位置属于皇家而不是孔子，但被认为是一种谄媚。[4] 在740年，唐朝颁布的另一个法令要求"三公"代表皇帝在京城释奠中"摄事"。[5] 这项法令可能赋予了平安时代日本强大的高级贵族——而不是天皇——对仪式特定部分进行参与的合法性。

然而，唐代释奠的历史并非一直繁荣。孔子崇祀在安史之乱（755—762）后衰落，有证据表明，州县级的释奠仪式被禁止了一段时间。[6] 在唐德宗（779—805在位）时期，仪式有所复兴。然而，仪式原有的活力并没有恢复。从9世纪开始，朝廷与国家的衰落可能对释奠带来了影响。在考察日本古代释奠的发展时，应当注意到释奠在晚唐时期相对衰落的历史。

---

[1] David McMullen, "Bureaucrats and Cosmology: The Ritual Code of T'ang China," 231.

[2] 苏冕、崔铉、王溥《唐会要》卷三十五，第6册，第637—638页；Thomas A. Wilson, "The Supreme Sage and the Imperial Cults: Ritual and Doctrine," 152-153。

[3] 出自杜牧（803—852）的观点，引自David McMullen, *State and Scholars in T'ang China*, 60。此外，《学记》言："大学之礼，虽诏于天子，无北面，所以尊师也。"见桂湖村《禮記》，第2册，第184页。

[4] David McMullen, *State and Scholars in T'ang China*, 60.

[5] David McMullen, *State and Scholars in T'ang China*, 44.陈镐《阙里志》卷六："以三公摄事。"（第七页上）弥永贞三《古代の释奠について》指出，这是为了避免与皇帝的"大祀"发生冲突（第409页）。关于参加释奠的"三公"，参见《月令》，桂湖村《禮記》，第1册，第408页。

[6] David McMullen, *State and Scholars in T'ang China*, 58-61.

第二章

日本的外国神灵与藤原氏、吉备真备及桓武天皇

背景

　　701年二月十四日,根据日历该日为"丁日",孔子这位外国神灵进入了日本的"万神殿"。[1] 有记载以来,孔子首次在日本的土地上得到祭祀。这件事被载入官方史书《续日本纪》(797年成书)中,书中出现"释奠"二字,后有夹注:"释奠之礼,于是始见矣。"[2] 自此,日本开始了对孔子的崇拜。不过,仪式到9世纪才得以完善,此前的一百年应视为一段摸索时期。

　　释奠的引入发生在大唐帝国影响整个东亚的历史时期。在该时期,朝鲜首次接受该仪式,很可能越南亦如此。从7世纪到9世纪,中国及朝鲜发展成就斐然,日本国内因技术引进、生产改善及人口增长而取得进步,不过,同时也受到唐朝领土扩张带来的威胁。在这种情况下,日本的政治及文化领导者试图重塑社会政治秩序,于是加速了中国文化在日本的传播。随着国家建设的进行,社会从一个松散的、以血缘为基础的地方共同体演变为一个更加集中的、以朝廷为中心的政治秩序体系。在天智天皇(668—671在位)、天武天皇(673—686在位)、持统天皇(686—697

---

[1]　释奠、释菜的"丁日"是天干计日中的第四天,三个天干周期(上、中、下)组成一个农历月。仪式被规定在第一个丁日举行,但是因为服丧或其他原因,可以推迟到第二个,甚至第三个丁日。

[2]　《続日本紀》701年二月十四日条,第9页。关于日期的选择,参见宫城荣昌《延喜式の研究》第2册,第561页,引自所功《宫廷仪式书》,第574页,注释10。另参见中野昌代《唐代の释奠について》,第199页。

在位)统治时期,国家通过成文的法律、天皇的治理及首都的建设来维护中央统治。据说新罗移民在这一时期发挥了重要作用,他们对日本社会的发展产生了永久性的影响:首先,"创造了王权意识形态及以天皇为中心的国家";其次,将家世门第的构建作为"朝廷等级制度"的基础,以此来创造一个由家系决定地位的社会。[1]

对于日本人来说,孔子这位外国的神灵闯入了他们熟悉的神灵系统。由于孔子体现了君主制官僚国家的理念,因此对孔子的崇祀成为国家进步的一个重要因素。孔子被赋予丰富的象征意义,其言论被当作维护国家及统治者地位的有力说辞。不过,他在日本以一种具有挑战性的姿态出现,他的语言是外语,祭祀他的仪式需要外来的用具和祭品。最重要的是,祭孔仪式所要神圣化的价值观不同于日本已有的神灵系统,有时甚至是相抵触的。日本的神灵是与天皇、世袭贵族或职业集团的始祖联系在一起的,起到了将世袭地位神圣化的作用。孔子也肯定世袭,但主要是针对世袭君主制,而且认为是有条件的,需要得到"天"的认可。对民众来说,孔子象征着道德、政治、历史知识及文化技能的所有者。对中国或朝鲜比较了解的日本知识阶层会意识到,孔子是学者的神,儒教倡导只有通过了学术考试才有资格行使政治权力。因此,日本的孔子崇拜具有进步性,同时也具有潜在的颠覆性。

701年是日本古代史上的重要一年,是建设中国式国家的里程碑。在第一次释奠之后不久的六月份,日本恢复了与唐朝之间断绝三十年的外交关系。[2] 此事的发展和释奠的引入可能是有联系的。正如后面提到的17世纪中叶仪式的复兴、19世纪初仪式的改革以及20世纪仪式的复兴等,释奠皆是当时的一种外交手段,象征着日本在东亚国家秩序中的地位。[3] 此年也是日本政体改革及中国化的里程碑:当年实施的《大宝

---

[1] Como, *Shōtokuu: Ethnicity, Ritual, and Violence in the Japanese Buddhist Tradition*, 31, 61.

[2] 《續日本紀》701年六月廿九日条,第15页。此前,出发日期因天气恶劣而推迟。

[3] 《續日本紀》记载了在首次释奠的前几天,即701年一月廿九日,由粟田朝臣真人带领的赴唐使节接受了任命(第9页)。

令》为新引入的释奠提供了制度框架。《大宝令》是借鉴中国及朝鲜的法典而制定的一系列行政法中的第三部,编纂的负责人是藤原家族的首领藤原不比等(659—720)。藤原家族是一个有野心的氏族,但此前一直"地位低微"[1]。藤原不比等得到了持统天皇的宠幸,他的女儿成为文武天皇(697—707 在位)的"夫人",藤原家族得以控制皇位。这个新崛起的强大家族对国家建设很感兴趣,他们想建立一种全新的、合理的制度结构,用以巩固其优势地位。[2] 藤原家族的几代人持续领导了这场运动。在努力实现这些目标的过程中,藤原不比等的四个儿子活跃在政界,其中的两位参与了释奠仪式的推广。

　　释奠是古代及中世纪东亚的一种国家仪式,在朝廷教育机构中举行。藤原不比等的《大宝令》为拥有 400 名学生的京城大学——"大学寮"作了详细规定。[3] 到 728 年,该机构的教育课程分为四"道",即文章道、明经道、明法道、算道。其中,文章道在释奠历史中扮演了最重要的角色。在远离首都的各"国"的"国府"及作为朝廷前哨站的北九州"太宰府",都规定设立学校,即"国学"。国学的规模比京城大学寮要小,学生约 20 至50 名,依国之大小而异。这一雄心勃勃的全国性教育体系虽然具有中国特色,但并不是对唐代中国实践的盲目模仿,而是同时受到了朝鲜半岛发展的影响。在 7 世纪的最后十年左右,日本和朝鲜新罗王国几乎每年都互派使节。新罗政权保留了唐代以前的特征,尤其是南朝时期的特征。[4] 不可否认,新罗是很有影响力的。日本早期释奠在礼仪细节方面很可能也受到了这种保守的朝鲜文化的影响。有观点认为,《大宝令》"不是直接参照唐令编写的,而是根据新罗的修订版本编写的"[5]。

---

[1] 《続日本紀》701 年六月廿九条,第 24 页。

[2] Piggott, *The Emergence of Japanese Kingship*, 241.

[3] 以下关于日本早期国家教育的论述参见久木幸男《大学寮と古代儒教》,第 5—39 页。关于平安时代大学寮及其活动的概况,参见 Steininger, "The Heian Academy: Literati Culture from Minamoto no Shitagō to Ōe no Masafusa"。

[4] Ooms, *Imperial Politics and Symbolics in Ancient Japan: The Tenmu Dynasty, 650–800*, 24.

[5] Ooms, *Imperial Politics and Symbolics in Ancient Japan: The Tenmu Dynasty, 650–800*, 17–18.

尽管大学寮位于宫城之外,但它是隶属于式部省的一个部门。大学寮从 8 世纪初就引入了中国模式的考试,与大学寮的主要仪式同时期建立,或者稍晚一些。[1] 这一时期的东亚教育机构以儒学研究为中心,释奠孔子是学校的主要职能之一。《大宝令》中的"学令"规定,由朝廷出资,在京城大学寮及地方国学每年皆举行两次释奠。与中国一样,时间定在农历二月及八月的第一个"丁日"。[2] 值得注意的是,律令中有关仪式的细节规定出现在与学术机构有关的条目中,而不是出现在当时成立的古代日本国家宗教机构"神祇官"的规定中。[3] "神祇官"是日本政体的"中心机构",位于大皇宫的内部。[4] 它负责朝廷及地方级仪式,其中一些朝廷仪式是近期才建立起来的,与释奠一样,起源于中国并与皇室密切相关。但神祇官的作用不止于此,它是支撑"礼仪国家"的机构,形成于日本天武天皇与持统天皇时期。[5] 它将地方仪式与中央联系起来,反映了中央集权化的进程。它也被认为在相反的方向上发挥了重要的作用,即延续了贵族化、特权化、基于氏族的日本传统社会结构。[6]

不过,将释奠排除在神祇官制度之外的做法,应该不是对释奠的一种刻意排斥。日本立法者在许多细节上遵循的是唐令,而唐令同样将释奠放到了对教育机构的规定之下。[7] 然而,这种安排在日本却产生了未曾在中国出现的结果。在中国,国家的仪式程序整体上带有儒教色彩,皇帝本人也对圣人给予了足够的崇敬。而在日本,将释奠从日本"礼仪国家"的核心仪式程序中分离出来,可能会令它更容易屈从于其他离政权中心

---

[1] 与唐代模式的比较参见 Ooms, *Imperial Politics and Symbolics in Ancient Japan: The Tenmu Dynasty, 650-800*, 33-36。有关最早的考试结果,参见久木幸男《大学寮と古代儒教》,第 34 页。相关英文研究参见 Spaulding, *Imperial Japan's Higher Civil Service Examinations*, 9-19。

[2] 《律令》,第 262 页。有研究称,学令的该部分源自遗失的《永徽礼》(永徽时期〔650—655 年〕的礼典),参见翠川文子《释奠(二)》,第 221—222 页。

[3] Naumann, "The State Cult of the Nara and Early Heian Period," 48-51.

[4] Ooms, *Imperial Politics and Symbolics in Ancient Japan: The Tenmu Dynasty, 650-800*, 113.

[5] 关于神祇官及其在奈良时代与平安时代早期的作用,参见 Naumann, "The State Cult of the Nara and Early Heian Period," 47-67。

[6] Richard Miller, *Ancient Japanese Nobility: The Kabane Ranking System*, 11.

[7] 仁井田陞《唐令拾遗》,第 265—271 页。

更近、使等级制度神圣化的宫廷仪式。后来也的确发生了这种情况。直到一千年后的明治维新时期,国立大学的仪式才被日本国家中央宗教机构所掌管。

早期的仪式表演

701 年春季释奠表演的细节没有留存下来。这个始创仪式可能是一个孤立事件,在短命的首都藤原京举行。过了几年后,这种仪式才成为一种常规表演。值得注意的是,首次释奠可能是在学术机构大学寮举行的。大学寮是在天智天皇统治时期创建的,大约在 670 年,其建造者是受到唐代以前文化影响的朝鲜百济王国的移民。[1] 尚不清楚在首次释奠上使用了什么祭品,也不知是否有孔子像。[2] 仪式很可能是在汉语吴音的引导下举行的,因为早在 691 年日本就有了教授儒经中文读法的"音博士"的相关记录。[3]

之后过了四年才再次出现释奠的相关记载。有两份资料显示了藤原氏对该仪式的继续推进。705 年,藤原不比等的儿子藤原武智麻吕(680—737)试图拯救已明显日趋衰落的大学寮,释奠也得以复兴。[4]武智麻吕在 704 年三月被任命为大学寮的司业(副校长)。早期有相关传记描述了他与大学寮及释奠的关系。传记中提到,人们的精力都集中在建设持统天皇的中国式新都城藤原京(始建于 694 年)上,大学寮不再被关注,导致"代不好学,由此学校益废,生徒流散","公(即武智麻吕)入学校,视其空寂"。他认为,礼仪是儒学教育的基础。他引用了孔门弟子宰我的话:"三年不为礼,礼必坏;三年不为乐,乐必崩。"[5] 在武智麻吕复

---

[1] 久木幸男《大学寮と古代儒教》,第 18—20 页。
[2] 参见弥永贞三《古代の释奠について》,第 404 页;户川点《释奠における三牲》,第 205—209 页;上田正昭《杀牛马信仰の考察》,第 19—28 页;翠川文子《释奠(二)》,第 222 页。
[3] 久木幸男《大学寮と古代儒教》,第 17、28、32 页。
[4] 关于武智麻吕的细节皆出自他的传记。延庆《武智麿伝》,第 348—354 页。
[5] 弥永贞三《古代の释奠について》,第 394—396 页;《论语》第十七篇第二十一章。

兴此仪式的过程中,相关的专业知识可能来自学校校长——百济后裔百济王良虞(生卒年不详)。705 年,武智麻吕委任一位有百济血统的高级儒者刀利康嗣为春季释奠撰写了祈祷文。其中提到,此次复兴仪式是为了"垂后生之则"。这篇致孔子的颂词描述了孔子与逆境的抗争,以及孔子试图通过传布学说来改变世界的努力。文中赞美道,尽管出生时,"主昏时乱,礼废乐崩",但"门徒三千,达者七十。……今庙朝魏魏,学校洋洋。褒扬芳德,钻仰至道。神而有灵化,惟尚飨"。[1] 第二个与藤原氏相关的早期释奠记录出现在十年后,即武智麻吕的兄长藤原麻吕(695—737)所作的《五言仲秋释奠诗》,收入诗歌集《怀风藻》(奈良后期作品),诗中对儒教的传布也有了类似的主张:"天纵神化远,万代仰芳猷。"[2]

藤原麻吕的诗有更深远的意义,它反映了六朝时期伴随释奠仪式的诗歌创作实践。对于这种实践在 6 世纪末统一后的中国是否已不复存在,学者间有不同的看法。[3] 不过,日本对释奠诗创作的热情可能来自六朝时期的影响,经由朝鲜半岛传到了日本。值得注意的是,直到 12 世纪初,高丽王朝的朝廷仍保留了在宫廷孔子崇祀中作诗的特色,而这一传统在很久以前就从中国的国家仪式中消失了。[4] 当然,在藤原麻吕的时期,日本受到的影响主要来自新罗,也来自大批归化的百济难民及其在日本的后裔,而不是直接来自唐朝。六朝或朝鲜对古代日本仪式的影响是极有可能存在的,只是很难证明。然而重要的是,释奠诗在中国官方仪式中不再是一个显著的常规元素,而日本朝廷却延续了释奠与作诗之间的联系。[5] 从一开始,中国文化技能的展示就是日本释奠的一个重要元素。

藤原麻吕的这首诗还显示,释奠仪式在其他方面亦遵循六朝的做法,其中之一就是宴会的举行。也就是说,释奠诗与当时的宴会有关。736

[1]　延庆《武智磨伝》,第 354 页。
[2]　《懷風藻》第 97 首,第 160—166 页。福田俊昭推定其时间在 717 年到 721 年之间,参见《平安朝の释奠詩》,第 21 页。
[3]　参见第一章"儒家经典与中国早期的仪式表演"一节。
[4]　郑麟趾《高麗史》卷六十二,第 2 册,第 344 页。
[5]　关于唐代零星存在的宴会与诗歌,参见第一章"儒家经典与中国早期的仪式表演"一节。

年日本萨摩国的一份税务登记簿证实了为参与者准备的宴会的存在。该登记簿记载,当年春秋两季在萨摩国学为"先圣先师"(孔子与颜回)举行了释奠。簿中还列出了为"国司以下学生以上总七十二人"准备的"食料稻、脯、鰒、杂腊、杂果子、酒"等费用。[1] 虽然现存的唐令及仪节中省略了宴会,但宴会仍然是日本释奠的一个显著和永久的特征。这份文件还证实,在释奠传入日本后不到 40 年的时间里,仪式已经传播到一个远离首都的中等规模的地方国了,当然,也应考虑到萨摩国所受的中国大陆及朝鲜半岛的影响。

710 年,首都迁至平城京(奈良)后,应该很快就建立了地点固定的大学寮及孔庙。《续日本纪》中记载,720 年二月十一日的一项法令下令"检校司"和"造器司"两个部门来为"大膳司"和"大炊寮"制作释奠器具。[2] 十年后,在 730 年二月十一日举行的春季释奠仪式中,担任左中弁的中臣广见(生卒年不详)奉命到大学寮传达了天皇对博士及学生业绩的赞赏,并按地位分配了奖赏。[3] 朝廷似乎对仪式感到满意。然而,没有证据表明这一时期的天皇对释奠特别感兴趣。尤其像圣武天皇(724—749 在位)等人则是从佛教中寻找使其统治合法化的意识形态。不过,汉文习得及儒学教育是该时期日本国家建设的重要方面,也是东亚国家先进文化的组成部分。释奠则为这些方面赋予了神圣权威。此时,释奠很可能已成为朝廷每年定期举行的仪式。不过,目前还不清楚它采用了什么样的礼仪形式。

8 世纪中期的释奠:吉备真备

在 8 世纪的前几十年,日本早期释奠可能保留了六朝时期和朝鲜半岛的影响,而不是唐朝的影响,不过,到了 8 世纪中期以后则出现了反转。

[1] 弥永贞三《古代の釈奠について》,第 399—400 页。
[2] 《続日本紀》720 年二月十一日条,第 79 页。
[3] 《続日本紀》730 年二月十一日条,第 121 页。

与唐朝的重新接触带来了国家建设的进一步发展。749 年至 770 年期间，对唐礼的理解与采纳出现了重要进展。对此，两个人物发挥了领导作用，一个是吉备真备（693—775）；一个是吉备的敌对者——藤原仲麻吕（706—764），即武智麻吕的儿子。757 年，藤原仲麻吕实施了《养老令》，该令是其祖父藤原不比等制定的《大宝令》的修订版。

奈良中期的吉备真备极大影响了日本释奠的历史。通过他，"中国文化和制度的直接输入……正式开始"[1]。在日本古代仪式现存文献中，吉备真备与菅原道真（845—903）被认为是两位杰出的人物。尽管他们在礼仪史上的角色不同，但他们有着共同的背景，即都出身于京城官僚机构的低层。两人都是在藤原氏的政治统治期间通过皇帝的直接提拔而晋升到大臣职位的。他们的成就皆基于他们在汉文学习方面的卓越表现，以及在大学寮中成功的职业生涯。实际上，这两人实现了中国儒家关于贤能政治的理想，即统治者与根据功绩提拔上来的有才能的官僚实现协同合作。而释奠正是将该理想进行神圣化的中国仪式，因此更值得分析一下他们与释奠的联系。同时，吉备真备的经历正好也反映了 8 世纪日本释奠发展背后动荡的政治背景。[2] 不过，他与该仪式的关系仍存在不明确之处。吉备真备的父亲是一位"下级武官"，其祖先为地方豪族，但在 7 世纪末及 8 世纪的中央集权时期失去了势力。[3] 可以推测，他的这种境况，加上他卓越的才能及在中国生活的丰富经验，可能使他倾向于把日本国家的儒教化看作一种手段，用来给与他背景相似的人赋予权力。[4] 717 年，23 岁的吉备真备加入了日本第七次遣唐使团，在唐做了近 20 年的学生。他可能在鸿胪寺中私下拜四门助教赵玄默为师，学习《礼记》《汉书》。[5]

---

[1]　Ōsumi, "The Acceptance of the Ritsuryō Codes and the Chinese System of Rites," 74.
[2]　关于吉备真备的生平资料引自宫田俊彦《吉備真備》。
[3]　宫田俊彦《吉備真備》，第 4 页。
[4]　关于吉备家族试图在朝廷立足的努力及最终的失败，参见 Hall, *Government and Local Power in Japan, 500-1700: A Study Based on Bizen Province*, 68-69。
[5]　宫田俊彦《吉備真備》，第 25—27 页。

吉备真备在中国的那段时间正值唐玄宗（713—756 在位）开元时期（713—741）。这是一个王朝自信的盛世，国家礼仪活动达到了顶峰，其中包括对孔子崇祀的支持。吉备真备在中国逗留期间充分接触到了儒教：在抵达唐首都的第 9 天，即 717 年九月十九日，日本使团获得了参观孔庙的许可。[1] 儒教在国家生活中扮演的重要角色应该给吉备真备留下了深刻的印象。

735 年回国时，吉备真备带回了《唐礼》130 卷，即后世佚失的《显庆礼》（显庆时期〔656—669〕的礼典）。[2] 737 年，执掌政治并推行中国制度的藤原不比等的四个儿子皆死于天花。随后藤原氏暂时退出政权，这段时期吉备真备的地位逐渐显赫。他最初在大学寮任职，担任副校长。他参与了汉字发音的改革，即用标准的长安京城"汉音"代替"吴音"，这一变化影响了释奠举行时使用的语言。[3] 到了 738 年，即吉备回国的三年后，仪式得到了完善，并成立了新的"别式"（独立的仪式规定）。其内容不明，不过很可能反映了吉备真备的影响。[4] 741 年，吉备真备被任命为皇位继承人阿倍内亲王（718—770 年；749—758 年在位，名为孝廉天皇；后重祚，764—770 年在位，名为称德天皇）的老师，教授经典。743 年至 747 年，吉备真备担任春宫大夫，掌管东宫事务。747 年至 749 年间，吉备真备担任右京大夫，据说在此期间建立了一所学校，即鲜有文献记载的"二教院"。[5] 乍看之下，这可能体现了吉备真备的一种意图，即培养受过儒学教育的官员，也就是吉备曾在中国接触过的所谓学者官僚。不过，"二教院"这一名称表明其不是单纯的儒学教育机构，而是佛教和儒学教育并行的机构，与后来空海（774—835）创立的综艺种智院相类似。也许和同时代的大部分人一样，吉备真备并没有专门地致力于某一种信仰。此外，有研究认为，二教院关乎奈良时期藤原氏与非藤原氏贵族、皇室成

---

[1] 《册府元龟》卷九百七十四，引自宫田俊彦《吉备真备》，第 22 页。
[2] 弥永贞三《古代の释奠について》，第 398 页。
[3] 宫田俊彦《吉备真备》，第 40 页。
[4] 《令集解》，日期为 738 年，引自弥永贞三《古代の释奠について》，第 398—400 页。
[5] 久木幸男《大学寮と古代儒教》，第 167—169 页。

员之间的派系斗争。历史学家久木幸男指出，当时的中央大学寮被藤原仲麻吕控制，而吉备真备的二教院为另一方派系的利益服务，成为"反藤原氏的基地"[1]。不过，这并不意味着日本政体中有强烈的推进儒教体系的意图。应该注意到，从8世纪20年代到50年代，佛教是日本国家的主要思想基础。[2]

748年，释奠的"祭服、器具及仪式程序"得到了改革，从一些间接依据及吉备真备的传记中，可以合理地推测此次改革与吉备真备有关。不过，改革的具体内容不详。[3] 有研究认为，这可能也是对藤原仲麻吕的一种挑战。[4] 如果是这样，这种挑战是不成功的：749年，藤原仲麻吕重掌政权；第二年，吉备真备被流放到九州。二教院很可能被关闭。[5] 751年，57岁的吉备真备作为遣唐使的副使再度赴唐。据推测，753年吉备真备返回日本时，可能带回了《大唐开元礼》这部732年在中国颁布的礼典。该礼典在奈良后期发挥了很大的影响力，并为后来的日本官方释奠提供了礼仪参照。[6] 遣唐使应该还带回了中国释奠其他最新修订版本的信息。[7] 据说，吉备真备还从唐朝的教育与参议机构"弘文馆"带回了一张圣人像，并将其置于太宰府的学校"学业院"中。[8]

764年，藤原仲麻吕发动叛乱后被杀。吉备真备运用中国兵法镇压了叛乱，在随后的非藤原时期再次显赫起来。从764年开始，佛教僧侣道镜（？—772）开始占据政治优势，但没有构成对吉备真备的挑战。766年，由于"自朕太子之时即为师，教悟历多年"，吉备真备被他以前的学生

---

[1] 久木幸男《大学寮と古代儒教》，第169页。
[2] 参见 Piggott, *The Emergence of Japanese Kingship*, chap. 7, "Shōmu Tennō, Servant of the Buddha"。
[3] 《続日本紀》748年八月五日条，第196页。参见其传记中关于775年十月二日的记载（第423—434页）。
[4] 久木幸男《大学寮と古代儒教》，第169页。
[5] 久木幸男《大学寮と古代儒教》，第169页。
[6] 弥永贞三《古代の釈奠について》，第398页。
[7] 弥永贞三《古代の釈奠について》，第400、403页。
[8] 关于该像及颜回像，参见翠川文子《釈奠（二）》，第221页。

称德天皇任命为右大臣。[1] 吉备真备精通中国学术文化,曾担任天皇的老师,并且与天皇的关系一直很亲近;此外,他在佛教政治氛围中持有儒佛融合的立场——可能是以上这些因素帮助实现了称德天皇对大学寮春季释奠的"临幸"。[2] 这是日本古代在位君主参加释奠的唯一记录。仪式的细节没有被记录下来。不过,《续日本纪》记载了仪式上对主要参与者的奖赏。有人得到了晋升,包括作为"座主直讲"的帝师麻田真净、音博士袁晋卿(735 年吉备真备首次赴唐时随其返日的中国人,后来任大学寮校长)以及作为"问者"的大学寮初级秘书浓宜公水通等;此外,还有品级相同的十七名赞者、博士及学生。[3] 弥永贞三指出,在仪式的"讲论"阶段,各司仪的头衔与四五世纪的中国讲学有相似之处,因而这种讲论可能反映的仍旧是六朝时期的影响(图 2.1)。[4]

天皇出席释奠后的 768 年,曾在中国学习的助教膳大丘建议,将孔子的称号改为"文宣王",以便与唐朝 739 年以来的做法保持一致。[5]在吉备真备死后,仪式出现了进一步的更新。曾随 777 年的遣唐使到过中国的伊与部家守(?—800)在 778 年或之后不久建议,将圣人改为面南,即皇帝的礼仪方位。此事在儒者中引起了争议,直到对经典文献及唐朝实践进行了详尽的调查后,争议才得以解决。圣人方位的重要变化在唐朝发生在大约 40 年前,也就是吉备真备第二次赴唐之前,那为什么吉备真备生前没有在平安京推行这种做法呢?可能与后来的日本儒者一样,他反对这种改变。也许正如他的佛儒融合立场所反映的那样,他对儒教的信仰具有一定局限,故而没有去提升孔子的地位。[6]

---

[1] 《続日本紀》766 年十月廿日条,第 336 页;宫田俊彦《吉備真備》,第 200 页。原文非汉文。

[2] 《続日本紀》767 年二月七日条,第 340 页。关于天皇的礼仪角色没有明确规定。

[3] 《続日本紀》767 年二月七日条,第 340 页。

[4] 弥永贞三《古代の釈奠について》,第 401—403 页。

[5] 《続日本紀》768 年七月三十日条,第 357 页。该条记录了这一变化背后的情况。参见翠川文子《釈奠(二)》,第 221 页。

[6] 弥永贞三《古代の釈奠について》,第 403 页;翠川文子《釈奠(二)》,第 221 页。

图 2.1　讲论

《释奠之图》绘卷中的一个场景。由爱知县丙尾市岩濑文库提供。图中在两位学生的簇拥下，音博士端坐在大学寮讲堂中央的显著位置，他负责监督仪式中的中文口语发音。

　　吉备真备死于 775 年。他无疑是释奠的重要推动者,不过他的具体贡献仍有待研究。虽然没有确切证据,但他很可能实施了《开元礼》版本的释奠。《开元礼》的影响体现在该时期引进的其他宫廷礼仪中,例如仿照唐代"册书"的"宣命",以及"节会""射礼"等。[1] 正如前面提到的,吉备真备可能把儒教当作一种获得权力的手段,尤其是对像他那样出身低微的人。如果是这样的话,那么他只能算是成功了一半。他的职业生涯属于约翰·惠特尼·霍尔(John W. Hall)所说的"昙花一现"型,也就是说,有些"能力出众"的人在朝廷中缺乏强大的权力基础,只能拥有"短暂的成功"。[2]

　　吉备真备比他的支持者称德天皇(卒于 770 年)多活了大约 4 年,其间,道镜失去了权势并被流放。日本避免了成为佛教国家的可能,并且采取了措施以保护皇祖神崇拜免受佛教的冲击。在动荡的奈良时期,吉备真备基本上支持君主一方。不过,他没有能力或者也不想利用光仁天皇(770—781 在位)统治早期可能出现的任何真空来提升儒教在政体内的地位。在一生的大部分时间里,他自己也卷入了奈良宫廷中混乱的派系纷争,这可能妨碍了他在政治上更广泛地推动儒教事业。此外,他的政治活动时期正值佛教的支配时期,佛教成为赋予国家以正统性的主要意识形态传统。很可能吉备真备自身地位太不稳固,权力基础太薄弱,且对佛教势力的依赖太大,以至于无法在日本政体内实施彻底的儒教思想。

桓武天皇的统治

　　接下来的几十年之内,强有力的桓武天皇(781—806 在位)实现了长期统治,并进行了连续的迁都:784 年迁至长冈京,[3] 794 年迁至平安

---

[1]　古濑奈津子《日本古代王権と儀式》,第 58—70 页。

[2]　Hall, *Government and Local Power in Japan*, *500-1700: A Study Based on Bizen Province*, 71.

[3]　有关桓武天皇的生平资料引自村尾次郎《桓武天皇》。

京。桓武统治时期,宫廷及政治的中国化势头进一步增强。在这段时期,日本天皇"越来越接近中国皇帝的行事方式"[1]。作为一个强大的独裁者,桓武天皇可能会像中国及朝鲜的统治者那样认识到,天皇的权力可以通过天皇与官僚的联盟来加强,这个联盟可以绕过世袭的高级宫廷寡头首领,择优选拔有能力的专业官僚。桓武天皇是光仁天皇的儿子,母亲是移民出身。他的职位起步于相对较低的宫廷级别。766 年,他曾短暂地担任过大学寮校长一职,级别为从五位上。[2] 他在大学寮的职业经历可能会促使他赞同该机构声称的在培养行政才干方面的重要作用。事实上,在桓武天皇统治时期的 794 年十一月七日,支援学生的"劝学田"增加了三倍以上,增加的理由基于"古之王者,教学为先"这一无可置疑的儒教观念。[3]

桓武天皇意识到了中国儒教仪式在使帝王地位合法化方面的潜在价值。有记录显示,在 785 年十一月十日和 787 年十一月五日,他皆派遣特使前往新首都以南的"交野"地区,仿照唐代郊祀礼在圆丘上祭祀昊天,以其父作为配祀。[4] 这些仪式在日本没有先例,具有重要的政治意义。交野位于新首都的"南郊",按照中国的习俗,这是举行祭天仪式的合适场所。该地也与桓武天皇的母系家族——朝鲜移民后裔"百济王氏"的权力基础相关。此外,据说桓武天皇悉知中国儒家的"天命"理论。他与父亲属于天智天皇的后代,不属于此前统治了一百多年的天武天皇的皇族一系,他们的加入代表王朝统治的血统发生了重要转变。唐代郊祀礼将王朝的创始人(太祖或高祖)作为昊天的配祀,而桓武天皇祭祀这样一位陌生而超然的天神并以自己的父亲为配祀,似乎意在为他的儒家式君主地位赋予新的合法性,并将父亲和自己作为儒家天命的接受者予以神圣化。有观点认为,桓武天皇可能看好儒教,以此巩固自己的独裁统治。

---

[1] Ōsumi, "The Acceptance of the Ritsuryō Codes and the Chinese System of Rites," 77.

[2] 村尾次郎《桓武天皇》,第 25 页。

[3] 《日本紀略前篇》794 年十一月七日条,第 268 页;久木幸男《大学寮と古代儒教》,第 64 页。

[4] 这段话引自林陆郎《長岡平安京》,第 11—22 页。

有研究指出,在他的统治期间,"儒教变成了一种王权意识形态"[1]。然而,如果桓武天皇真的打算把日本君主制建立在儒教的基础上,那么只能说,他和他的继任者都没能使该事业长久地维持下去。有间接证据表明,交野的祭天仪式持续到了平安时代早期,随后被长期中断,后来出现在856年的记录中,当时亦由特使代行,以光仁天皇为配祀。[2] 不过此后,该仪式从日本历史中消失了。

没有证据表明,桓武天皇将释奠视为一种将日本的儒学学习崇高化和神圣化的资源。释奠从历史记录中消失了。后来,在承和时期(834—848)的亲华氛围中,有记录称释奠"其后八十余年,废而不行",可见天皇对仪式一直没有支持。[3] 桓武天皇对释奠的明显忽视呈现出一种悖论,对这种悖论的探索能够揭示日本释奠历史上反复出现的主题。

天皇兴趣的明显丧失可能有以下几点原因。首先,尽管有学校任职经验,但从性格上看,桓武天皇似乎更喜欢军事,而不是学术。[4] 他的更大目标在于北方的平定及地方国行政的彻底改革,也许他认为,与他的目标相比,学术机构的相关礼仪政策是次要的。他似乎已经意识到日本国家的公共道德观正在开始衰退,但他的反应是加强军事的权威,而非文事。[5] 虽然他自己的统治相对来说不受藤原氏寡头的直接操纵,但桓武天皇能当上皇太子及天皇当然也要归功于藤原氏的支持。[6] 他可能不愿意去挑战高级贵族中按家系建立起来的等级制度。桓武天皇的传记中记载,当一次不符合世袭地位的晋升遭到反对时,他放弃了这种晋升。[7] 此外,他可能也受到了安史之乱后中国仪式本身相对衰落的影响。另外,尽管在伊势控制住了佛教的影响,但仍有来自佛教的持续竞争。桓

---

[1] Ōsumi, "The Acceptance of the Ritsuryō Codes and the Chinese System of Rites," 76.
[2] 林陆郎《長岡平安京》,第13页。
[3] 林陆郎《長岡平安京》,第13页。
[4] 村尾次郎《桓武天皇》,第13页。
[5] 村尾次郎《桓武天皇》,第67—77页。
[6] 桓武天皇尤其亲近藤原氏支族之一的"式家"。参见村尾次郎《桓武天皇》,第41—42页。
[7] 村尾次郎《桓武天皇》,第88页。

武朝廷虽然警惕奈良寺院的机构势力，但仍然支持佛教。就像儒教一样，佛教成为维护统治威严的礼仪来源。在桓武天皇统治期间，确立了《最胜王经》的七天讲经（"最胜会"）这一"平安仪式年历中规模最大的年度仪式"[1]。

此外，还有其他潜在的制约因素。在这一时期，首先可以察觉到儒教仪式和与之竞争的"本土"宗教实践之间的紧张关系，这种对立后来成为日本释奠历史上的一个主题。可以推测，儒教在某种程度上被视为对寡头政治现状的威胁。虽然桓武天皇采纳了中国皇帝的仪制，但也遇到了困难。据说，他曾打算为他的父亲行三年的儒家服丧之礼。不过，三年的服丧会损害对伊势神宫的崇祀，由于害怕招致神灵的不满，他被迫缩减了服丧之礼。[2] 他渴望扮演儒家式皇帝的角色，然而在日本，天皇作为太阳女神的后裔被神圣化，是日本传统社会的象征领袖与合法者，这一角色显然与儒家皇帝的角色相冲突。这种冲突，无论是在此处，还是在后来的各种形式中，都可以被解释为日本社会内部社会政治紧张的折射。在价值层面上，可以将其视为儒家理性的普世价值与世袭的亲缘特殊主义之间的冲突。

此外，与释奠仪式更直接相关的一点是，桓武天皇对那些被认为或被宣称为"中国式"的习俗较为敏感。例如791年及801年，伊势、近江、美浓、若狭、越前、纪伊等国颁布了禁令，禁止"杀牛祭汉神"这一"根深蒂固"的民间崇祀。[3] 讽刺的是，禁令的推动力可能来自日本统治者用以建立统治意识形态的中国风水观。桓武天皇是较为迷信的。[4] 由于他出生在牛年，因此他"特别忌讳牛的杀戮与死亡"[5]。他一定知道，中国

[1] 黑崎辉人《日本古代の神事と仏事》，第65页。
[2] 村尾次郎《桓武天皇》，第13页。
[3] 《続日本紀》791年九月十六日条，第555—556页。《日本紀略前篇》801年四月八日条，第276页。
[4] 关于桓武天皇的迁都，参见林陆郎《長岡平安京》，第18页；Toby，"Why Leave Nara? Kammu and the Transfer of the Capital"。关于早良亲王及其"怨灵"，参见Blacker，"The Angry Ghost in Japan，" 53。
[5] 《国史大辞典》，第3册，第935—936页。

原有的京城释奠是以太牢为祭品的,即一头牛、一头羊和一头猪。虽然类似的禁令早前就有,但此时的释奠采用以鹿代替牛、羊、猪的做法,可能就源于桓武天皇的忌讳,即其出生年份与释奠中供奉的牛之间存在矛盾。[1] 有考古证据证明桓武时期确实曾以鹿为祭品。一份"奈良时代末期"的出土木简上刻有"鹿宍【在五脏】"的字样,被认为是释奠中的肉类牺牲。[2] 到了后来,日本释奠皆以鹿为牺牲,如颁布于 927 年的《延喜式》(延喜期间〔901—923〕的法典)中即有相关规定。[3] 在 8 世纪的最后几十年及 9 世纪初,不管释奠祭品的替代及天皇对释奠支持的减少是否是由桓武天皇的迷信导致的,在天皇专制统治的这几十年里,仪式十分低调。这表明,释奠及其象征的价值受到天皇喜好的影响,具有不确定性。

尽管明显缺少天皇的支持,但在桓武统治时期,释奠似乎还是得到了维持。793 年的一条法规("格")指出,近年来反复出现的一个问题是,从外地运来的已被切割的牺牲祭品具有在仪式前就腐烂的风险。然而,"祭礼之事,洁净为本。又割牲体,明在礼法"[4]。最终,牺牲被要求以完整的形态运送到祭祀场地。可以看出,释奠在大学寮中继续被悄无声息地举行着。

总之,桓武天皇个人对释奠有着明显的冷漠,或者说不信任,他未能开发仪式的潜力。此外,他对儒教抱有矛盾心理,这些都标志着释奠在日本历史上迎来了一个重要节点。本书接下来将探讨日益寡头化与世袭化秩序的建立,探讨日本人对释奠长久持续的矛盾心理,以及由此产生的对释奠仪节的修改。

[1] 出于宗教理由,7 世纪颁布了禁止屠宰马和牛的禁令;740 至 741 年以民生和实际价值为理由颁布了类似的禁令。荒木敏夫《伊場の祭祀と木簡、木製品》,第 264—265 页。
[2] 戶川点《釈奠における三牲》,第 206—207 页。
[3] 《延喜式》,第 516 页。
[4] 《日本三代實録》793 年五月十一日条,第 598 页;戶川点《釈奠における三牲》,第 206 页。

第三章

9世纪的寡头政治、矛盾心理与文化展示

教育的发展

专制的桓武天皇的去世标志着日本释奠早期历史的转折点。不过，采纳唐礼的热情一直持续到平安时代初期。[1] 820年，天皇的礼服采纳了中国皇帝"衮衣绣裳"中的图案，象征儒家的至善宇宙。这些纹样后来被用于圣像章服上（图3.1）。[2] 尽管唐朝衰落了，但日本人仍然对中国的发展保持关注，大学寮偶尔也会受到中国方面的革新影响。例如在860年，大学寮课程中采用了唐玄宗注解的《孝经》版本。[3] 从制度上讲，大学寮实现了发展，学生人数增加到300人左右，财政靠学田来保证。[4] 朝廷内可以举行关于儒家学说的辩论。[5] "公卿"（高级贵族）的教育水平得以提高。8世纪时没有公卿接受过大学教育，而在801年至850年间，有13.3%的公卿接受了大学教育；在851年至900年间，上升至18.9%；在10世纪上半叶，上升至27%；此后这一比例下降。[6] 下级贵族则有更多的学习机会，"在平安时代早期，大学教育受到鼓励，与以前相比，出身较低及

---

[1] 古濑奈津子《日本古代王権と儀式》，第70页。

[2] 这些图案有时减少为九个。有的圣像章服使用这些图案，见图7.1。唐代皇帝礼服中亦使用这些图案。参见 Ooms, *Imperial Politics and Symbolics in Ancient Japan: The Tenmu Dynasty, 650–800*, 122-123。关于经典中的记录，参见《尚书·益稷》。上衣为"日、月、星辰、山、龙、华虫"，下裳为"宗彝、藻、火、粉米、黼、黻"。

[3] 《日本三代實錄》860年十月十九日条，第55—56页；狩野直喜《読書纂餘》，第135页。

[4] 896年的数据。久木幸男《大学寮と古代儒教》，第104页。

[5] 久木幸男《大学寮と古代儒教》，第276—278页。

[6] 久木幸男《大学寮と古代儒教》，第221页。

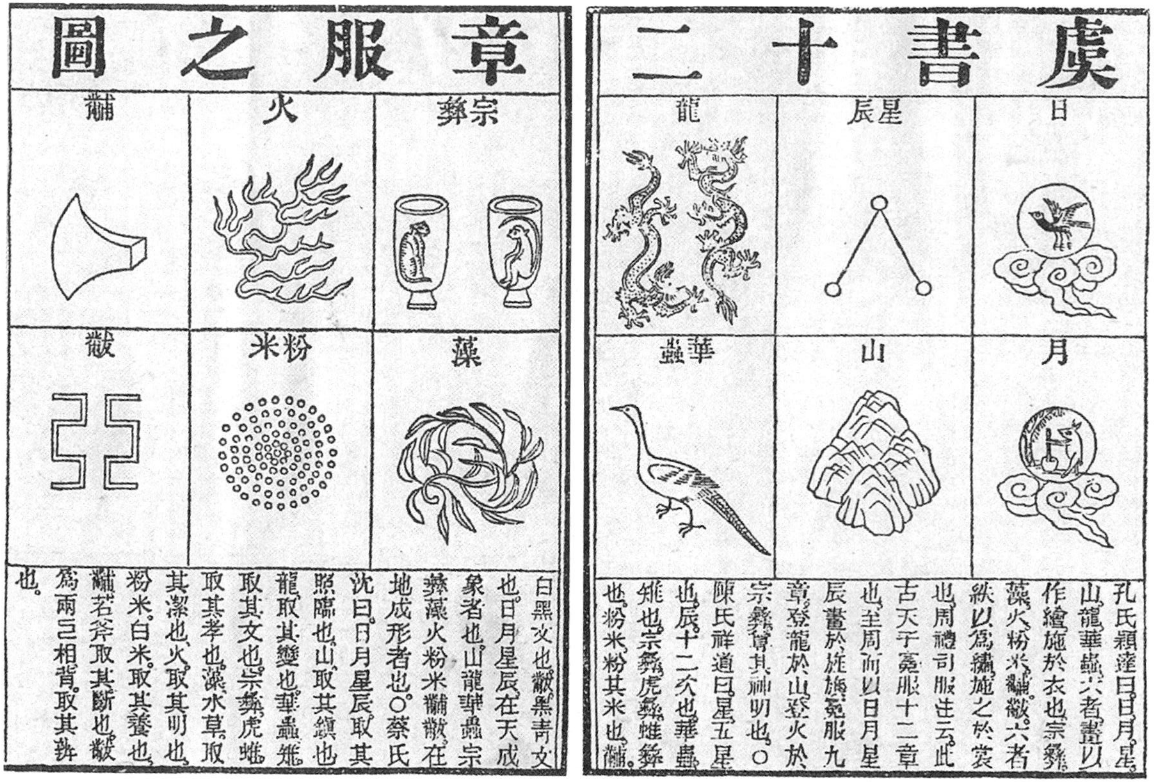

图 3.1　十二章服之图

该图为《尚书》中的一幅木版插图，引自 Chavannes, *Memoires historiques de Se-ma Ts'ien*。由牛津大学博德利图书馆提供。

这些图案象征至高无上的权威，不仅出现在东亚帝王或统治者的衣袤上，也出现在孔子的衣袤上。

地方出身的人成为官员的机会增加了"[1]。最重要的是,大学寮实施了考试制度,这是儒教国家实施教育的一个重要方面,与释奠有着协同效用,据说其"标准相当高"[2]。这一时期出现了日本"文人派",皆为社会地位相对较低的朝臣和官员,其中,菅原道真是晚期的一个代表。至少从表面上看,这些人是中国唐代士大夫的同道,是释奠的创造者和表演者。

京城的这些发展显示,相关的中国学问、儒教及释奠本可以蓬勃发展。然而,桓武天皇的专制统治让位给了寡头政治。桓武天皇的儿子平城天皇(806—809 在位)、嵯峨天皇(809—823 在位)、淳和天皇(823—833 在位)以及桓武天皇的孙子仁明天皇(833—850 在位)据说还保留了一些个人权力。[3] 不过,日本天皇统治地位的演变与中国不同。虽然天皇仍然是威望的来源,但他的权威变成了象征性的、仪式化的、神圣化的。对行政的直接控制权移交给了担任摄政的政治寡头藤原氏,这一事态发展不利于唐式释奠的发展。

中国化的潮流遇到了阻碍。对中国制度的采用体现出灵活性,日本人自身的偏好得以彰显。后世出台的"格"(律令的修正令)及"式"(律令的实施细则)对中国制度进行了调整。以考试为基础的中国式官职制度受到了日本社会政治秩序顽固世袭性及先赋性的限制,遇到了现代历史学家所称的"不可逾越的障碍",即"考试与世袭特权之间的不可调和"[4]。官职品级的世袭制度——"荫位"制使高层人物的后代享有特权。基于儒家经典的考试不再被认为拥有政治潜力,人们的关注点转向了文化方面。在学术上,"文学的研究逐渐取代了迄今为止作为大学核心的儒学研究"[5]。文章博士的数量增加了,他们的宫廷品级从"正七位

---

[1]　古濑奈津子《日本古代王権と儀式》,第 436 页。

[2]　久木幸男《大学寮と古代儒教》,第 184 页。

[3]　McCullough, "The Heian Court, 784-1070," 33.

[4]　Spaulding, *Imperial Japan's Higher Civil Service Examinations*, 16.关于世袭地位在考试制度中的支配性作用,参见久木幸男《大学寮と古代儒教》,第 89—102 页。

[5]　久木幸男《大学寮と古代儒教》,第 82 页。以下对大学内部发展的总结参见久木幸男的研究。

下"上升到"正五位下"。[1] 此外,还有法令试图将文学课程的入学条件限制在世袭品级的五位及以上。[2] 尽管这种"贵族化"在9世纪后期有所缓和,但儒家大学寮的运作与更广泛的政体一样,遵循了按出身定等级、官位世袭的总体趋势,这对它原本主张的任人唯贤的功能带来了严重影响。学术职务的世袭制从9世纪下半叶开始确立起来,这否定了有效高等教育机构中最根本的普遍主义择优原则。895年,有法令允许知名学者的后裔不经考试即成为"国博士"(地方国的博士)。[3]

此外,对有效考试制度带来破坏的还有"私学"(私立学校)的发展,历史上最有名的是菅原家族的"山阴亭"。[4] 与此变化相关的是基于不同家族的寄宿设施"别曹"的出现,它类似于牛津、剑桥等大学的寄宿学院。但别曹是由"氏"(贵族亲属团体)组成的,由"氏之长者"(家族首领)及其手下进行管理。[5] 这是一种法律允许的手段。通过这种手段,拥有世袭特权的学生获得了任官时所必需的寄宿资格条件,同时仍能享受特殊教育。[6] 别曹使有世袭资格的人能够支配高层官僚机构。从10世纪开始,一种称为"院举"的制度得到了发展,在这种制度下,有人"可以在别曹的推荐下,不经过正式考试就被授予地方国级别的行政职位"。[7] 其中最重要的是为藤原氏建立的"劝学院",成立于821年,是藤原冬嗣(775—825)为其亲属而出资援建的。[8] 别曹还负责管理藤原氏的寺庙与神社,包括兴福寺、春日神社、大原野神社、吉田神社、鹿岛神社与香取神社,处理佛教与神道相关事务,如宗教仪式、建筑的修葺及争

---

[1] 久木幸男《大学寮と古代儒教》,第81页。
[2] 久木幸男《大学寮と古代儒教》,第92—93页。这项限制见于820年的政府法令,引用的是唐代关于昭文馆和崇文馆的准入条件,表明唐朝仍作为参照基准在发挥作用。
[3] 久木幸男《大学寮と古代儒教》,第101页。
[4] 该校由菅原清公(770—842)创建,主攻文学研究。至其孙菅原道真的时候,已培养了约100位文章生或得业生。一些高级贵族认为菅原学校的教育可以代替大学寮本身。久木幸男《大学寮と古代儒教》,第177页。
[5] 久木幸男《大学寮と古代儒教》,第145页。
[6] 久木幸男《大学寮と古代儒教》,第136页。
[7] 久木幸男《大学寮と古代儒教》,第140—141页。
[8] 劝学院成为别曹的日期尚不明确,可能是871年。久木幸男《大学寮と古代儒教》,第136页。

端的解决等。[1]

　　由此,在举行释奠的大学寮内,一个由世袭寡头创建并为其利益而服务的、以亲属为基础的特殊机构挑战了中国制度的普遍主义理念、考试的公正效力及释奠仪式的精神。[2] 原版唐礼中有活力的"社会戏剧"、由理性学习传统带来的皇帝与未来官员之间的创造性紧张关系有可能变得无关紧要,仪式与考试制度之间的协同效用遭到了破坏。如果原来的仪式想要在新的日本环境中站稳脚跟,以使释奠不至于成为一个失败的礼仪,那么就必须对仪节进行修改。对这种困境的反应是矛盾的:一方面,仪式被保留了下来,因为它有利于最高统治权的合法化、国家的美化,是对文化成就的一种宣扬;另一方面,9 世纪的日本释奠牺牲了原始中国版本中有活力的信念,适应了日本世袭的、寡头的环境。这种矛盾的反应是形成性的,它影响了明治维新以前整个释奠的历史。

　　远离京城的地方国学及其释奠经历了复杂的命运。由于人员问题,地方国学的总数在 721 年缩减到了 13 所。[3] 不过,在 779 年,朝廷法令要求将学校数量增加到每个地方国各一所。[4] 然而,合格人员的配备仍然是个问题,而且地方国学的毕业生很少能参加京城的国家考试。虽说到 8 世纪末,即使是无品级的"白丁",原则上也没有被剥夺这种机会,但是,京城和地方国之间的联系仍然是十分薄弱的。中国的国家教育将各州县与中央政府联结成一个整体,而在日本,这种联结未能充分实现。唐朝规定,地方学校的毕业生可以作为"贡生"赴京城参加进一步的考试,进而被任命为官员。前文亦提到,出发前,他们要参加一场儒家的宴饮之礼,即"乡饮酒"。[5] 但是,在古代日本,将地方国的人员纳入中央朝廷的做法最多也只有微小的发展。虽然日本律令中出现过这种任职方式,

---

[1]　久木幸男《大学寮と古代儒教》,第 149 页。
[2]　有一些来自非藤原氏的反对。久木幸男《大学寮と古代儒教》,第 135 页。
[3]　久木幸男《大学寮と古代儒教》,第 157 页。
[4]　久木幸男《大学寮と古代儒教》,第 159 页。
[5]　参考第一章"开元礼中与孔子崇祀相关的其他仪式:视学、束脩与乡饮酒"一节。

但宴饮之礼并未被有效采纳。"从地方纳士的唐代制度沦为一纸空文,其中隐藏着藤原贵族政治形成的重要原因"[1]。

仪式的建立

可能正是由于这些矛盾的发展,9 世纪的日本孔子崇祀才取得了进步。首先,朝廷内部仪式文化的改变影响了释奠。中国礼仪的渗透改变了仪式语言的运用,"平安时代初期,'所作'(礼仪姿势)从'跪礼'变成了'立礼',从四拜与拍手变成了两拜与'舞踏'"[2]。后一种变化在嵯峨天皇统治时期的"元日朝贺"(新年觐见天皇仪式)中已经出现了。[3] 古代日本流传下来的最早的释奠仪节为约 872 年创立的《贞观仪式》中残缺不全的"释奠公论之仪"。其中规定,包括学生在内的学校人员要对皇太子行标准的唐式"再拜"礼。[4] 很容易联想到,这种适度的尊重可能暗示了儒学教育赋予官僚及学界成员的权力,因为站着行礼"基本上象征着一种平等的关系"[5]。在日本后来的释奠历史中反复出现类似的个人赋权主张。然而,也有明显的例外。在 9 世纪初,当学术官员被召集到天皇面前进行"内议论"(宫廷辩论)时,仍然需要对天皇行一种程度更深的传统敬礼。

与此同时,830 年,《大唐开元礼》每年两度的校内释奠仪节最终在大学寮中被采纳,这得益于该仪节在《弘仁式》(弘仁年间〔810—824〕的法典)"大学式"(现已佚失)中的颁布。[6] 弥永贞三认为,除了孔子和颜

---

[1] 曾我部静雄《日唐の郷飲酒の礼と貴族政治》,第 581 页。
[2] 古瀬奈津子《日本古代王権と儀式》,第 59 页;Ōsumi, "The Acceptance of the Ritsuryō Codes and the Chinese System of Rites," 77.
[3] Ōsumi, "The Acceptance of the Ritsuryō Codes and the Chinese System of Rites," 77.
[4] 《贞观仪式》,第 183—184 页。也被称为《仪式》。该文本是在 871 年或 872 年提交给朝廷的,现存文本是原作的一个片段。弥永贞三关于其年代的推测参见《古代の釈奠について》,第 458—459 页。有关该文的问题总结,参见《国史大辞典》,第 7 册,第 470—471 页。
[5] Ōsumi, "The Acceptance of the Ritsuryō Codes and the Chinese System of Rites," 77.
[6] 弥永贞三《古代の釈奠について》,第 406 页。根据 860 年和迩部宅继的请愿书作出的推断。《日本三代實録》860 年十二月八日条,第 62 页。

回外,"大学式"中还确立了另外九位先哲("九哲"皆为孔门弟子)为受祀者。[1] 后来的实践表明,与唐代的习惯不同,不管皇太子是否在场,日本的定期释奠表演都包含了祭祀仪式后举行的讲论。不过后来,皇室成员再次表现出兴趣。据早期的传记记载,在释奠被忽视了"八十余年"后,仁明天皇(833—850在位)时期的皇太子、在842年的藤原政变中下台的恒贞亲王(825—884)带领"百官修奠礼",复兴了这一仪式。[2] 仪式之后举行了赋诗,皇太子将当时的诗歌汇成了一部诗集。只可惜皇太子的礼仪角色不得而知,也不知他是否向孔子献祭。不过,现存最早的一组仪节——前面提到的《贞观仪式》似乎有可能是为此次释奠而起草的。值得注意的是,仪节要求皇太子在仪式的祭祀阶段结束后才到场。可能是由于皇室的支持,也可能是由于中国诗歌的流行,释奠在接下来的几十年里聚集了相当的人气。《日本三代实录》记载,在885年的春天和翌年的秋天,所有"公卿大夫"都参加了孔庙的敬拜仪式。[3]

仪式偶尔会出现一些困难和不规律,其中很多都与"触秽"有关。877年秋,有母狗在大学里产子,原本因"天皇圣体不豫"而推迟的仪式被取消了。[4] 879年,秋季释奠被取消,因为两天前一位官员在大学校舍内突然去世了。[5] 884年,秋季释奠因为"主水司"(水务部门)的一匹母马流产而推迟,当仪式终于举行时,又被雷鸣打断了。[6] 887年的秋季释奠被取消了,因为就在不久前,一位官员在检查朝廷建筑的维修工作时受地震惊吓而死。[7] 此外,牺牲鲜洁度的问题再次出现。885年末,有诏书提到了793年的法规,并下令再次提交鲜洁的牺牲,原因是"而今诸卫牲,腐臭尤甚,弃而不可用"[8]。不过,对这些不合规行为的记录表明,

---

[1] 弥永贞三《古代の釈奠について》,第407页。
[2] 《恒贞亲王伝》,第47页;弥永贞三《古代の釈奠について》,第436页。
[3] 《日本三代實録》885年二月一日条及886年八月一日条,第581、615页。有关公卿出席的更多信息,参见翠川文子《釈奠(三)》,第201页。
[4] 《日本三代實録》877年八月十九日条,第410页。
[5] 《日本三代實録》879年八月十日条,第456页。
[6] 《日本三代實録》884年八月十九日条,第570页。
[7] 《日本三代實録》887年八月六日条,第637页。
[8] 《日本三代實録》885年十一月十日条,第598页。

仪式在传到日本的第二个世纪里,已成为一种常规活动。

在地方国的级别,也有一些关于仪式执行的证据。820 年前后的《弘仁式》包含对地方国进行详细规定的"诸国式",其中规定了参加国学释奠的人在崇奉"先圣先师"时使用的祭品与食物。[1]《日本纪略》833 年的一条记录记载,加贺国委托制作了两幅"先圣先师"的画像。[2]《续日本后纪》(869 年成书)849 年秋的一条记录记载了天皇谅暗(居丧)期间于"五畿七道"暂停释奠的法令,表明释奠是一种常规仪式表演。[3] 不过,尚不存在全国性的仪节规定。三十年后,播磨国博士和迩部宅继(平安时代早期)在一份建议书中指出:"凡厥诸国相犯者多。或称大学例,用风俗乐;或据州县式,停止音乐。唯任人心,遂无一定。"他要求出台一份正式的规定,"以为永鉴"。这样的规定在 860 年颁布。[4] 然而,规定并不能保证绝对有效。887 年,担任赞岐守的菅原道真在当地国学举行了春季释奠,并写了一首著名的诗。诗中令人印象深刻的是仪式的不庄重,几乎是敷衍了事:"一趋一拜意如泥,樽俎萧疏礼用迷。"[5]

礼仪变化:内论义

就在仪式建立的同时,仪式也发生了变化,反映出日本宫廷由于寡头政治优势及考试制度的有限效力所导致的独特政治动态。在 9 世纪,京城释奠的精神、结构及其与皇室的联系都取得了根本性的发展。这些变化使日本释奠逐渐远离了唐朝释奠,不再能够将皇权与官僚的关系进行公开的、整体的神圣化。

---

[1]《弘仁式》,第 20 页。

[2]《日本紀略前篇》833 年二月十四日条,第 334 页;翠川文子《释奠(一)》,第 257 页。

[3]《續日本後紀》840 年七月十日条,第 108 页。引自所功《宫廷儀式書成立史の再檢討》,第 557 页。关于奈良时期和平安时代初期地方仪式的更多考古证据,参见前书,第 555—556 页。

[4]《日本三代實錄》860 年十二月四日条,第 62 页;弥永贞三《古代の释奠について》,第 405—409 页。

[5] 菅原道真《菅家文草》第 220 首诗,第 273—274 页。

仪式被记载得更加详细,且官方的法令中记载了仪式的创新。在政体的顶端,天皇及皇太子的礼仪地位同时得到了提升,并逐渐不再积极参与。其他变化与高级贵族及寡头有关,他们根据自己的政治及文化利益调整了仪式。唐朝仪式的特点是统一性,而在日本却变得分裂了。天皇及高级贵族的角色与下层宫廷群体的角色之间产生了隔阂,这就导致仪式背离了《大唐开元礼》。可以说,在释奠传入日本后的第二个世纪,仪式步入早期成熟阶段。

对唐释奠最早的背离之一是天皇角色的变化,天皇出现的场地从大学寮转移到了皇宫。天皇出席的"内论义"制度形成,并在一年一度的大学寮秋季释奠的次日举行。[1] 内论义的概念在东亚并不新鲜,皇帝出席的类似活动有"读",或者不同信仰支持者之间的"讲论",在中国都有着悠久的历史。[2] 然而,在天皇面前举行与儒家释奠有关的内论义,对日本来说却是新鲜事物。它可能借鉴了佛教的类似先例,即佛教的"内论义",早在 813 年即有相关记录,是在完成《最胜王经》的七天周期阅读时举行的。[3] 有关释奠内论义的首条记录出现在两年之后,即 815 年春,记载嵯峨天皇传唤博士与学生来皇宫"立义"。[4] 此后,在 825 年的秋季释奠之后,朝廷再次对"博士及学生"发出传唤。[5] 翌年的一条类似条目还称,此事已成"例"(惯例)。[6] 这种仪式显然是为了满足 9 世纪嵯峨天皇、淳和天皇、仁明天皇等对学术和文化的热情,并用以显示朝廷对儒学的尊重。然而,它也象征着大学寮学术团体及其所扶植的官僚机构与

---

[1] 关于这个仪式,参见仓林正次《释奠内論議の成立》。

[2] 在《江吏部集》(约 1004—1012 年间成书)中,大江匡衡(952—1012)引用了一个汉朝的先例,参见第 225—226 页。或参见仓林正次《释奠内論議の成立》,第 338 页。更多的例子参见 David McMullen, *State and Scholars in T'ang China*, 33, 87; Arthur Waley, *The Life and Times of Po Chü-i*, 169-171。

[3] 《日本後纪》813 年一月十四日条,第 121 页。引自黑崎辉人《日本古代の神事と仏事》,第 65 页。

[4] 《日本後纪》815 年十二月六日条,第 131 页。这个术语在仓林正次的《释奠内論議の成立》中有很好的解释(第 329—330 页)。

[5] 《日本纪略前篇》825 年八月八日条,第 321 页;仓林正次《释奠内論議の成立》,第 330 页。

[6] 《日本纪略前篇》826 年八月三日条,第 323 页;仓林正次《释奠内論議の成立》,第 331 页。

天皇之间的距离。

天皇的仪式需要正式的程序。9 世纪的内论义没有相关仪节存世。但在 11 世纪初,有记载称近两个世纪前仁明天皇时期的内论义形成了一种"流例"(惯例),因此,可参考平安后期仪式的文本来推测早期的情景。[1]《延喜式》的"扫部寮"部分中包含了对内论义座位的详细规定,可以反映出 9 世纪的具体做法。[2]

与式部省监管的释奠不同,内论义属于太政官的职权范围。9 世纪,侍奉天皇的日本特有的令外官——"藏人"在内论义中扮演了重要角色。内论义在管理上、空间上及社交上都与释奠本身是分离的。天皇正在退出与外部世界的积极接触。[3] 不过,释奠的学术参与者们仍然维系着内论义与大学寮之间的联系,内论义中讲论的儒家经典的主题也承袭自大学寮释奠讲经与赋诗步骤中的主题。

具体来看,天皇坐于紫宸殿的帘子后面,两位"藏人"手执象征着至高权力的皇家神器,还有四位侍女、四位宫内秘书在侧。皇太子与贵族也伴随天皇出席。包括五位博士、四名得业生及两位问者在内的大学寮学者被传唤至从属位置的南廊。接着,当值的公卿传唤一位博士的名字。[4] 博士鞠躬两次,膝行向前。他拿起一个"如意",坐在答者的座位上,即在大殿南檐下、天皇帘外中央的一把红色椅子上。[5] 随后,一位问者(讲师或得业生)被传唤进来,鞠躬两次之后膝行至南廊的白色椅子上。博士作为答者朗读需要讲论的儒家经典的标题,问者提出质疑之处。然后,下一位问者就另一个儒家经典的问题询问答者,答者皆作出回答。该过程完成后,学者们退出,在东庭等待接受由地位而定的布匹奖赏。最后,学者们行"拜舞"并离开。

---

[1] 大江匡衡《江吏部集》,引自仓林正次《释奠内论江吏部の成立》,第 338 页注 4。

[2] 大江匡房《江家次第》,第 260—262 页;《延喜式》,第 852—853 页。

[3] 关于官僚制背景,参见古濑奈津子《日本古代王権と儀式》,第 375—376 页。

[4] 在轮值制度下,公卿轮流负责宫廷仪式和其他仪式。参见土田真镇《上卿について》,第 565—578 页。

[5] 如意(梵文 anuruddha)是一种象征王权的节杖,最初由佛教僧侣在布道时使用,也是道士手中的法杖。

释奠后的内论义可能是《大唐开元礼》"皇帝皇太子视学"在皇宫中的一种变体。当然,也有一种可能是受皇太子释奠中讲学部分的影响,因为二者有共同的特点,例如问者的作用。不过,唐代皇太子释奠中涉及的是皇太子,而日本内论义中涉及的是在位天皇,由于场所与人物的不同,很难将二者进行直接的对比。另一种可能性是,六朝时期遗留的皇帝参与仪式的惯例影响了内论义的形成,只是难以考证。不过,无论内论义的直接礼仪起源是什么,拿它与《大唐开元礼》中的皇帝视学礼相比较,是最能说明问题的。就像释奠一样,视学礼也能在儒家经典中找到根源。[1] 它与国子监讲堂举行的讲论有共通的特点,但其独特之处在于有皇帝、皇太子及其他"公王"的出席。仪式中,皇帝及讲经者都占据象征权威的面南位,皇帝只在靠近中心位置上更优越一些。毫无疑问,唐礼的起草者意识到了《礼记·学记》中的相关内容,即规定大学之"师"在与天子交流时不受地位的限制,也不会面北而拜。[2]

日本的内论义作为一种天皇在场的儒家经典讲释仪式,在结构上与第一章所述的中国视学礼最为接近。然而,比较一下可发现重要的区别。就仪式的内部而言,内论义中对天皇的尊重大大超过了中国仪式对皇帝的尊重。在内论义中,天皇与讲经者的位置分别是朝南和朝北的,在礼仪上仍然象征着统治者与臣民的关系。"藏人"手执皇家神器,象征性地加强了日本天皇相对于儒者在礼仪上的尊贵。这一做法在9世纪时或许尚未成型,但在后来成为平安时期内论义的一个特色。此外,儒者的膝行动作也与当时中国的儒教实践格格不入,似乎也是出于同样的目的。相反,在中国的视学礼中,执经者象征性地代表了儒家教义的超然权威及其与皇权相辅相成的关系。可以注意到,在内论义中,高级贵族与天皇并肩出现,反映出日本天皇与寡头的相互依赖。在宫廷与大学寮的隔阂中,高级贵族是站在天皇这一边的。

不过,视学礼与内论义之间最具启发性的对比是它们的地点。中国

---

[1] 《文王世子》,见桂湖村《禮記》,第1册,第529—532页。
[2] 《学记》,见桂湖村《禮記》,第2册,第184页。

皇帝亲自前往国子监来观看仪式,这表明他积极参与宫殿外的世俗"外部"世界。而日本将仪式安排在作为国家礼仪中心的宫殿中,意在强调一国之君的神圣性与象征性。中国皇帝的流动性与日本天皇的固定性形成了鲜明对比。中国皇帝前往国子监观礼,就像皇太子释奠一样,是对儒学学习之地及考试准备场所的一次象征性的致敬之旅。在日本的内论义中,动向是相反的:天皇仍然在他的宫殿里,学者们前往宫殿谒见。天皇在礼仪上的固定性是日本的一个特色。内论义证明,9世纪的日本天皇正在退回到一种宗教性的最高权威形式,作为一种被动的、神圣的象征,代表着皇室永恒的宗谱连续性及它所合法化的贵族秩序。天皇在自己的宫殿里被屏蔽,与外界隔绝,摒弃了中国儒家国子监中以成就为基础、任人唯贤的价值观与考试制度,疏远了对儒学创始人孔子的祭祀。然而,天皇虽然获得了象征意义,却失掉了实际的政治权力。

还有其他迹象显示了天皇的超然与被动。例如在秋季释奠的翌日,将部分祭肉从大学寮送到皇宫的"献胙"习俗就显示了这一点。统治者食用剩余祭品的做法在《礼记·祭统》中可以找到依据。该做法在唐代已有记载,也是李氏朝鲜时期(1392—1910)朝鲜仪式的组成部分。[1] 然而,日本从10世纪开始记录的这种做法有一种细微差别。一段后期的资料记载:"藏人持之,于朝饷之前献之。藏人又一人,于御手水间之簀子处,问:'此何物?'藏人答:'文屋司(即大学寮)所奉昨日释奠之胙。'胙之文字长引。高捧入帝中。"[2] 从皇室与仪式的关系这一更大的视角来看,将中日两国的具体做法进行对比是有益的。在唐代释奠中,皇太子在孔庙将食物分发给参加者。在日本释奠中,没有证据表明有皇室成员参与了祭祀。祭肉作为象征性的贡品被送到宫里,皇室被动地接受。10世纪

---

[1] 经典中的记载参见《礼记·祭统》,桂湖村《禮記》,第2册,第414页。中国的相关实践参见 Thomas A. Wilson, "Sacrifice and the Imperial Cult of Confucius," 281, note 120。有关李氏朝鲜时期的献胙参见成均馆《朝鲜朝成均馆》,第115、314页。

[2] 一条兼良《公事根源》,第27页。这种做法可以追溯到1422年,不过当时已经是较为成熟的实践。有关该仪式的早期记录,参见户川点《释奠における三牲》,引自《小右记》982年二月廿五日条的注解。

后期清少纳言(生卒年不详,平安中期生人)的《枕草子》中有一段有名的记述,表明祭肉被认为是奇异的、令人费解的:"二月……大概就是挂上孔子等人的画像。有一种古怪的食物,叫作'聪明',盛在陶盘中,要呈给皇上和皇后。"[1]

在内论义及献胙的过程中,"藏人"的角色显示了一种不同于唐代的作用。内论义和献胙都表现出日本天皇与朝廷对释奠的矛盾态度:一方面,他们渴望与中国式的实践及象征体系联系起来;另一方面,天皇拥有一种被动的、神圣的礼仪纯粹性,远离了皇宫之外的生活。

皇太子: 大学教育与孔子崇祀的免除

内论义表明,天皇不再介入大学里的孔子崇祀。那么,《大唐开元礼》释奠中最宏伟版本的核心——皇太子又如何呢? 在这里可以看到类似的趋势,也就是说,皇太子远离了大学寮,皇族、公卿渐渐同地位较低的大学群体拉开了距离。日本对唐礼这一方面的修改,对整个古代及后世都产生了深远的影响。虽然礼仪的细节较为艰涩繁琐,但理解它对掌握日本释奠的后续历史至关重要。

首先,日本没有规定皇太子要以学生身份进入大学寮。与之不同,唐朝的皇太子在获得政权之前,需要扮演好作为专制统治者及儒家教育接受者的积极角色。唐礼中有一个仪式叫"齿胄礼",是在皇太子入学成为国子监常规学生时举行的。在此,学生排序依年龄而非地位而定。六朝时期及唐朝719年的齿胄礼有相关文献记载。[2] 这项仪式的目的是在道德、政治和社会统治方面教育皇太子,用贞观十三年(639)太子右庶子张玄素上书进谏的话来说,即"欲使太子知君臣、父子、长幼之道"[3]。

---

[1]　清少纳言《枕草子》,第 135 节。对于该文及下文的注解,参见田中重太郎《枕草子全注释》,第 3 册,第 111—114 页。

[2]　杜佑《通典》卷五十三,第 1468 页。

[3]　刘昫《旧唐书》卷七十五,第 2642 页。

这个仪式没有被收入《大唐开元礼》中，但6世纪的《文选》中提到了它。由于《文选》在平安时代被普遍学习，当时的日本人很可能知道这个礼仪。[1] 然而，日本朝廷似乎并没有期望皇太子成为大学寮的学生，更不希望他被按照年龄排序。[2] 日本也没有采用《大唐开元礼》中规定的有关皇子入学的其他礼仪。[3]

日本皇太子与国家教育的疏离进一步延伸到了孔子崇祀。《大唐开元礼》中，"皇太子释奠于孔宣父"仪节要求他承担主要的礼仪角色，即初献官及分胙者。在日本没有现存仪节表明日本皇太子曾经扮演过这类角色。

皇太子在"讲论"的出席及仪式的分化

日本皇太子可以不上大学，也可以不向圣人献祭，但不能完全脱离整个仪式。仪式改造之后，他得以参加一个学术的、世俗的后续环节。该部分的详细仪节在日本的《贞观仪式》中被保存下来。仪节要求皇太子在孔庙的祭祀阶段结束后才参加仪式，场地移至讲堂，进行"讲论"，这与《大唐开元礼》的"讲学"部分相对应。首先，"皇太子于东门外下辇，即入庙门。升堂，拜先圣先师。讫，入自都堂院东掖门。升北东阶，入堂户就座"。皇子到达以后，公卿穿过"同门"到达。这些公卿大概也会向圣像鞠躬，随后亦参加"讲论"，但在皇太子离开后，他们会多待一段时间，参加接下来的宴会，这属于仪式社交性的、文化性的后续部分。[4]

该仪节结合了唐礼中两种截然不同的仪式部分：学界定期举行的校

---

[1] 萧统《文选》卷四十六，第十二页下（第648页）。王元张（融）《三月三日曲水序》："出虎闱而齿胄。"李周翰对此文的评论可追溯到718年。引自《大汉和辞典》48583/56。
[2] 李氏朝鲜王朝礼仪体系也包括王世子入学成均馆的仪式。申叔舟《國朝五禮序例》卷二，第四十六页下至第四十九页上。
[3] "皇子束脩"，载于《大唐开元礼》卷五十四，第八页下至第九页下（第302页）。
[4] 《贞观仪式》，第183—184页。

内祭祀仪式与皇太子仪式中的"讲学"部分。[1] 第一部分主要指在孔庙里对孔子及其配祀进行祭祀,需提前进行斋戒,仪式从黎明前开始。皇太子露面的第二部分具有世俗性、文化性及学术性。现存文献中并未记载对皇太子及其随从进行斋戒的要求。后世的仪节将这两个部分分别称为"未明祭"与"拜庙"(有时亦被称为"庙拜"),在此采用这种简便称法。[2]

两个部分不仅在礼仪上是异质的,其主要参与者亦来自不同的阶层。皇太子及高级宫廷贵族都没有参加祭祀仪式,这造成了当天仪式的脱节。第一部分的参加者是大学寮的成员,他们的品级不超过"五位上"。第二部分的参与者有皇太子、亲王、大臣、纳言、参议、非参议(品级在三位及以上的非议政官)及其他品级的人。对于在校内未明祭后加上拜庙部分以及由此造成的仪式的两分法,原始史料未加以评论。既不清楚是谁提倡的这些改变,也没有相关争论或反对意见。掌权者已经决定,皇室和高级贵族可向孔子及其配祀鞠躬,但除此之外,对孔子崇祀的参与应该避免任何虔诚的献祭行为。两个部分之间的关系也不甚清楚。皇太子的拜庙是被设置为未明祭的常规后续吗? 还是说,就像中国唐代的皇太子释奠一样,是根据皇太子的上学年龄而偶尔举行的? 为什么日本皇太子不参加祭祀仪式呢?

也许是因为,来自中国的孔子并没有很高的品级,作为未来日本天皇的皇太子去祭祀孔子,会被看作是一种不合适的屈从姿态。另一种可能性是政治上的。这也将有助于解释后来皇太子在整个仪式中的退出。在中国,皇太子参加仪式的目的之一是将他介绍给学界,同时未来朝廷的官员也是从学界中提拔的。这就为皇帝与官僚之间的协同合作奠定了基础。然而,9 世纪日本寡头的政治利益不允许皇太子走出皇宫与学生们建立联系,凌驾于寡头政治之上。这种对寡头政治利益的潜在威胁,可以

---

[1] 弥永贞三指出,《贞观仪式》及《延喜式》中的"讲论"继承的是唐代开元以前的传统,可能是六朝时期的做法。参见《古代的释奠について》,第 375 页。

[2] 关于该术语的采用,参见翠川文子《释奠(四)》,第 137 页。

从 9 世纪末宇多天皇(887—897 在位)和菅原道真之间短暂而脆弱的关系中得到证明。为了避免这种情况,皇族及高级贵族在礼仪上尽量与下层宫廷社会保持距离。这种断裂在中国是通过有效的科举制度来连接的,而在日本却没有实现这一点。

讲论的座位及行礼

对《贞观仪式》中讲论的礼仪细节进行分析可以发现,皇族拥有特权优势,类似于内论义中天皇相对于儒者的特权。[1]《贞观仪式》中规定了大学寮的都堂院举行讲论时的座次,与当时中国的做法形成对比。[2]《大唐开元礼》将执经者的"高座"置于礼仪中的突出位置,"堂中户,南面";执读者面对着他;问者在他们中间,偏西,面向东;皇太子的座位靠东墙,面向西。与此不同,《贞观仪式》中,皇太子的座位面向南,在执经者的东边,二者在相同的东西轴线上,皆面向南。《大唐开元礼》中明确表达了儒家传统的超越性,而这种姿态在日本被削弱了。

更值得注目的是,《大唐开元礼》中明确规定,当参加者聚集在讲堂参加讲论时,执经者无须向皇太子鞠躬,即"执经不拜"。这种礼节的免除象征着儒家经典的超越性。相反,在《贞观仪式》中,执经者及执读者在进入朝廷时都要鞠躬两次。《贞观仪式》的夹注写有皇太子"不动"字样。讲论结束后,执读者和执经者再次鞠躬两次,随后被带出讲堂。仪节的起草者显然感到有必要强调皇太子相对于执经者、执读者的礼仪优越性。因此,9 世纪日本释奠中对皇太子的规定与内论义中天皇的礼仪特权是类似的,也是互补的。它反映了尊崇皇族血统、贬低儒者地位的一贯倾向。

此外,也没有证据表明皇太子的仪式程序实际上得到了执行。《贞观仪式》的仪节似乎预料到了他对讲论的缺席,有两个地方的夹注假定了

---

[1] 《貞観儀式》,第 182 页;弥永贞三《古代の釈奠について》,第 452 页。
[2] 参见第一章"皇太子释奠"一节。

"皇太子不观讲"的情况。[1] 这表明,到该仪节的完成时间为止,即872年左右,皇太子的出席已经不再是常规要求。这显示了《贞观仪式》一定的虚构性,在927年的《延喜式》中,这种趋势更加明显。然而,无论现实如何,保留皇太子在这些仪节中的角色——即使只是名义上的——也具有重要的意义:它表明,对学界的一些成员来说,皇室对释奠的参与仍然是最理想的。

讲论的形式化

释奠拥有挑战日本社会等级现状的潜力,该时期出现的一些发展变化进一步削弱了这一潜力。自9世纪前中期开始,释奠的讲论阶段就失去了活力。在中国唐朝,讲论所选的经典是灵活的,"合于时宜"的。[2]而在9世纪的日本,讲论被固化为一种不变的顺序,称为"七经轮转讲"[3]。这种形式可以追溯到838年。[4] 这种做法表明大学寮及宫内仪式的学术内容趋于形式化,没有涉及当时的实际政治问题。就像考试制度一样,它变成了一种表面形式。

对释奠的贬损

儒教是古代日本相互竞争的几个礼仪传统中的一个。在古代"礼仪国家"拥挤的仪式日历中,对礼仪时间的竞争折射出日本政治各阶层对权力、财富和地位的竞争。在9世纪的礼仪实践中,日本政治寡头在这种零和游戏中获得了主导地位,儒教失去了阵地。释奠的延期是为达到此目

---

[1] 《貞観儀式》,第183—184页。
[2] 弥永贞三《古代の釈奠について》,第437页。
[3] 源高明《西宮記》,第1册,第160页。
[4] 川口久雄《平安朝日本漢文学史の研究》,第130—134页;弥永贞三《古代の釈奠について》,第416—439页。

的的一种操作。在唐朝的礼仪分类中,释奠处于"中祀"的地位,因此即使在中国,如果与"大祀"时间冲突的话,也有可能被"大祀"所取代。[1] 不过在中国,这样的限制可能不会对孔子崇祀构成挑战,因为整个国家的礼仪体系都带有儒教色彩。在日本,释奠被施加了类似的限制,通过比较可以发现,这些限制的动机不同,而且范围更广。

首先,在日本有一种倾向,即以各种方式使释奠从属于与皇室或其祖先有关的仪式。至少从 9 世纪中期开始,若处在天皇的"谅暗"期间,或与天皇、皇后的忌日"国忌"重合,释奠会被推迟。[2] 此外,与皇室有关的国家仪式优先举行。作为"四季"仪式之一,宫廷神祇官举行的祈年祭(祈祷丰收年的仪式)在二月的第四天举行,因而可能与二月第一个丁日举行的春季释奠重合。祈年祭也被称为"律令仪式中的中心仪式",可能仿照的是中国的"祈谷郊"。[3] 然而最重要的是,祈年祭的祝词是献给天皇先祖的太阳女神,即"天照大御神"的,届时还会派遣一名天皇使者前往天皇祖先的祭祀地——伊势。[4] 因此,它相对于释奠的显著优先地位也就不足为奇了。820 年春,祈年祭与释奠日期重合,有命令将释奠推迟到了该月的第二个丁日,声称国家应该在这个重要仪式的期间"远离三牲"。[5] 也就是说,天皇在礼仪中应保持洁净,不能因为接触鲜血而受到玷污。不过在这个阶段,释奠的动物牺牲没有被废止,只是仪式被推迟了。这一规定可以在《贞观仪式》中得到验证。[6]

---

[1] 弥永贞三《古代の釈奠について》,第 409 页。

[2] 弥永贞三《古代の釈奠について》,第 410 页。相关历史资料参见宫城荣昌《延喜式の研究》,第 1 册,第 432—433 页。在前近代历史后期,中国朝廷作出了相反的选择:与纪念乾隆忌辰或嘉庆诞辰的宗教仪式相比,祭祀孔子的仪式处于更高的地位。Shryock, *Origin and Development of the State Cult of Confucius: An Introductory Study. 1932*, 204.

[3] Maruyama Yumiko, "The Adoption of the Ritsuryō Codes and Their Civilizing Influence," 54; Okada Shōji, "The Development of State Ritual," 23.

[4] Okada Shōji, "The Development of State Ritual in Ancient Japan," 26.

[5] 《日本紀略前篇》820 年二月五日条,第 310 页;翠川文子《釈奠(一)》,第 257 页;弥永贞三《古代の釈奠について》,第 408—409 页。

[6] 宫城荣昌《延喜式の研究》,第 1 册,第 432 页。引自《贞观大学式》(《贞观仪式》残篇)中《大学》的逸文。同时,该文还记载,日食成为延期的理由,并因日食而"废朝"。参见弥永贞三《古代の釈奠について》,第 409 页。相关历史实例,参见翠川文子《釈奠(一)》对 907 年、1029 年及 1095 年的记载。

这里显示出一种保护祖先崇祀的政治动机，天皇和寡头们正是依靠这种祖先崇祀才使得他们的统治合法化。"洁净"（purity）的概念被认为是从古代中国的道家学说演变而来的保护日本君主权力的政治观念。为了确立皇室血统的卓越地位，统治者也试图控制宗谱。"洁净"与宗谱一起组成了天皇制国家建构的轴心。[1] 正如赫尔曼·奥姆斯（Herman Ooms）所讲的那样——"洁净成为权力中心的特权象征"[2]。洁净不仅被用来建立政治权威，也可以被用来保卫天皇的权威免受竞争威胁。而儒教作为一种具有潜在颠覆性的外国传统，不被允许过于接近神圣权力的终极核心。

朝廷对佛教的早期处理说明了这一点。《贞观仪式》禁止在皇宫和畿内地区举行佛教仪式，被认为是"更多出于政治动机而非宗教动机"。宫廷政治由世系支配，世系的地位基于对"天神"血统的宣示。然而对于这种宣示，佛教"有能力破坏其合法性"，方法就是将这些神灵纳入超然而普遍的佛法之下。[3] 该时期，"国神"和"蕃神"之间保持"严格的区分与对立"，神道仪式中对佛教的排斥"可能是基于以佛教为'蕃神'崇拜的观点"。因此，"佛教可能被认为干扰了作为国家稳定基础的最重要的'国神'仪式"。[4] 这种想法似乎也可能导致将孔子视为一个潜在的令人不安的外国神灵。

天皇的姻亲

释奠的贬损、延期不仅与天皇自身及伊势的皇祖崇祀有关，也与藤原家族的祖先祭祀有关。藤原氏是以天皇为中心的寡头集团的主要成员，通过与皇室的通婚，成为天皇的母系祖先。从8世纪晚期开始，春日神社

[1]　Brownlee, "Ideological Control in Ancient Japan."
[2]　Herman Ooms, *Imperial Politics and Symbolics in Ancient Japan: The Tenmu Dynasty, 650-800*, 75, 253-266.
[3]　John Breen and Mark Teeuwen, *A New History of Shinto*, 40.
[4]　Mark Teeuwen, *Watarai Shintō: An Intellectual History of the Outer Shrine in Ise*, 104.冈田重精《古代の斎忌（イミ）：日本人の基層信仰》，第427—429页。

71

及大原野神社祭祀藤原祖先的仪式被赋予"官祭"的地位。[1] 这些寡头仪式可能会面临来自释奠的竞争。大概是受到道家洁净观念的影响,这些仪式排斥四足动物的牺牲,与皇室的祈年祭一样,对释奠有所避讳。[2] 885 年的一项敕令重申了早先的一项原则,即如果释奠在"仪式之前或当天"举行时,"(四足动物的)三牲"及腌制的兔肉将被免去,鱼类也将被替代。[3] 将藤原氏的支配地位神圣化的神道祖先仪式凌驾于将国家官僚体系的儒家教育神圣化的仪式之上。在日本权力的礼仪中心,以氏族为基础的寡头特殊主义战胜了官僚普遍主义。

一个有讽刺意味的现象很好地总结了释奠在 9 世纪和 10 世纪的发展。藤原氏的祭祖仪式是在大学寮内藤原氏的独立居所——劝学院内进行的。藤原家族最初掌权时,将中国式的公共政治及大学作为重要制度推行。现在,藤原家族的后代利用他们在大学里的特权地位来贬低释奠及其所代表的儒家理想,利用大学制度来使藤原亲族的政治利益神圣化。他们帮助瓦解了由自己的祖先——藤原不比等及藤原武智麻吕等人协助建立的公共官僚制国家。

"文化展示": 宴会与作诗

上述内容表明,以贬损儒家释奠为代价,天皇与寡头在平安时代早期的礼仪文化中被赋予了特权。这或许意味着对儒教的消极回应,但日本对儒教的整体态度是更加复杂和矛盾的。在日本维新前的历史中,儒教及其核心仪式有积极的、具有吸引力的一面。它是道德和政治思想的载体,是关乎皇权、等级、和谐的意识形态,但对许多人来说,它也是一种享

---

[1] Okada Shōji, "The Development of State Ritual in Ancient Japan," 27, 31; Maruyama Yumiko, "The Adoption of the Ritsuryō Codes and Their Civilizing Influence," 56–57;《延喜式》,第 516 页。

[2] 关于仪式的洁净与道教的联系,参见 Ooms, *Imperial Politics and Symbolics in Ancient Japan: The Tenmu Dynasty, 650–800*, chap. 10, "Purity"。

[3] 《日本三代實錄》885 年十一月十日条,第 598 页。

有威望的文化传统的来源。《大唐开元礼》中献给孔子的祝文向圣人致意，不仅感激"仁"这一道德与政治价值，也感激孔子带来的"游艺"。[1]释奠是中国文化的载体，以语言、文学、诗歌甚至舞蹈和音乐的形式表现。掌握这种文化技能是精英地位的象征。

　　从嵯峨天皇到仁明天皇的四十年是一个"对中国文化的崇拜迅速增长"的时期。[2]汉文学受到高级贵族的青睐，是其权威的象征。汉文学的创作，尤其是汉诗的创作，被认为有利于有效的国家治理。魏文帝（220—226在位）曾讲"盖文章，经国之大业，不朽之盛事"，"文章经国"的信念在此时成了日本宫廷奉行的"口号"。[3]汉文学的能力成为霸权性"文化展示"的一个方面。

　　精英阶层对中国文化的这种渴望反映在释奠的作诗和宴会上。此外，讲论被纳入每年两次的校内典礼，也同样能说明问题。虽然这些文化特征在中国六朝时期的礼仪中已经形成，但在盛唐时期，它们并没有被包含在每年两次的常规仪式中。不过，正如在第一章中讲到的，释奠在传入日本后不久，就已经出现了宴会和作诗的环节。在9世纪，仪式发挥了艺术活动和社交活动的作用，有了更多的文献记录。事实上，在吉备真备去世80年后，皇室对仪式的兴趣出现复苏，这在一定程度上可以归因于对文学的热情。在恒贞亲王的传记中，作诗活动及恒贞亲王对诗歌集的编撰都得到了突出强调。

　　9世纪，这些文化和社交活动成为释奠拜庙、讲论及皇太子回宫环节之后的附加环节。关注这些活动的是朝廷贵族，而不是几百名学生。活动的直接目的可能是满足高级贵族对中国文化的热情。不过，还有一个更深层次的意义。诗歌创作及宴会处于拜庙之后，具有独特性质，比仪式的祭祀部分少了很多直接的政治色彩。它们代表了"文化展示"类型的

---

[1]《论语》第七篇第六章。

[2] Jin'ichi Konishi, *A History of Japanese Literature, Volume Two: The Early Middle Ages*, 2：68.

[3] 引自大塚英子《「文章経国」の比較文学的一考察》，第103页。

仪式,精英们的文化技能无疑仍具有"霸权性",但由于缺少直接的政治意义,因此其潜在的政治颠覆性比不上"宇宙秩序"型的"未明祭"部分。"文化展示"可以被看作是一种替代机制,它使高级贵族能够参与仪式中享有威望的文化方面,但避免了对祭祀及更直接的政治方面的参与,从而将祭祀及政治色彩的活动隔离在了大学寮的内部。这种"文化展示"成了日本释奠经久不衰的鲜明特征。

讲论后的宴会及作诗在《贞观仪式》的"释奠公论之仪"中有相关记录。从皇太子结束讲论回宫开始,规定了讲论结束后的三个步骤。此时,"亲王以下"从讲堂里暂时退出,待讲堂重新摆好"宴座"后,亲王、公卿、五位及以上的贵族重新进入。他们按照等级顺序进入讲堂的庭院,采用了《大唐开元礼》中没有提到的程序。首先,包括学生在内的所有参与者享用点心与清酒,这一步后来被称为"百度食"或"百度座"。在这一过程中,品级高的人坐在堂内,品级低的人坐在毗连的东西廊下,与品级高的人相区分。[1] 在讲堂中央台阶的东边有"造酒司"准备的独特"胡瓶"。在享用点心与清酒之前,在庭院有"谢座谢酒"的仪式,这是平安时代官方宴会前的一种例行仪式。[2] 这个步骤涉及的人数相当多。10 世纪的《延喜式》规定,为学生准备 350 份饭,为未明祭的参加者准备 100 份饭。这个步骤被比作平安早期其他仪式中参与者食用祭品时举行的"直会",不过与一般的直会不同的是,未明祭的祭品在此时没有被食用。[3] 此后,东西廊下品级在六位及以下的人员退出,除少数人参加后续社交活动外,其他人不再参加活动。接下来,"亲王以下、五位以上"在堂后脱鞋,换上"浅沓",回到座位上,开始了大学的"宴座",可能在此食用了祭品。[4] 接下来,根据后来《延喜式》的记载,"六位以下"的

---

[1] 弥永贞三《古代の釈奠について》,第 454 页。关于"百度座",参见仓林正次《释奠の百度座》,第 1—14 页。对该词的传统解释出自大江匡房《江家次第》,第 142 页。
[2] 参见《延喜式》,第 993 页,"公宴"。另见仓林正次《释奠の百度座》,第 7 页。
[3] 仓林正次《释奠の百度座》,第 12—13 页。所功也看到了百度座和宴座中日本"直会"的影响(《宫廷仪式书》,第 551 页)。
[4] 参见弥永贞三《古代の釈奠について》,第 455 页。源高明《西宫记》称这种祭品为"聪明"(第 161 页)。

文学课程的"文章生"被带到庭院。[1] 他们鞠了两躬,在讲堂里各就各位。在公卿面前,文章博士为诗歌"出诗题"。其他三门大学课程——明经、明法、算道的学生也举行论义。最后,在被称作"稳座"的步骤中,讲堂被重新布置,在一张案桌前,文章生在"亲王、大臣、贵族"面前正式诵读诗句。[2] 至少在平安时代后期,遇到特别优秀的诗句会有祝酒以示庆贺。(图 3.2)

《贞观仪式》的仪节表现的是 9 世纪的原初形式还是 10 世纪参照当时做法做出修订后的仪式? 关于这一点,历史学家有不同的意见。研究宫廷礼仪的著名学者所功认为该仪节完成于 872 年至 878 年间。[3] 此外,有外部证据确凿地表明,上述的某些步骤是实际存在的。《日本三代实录》记载,872 年的春季释奠省略了"百度座",这表明百度座是活动惯例。[4] 也有外部证据证实了释奠诗歌的创作,自 867 年开始,有 29 首诗被保存了下来。[5] 这些诗歌的主题并非出自一时的灵感,而是取自正式讲论的主题,仅限于儒家经典。[6] 诗歌一般表达儒家情怀,暗示儒家经典中与讲论主题相关的内容。例如下面这首由菅原道真的岳父岛田忠臣(828—892)创作的七言诗:

仲春释奠听讲《论语》同赋仲尼如日月[7]
人间有道仲尼生,天上无云日月行。
能在人间天上一,短翘低眼仰高明。[8]

[1]　《延喜式》,第 522 页;福田俊昭《平安朝の釈奠詩》,第 20 页。
[2]　《貞観儀式》,第 182—185 页。
[3]　所功《宫廷儀式書》,第 54 页。
[4]　《日本三代實録》872 年二月七日条,第 303 页。
[5]　福田俊昭《平安朝の釈奠詩》,第 26—27 页。
[6]　福田俊昭《平安朝の釈奠詩》,第 25 页。
[7]　《论语》第十九篇第二十四章。
[8]　岛田忠臣《田氏家集》,第 166 页。弥永贞三断定该诗为 865 年或 869 年的作品(《古代の釈奠について》,第 435 页)。对岛田的这首诗及其他五首现存释奠诗的评论参见波户冈《岛田忠臣の釈奠詩》。

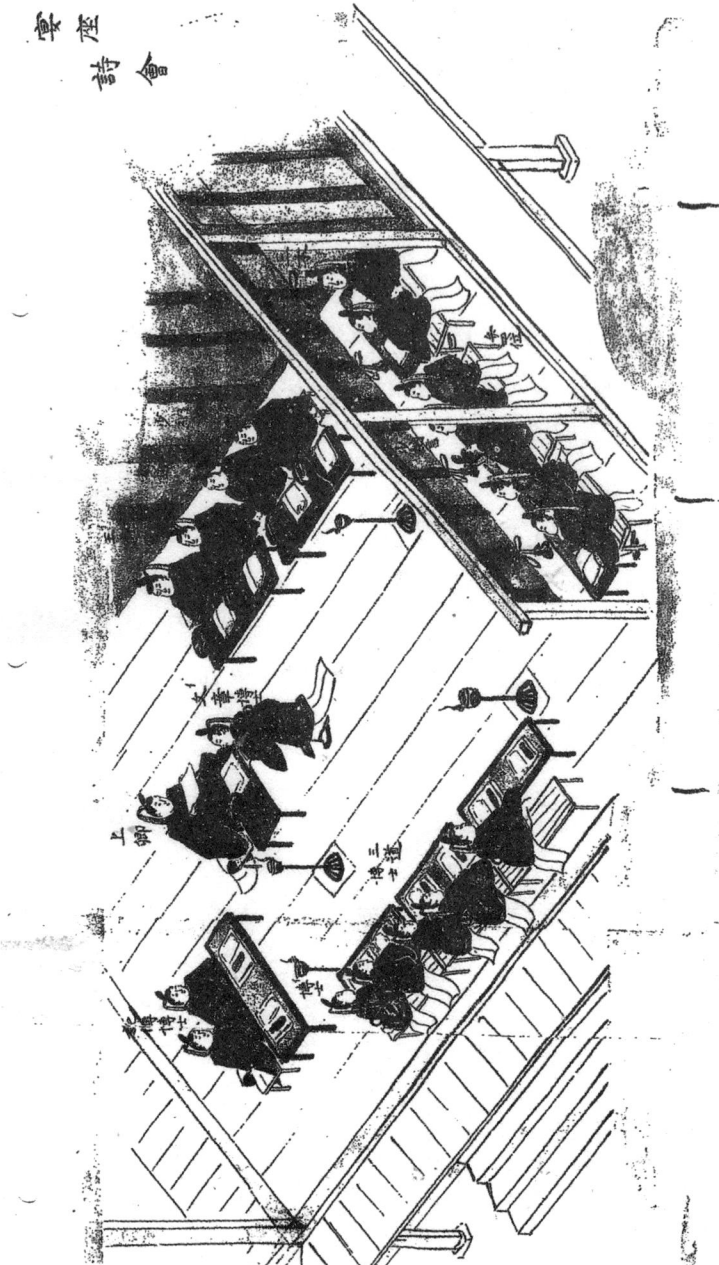

图 3.2 诗会

出自绘卷《释奠之图》。由日本爱知县西尾市岩濑文库提供。诗会在祭祀仪式后举行，公卿出席。一位文章博士朗读了其以儒家经典为主题创作的诗句。

尚无法确定这种社交性、艺术性的释奠后续部分的起源。正如前面所讲,六朝时期的仪式以宫廷宴会及诗歌创作为特色。平安朝廷对这些活动的重视也可能是借鉴了当时唐朝的实践。这是释奠历史上不能明确的地方之一。唐德宗(779—805 在位)时期的朝廷重新重视文学,重视"仪式与宴会"的举行及诗歌创作。从这个角度看,文学文化具有政治意义。有观点指出,这些仪式"可能被认为是贞元时期(785—805)治世的一种象征,是对重振皇权的愿望的一种表达"[1]。还有观点指出,唐朝的这一发展是通过 804 年返日的第十六批遣唐使的报告为日人所知晓,并在嵯峨天皇(809—823 在位)时期的日本宫廷激发了类似的文学崇拜。

在这种情况下,不应把作诗的风尚仅仅看作是前面提过的"游"或娱乐。[2] 虽然它拥有类似性质,但在政治上并非是无关紧要的。它构成了维系高级贵族的社会统治及霸权的"文化展示"。在日本历史的该时期,接触中国文化的机会仅限于等级较高的政治及社会精英。引用约翰·惠特尼·霍尔的话展开讲,在这一时期,"官方等级制度的同义词"不仅包括社会等级制度,也包括显示文化掌控程度的等级制度。[3] 换句话说,日本释奠中的"文化展示"使寡头能在政治上利用中国文化,而无须参与对圣人的虔诚祭祀,也就避免了将贤能政治的理想神圣化。

[1] 大塚英子《「文章経国」の比較文学的一考察》,第 104 页。

[2] Herman Ooms, *Imperial Politics and Symbolics in Ancient Japan: The Tenmu Dynasty*, 650-800, 120-122.

[3] John Whitney Hall, *Government and Local Power in Japan*, 500-1700: A Study Based on Bizen Province, 64.

第四章

两位文人与朝廷的经典仪式：菅原道真、三善清行与《延喜式》

菅原道真

在日本精英阶层中,对中国文化的喜爱和对孔子崇拜的疏远之间存在矛盾,这种矛盾是如何产生的? 9 世纪末至 10 世纪初的两位官僚学者——菅原道真和三善清行(847—918)的职业生涯及其著作为我们提供了线索。两者都与大学寮有联系,并担任过校长;他们都认为自己是儒家学者;他们都写了关于释奠的文字。

菅原道真与吉备真备一样,是日本古代文献中记载的与释奠关系特别紧密的人物。不过,菅原道真与释奠的联系主要表现在文学上。平安时代流传下来的 29 首释奠诗中,有 12 首(外加一篇诗序)是菅原道真所作。和吉备真备一样,他的出身等级相对较低,但学术生涯却很成功。他曾效力于试图摆脱藤原寡头统治的宇多天皇。在藤原失势的一段时期,菅原道真被引人注目地提升为右大臣。不过,与实际推进释奠的吉备真备不同,菅原道真的作用不太明确。他是大学寮中专门从事文学研究的学者世家的第三代。其祖父菅原清公(770—842)复兴了文章院,菅原家族在其中逐渐占据世袭地位。其父、文章博士菅原是善(812—880)反对歧视"白丁文章生"(没有品级的文学课程学生),受人尊崇。[1] 从 9 世纪中叶开始,菅原氏的非官方学校"山阴亭"宣称已经为大学寮成功培养

---

[1] 久木幸男《大学寮と古代儒教》,第 85、96、135 页。

了近 100 名文章生。[1] 菅原道真亦通过考试制度得以晋升。从 862 年开始,他作为文章生有权参加祭祀仪式后的赋诗活动。877 年 33 岁的时候,他成为文章博士,相当于中国唐代在政治上发挥重要作用的翰林学士。[2] 从 895 年开始到藤原政变后被流放的 901 年,菅原道真拥有公卿的品级。尽管世袭地位很卑微,但从 899 年开始,他登上了右大臣的高位,这成为日本史上的特例之一。

菅原道真的职业生涯一直被视为地位相对较低但学问程度较高的"文人派"或"文人贵族"的最终挫败。[3] 这个群体精通中文,能自如地创作汉文诗歌,他们也受到了中国文人精神的影响。菅原道真是白居易(772—846)这位伟大的中国诗人、士大夫的追随者,并模仿了他的诗歌风格。菅原道真怀有"诗臣"的理想。"诗臣"指的是受过儒学教育、活跃在政治中心的诗人,但他们与皇帝保持着距离,并通过自己的诗歌规劝皇帝。[4] 正如菅原道真在 869 年的释奠诗中所讲:"谏尽文章下。"[5]

菅原道真与大学寮有着长期的关联,又因为他是一位杰出诗人,因此他熟悉释奠的未明祭及后续拜庙活动。例如,868 年春他参加了未明祭及后续讲论,并为此赋诗,诗题中提到"王公会都堂,听讲《礼记》"。诗中讲道:

礼毕还闻礼,威仪得再成。[6]

菅原道真对释奠的推崇可能表明,他认为这是大学寮及受过儒学教育的官僚们显示重要地位的合法途径。不过,对菅原道真的释奠诗分析

[1]　久木幸男《大学寮と古代儒教》,第 177 页。
[2]　古濑奈津子《日本古代王権と儀式》,第 121—122 页。
[3]　关于 839 年以后的文人派名单,参见古濑奈津子《日本古代王権と儀式》,第 121 页。
[4]　菅原道真《菅家文藻》,第 126 页。
[5]　菅原道真《菅家文藻》,第 41 首,第 136 页。
[6]　Borgen, *Sugawara no Michizane and the Early Heian Court*, 96, 118.

一下就会发现,他的想法并不切合实际。[1] 在他现存的 12 首释奠诗中,除了 4 首以外,其余都是在 867 年至 884 年间创作的,在此期间,菅原道真与祖辈一样,仅在大学寮内供职。[2]

在这些年里,他的品级不超过"五位上",他以低等社会职位的身份参加到仪式中,作为一名专业学者负责为公卿写汉诗助兴。他的诗歌阐释了祭祀仪式后大学寮讲经的主题,解释了儒家经文的道德价值,内容真挚、笔法精炼、旁征博引,但也有些墨守成规。这些诗表达了对天皇的忠诚和逢迎,有点类似于六朝释奠诗的风格。[3] 从 893 年到 895 年所作的最后三首释奠诗也是如此,虽然此时菅原道真已担任高职。菅原道真升职后,感到了一种强烈的、后来被事实证明的"孤立和苦恼",而不是成就感。[4] 他基于儒学的学习获得了正当行政权力,却没有表现出相应的自信姿态。如果说出现了什么不同的话,那就是天皇的中心地位被强化了,比如菅原道真最后的释奠诗中讲道:"北辰高处无为德,疑是明珠作众星。"[5] 似乎只有一首释奠诗不合常规,即 887 年菅原道真担任赞岐国守时在国学的春季释奠中创作的一首诗:

> 一趋一拜意如泥,樽俎萧疏礼用迷。
>
> 晓漏春风三献后,若非供祀定儿啼。[6]

---

[1] 关于道真释奠诗的评注,参见波户冈旭《宫廷詩人——菅原道真》第四章"释奠诗考"。

[2] 参见菅原道真《菅家文藻》,第 14、23、28、41、55、81、88、139 首。在剩下的四首中,有一首（第 220 首）创作于 887 年,当时菅原道真在赞岐作为国守举行释奠；两首（第 396 和 398 首）创作于 893 年,在此期间他担任若干职务,包括式部大辅；一首（第 382 首）创作于 895 年。

[3] Raft, "Four-Syllable Verse in Medieval China," chap. 3, "The Poetry of the Medieval Shidian 释奠 Ceremony."

[4] 桑原朝子《平安朝の漢詩と法: 文人貴族の貴族制構想の成立と挫折》,第 297 页；引自《菅家後集》,第 473 首。关于菅原道真想要拒绝担任高级职位,参见 Borgen, *Sugawara no Michizane*,273。

[5] 菅原道真《菅家文藻》,第 382 首,作于 895 年。引用《论语》第二篇第一章。

[6] 菅原道真《菅家文藻》,第 220 首。

菅原道真表达了他参加一个不符合礼仪标准的国学仪式时的感受，哀叹仪式与京城释奠标准相差太远。他似乎缺少传道的热忱。正如他的职业生涯所显示的，他对挑战当时的世袭特权心存顾虑，因此，他对释奠的态度符合像他那样出身的 9 世纪晚期官员的立场。[1] 从性情上看，菅原道真是一位诗人型廷臣，有历史学家指出，他对如何改善地方行政的理解不切实际。[2] 菅原道真的大量释奠诗反映了他多产的天赋，他流传下来的诗歌作品比古代日本的任何汉诗人都要多。值得注意的是，他拒绝了访问中国的机会，他应该知道那里存在与他宣称的理想相一致的、具有潜在破坏力的价值观。如果他的支持者宇多天皇是一位成功的独裁皇帝的话，菅原道真可能会找到一个与皇帝独裁相制衡的官僚角色。但是，宇多天皇屈服于藤原的寡头统治，而菅原道真太过依赖他的支持，以至于无法生动地上演唐代释奠的"社会戏剧"。在当前语境中，他的历史重要性在于他的释奠诗加强了孔子崇祀与文化展示的联系。

三善清行

像菅原道真一样，三善清行在世袭地位上也处于相对弱势。他的父亲是个小官，主要在地方任职，这使得三善清行在朝廷升职缓慢。[3] 与菅原道真形成鲜明对比的是，他的学术兴趣主要在于历史，而不是诗歌。他既做过地方官，也曾担任过学术职位。出人意料的是，三善清行在 10 世纪初的几年时间里，占据了三个"儒家"职位。[4] 他与藤原时平（871—909）这个操纵流放菅原道真的寡头站在同一阵营。

三善清行被认为是前面提到的《恒贞亲王传》的作者，此书认为恒

---

[1]　参见 Borgen, *Sugawara no Michizane and the Early Heian Court*, 273。
[2]　桑原朝子《平安朝の漢詩と法：文人貴族の貴族制構想の成立と挫折》，第 353—354 页。
[3]　Borgen, *Sugawara no Michizane and the Early Heian Court*, 135.
[4]　所功《三善清行》，第 162 页。职位分别为式部大辅（905 年任命）、大学头（901—904 年）、文章博士（900—910 年）。

贞亲王引领了"承和早期"释奠的复兴。[1] 可想而知,三善清行对释奠复兴的强调反映了他本人对该仪式的重视。在 877 年,他写了一首诗,诗序中说:"仲春释奠听讲《论语》……流荇之礼(即未明祭)即毕,函丈之仪初开……所以传儒风,教胄子也。"[2]这是在听讲《论语》后所作的一首典型的颂诗,不过有人指出它并没有表现对天皇的奉承。[3]

三善清行对朝廷的批评比菅原道真更为激进。914 年,68 岁的三善清行在气候反常、疾病流行、土地分配制度执行困难的背景下,对征求政策建议的法令作出了回应。他提出著名的"意见十二条",重点讨论了衔接中央和地方国府的官员配置问题。[4] 像菅原道真一样,他对公卿的世袭职位持批评态度。他提议大学寮重新筹措资金,以培养有能力的官员;他坚持把入住大学寮作为任职的先决条件,这一措施无疑是为了加强大学寮在招募官员方面的作用。他没有提到释奠仪式或考试制度。不过,他批评公卿在衣着及宴会方面的放纵,拜庙中的这种现象可能影响了他对释奠的态度。

三善清行的建议在他生前没有得到实施。[5] 不过,905 年八月,他被指派起草新的"格式"(法典)——《延喜式》。[6] 直到 927 年,也就是他去世九年后,《延喜式》才得以完成。与现存其他 9 世纪文献不同,此法典对未明祭有简短的记述,可能暗示着未明祭与拜庙之间取得的平衡。此外,《延喜式》对释奠宴会仅作总结性陈述,会不会是编者试图将注意力从世袭公卿所主持的赋诗及宴会转移到大学基本的儒学教学与考试功能上来呢?[7]三善清行曾提议,大学寮住宿是任职的条件之一,这一提议

---

[1] 支持三善清行作者身份的论据见于所功《三善清行》,第 129—133 页。

[2] 纪齐名《扶桑集》,第 571 页;所功《三善清行》,第 20 页。

[3] 桑原朝子《平安朝の漢詩と法: 文人貴族の貴族制構想の成立と挫折》,第 378 页。

[4] 文本引自藤原明衡《本朝文粹》,第 41—53 页。相关的内容分析参见所功《三善清行》,第 155—186 页。

[5] 所功《三善清行》,第 182—184 页。

[6] 所功《三善清行》,第 115 页。

[7] 编纂者名单参见所功《三善清行》,第 58—60 页。

在《延喜式》中得以实现。《延喜式》规定，不寄宿的学生不得晋升为文章生。[1]《延喜式》编纂者中有 4 人拥有与三善清行一样的学术背景，也许他们和清行一样，都希望有一所更强大的大学。[2] 因此从《延喜式》中我们或许可以听到清行的声音，呼唤的是儒家教育及其标志性的儒家仪式应该有更重要的地位。[3]

《延喜式》中的释奠

在 9 世纪的日本，释奠的许多规则都在古代日本仪节的权威总结《延喜式》中得到了最终确定。该式更新了《大宝令》《养老令》及后续法典的规定。它对于记录奈良、平安时期日本历史的重要性可以与唐代的《大唐开元礼》相媲美。《延喜式》规定了大量的仪式活动，"在一年中可能进行多达五百个仪式"[4]。其中，神道及阴阳道仪式在使平安时代权力结构合法化方面发挥的作用达到了顶峰。

《延喜式》包含了日本现存首套完整的释奠仪节。[5] 此时，该仪式已经融入日本朝廷所采纳的儒教国家理念之中："释奠者，盖先王所以奉圣钦贤、崇师重道之大典也。"[6]《延喜式》标志着古代日本仪式的成熟。它为礼仪角色进行了首次系统化的命名，并提供了可与唐代仪式相比较的其他资料。如前所述，仪式的拜庙及讲论部分记录得不如日本此前的《贞观仪式》详细。[7] 尽管如此，《延喜式》的释奠文本注定成为经典，它

---

[1]　虎尾俊哉《延喜式》，第 132—133 页。

[2]　藤原菅根（856—908，文章博士）、大藏善行（832—921?，儒家学者）、三宗统理平（853—926，文章博士）、惟宗善经（平安中期，明法科）。资料参见坂本太郎、平野邦夫《日本古代氏族人名辞典》。

[3]　下文会提到，《延喜式》还为皇室家族的参与作了理论上的规定，但在三善清行的时代已经是一纸空文了。

[4]　Grapard, "The Economics of Ritual Power," 71.

[5]　英文译本见 Bock, *Engi-shiki: Procedures of the Engi Era*。我的理解有几点不同。

[6]　菅原文时（899—981）"释奠诗序"，引自藤原明衡《本朝文粹》，第 229 页。参见福田俊昭《平安朝の釈奠詩》，第 17 页。

[7]　弥永贞三《古代の釈奠について》，第 457—458 页。

是后来的几次释奠复兴的基础,包括极其重要的 1800 年的宽政礼仪改革。

与早期的法典一样,《延喜式》没有将释奠仪节安排在神祇令中。释奠主要出现在《延喜式》的两个地方:一是第二十卷"大学寮式",其中包括京城大学寮的内部仪式及其后续的讲论;二是第五十卷"杂式",涵盖了地方国学仪式。[1] 书中对秋季释奠次日皇宫举行的"内论义"也有简要的说明。[2] 此外,书中其他地方也散见一些与释奠相关的记载,明确了负责仪式各部分的朝廷官僚机构、祭品的采购、宴会食物、座位及场地的准备、警卫任务、检查工作等,还列出了负责输送特定数量大米的地方国名称。

一般认为,日本的"式""证明了使中国法律模式适应日本环境是困难的"[3]。然而,《延喜式》中大学寮未明祭的绝大部分文本来自中国,十分接近《大唐开元礼》中的文本。研究者弥永贞三将《大唐开元礼》中每年两次的校内"国子"释奠的"供物"部分与《延喜式》进行了对比,发现除了少数例外,"几乎完全相同,连措辞的细节都一样"[4]。《延喜式》仿照《大唐开元礼》为"预享之官"规定了斋戒。此外,沿用了中国的语言。《延喜式》中有注释就释奠仪式的发音讲道:"古人云,此式多用汉音(即标准的长安音)。"[5] 在仪式的高潮部分使用了《大唐开元礼》的孔子祝文:

> 维!……皇帝谨遣祭酒某封姓名,敢昭告于先圣孔宣父。惟!夫子,固天攸纵。[6]

---

[1] 此外,"式部(下)"也交叉引用了释奠未明祭,紧随其后是一个较短版本的"讲论"仪节(弥永贞三《古代の釈奠について》,第 498—499 页)。皇太子巡视大学寮及参加"讲说"的仪节被置于"东宫坊"仪式部分,位于"射仪"之后(弥永贞三《古代の釈奠について》,第 934 页)。为亲王及公卿布置讲堂的仪节包含在宫内省仪节中(弥永贞三《古代の釈奠について》,第 848—849 页)。

[2] 《延喜式》,第 522 页。布置紫宸殿的仪节包含在"扫部寮"中(弥永贞三《古代の釈奠について》,第 852—853 页)。

[3] Bock, *Engi-shiki: Procedures of the Engi Era*, 11.

[4] 弥永贞三《古代の釈奠について》,第 451 页。

[5] 《延喜式》,第 515 页。可能指对祝文及礼仪指令的宣读。

[6] 《延喜式》,第 520 页。

因此，平安时代的日本人在他们的世界中用中文的形式承认了儒家创始人的超然权威，他们将儒学作为政治的基础，虽然是在理论上而非实践中。

和大唐版本的释奠一样，《延喜式》的释奠是一种规模宏大的仪式。在某些方面，如在包含准备工作的祭前解说部分，《延喜式》比唐代礼典描述更为详细。准备工作参与的人数相当多：确立了 75 种礼仪角色，在斋戒及排演的日子要向参与者供应 100 多份饭，这个数字尚不包括清洁工、木工和警卫。[1] 仪式期间共提供 450 份饭，其中 350 份是给学生的。[2] 此外还有关于礼仪用具及供品准备的丰富细节。例如，文中描述了将牺牲分割为若干部分的详细解剖过程，其中规定，由于"兽卧下左"，所以只能使用动物的右边部位。[3] 在注释中，仪式参与者的服饰颜色也比《大唐开元礼》中的更加丰富。[4] 3 位主献官穿戴"旒冕，绀衣，绯裳"；3 位郊社令（负责摆放供品、神座及其他用具者）中的 2 人、50 位斋郎（祭品传递者）及参与的学生都穿着"青衿服"，另外 16 人身穿有"皂缘"（黑边）的"绯衣裳"。

尽管《延喜式》释奠总体上忠实于《大唐开元礼》，但其中的未明祭却有明显的不同。差异最明显的是皇族的角色及仪式的整体结构，同时也体现在人员名称和其他礼仪细节上。在名称方面，《延喜式》仪式的委托者天皇被称为"天子"，而《开元礼》中称作"皇帝"。"天子"的称号在日本用于礼仪及宗教，颁布法令时用的是"天皇"，外交场合用的是"皇帝"。"天子"的"天"意在通过与天照大神的关联来传达本土的皇权观念，可能也是仪式本土化的一种表现。[5] 大学寮校长不像《开元礼》一样称"祭酒"，而称"头"，是日本律令制度下"寮"的最高长官的常用名称。

[1]　《延喜式》，第 517 页。
[2]　《延喜式》，第 801 页。
[3]　《延喜式》，第 516 页。这些细节源于中国传统。参见《仪礼》第三十七章。
[4]　长袍颜色的细节参见《延喜式》，第 517 页。
[5]　清原夏野《令义解》，第 205 页；Ooms, *Imperial Politics and Symbolics in Ancient Japan: The Tenmu Dynasty, 650–800*, 81。

在礼仪细节方面，《延喜式》关于音乐的仪节不如《大唐开元礼》具体，只称"用风俗乐"，可能是由于当时日本对唐代音乐不了解。[1] 此外，省略了唐礼中的"文舞""武舞"。同时，祭祀对象的头衔及在孔庙中的位置也不同：《大唐开元礼》以孔子为主要祭祀对象，以颜回为首的七十二贤为主要从祀，这一数字使得唐代孔庙中存在神座安置问题。在《延喜式》中，从祀的数量大幅减少，只有颜回和九哲。[2] 其他细节依据《开元礼》后的唐礼修改而作出了相应调整，例如"文宣王"的封号是唐玄宗739年敕令批准的，自768年起被日本采用，《延喜式》一直沿用了此称号。[3] 再如，孔子神座的位置在《大唐开元礼》中是朝向西壁的，后来转移到北边，该变化大约于778年被引入日本并沿用下来。[4]

在祭品方面也存在差异。《大唐开元礼》规定以牛、羊、猪为祭品，而《延喜式》规定为"三牲【大鹿、小鹿、豕，各加五脏】；菟【醢料】"[5]。第二章已讲过，这种替代可能反映了8世纪对牛马屠宰的禁令，或是桓武天皇对风水的敏感。文中还重申，如果释奠正值神道祭祀或春日、大原野"等祭"之前，用鱼替换"三牲"。[6] 另一个不同之处是没有供奉"毛血豆"，弥永贞三将此亦归因于当时中国和日本的"习俗差异"[7]。可能有其道理，不过也可能同样是来自唐朝实践的影响。因为"毛血豆"在中国释奠中被认为是一个附属的部分，《大唐开元礼》的皇太子释奠及每年两次的"国子"释奠中，毛血豆的进奠者是"太祝"，而不是主献官，且不同于释奠的主要环节，此过程没有音乐伴奏。[8] 在州县释奠及宋代、金代

---

[1]《延喜式》，第518页；弥永贞三《古代の釈奠について》，第451页。
[2] 九哲及他们各自的供品列于《延喜式》，第515页。
[3] 参见本书第二章"8世纪中期的释奠：吉备真备"一节。
[4]《延喜式》，第519页。
[5]《延喜式》，第516页。
[6]《延喜式》，第516页。
[7] 弥永贞三《古代の釈奠について》，第451页。
[8]《大唐开元礼》卷五十三，第八页上至第八页下（第295页）；卷五十四，第五页下至第六页上（第300—301页）。

（1115—1234）的释奠中，毛血豆被省略。[1]　因此，日本的做法也可能是受中国发展变化的影响而作出的反应。

《延喜式》与《大唐开元礼》释奠之间的这些独特差异并不是对唐代释奠的根本背离。尽管日本释奠看起来像是中国京城释奠的地方级变体，但在日本这个以本国为中心的新世界中，它很大程度上保留了中国京城释奠的形式。成熟的古代日本释奠是受天皇委托、由国家资助的，是在律令制度下每年举行两次的重要仪式。圣人是"固天攸纵"的宇宙真理及道德真理的伟大揭示者。这显然是"宇宙秩序"型的盛大仪式。日本平安京大学寮的仪式显然也能适用于中国学术机构。祭祀仪式具有相同形式的斋戒、排演、准备，供品都包括币、牲、粢盛、酒，仪式中都有音乐，也有关于朝向的规定以及互敬、再拜等动作。这些内容都十分相似，一个生活在 8 世纪中后期长安的中国人可能会在平安京的释奠仪式上感到熟悉自在，且如果日本太祝的发音近似于原来的长安音，那么他也能理解相关指示及对孔子、颜回的祝文。

日本地方国释奠是缩小版的大学寮仪式，基于《大唐开元礼》的州县释奠版本。在这个版本中，受祭者是孔子和颜回，不过，在太宰府又增加了孔子的弟子闵子骞。[2]　祭品方面，中国为"少牢"及"腊"，日本换成了"大鹿、小鹿、豕"，与京城大学寮的释奠类似。[3]　祭祀用具的数量也减少了，比如孔子、颜回的笾和豆各有八件。[4]　日本地方国释奠中使用了音乐，而唐代州县释奠中没有音乐，这表明日本地方国释奠比唐代州县释奠地位略高。前面亦讲过，命名法也不同。《延喜式》中，仪式由地方国长官"守"行初献，且祝文以其名义宣读，副长官"介"行亚献，地方国博士行终献。引导三位献官的"谒者"角色由官员"参军事"担任，"参军事"是

---

[1]　宋代相关规定参见郑居中《政和五礼新仪》卷一百二十五。金代的规定参见张暐《大金集礼》卷三十六。
[2]　《延喜式》，第 998 页。
[3]　《延喜式》，第 999 页。
[4]　《延喜式》，第 998 页。

太宰府负责监察工作的"太宰监"的中国式别称。在地方国释奠的仪节中使用太宰府的特用名称,这可能意味着对细节不够重视。在古代日本及中国唐代,地方级释奠到底普及到何种程度,这是一个令人困扰的问题。不过可以肯定,这些仪式对德川时期藩校大名释奠的合法化产生了深远的影响。

皇族的角色

比礼仪细节上的变化更重要的是,《延喜式》释奠与唐礼原型之间存在结构差异,特别是在皇太子的礼仪角色及仪式的整体组织方面。两者都反映了日本在 9 世纪的新发展,以及与中国不同的皇权观念。首先,皇太子参与的环节比中国皇太子要少得多,与早期的《贞观仪式》一样,日本释奠只要求皇太子出席仪式的讲论环节。《延喜式》有两处地方体现仪式的这一特点: 一是在"春宫坊"部分,二是在"大学寮"部分。不过,二者并不一致。春宫坊的仪节中,皇太子隆重地由轿子抬着,在武装侍卫的护送下,从东宫出发,穿过大学寮东门,到达"庙堂"。到达后,皇太子对圣像"再拜",随后,从东北入口进入讲堂,有官员在东北处为其安排了休息所("次")。皇太子坐下参加讲论(有时称"讲说")之后回宫。[1]同时,另一份关于太政官的独立规定,要求"亲王以下"、"少纳言"、"弁"(监察人)、"外记"(秘书)、"史"(抄书吏)前往大学"亲讲经"。[2]

大学寮中皇太子的仪节更为简单。他直接通过一个"掖门"进入大学,不需要向圣人鞠躬。[3] 还有其他一些不同的地方。比如,内务部门安排讲论座位时没有单独规定皇太子的座位,仅指出"亲王公卿"的位置。[4] 围绕皇太子的这些基本矛盾使人产生疑问:《延喜式》在多大程

[1] 《延喜式》,第 934—935 页。
[2] 《延喜式》,第 334 页。该条目包括对《贞观仪式》的交叉引用,参见第 182—185 页。
[3] 《延喜式》,第 522 页。
[4] 《延喜式》,第 522、849 页。

度上反映了现实仪节？皇太子亲自出席的唯一记录是在承和时期
（834—848），即《延喜式》起草的一个多世纪以前。到《延喜式》的时期，
皇室已不再直接参与大学寮仪式。释奠受到公卿的支持，他们的虔敬行
为仅限于"祭礼礼毕"后向孔子行拜礼。[1]　不过，大学寮的规定有进一
步的虚构，即为天皇的到访作应急准备——"若天子幸者……"[2]。而
这样的事件在日本历史上只被记录过一次，大约在一个半世纪前的
767年。

　　《延喜式》释奠包含了一种对天皇曾参与仪式的逝去时代的虔诚渴
望。大学寮仪节中这些过时的规定是否仅仅反映了《延喜式》文本在假
设情况下的可用性；或者是否有一个更有趣的可能性，和三善清行的想法
一致，编者是有抱负的，他们想进行意识形态干预，呼吁天皇更多地参与
释奠，也就是说，我们可以再次察觉到一种微弱的抗议声音，它实际上是
在请求天皇更多地参与孔子崇祀。这是一个悬而未决的问题。不过，如
果真有这种意图的话，它显然是失败的。因为皇族始终与孔子保持着距
离。与仪式产生协同作用、使释奠焕发活力的考试制度也没有因《延喜
式》的制订而复兴。研究者久木幸男举例指出，在延喜时期，一些在文学
考试中屡遭失败而心存不满的人会被准许在名义上通过考试，由此可见
"考试制度松懈"[3]。他还发现证据表明："在起草《延喜式》时，进士考
试（及由此获得的品级、官职）已经缺失了，但这似乎没有遭到反对
意见。"[4]

仪式的官僚制基础

　　尽管如此，《延喜式》释奠是一项严肃的、大规模的、高度组织化的仪

---

[1]　《日本三代實錄》886年八月一日条，第615页。
[2]　《延喜式》，第522页。
[3]　久木幸男《大学寮と古代儒教》，第128页。
[4]　久木幸男《大学寮と古代儒教》，第129页。

式。这也是为什么在日本明治维新前的整个历史时期,该版本的仪式一直让后人充满想象。京城的释奠得到了平安时代早期许多官僚机构的支持。与仪式细节相关的指令分散在《延喜式》关于各朝廷部门的规定中。相关内容值得关注,因为它们证明了平安时代释奠背后存在丰富的资源、复杂的官僚制体系以及精心的协同努力。仪式涉及五个"省"——式部省、治部省、民部省、大藏省、宫内省,包括其下属的寮、司、职等。此外,太政官、春宫坊、弹正台、左右京职、六卫府也参与其中。仪式还涉及一些地方国,如越国、丹后国、备前国等,它们向民部省的主税寮缴纳成捆的大米作为"正税",以资助大学寮,当然,仪式的资金也来源于此。[1] 各地方国及太宰府还被要求为各自地域的学校仪式提供物资与设备。[2]

---

[1] 《延喜式》,第 648—649 页。
[2] 《延喜式》,第 659—660 页。关于仪式官僚制基础的详细说明,请参见在线附录二"礼仪细节(a)《延喜式》:仪式的官僚制基础"。

第五章

漫长的衰退期：传统主义、苍白化 与 1177 年的大火

传统主义

从《延喜式》诞生到 1185 年平安时代结束的这段时间,释奠的历史与其他中国式的制度一样,出现了陷入传统主义与衰落的过程。在此期间,私人庄园制得以合法化,颠覆了律令制国家。公有土地被侵占,财富沦为私人所有。藤原北家在继续占据最高地位的同时,与上皇、世袭贵族及宗教机构主导的新势力集团不断争夺财富与权力。随着唐朝的灭亡,来自大陆的影响逐渐减弱,“贵族的政治意识迅速转向了传统主义”[1]。大学寮也出现了这样的趋势。考试制度持续受到世袭制的破坏,它与释奠的潜在协同作用未能实现。[2] 从 10 世纪中叶开始,考题时有泄露。[3] 983 年,考卷被盗。[4] 1013 年,明经道的得业生拒绝参加讲论,因为该课程的入学考试已被暂停。[5]

京城的释奠越来越形式化,它服从于“本土”仪式,仪程被缩减,表演活动也日渐衰微。尽管有人试图复兴,仪式的能量还是渐渐衰退了。从

———————————————

[1] Ōsumi Kiyoharu, "The Acceptance of the Ritsuryō Codes and the Chinese System of Rites," 78.

[2] 久木幸男《大学寮と古代儒教》,第 183—193 页。

[3] 久木幸男《大学寮と古代儒教》,第 186 页。

[4] 久木幸男《大学寮と古代儒教》,第 209 页。引自《日本紀略後篇》983 年七月五日条、983 年八月一日条,第 148 页。

[5] 久木幸男《大学寮と古代儒教》,第 186 页。引自《御堂関白記》1013 年八月七日条。

《延喜式》之后编纂的翔实的仪书中可以追溯这种衰退过程。相关仪书包括：源高明(914—982)于 955 年至 964 年编纂的《西宫记》，惟宗允亮于 1008 年至 1010 年编纂的《政治要略》(由右大臣藤原实资〔957—1046〕下令编纂[1])，藤原公任(966—1041)编纂的《北山抄》，大江匡房(1041—1111)于 1099 年至 1111 年编纂的《江家次第》。这些文献一般被称为"仪式书"。[2] 它们从个体高层参与者的角度来看待仪式。《延喜式》等法典的基础——由国家资助编写的"格"与"式"到 10 世纪时已失去了对公众的效力。

这些文献详细记载并见证了释奠仪式漫长而缓慢的衰退过程。文献中按职位和等级规定了参与者的精确礼仪动作，包括动作方向及各种细节，如"王卿"在向孔子及颜回鞠躬之前要脱剑、脱鞋，鞋子有专人负责管理。[3] 在形式化的贵族社会，甚至对宴会上如何使用筷子、勺子都有相关说明。[4] 仪书常常包含一些有价值的注释，涉及仪式表演在历史上出现的偏差、疏漏或不规范之处。与《延喜式》不同，没有仪书规定皇太子参加讲论，更不用说天皇了。《江家次第》的作者认为，天皇的参与是一种"上古"时期的理想状况。[5] 不过，所有的仪书都包含大学寮秋季释奠翌日的"内论义"仪节。

下面来看释奠衰退过程中的重要节点。随着皇太子退出仪程，自公卿到来而开始的"拜庙"程序成为文献关注的重点(图 5.1)。[6]

---

[1] 该文本仅包含内论义的仪节。

[2] 这些文本的起源、创作日期以及相互关系是所功两个颇具权威性的研究《平安朝儀式書成立史の研究》(1985 年)与《宮廷儀式書成立の再検討》(2001 年)的主题。关于《仪式书》创作日期的信息在《平安朝儀式書成立史関係年表》中有相应总结，参见《平安朝儀式書成立史の研究》，第 961—1050 页。

[3] 藤原公任《北山抄》，第 261 页；大江匡房《江家次第》，第 140 页。德川时期，在仪式上佩剑引起了争议。

[4] 大江匡房《江家次第》，第 142 页；源高明《西宮記》，第 161 页；藤原公任《北山抄》，第 262 页。

[5] 大江匡房《江家次第》，第 142 页。

[6] 有关未明祭的文献资料十分稀少，参见仓林正次《釈奠の百度座》，第 3 页。

图 5.1　拜庙

《释奠图》绘卷中的细节。由德川博物馆（水户）及 DNP 艺术通信公司（东京）提供。大学寮教员及学生完成祭祀后，在仪式的第二阶段，公卿到达孔庙并向孔子像行拜礼。

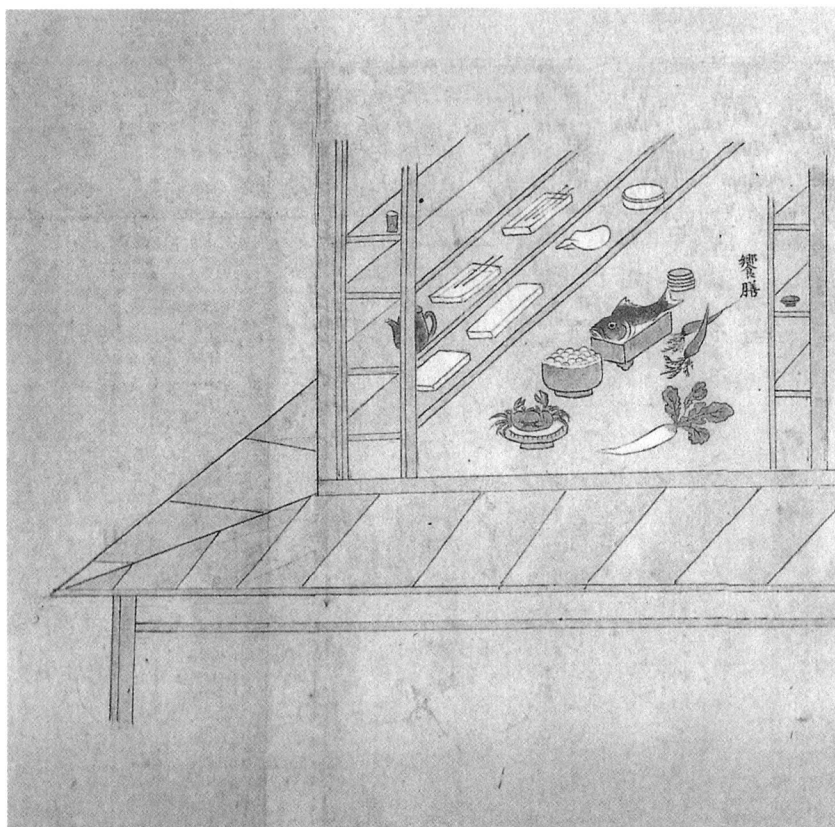

图 5.2　飨膳

《释奠图》绘卷中的细节。由德川博物馆(水户)及 DNP 艺术通信公司(东京)提供。仪式上举行了专门为公卿准备的盛大宴会。

《延喜式》之后，仪式出现的一个早期变化是将王公贵族的宴会第一阶段——"寮飨"进行了前移。在大学寮孔庙南边的"正厅"举行完讲论后，随即举行此步骤（图5.2）。[1] 随后提供两次食物及饮品。首先是"百度座"：如"节会"（宫廷宴会）一般行三巡祝酒，由学生斟酒，皆跪饮；将分装在"粗莒"（木盒子）中的"点心"分发给所有的参与者，包括学生。[2] 此后，王公贵族离开讲堂，坐在北墙外的椅子上，"诸大夫""脱靴，徘徊"。接着是另一顿饭，王公贵族及大臣都回到座位上，"不着靴"。[3] 在该阶段，文人作诗，公卿享用来自祭祀仪式的供品。[4] 随后又换了一次座位，进入最后一个步骤"稳座"（轻松的宴会），其间朗诵诗歌。这里可能还会加入另一轮饮酒：据《西宫记》记载，特别优秀的诗歌会受到人们的敬酒。[5] 在941年的秋季释奠中，宫廷膳房没有准备食品，这个意外令众人十分惊愕，由此可见宴会的重要性。此外，人们热衷于找寻先例，这表明向过去寻找依据的态度已经形成。[6]

另一个重要变化是引入了"雨仪"（应急仪式），首次记载于《西宫记》与《北山抄》中。[7] 这个简化版的仪式最初是为了应对恶劣天气而制定的，到11世纪早期成为惯例。一条天皇时期（986—1011在位），藤原齐信（967—1035）曾试图重振"晴仪"，但据说无人知晓程序，最后以失败而告终。[8] 由《江家次第》可知，读经时已不再使用中文发音，讲论的问者

---

［1］ 源高明《西宫记》，第161页；弥永贞三《古代の釈奠について》，第459页；藤原公任《北山抄》，第262页；大江匡房《江家次第》，第140页。关于9世纪到12世纪早期仪式顺序中时而令人困惑的变化，参见翠川文子《釈奠（三）》，第206页。相关内容的整体说明及辅助图表参见仓林正次《釈奠の百度座》。
［2］ 关于食物盒子，参见源高明《西宫记》，第1册，第161页。学生们分开就座，朝廷贵族坐于主讲堂（都堂院），六位及以下坐于东西大厅，参见藤原公任《北山抄》，第262页。
［3］ 这些细节引自大江匡房《江家次第》，第142—143页。
［4］ 翠川文子《釈奠（三）》，第193页。
［5］ 源高明《西宫记》，第1册，第161—162页。
［6］ 源高明《西宫记》，第164—165页，结合仓林正次《釈奠の百度座》第11页中的不同文本。
［7］ 源高明《西宫记》，第1册，第160页；藤原公任《北山抄》，第263页。
［8］ 久木幸男《大学寮と古代儒教》，第213页。参见《中右记》1094年八月八日条。据大江匡房记载，藤原齐信对复兴的尝试"不符合时代潮流"，他在文中还对简化版的雨仪作了规定。参见《江家次第》，第139页。

数量也发生变化,"近代唯一人问之"[1]。1021 年和 1031 年的讲论,学校官员未能出席。1050 年秋,儒家学者们不得不承认他们缺席的过失。[2] 然而,相关的失职行为仍在继续。1096 年,博士们再次因缺勤而受到指责。[3] 朝廷一方也有过失。1049 年,很多贵族没有参加,宴会受到影响。从 1065 年到 1086 年,宴会停办了 8 次。[4] 天皇对内论义的兴趣减退。1025 年,内论义被取消。从那以后,内论义似乎就变成了在天皇面前象征性地露面并接受奖赏的活动,到长元年间(1028—1037)就消失了。[5] 不过,至少在 1086 年之前,都有将祭品送往皇宫的记录。[6]

导致上述衰落的原因是士气的低落及财政的压力。1113 年,朝廷向播磨国请求紧急提供 100 石的大米以资助仪式。[7] 1160 年,为了给仪式用具提供维修资金,朝廷出售了官位,主要是有利可图的五位品级的国司职位(这种卖官制度被称作"成功")。[8] 甚至连享有声望的诗歌创作也停滞不前了。1092 年的春季释奠上,尽管有几位精通汉诗的公卿出席,却没有留下任何诗句,正如久木幸男所说,"可能是由于玩忽职守"[9]。多年来,释奠诗的创作数量本应相当可观,而实际留存下来的却很少。引用另一位当代学者的话来说,可能因为"大多数诗歌缺乏诗意"[10]。不过,藤原有国(943—1011)有一首诗,被编入 1010 年的《本朝丽藻》。该诗受到当时"来自温州和洪州的大宋移民"的启发,表达了对以日本为中心的国际和平秩序的幻想:

[1] 大江匡房《江家次第》,第 142 页。
[2] 相关参考资料,请参见翠川文子《释奠(一)》第 252—351 页年表。
[3] 翠川文子《释奠(一)》,第 250 页。
[4] 翠川文子《释奠(一)》,第 252—351 页,引自不同出处。第一次(1065 年二月七日条)是由于右大臣去世,宴会被取消。其他年份则没有记录原因。
[5] 久木幸男《大学寮と古代儒教》,第 212 页。
[6] 翠川文子《释奠(一)》,第 251 页,引自《後二条師通記》。向宫廷献祭品的做法还被记载于一条兼良的《公事根源》(1422 年)中(第 27 页)。
[7] 久木幸男《大学寮と古代儒教》,第 214 页,引自《朝野群載》卷二十一,1113 年三月七日条,第 475 页。
[8] 久木幸男《大学寮と古代儒教》,第 214 页,引自《山槐記》1160 年四月一日条。
[9] 久木幸男《大学寮と古代儒教》,第 212 页,参阅《中右記》1092 年二月十四日条。
[10] 波戸冈旭《島田忠臣の釈奠詩》,第 45 页。

草遍从风南面化，葵遥向日尤言心。

请问来宾殊俗意，茫茫天外远相寻。[1]

非官方释奠与其他崇祀

与此同时，国家释奠有了竞争对手：非官方释奠与其他崇祀。在其中，非官方释奠具有更显著的意义。它们的出现是艾伦·格拉帕德（Allan Grapard）所称的伴随中国式国家衰落的"礼仪活动私有化"的一个方面。[2] 这是当时东亚的普遍现象。随着唐末中国王朝权力的削弱，儒家仪式开始在私人住宅中进行。[3] 在日本，大学寮及其释奠不再具有约束力。

早在 1061 年，就出现了高级贵族举行非官方释奠的记载。[4] 1114 年十二月，大江匡周（952—1020）在住宅举行了释奠，有特别详细的记录被保存下来。与菅原氏一样，大江氏拥有世袭的学术职位及儒者身份。释奠祝文中提到的"抠衣联翩"的"诸生"很可能是在大江匡周的私人指导下举行仪式的，说明大江氏可能拥有一所像菅原氏"山阴亭"那样的私立学校。[5] 大江氏的仪式表明，学术职业家族发现自己举行非官方释奠是有益的。

对肉类祭品的放弃

随着大学寮的衰落，支撑大学寮根基的儒学教义也似乎越来越无关

---

[1]　高阶积善《本朝丽藻》，第 600 页。引自《易经·乾·彖》："万国咸宁。"

[2]　Grapard, "Religious Practices," 541.

[3]　此时，曾与官方学校相联系的孔庙似乎已经被纳入"宅邸"。具体例子参见 Walton, "The Institutional Context of Neo-Confucianism：Scholars, Schools, and Shu-yüan in Sung-Yüan China," 463-464.

[4]　《水左记》1081 年二月三日条，引自佐佐木孝浩《六条显季邸初度人麿影供考》，第 81 页。

[5]　《水左记》1081 年二月三日条，引自佐佐木孝浩《六条显季邸初度人麿影供考》，第 81—82 页。关于该祝文内容，参见《朝野群载》卷二十一，1114 年十二月条，第 478—479 页。

紧要,释奠在各方面都受到了来自其他崇祀的压力。平安时代后半期的一个特征是"神道"与佛教信仰的强化。伊势神宫的天照大神备受崇奉。佛教中的"杀生禁断"(禁止杀生)、"放生会"等虔诚习俗也得以普及,尤其受到白河上皇(1053—1129;1072—1086 在位)的重视。[1] 这些发展也影响了大学寮的释奠。[2]《西宫记》记载,923 年八月一日,释奠的"三牲"皆使用了替代品,因为在翌日,伊势神宫祭祀的特使("伊势币使")将要从京城启程。[3] 以阿弥陀佛信仰为主要形式的佛教渗透到了大学寮,也妨碍了肉类祭品的使用。[4] 在佛教影响下放弃动物祭祀的现象不仅限于日本,在东亚其他地区也曾出现。例如,早在南朝梁(502—557)的武帝(502—549 在位)时期即有相关记录。[5] 近期的例子有 1040 年高丽国王靖宗(1034—1046 在位)因"爱生灵"而禁止肉类祭品。[6] 这些证实,对动物肉类的礼仪偏见不能简单归因于日本人的基本价值观。在该时期,这种现象产生的直接原因是佛教对杀生的厌恶,再就是受大陆影响下的、用以维护日本王权的"洁净"意识。

可以认为,在 11 世纪,只要释奠不与"神道"仪式相冲突,那么动物肉类祭品是可以在未明祭中使用的。[7] 然而到了 12 世纪,释奠的这种做法也受到了质疑。在 1112 年的春季释奠中,一群贵族讨论了猪和鹿在仪式中的洁净度问题,其中,摄政王藤原忠实(1078—1162)这样考虑:"如果猪是一种污秽,那么参加释奠的人不都会被污染吗?"[8]越来越多的人相信动物肉本身就是一种对仪式的污染,最终,肉类祭品被暂停使

[1] 户川点《释奠における三牲》,第 212 页。
[2] 相关研究参见久木幸男《大学寮と古代儒教》,第 300—311 页。
[3] 源高明《西宫記》,第 162 页;藤原公任《北山抄》,第 263 页。此外,943 年八月一日条也有同样的记录,当时的替代供品是鱼。
[4] 相关研究参见久木幸男《大学寮と古代儒教》,第 300—311 页。
[5] Strange, "Representations of Liang Emperor Wu as a Buddhist Ruler in Sixth and Seventh-century Texts," 92-101.
[6] 三宅和朗《日本古代の大儺儀の成立》,第 6 页。
[7] 户川点《释奠における三牲》,第 212 页。
[8]《中右记》1112 年二月四日条,引自户川点《释奠における三牲》,第 213 页。原文为:"可有猪秽者,参释奠人人自今以后可为秽欤?"

用。1114 年十二月大江氏释奠的祝文说道："更改牺牲，代以蔬鲜。"[1]
《百炼抄》中 1127 年八月十日的记录显示："释奠依杀生禁断，不供荤
腥。"[2]在此背景下，大约在 12 世纪中叶，释奠停止使用"三牲"作为
祭品。

　　对肉类祭品的废弃与一个重要的意识形态发展有关。藤原赖长
（1120—1156）在日记《台记》中记录了 1146 年四月一日的家事，其中提
到，释奠不供肉类的做法可以用一位匿名者的梦来解释。在梦中，孔子就
释奠宣布："太神宫（天照大神）常来临，莫供肉。"[3]这不单是礼仪优先
权的问题，儒教和神道之间的紧张关系在现存史料中第一次以宗教和神
话的形式被象征性地表达出来，其目的在于使神道享有特权。一种围绕
儒教展开的新的话语模式出现了。在日本释奠第二次演变时，释奠作为
天照大神与孔子之间的一个重要问题，成了争论的焦点。这个梦成为后
来日本孔子崇祀历史的一个参照点。一个多世纪后（1254 年），橘成季
（生卒年不详，活跃于 13 世纪）的《古今著闻集》中亦记载了这个梦，此时
该梦已成为一种传说，出现了细微的差别："大学寮之庙供，昔亦备猪鹿。
或人有梦，尼父言：'本国进之，然来此朝后，大神宫来临同礼，不宜供秽
食。'后遂不供也。"[4]

对释奠的模仿

　　随着官方释奠的进一步衰落与边缘化，在佛教和一直享有文化声望

---

[1]　佐佐木孝浩《六条显季邸初度人麿影供考》，第 81 页。
[2]　户川点《釈奠における三牲》，第 212 页。另参见大乡信斋《释奠私议》卷四，"牲齐"。
[3]　藤原赖长《台记》，引自户川点《釈奠における三牲》，第 212 页。
[4]　橘成季《古今著闻集》，第 56 页。原文为日文。水口拓寿在一篇近文中对这种细微差别进
　　行了透彻的分析。他认为，与藤原赖长记载的梦所暗示的不同，这段话并非是对儒教的一
　　种拒绝，而是一种微妙的接受。也就是说，神道教和儒教有可能在同一仪式内达成和解，
　　而前者在等级上处于更高的地位。参见水口拓寿《「尼父」と「大神宫」——『古今著闻
　　集』神祇编十二話の一解釈》。这一立场与德川时期水户藩校的立场相同，参见本书第
　　十八章。

的诗歌创作传统中,出现了对释奠的模仿。这种现象出现在大学寮内部及其周边。从一种传统到另一种传统的礼仪或图像形式的跨界挪用经常发生在相互竞争的宗教或文化传统之间。[1] 这种挪用可以被看作是对原始传统威望的一种致敬,也可以看作是一种成功的竞争,是宗教或文化能量从原始崇祀向竞争者的转移。佛教方面,早在 964 年就成立了研究《妙法莲华经》的正规团体,即"劝学会"。有 20 名文章生参加了该团体,还有来自大学寮的其他人及比叡山的僧侣。劝学会在每年三月和九月的第 15 天举办集会。会上举行读佛经、讲论、"念佛"及赋诗等活动,表明了佛教方面对释奠"拜庙"仪程的模仿。[2]

后来,在诗歌创作方面也出现了与释奠的礼仪竞争。这一现象反映出,在朝廷精英的思想中,释奠仪式和文学被联系在了一起。著名的"人麻吕影供"首次被记载于 1118 年,成为宫廷仪式周期中的一个固定活动。它采取的形式是向生活在 7 世纪至 8 世纪早期的伟大诗人柿本人麻吕的画像献上供品。值得注意的是,首次仪式的主要参与者和记录者是当时的大学寮校长藤原敦光(1063—1144)。有研究指出该仪式同时受到了释奠和佛教礼仪的影响。[3] 供品被置于人麻吕的画像前,随后有三次祝酒及一次进餐。仪式上诵读了藤原敦光所作的对人麻吕的"赞",与释奠中对孔子的祝文有相似性。[4] 有记录表明随后还举行了赋诗。[5] 正如15 世纪早期一篇关于诗学的文章所讲:"人丸供(即人麻吕影供——译者注)之规式无异于释奠之影供也。"[6]

[1] 例如,孔子铜像的制作被认为受到了佛教的影响,描绘孔子及其弟子的宇宙图也是如此。
[2] 久木幸男《大学寮と古代儒教》,第 300—303 页。
[3] 关于首次仪式的描述,参见藤原敦光《柿本影供记》,第 58—60 页。关于仪式的分析,参见 Commons, *Hitomaro: Poet as God*, 96-102;Klein, *Allegories of Desire: Esoteric Literary Commentaries of Medieval Japan*, 80-89。
[4] 英文译文见 Commons, *Hitomaro: Poet as God*, 106;Klein, *Allegories of Desire: Esoteric Literary Commentaries of Medieval Japan*, 81-82。其中"固天攸纵"和"天赐本性"呼应了《延喜式》中对孔子的祝文。
[5] Klein, *Allegories of Desire: Esoteric Literary Commentaries of Medieval Japan*, 82-83.
[6] 《愚秘抄》(1415 年前成书),引自冈部明日香《释奠仪礼の文学及び文化への影響について——日本の释奠の变转からの考察》,第 3 页。

平安时代的结束

释奠仪式的衰落并非没有引起抗议。藤原敦光开创了受释奠影响的人麻吕影供，十五年之后，又于1135年呈递了一份请愿书。藤原敦光的这份请愿书写于三善清行后的两个世纪，有意回应了三善清行的观点，认为“学校之废”是朝政堕落的七个原因之一。“黉舍颓弊，鞠为茂草”[1]，“苹蘩蕰藻之奠，有其备供之烦”[2]。大学寮并没有履行它的官方职能——“缙绅青衿之徒，无其容身之处”[3]。

有位现代历史学家认为藤原敦光的请愿书有些墨守成规，且“缺乏具体的改革建议”[4]。中世时期，从1149年开始担任左大臣的藤原赖长曾作过更为认真的努力，意在阻止释奠仪式的衰落。藤原赖长试图恢复律令国家，振兴高级贵族。作为一名令人畏惧的纪律严明者、专制的行政长官，他被称为“恶左府”。[5] 但他也如饥似渴地阅读儒家经典，一生都怀抱对儒教的虔诚。[6] 从1143年起，藤原赖长在自家住所对自己画的孔子像举行了祭祀的“密密仪”。[7] 在大学寮孔庙，他向孔子报告各种重要事件，如1144年他完成了“五经正义”的学习，1151年十一月四日他有幸成为藤原家族中的“氏之长者”及“执政”。[8] 为了恢复释奠的公众形象，他于1148年下令要求参与者进行登记。[9] 1153年，他实行了一次

[1] 出自《诗经》：“踧踧周道，鞠为茂草。”Legge, *The Chinese Classics*, vol.4, 336。
[2] 出自《左传》隐公三年。
[3] 久木幸男《大学寮と古代儒教》，第215页；藤原季纲《本朝続文粋》，第24页。
[4] 所功《三善清行》，第185页。
[5] 桥本义彦《藤原頼長》，第109—110页。
[6] 桥本义彦《藤原頼長》，第40页。
[7] 《台記》1143年七月二十二日条，引自佐佐木孝浩《六条顕季邸初度人麿影供考》，第102页，注释6、注释7。另参见和岛芳雄《中世の儒学》，第32—33页。
[8] 桥本义彦《藤原頼長》，第224、227页。
[9] 《台記》1148年二月九日条，引自桥本义彦《藤原頼長》，第106页。《延喜式》已经要求讲论中主礼学者的姓名在仪式的前十天上报朝廷。参见《延喜式》，第517页。

"习礼"（排演），并亲自出席。[1] 同年八月十日，尽管下着雨，仍然上演了一场被复兴的"晴仪"。[2]

很容易看出，藤原赖长复兴释奠的目的是恢复律令国家的儒教精神，但他的理想却在于寡头统治。他试图努力恢复藤原道长统治下的藤原北家鼎盛时期的私人仪式。[3] 然而，就像其他梦想着释奠能将日本的儒教秩序神圣化的人一样，几乎没有证据表明藤原赖长理解中国释奠的动力所在，以及日本重建中国式儒教时遇到的问题。他去世于1156年的保元之乱。那一年，官方释奠回到了简略版本的"雨仪"。

在地方国，释奠仪式也衰退了，可能衰退得比京城还要早。916年的记录显示，伊势国学校的孔子像及颜回像被毁坏；933年的记录显示，丹波国的学校也发生了类似的破坏；937年，石见国学校的礼器被毁，释奠被暂停。[4] 当然也有明显的例外：现存1075年到1077年的上野国史料显示，释奠仍然拥有常规的费用支出。[5] 太宰府学校的仪式也较为例外，一直延续到了12世纪。更普遍的情况是，到了11世纪，随着地方主义的兴起及私人庄园的发展，儒教仪式逐渐从地方记录中消失。

1177年四月廿八日，一场灾难性的大火让京城的三分之一化为灰烬。虽然孔子像幸免于难，但大学寮及其中的孔庙、藤原氏的别曹"劝学院"都被烧毁。通往皇宫的朱雀门、大极殿、民部省、式部省、神祇官等皆被烧毁。很多地方在后来被重建，包括藤原氏的劝学院，但没有重建大学寮，说明其功能已不再受政体的重视。不过，大学寮的消失并没有导致孔子崇祀的终结。[6] 朝廷建造了一个仓库来存放孔子像。关于接下来该

[1] 久木幸男《大学寮と古代儒教》，第213页。《延喜式》中有排演的规定，但可能已经失效（第519页）。
[2] 久木幸男《大学寮と古代儒教》，第213页，引藤原通宪《本朝世纪》1153年八月十日条，第871—872页；桥本义彦《藤原頼长》，第106页，引《台記》1153年八月十日条。
[3] 桥本义彦《藤原頼长》，第106—107页。
[4] 久木幸男《大学寮と古代儒教》，第163—164页。所功指出，向中央政府求助的呼吁表明，在这个时候，人们仍然愿意维持这种仪式（《宫廷仪式書成立史の再検討》，第557页）。
[5] 九条兼实《玉葉》，第2册，第87页。
[6] 此叙述基于翠川文字的四篇系列文章《释奠（四—七）》。

如何做的争论则是对古代释奠历史的讽刺性收尾，值得详细地引述。下面引用的文献出自藤原氏支族、右大臣九条兼实（1149—1207）的日记《玉叶》：

> （1177 年七月）十八日：……天阴，雨下，时时雷鸣。……申刻，藏人勘解由次官基亲来。余着乌帽直衣，出迎基亲。仰云："大学寮烧亡之后，未及事始。释奠于何处可被行哉？立假屋可被行欤？将移官厅可被行欤？若可立假屋者，已入秋节，自皇居当面，可有其惮。而大外记师尚申云：'于假屋者，土用方角不惮云云。'此事，何样可被行哉？"[1]

九条兼实援引先例，建议将仪式转移到太政官厅，藤原基亲对此答复说，他将举行进一步的高级别协商。十天后的七月二十八日，九条兼实记录了他与藤原光经的另一段对话。后者提出了儒家学者的观点，即反对在太政官厅举行释奠：

> 释奠于官厅被行事，不可然由，儒中令申："尚于本寮，可被行立幄，可用都堂，可悬貌像于仓屋。……大学寮，本不被立内里内，若有由绪欤？"又布政之庭，不可安貌像之由，诸儒令申云云。

对此，九条兼实并不同意："余案之，此条不可然。……孔子者，治政正礼之圣人也，被安官正厅，即是政可及淳素之象也。"经过进一步的协商，九条兼实的意见得以被采纳：1177 年秋季释奠在大型宫殿——太政官厅的"正厅"里举行。

　　这段悲喜剧发生在动荡的历史背景下，当时，尚武的平氏家族入侵朝廷，京城逐渐军事化。这段释奠的历史生动地展现了一个混乱、僵化、衰

---

[1]　九条兼实《玉葉》，第 2 册，第 87 页。所引为原文。

落的朝廷社会,充满了官僚争斗、先例因循和对风水的敏感。它包含讽刺性的内容,展现了释奠传入日本近五个世纪后的命运。此时也出现了一些儒家学者,他们本应持有迫切而实际的政治道德准则观念,却呼吁遵从日本的先例,反对在朝廷所在地的太政官厅中祭祀孔子。他们已经成为保守的、世袭的专家群体,正如《源氏物语》中描述的那样,是浮夸而任性的。[1]

九条兼实这位博学多才者的自身经历也极具讽刺意味。18 岁时,他通过世袭特权被任命为右大臣,从 1186 年后的十年一直都是藤原家族的"氏之长者"。他把藤原血统与释奠仪式的关系带到了一个完整的循环中。具体来讲,8 世纪时,他的祖先最初倡导释奠,后来对仪式进行操纵,破坏了释奠的统一,使天皇及他们的寡头亲属远离了释奠的祭祀部分。藤原家族后来利用特权颠覆了儒家大学寮的公共属性,隔离了祭祀仪式。尽管如此,九条兼实渴求"淳素"的儒家统治,希望将孔子象征性地置于朝廷的核心。也许这种"淳素"不是道德上的,而是美学上的,是一种社会的、文化的、礼仪上的提炼。也许九条兼实曾幻想,孔子作为朝廷核心的象征性存在,能在某种程度上避免武士日益逼近的统治力量。不过在后来,九条兼实确实试图将他的纯粹主义(purism)付诸实践。据说经过他的斡旋,"旧仪"在 1183 年二月二日得以恢复。对此他十分满意,称之为"庙之中兴"。[2] 但是,没有证据表明他关注了未明祭。就像他所在的精英阶层的其他人一样,他的兴趣在于"拜庙",且当时尤其要解决的实际问题是如何将仪式紧急改到太政官厅举行。他并没有认真致力于促进儒教在政体中的作用。1196 年,他在政治上失败,而后于 1202 年皈依佛教。

释奠仪式漂泊在一个不适合其初衷的社会里,这种感觉因藤原定家(1162—1241)的《释奠次第》而更加明显。这本最后的礼仪书产生于向武士政权过渡之际,但其整体精神仍属于平安时代晚期。《释奠次第》中

---

[1] 紫式部《源氏物語》,第 2 册,第 278—282 页;Tyler, *The Tale of Genji*, 1: 381-383。
[2] 九条兼实《玉葉》,第 2 册,第 595—596 页。

提到的 1216 年的释奠仪式表演可以说是一个终点站。[1] 藤原定家是日本文坛的杰出人物，在朝廷政治统治中占有一席之地。1214 年藤原定家成为参议，1215 年，54 岁的他第一次参加了秋季释奠，并表示深受感动："情感内催私泪下。"[2] 在他的书中，仪式被放在了太政官厅，这是大型宫殿建筑群中的一处建筑。但藤原定家并未提倡完整仪式的复兴，而仅满足于"拜庙"及简短的"雨仪"。这部作品在记录不久前已停止使用的仪式的某些方面有价值，比如大学寮宴会，以及"稳座"中为诗歌敬酒的做法。不过，它的主要历史意义在于将藤原定家与释奠联系了起来。与《延喜式》及《江家次第》一起，《释奠次第》在德川时期的释奠复兴中成为被参考的对象。

---

[1] 《公事》，参见塙保喜一《群書類從》，第 516—525 页。关于 1216 年的释奠表演活动，见第 520 页。此文献的来源及真实性在所功的著作中有相关讨论，参见《宮廷儀式書成立史の再検討》第九章"冷泉家本『朝儀諸次第』と『釈奠次第』"，第 521—544 页。

[2] 藤原定家《健保三年記》1215 年八月十日条，引自翠川文子《釈奠（四）》，第 141 页。

第六章

宫廷仪式的来世：空洞的仪式及其遗产

　　九条兼实对释奠的部分"复兴"在后来得以维持。值得注意的是，释奠又存续了 280 年，经历了镰仓时期（1185—1333）、南北朝时期（1336—1392）和室町时期（1392—1573），直到应仁之乱（1467—1477）为止。[1]不过，在这几百年里，释奠失去了本身较为重要的意义，完全变成了因循守旧的肤浅表演，与宫廷之外的世界没有任何关联。在此期间举行了大约 240 场释奠仪式。据记载，由于触秽、朝廷贵族丧期、与重要神道节日的冲突等原因，共有 29 场被取消。镰仓时期，有 18 场释奠从规定的上丁日推迟到中丁日或下丁日；南北朝时期，这种情况出现了 40 次；1393 年到 1461 年间则出现了 38 次。推迟的原因包括政治不稳定、朝廷财政困难以及礼仪本身缺乏活力。南北朝时期，有 10 次是因为特殊困难时期资源不足。南北朝时期后，有 11 次是由于人员短缺。14 世纪和 15 世纪，用于释奠的建筑经常需要维修。1453 年释奠遭遇了雨天，即使雨过天晴，建筑内的淤泥也妨碍了仪式。[2] 仪式的场地也进行了转移。1177 年到1184 年的秋季释奠在太政官厅的正厅举行。从 1184 年开始，仪式转至"朝所"进行，即太政官厅正厅东北一座常用于宴会或其他用途的建筑。此次地点转移与一种既有愿望有关，即让天皇远离儒教。人们认为，后鸟羽天皇（1183—1198 在位）的登基仪式刚举行不久，翌年便在同一场所悬

---

[1]　南北朝时期，这一点似乎主要由京都的北朝宫廷所遵守。在 1352 年春天，受足利尊氏（1305—1358）及足利义诠（1330—1367）控制的南朝宫廷举行了释奠。参见和岛芳男《中世の儒学》，第 164 页。

[2]　相关史实请参见翠川文子《释奠（四）》，第 140 页。仪式取消的原因参见该书第 139—138 页图表。

挂孔子像、举行释奠是不合适的。[1] 此外，神道与儒教之间关系紧张，这在《菅家遗诫》（假托菅原道真之名的伪书，成书日期不详）中有所提及，其中有一段关于神道祭祀的文本："凡本朝者，天照太神之裔国。……无可因汉土之法。"[2]1271 年，由于朝所发生了"坍塌"，春季释奠在"后房"（正厅后的一幢柏木屋顶建筑）举行。[3] 从 1363 年起，释奠又重新在太政官厅的主厅举行。1401 年的释奠仪式上，不仅主持仪式的高级贵族没有出席，还有几个喝醉的贵族闯入，打断了此次仪式。[4]

此外，未明祭和拜庙之间的关系仍在继续脱节，有关后者的历史记载越来越详细。后醍醐天皇时期（1318—1339 在位）的《建武年中行事》及一条兼良（1402—1481）的《公事根源》中只提到了宫廷内的仪式部分以及翌日献给皇宫的祭品。[5] 有证据表明，未明祭大体上保留了《延喜式》中的做法，但遵守了 12 世纪关于肉类祭品的禁忌。1287 年，在已退位的龟山上皇（1259—1274 在位）的宫殿举行了临时仪式，有文献记录了当时的祭坛安排及祭品准备，列出了《延喜式》风格的用具及牺牲。不过，一份附带的清单显示，在《延喜式》中原本盛放鹿肉、猪肉及羹等祭品的用具是空的，而且，图中显示筷子放在盛放肉类祭品的俎上，这显然是借鉴神道仪式的做法（图 6.1）。[6] 14 世纪，出自宫廷学术世家的中原师守（生卒年不详）在日记中记录了 1349 年至 1364 年的未明祭，表明仪式仍然普遍遵守《延喜式》。[7]但存在很多问题：1364 年仪式的初献官是中原师秀（生卒年不详），他是助教，而不是大学校长；也没有关于亚献

[1] 翠川文子《释奠（四）》，第 127—126 页。
[2] 菅原道真（假托）《菅家遗诫》，第 124 页。
[3] 翠川文子《释奠（四）》，第 126 页。
[4] 吉田兼熙、吉田兼敦《吉田家日次记》，引自和岛芳男《中世の儒学》，第 165 页。
[5] 《建武年中行事》，第 27—28 页；一条兼良《公事根源》，第 27 页。
[6] 纪宗长《释奠供物图》，《日本教育史资料（八）》，第 131—133 页。筷子没有出现在《延喜式》释奠中，不过与神道仪式的祭品有关。参见《古事类苑》神祇部，"祭具"，第 1242—1244 页。感谢水口拓寿提供了这一参考资料并对缺失文本进行了校补。有关龟山上皇宫殿举行仪式的应急安排，参见翠川文子《释奠（一）》年表 1287 年的条目，第 244 页。
[7] 翠川文子《释奠（四）》，第 134 页。

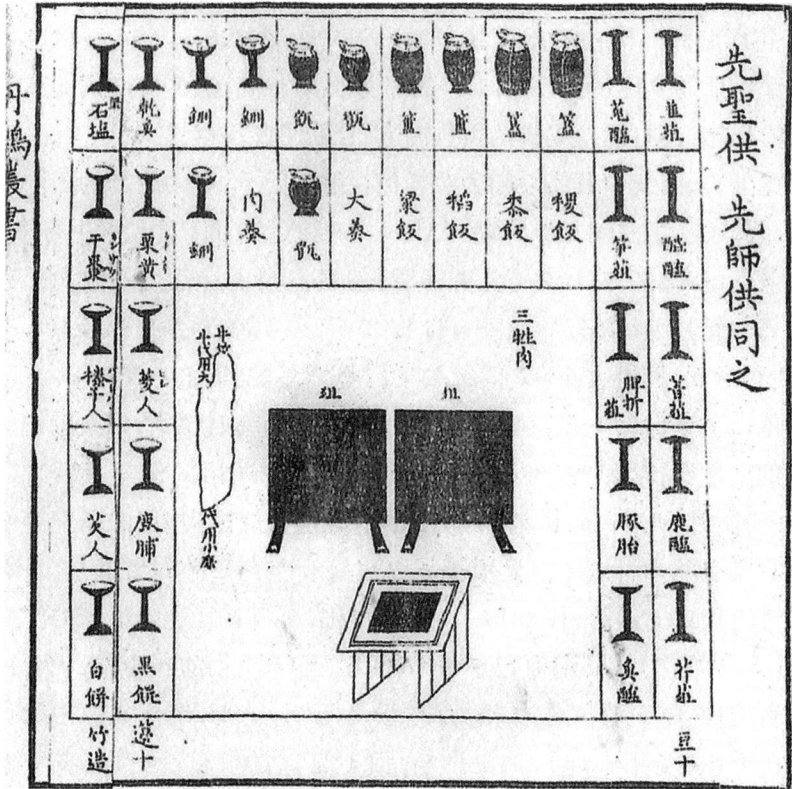

图 6.1　先圣先师供物图

纪宗长时代以后的木版插图（镰仓晚期）。出自纪宗长《释奠供物图》，水野忠央编《丹鹤丛书》。由日本国立国会图书馆（东京）提供。图中展现的是 1287 年释奠仪式中孔子及颜回祭坛上的供物。《延喜式》颁行近三个世纪后，其中的释奠版本仍得以广泛沿用，但是，为了遵从当时仪式对于动物屠宰的禁忌，有注释表明，并未使用"三牲肉"。

官和终献官的记录,这暗示着也许一个人完成了三个人的任务;[1]没有音乐,祭品被简化为鲷鱼干,丝帛用纸代替;参与者穿的是草鞋。[2] 不过,未明祭仪式仍得到延续。[3] 中原康富在 1429 年二月十二日的日记中写道:"今夜释奠也【上丁延引】。亥刻(约晚上十点)许被始行。先未明祭如常。以主厅被构庙堂。"[4]仪式一直延续到 1467 年应仁之乱爆发。

诗歌创作和音乐则经久不衰,表现出特别的坚韧。即使在应仁之乱的灾难后,相关活动仍在断断续续地维持,如三条西实隆(1455—1537)举行的释奠诗会。三条西实隆在 1506 年被任命为"内大臣",与后土御门天皇(1464—1500 在位)及后柏原天皇(1500—1526 在位)关系密切,他希望复兴宫廷的传统。他在当时是重要的宫廷文人,受过良好的中国古典文学教育。1505 年到 1512 年间,他在自家住所举办了 14 场释奠诗会,主要朝臣参与其中,包括自古以来儒者世家的中原氏、菅原氏、清原氏等。[5] 诗会中共有 17 位诗人的约 61 首诗流传了下来。[6] 不过此时,就像"柴郡猫的微笑"[7]一样,这些诗会已经完全脱离了从前与之相关的释奠祭祀活动。一些音乐传统也保存了下来。三条西实隆在 1505 年关于春季释奠诗会的日记中写道:"今日上丁释奠也。仍为先圣先师法乐。诗怀纸取重之。……人人来临……杯酌。"[8]但二十多年后,16 世纪的百科全书——《尘添壒囊抄》(1532 年成书)就释奠记载道:"人言,是今久绝不行。"[9]

---

[1] 翠川文子《釈奠（四）》,第 134 页。

[2] 翠川文子《釈奠（四）》,第 134 页。

[3] 翠川文子《釈奠（七）》,第 196 页。

[4] 速水房常《公事根源愚考》,第 170 页。

[5] 翠川文子《三條西实隆の釈奠詩会》,第 104 页。

[6] 翠川文子《三條西实隆の釈奠詩会》,第 99 页。

[7] 柴郡是英格兰西北部的行政区,以猫而闻名。"柴郡猫的微笑"出自刘易斯·卡罗尔著名的儿童读物《爱丽丝梦游仙境》。故事中,神秘的柴郡猫消失后,只留下它那无形体的微笑。与此类似,释奠的祭祀仪式在应仁之乱后从日本历史上消失了一段时期,仅存宫廷的释奠诗会活动,它脱离了仪式,成为一个独立的文化习俗。——译者注

[8] 三条西实隆《實隆公記》卷四下,1505 年八月五日条,第 438 页。

[9] 《塵添壒囊抄》,第 173 页。

遗产

本书考察了古代及中世日本京城大学寮释奠近八百年的历史,发现那时日本为推行释奠仪式付出了惊人的努力。[1] 在历史大变革时期,释奠仍然在某种程度上延续下来,令人印象深刻。相反,中国的释奠随着王朝更替历经兴衰。日本古代及中世的释奠历史过去三分之一时,唐朝灭亡,唐代释奠也停止了。960 年,日本释奠虽然失去了活力,但仍会正式举办,此时宋朝(960—1279)建立,宋朝皇帝重视孔庙,复兴了对孔子的崇祀。[2] 元朝时期(1279—1368),孔子崇祀达到新的鼎盛。[3] 1368 年明朝建立后,仪式亦得以流行。

但是,仪式的延续性需要同仪式的其他特征区分开来。在古代日本释奠长期延续的背后,是一段衰落和苍白化的历史进程。该怎样解释这一点?日本例外论或经济论(尽管财政收入的减少也是原因之一)都是没有说服力的。[4] 更重要的原因在于中日两国社会政治结构的差异。《大唐开元礼》的皇太子释奠在调和中国政治结构中固有的专制君主与理性官僚之间潜在的紧张关系方面发挥了重要作用。在中国唐代,学术机构及科举制度被视为朝廷中以功绩为基础的"登天"跳板,也被视为赋予中国学术机构活力、维护公共利益的手段。[5] 释奠与专制君主的关系虽然可能紧张,但拥有实现抱负的前景,这使得释奠成为一种具有活力的"社会戏剧"。

相比之下,奈良及平安时代的政治结构特点是寡头和世袭。在日本,

---

[1] 1467 年应仁之乱后释奠仪式被中止,至此,共存在了 767 年。参见速水房常《公事根源愚考》,第 168 页。

[2] Shryock, *The Origin and Development of the State Cult of Confucius: An Introductory Study. 1932*, 153.

[3] Shryock, *The Origin and Development of the State Cult of Confucius: An Introductory Study. 1932*, 168-180.

[4] Farris, *Population, Disease, and Land in Early Japan, 645-900*, 141-144;弥永贞三《古代の釈奠について》,第 462 页。

[5] David McMullen, *State and Scholars in T'ang China*, 12.

中国释奠原有的"社会戏剧"缺少两个主要角色：专制的皇帝和相对独立的、受儒家教育的官僚。日本考试制度很少允许考生进入高层，因为它的成功施行将威胁到世袭寡头特权。古代日本大学寮专注于培养中低级别的官僚，而不是为招募普遍意义上的精英官僚提供场所。通过"荫位"制度的运作，社会地位较低的学生在毕业后获得的等级与职位仍然处于劣势。701 年到 1200 年的 641 位公卿中，只有 57 人（8.9%）是大学寮毕业生，只有 2 人（如果包括吉备真备的话，共 3 人）升任大臣。[1] 相比之下，在中国唐代，"应试精英的确逐渐成为官僚机构中的主要组成部分，成为官僚机构中占主导地位的知识分子群体"[2]。日本学者官员的地位低于中国唐代。[3] 日本考试制度无效的后果是考试与祭仪之间失去了协同作用，损害了祭仪的活力。日本天皇及寡头政治掌权者都避免参与未明祭，也就避免了认同仪式所象征的儒教价值观。对于寡头精英来说，仪式的焦点转移到了文化展示上，仪式的祭祀一直局限在学校中。

这种差异的历史根源是值得思考的。古代的日本国家不像古代中国的历代王朝那样兴起于征战胜利，而是由大和地区的贵族家庭组成联盟政权，由包含移民的下属服务团体支撑。天皇是至高无上的，他是"代表所有统治阶级利益的政治领袖"[4]。与唐朝皇帝相比，他的权力较小，与官僚机构结盟的能力也较弱，而与官僚机构的结盟是中国模式的一个基本特征。虽然早期日本君主的权力起伏不定，但古代日本国家的这种特征为寡头贵族血统的政治统治开辟了道路。他们在政治上与天皇结盟，与天皇一样，他们声称自己是神的后裔，从天皇身上获得了统治体系中关键的象征性。无论平安时代的日本看起来多么像中国，在许多方面仍然看重联盟政权、贵族出身及寡头身份。诚然，在寡头权力与某些天皇（尤其是桓武天皇）遗留下来的中国式专制权威之间，存在着一条潜在的断层

[1]　久木幸男《大学寮と古代儒教》，第 221 页。

[2]　Twitchett, *The Birth of the Chinese Meritocracy: Bureaucrats and Examinations in T'ang China*, 28.

[3]　古濑奈津子《日本古代王権と儀式》，第 121—123、300 页。

[4]　古濑奈津子《日本古代王権と儀式》，第 298 页。

线,但它很少破裂。应该说,宇多天皇重建天皇专制的尝试只取得了短暂的成功。

诚然,中国唐代和日本平安时代一样,都是贵族社会。然而,贵族地位的基础是不同的:在中国,贵族是由长期存在的精英家族组成的,其中地位最高的家族认为自己比皇帝优越。皇帝们坚决与这种家族为敌。在中国,"内"(宫廷)与"外"(官僚)虽然相互依存,但也存在着潜在的紧张关系。然而在日本,天皇与高级贵族之间的关系则是一种跨越世代的相互依存关系,通过婚姻政治、互补性和自身的协同作用得以巩固。[1] 日本的"内"是由皇族领导的"氏"的精英联盟,它是由世袭关系组建的群体,靠社会风俗及婚姻习俗维持。此外,与唐朝不同,日本的"外"作为一种政治力量,是由等级较低的世袭职业群体组成的,他们很少拥有五位或以上的官阶,很多人是移民出身,对高级职位没有什么期望。因此,"内"和"外"具有不同的含义,几乎不可能出现统治结构上的关系紧张。这种阶级分层深刻地影响了9世纪释奠仪式整改时的社会风气。

似乎是为了弥补"社会戏剧"的缺失,日本9世纪参与释奠的礼仪学者们转向了"文化展示",以此来赋予他们的仪式以声望及兴趣,展现他们的文化修养。我们不应该从中国中心论的角度出发认为这是一种失败的做法。就像孔子所设想的那样,掌握文化实践是儒家使命的一部分。与《大唐开元礼》的祝文措辞几乎完全相同,《延喜式》的释奠祝文明确指出了引自《论语》对"后学"的道德及文化的双重要求,即"依于仁,游于艺"[2]。文化技能,更准确地说是"文化展示",被认为是精英阶层政治权威的重要组成部分。在这些方面,日本平安时代的新释奠形式具有创造性的一面。他们与人类学家的主张产生了共鸣:"仪式不仅恢复社会平衡,它们还是社会不断重新定义及更新自身的持续过程的一部分。"[3]

此外,东亚的孔子崇祀也有文化展示的先例。在朝鲜,释奠诗的创作

---

[1] 古濑奈津子《日本古代王権と儀式》,第309页。
[2] 《论语》第七篇第六章。
[3] Bell, *Ritual: Perspectives and Dimensions*, 39.

一直持续到 13 世纪。[1] 不过,更多例子还是与日本相关,平安时代许多改编的仪式暗示了唐朝以前的释奠。日本的礼仪学者在突出仪式的审美及社会元素时,可能保留了六朝时期的释奠方式。尤其是承和时期恒贞亲王参与的释奠,与潘尼及颜延之的释奠诗中出现的盛大仪式多有相似之处。不过,与早期中国历史的相似之处不止于此。从贵族的、先赋性的、文化的精神气质来看,奈良、平安时代的日本与中国六朝分裂时期的短命政权有很多相似之处。尽管六朝的权力结构可能不像古代日本那样属于寡头统治,皇帝也不像古代日本那样被动和神圣,但六朝政治也是贵族的、先赋性的,其宫廷通常由少数贵族血统控制。值得注意的是,其中有部分人在社会或文化上具有异质性,这让人想起古代早期及相对近期涌入日本的朝鲜难民。无论他们多么认同儒教的精英理念,他们仍然依据世袭资格来招募官员,采用"九品中正法"。[2] 这种相似性延伸到了文化现象上。无论是平安时代的日本,还是在六朝时期的中国,文化成就都是极其重要的,且文化都有自我陶醉和封闭的一面。因此,日本精英倾注了巨大精力的日本古代诗歌并不像唐诗那样具有面向大众及关怀社会的特质。相反,"诗人注重的是把握题材时展现的技巧,而不是题材本身",这与唐代的风格不同,而与六朝时期相似。[3] 因此,日本古代释奠保留了六朝礼仪版本中宴会及作诗等"社交展示"(social display)元素就不足为奇了。

　　总之,古代日本采用了中国的孔子崇祀仪式,但为了适应日本的寡头政治结构而作出了显著的修改,仪式的精神内涵亦变得不同。日本疏远了仪式的祭祀部分与皇族、高级贵族的关系,改变了祭祀仪式可能挑战日本政治现状的相关特征。随着时间的推移,盛唐原有的"社会戏剧"逐渐沦为皮影戏。对"官僚普遍性"的颂扬被官员的世袭所颠覆。与此同

---

[1]　参见本书第二章"早期的仪式表演"一节。

[2]　Ebrey, *The Aristocratic Families of Early Imperial China: A Case Study of the Po-ling Ts'ui Family*, 17–19.

[3]　Konishi, *A History of Japanese Literature*, 14, 21.

时,大学寮本身也衰落到了无足轻重的地步。不过,皇族及贵族仍重视释奠,并将其作为每年举行的宫廷仪式保存下来。它为日本后世社会留下了重要遗产。日本孔子崇祀的第一次演变过程所留下的遗产可以总结如下:

首先,德川时期学习释奠历史的学生看到的是非常完整的历史记载。仪式在逆境中的绝对连续性一定让人觉得它是日本文化遗产的永久组成部分,是后世的资源。这些表演被记录在国家历史及其他权威文献中。《延喜式》产生于以善治著称的时期,是日本礼仪的权威纲要,而释奠仪式在其中占有一席之地。维持表演传统的世袭家族保证了释奠的长期延续。在平安宫廷中举行释奠的贵族后代参加了16世纪早期的释奠诗会。这些后代在德川时期仍然存在。直到明治维新以前,菅原和清原家族都一直是仪式的守护人,古代礼仪传统的传承者在生物学上得以幸存。在意识形态上,与之相关的(尽管这种相关性并不准确)天皇统治原型亦得以幸存。从制度上讲,仪式是在天皇的朝廷以及中央政治权威的庇护下建立的。由地方国官员而非学者主持的模糊的地方国释奠传统也被保存了下来。当日本逐渐形成由大名治理的、地方权力分散的封建政治结构时,这种地方性质的古老仪式就变得重要起来。

其次,对于儒教整体,尤其是释奠,日本采取了一种矛盾的态度,这种态度将在日本释奠的第二次演变中延续。儒家的统治思想是有吸引力的,但其政治模式的一些方面被认为是有问题的,尤其是通过儒家学问考试来获得政治权力基础这一点。这些方面威胁着前近代日本社会政治秩序中持续存在的寡头统治与先赋性结构。但是,后世继承了被分解的、很大程度上非政治化的仪式,与中国官方版本相比,它转向了文化展示层面。对文学文化的关注成为古代仪式传递给德川时期继承者的一项遗产。孔子成了儒家经典学习之神,随着教育的普及,最终也成了中国文化之神。

德川时期的知识分子对日本古代历史保留着强烈而理想化的文化记忆。他们还倾向于认同前近代东亚的共同观念,即认为理想社会存在于过去。第二次释奠演变时，日本人所处的社会比古代更加多样化。他们对仪式挑战的反应也相应地多元化。但他们能够广泛地利用第一次演变的经验来合理地应对仪式，使之适应自己的环境，甚至在适当的时候，对其加以反对。本书将在接下来的部分追溯古代及中世释奠的遗产在日本封建社会晚期条件下出现的不同状况。

第二次演变

第一阶段：释菜，1598 年至 1771 年

第七章

复兴带来的挑战：唐以后的崇祀仪式
在晚期封建日本的采纳

中国唐代以后孔子崇祀的扩张

日本孔子崇祀的第二次演变开始于 16 世纪末，当时日本刚刚结束了战国时期（1467—1573）的长期战乱，国家终于稳定下来。常规的释奠表演经历中断之后，复兴随之而来。这次复兴的征兆可以追溯到 1598 年秋天，武将赤松广通（1562—1600）在京都的住所举行了仪式，但其场所及礼仪细节都没有记录。仪式复兴的重要推动者是藤原惺窝（1561—1619），他是大学者、诗人藤原定家的第十二代后裔，而藤原定家是现存平安时期释奠文献的最后一位记录者，这也恰巧暗示着仪式与日本遥远过去之间的延续性。与标志着第一次演变开始的 701 年一样，1598 在日本的政治史上也具有重要意义。1598 年八月十八日，"太阁"丰臣秀吉（1537—1598）去世，这为他的前盟友德川家康（1542—1616）争得国家的霸权开辟了道路。1600 年，德川家康在关原之战这一关键性战役中取得胜利，为延续至 1868 年明治维新的晚期封建社会奠定了基础。

日本释奠第二次演变时，东亚世界发生了改变。中国唐代以后释奠的变化以及日本晚期封建社会政治秩序的变化促成了该时期日本释奠的独特发展。

在经历了战国时期的动荡之后，日本对于来自中国的影响更加包容。日本人注意到，大陆的孔子崇祀虽然基本稳定，但自唐朝以来在一些重要方面发生了演变。这些演变是在官方和非官方两个层面上进行的。在官方层面,释奠仍然是一种"宇宙秩序"仪式,其活力仍然来自专制君主与受儒家教育的官僚之间的"社会戏剧",这跟唐代礼仪是一样的。然而,国家的扩张、皇帝专制的强化等世俗的发展都在礼仪变化中有所反映。有三个重要趋势得以凸显:一是仪式在受重视程度及祭祀的圣贤数量方面有所提升;二是仪式成为整个行政机构的仪式,而不是教育机构内部的仪式;三是中国政体内部皇权与官僚权力之间的平衡出现了转变。日本礼仪学者注意到了由此带来的释奠内部仪节及肖像细节的发展。

唐代以后,京城及地方级仪式都成倍增加。早在宋代就有规定,在国子监内由祭酒负责每两个月上香一次。到了明代,上香仪式被升级为释菜仪式,这是一种小规模的官方的仪式,在日本德川时期吸引了儒者的关注。1384 年,两月一次的释菜推行至各地方学校,由"长吏"主导。随着崇祀仪式在中国的发展,祭祀对象的数量增多,其人物选择也变得有争议。在分化成不同学派的学术传统中,祭祀人物的选择表明了对儒学中特定传统的坚守。在宋代,儒学内部出现了重要的新动向,即"道学"(或称"理学")的出现,道学者被官方选为公认的祭祀对象。1241 年,宋理宗(1224—1264 在位)将道学先驱周敦颐(1017—1073)、张载(1020—1077)、程明道(1032—1085)、程伊川(1033—1107)、朱熹(1130—1200)加入了"从祀"名单。1267 年,成立了一种分等级的配祀制度:孔子、四配(颜回、曾子、子思、孟子)、十哲、104 名从祀。1530 年,嘉靖皇帝(1521—1566 在位)为了体现自己的孝道,建立了供奉孔子之父及四配之父的神祠,首先在阙里实行,后来扩展至全国范围。这种做法自 1701 年起出现在朝鲜,后来又出现在琉球。孔子崇祀的扩张伴随着礼仪上的变化。有些变化,例如香的引入,最早见于宋代的记录,后来成为仪式的常规部分,可能是受到了佛教的影响,反映出与政治无关的文化层面的更广泛发展。仪式从唐、宋、元的"再拜"增加至明代的"四拜",最后到清代的"三跪九叩头",这种变化体现出"晚明社会关系中敬意的膨胀"趋势。这些也影响了日本的做法。

官僚的崇祀

与仪式数量扩张同样重要的是仪式的日益政治化。京城常规释奠的性质从内部仪式转变为一种更直接的政治仪式，来自学术机构以外的官员在仪式中承担主要角色。其背景就是考试愈加严格的儒学教育与仕途之间的关系日益密切。到宋朝时，主祭官由非学术部门的官员担任。1010 年的记录显示，与唐代相比，"近岁止命献官两员"，有人建议，"望自今备差太尉、太常、光禄卿以充三献"。[1] 在各地方省，由"地方官员"主持仪式。[2] 如果说孔子曾经是"学者与教育的保护神"，那么现在他也与官僚机构联系在一起了。用施洛克（Shryock）的话来说，他成了"朝廷行政机构的保护神"[3]。

另一个发展是把皇帝作为官僚机构的首领融入到了对孔子的崇祀中。在每年两次的国子监释奠中，委托非学术官员前来致祭成了明朝皇帝的惯例。皇帝亲行斋戒，郑重地将焚香交与派遣的官员，在仪式前夕转交给三位献官。[4] 这样，仪式中非学术官员的参与比学术官员更受到重视。[5] 担任初献官的是丞相或与之类似的重要官员，担任亚献官的是翰林学士，只有担任终献官的国子监祭酒是学术官员。[6] 在府州县级别，参与仪式的高级政府官员被视为"皇帝的代表"。[7]孔子崇祀与科举制度之间的联系得到了巩固。在国子监中为科举及第者举行专门的释菜

---

[1]　脱脱等《宋史》卷一百零五，第 8 册，第 2553 页。

[2]　Shryock, *The Origin and Development of the State Cult of Confucius: An Introductory Study. 1932*, 157.

[3]　Shryock, *The Origin and Development of the State Cult of Confucius: An Introductory Study. 1932*, 157.

[4]　徐一夔《大明集礼》卷十六，第二十八页上至第二十八页下。

[5]　矢泽利彦《孔子崇拝儀礼（釈奠）について》，第 77 页。

[6]　徐一夔《大明集礼》卷十六，第十五页上至第十五页下。

[7]　矢泽利彦《孔子崇拝儀礼（釈奠）について》，第 83 页；Feuchtwang, "School-Temple and City God," 602。

礼,这成为唐代以后孔子崇祀的一个常规特征。[1] 北宋礼典《政和五礼新仪》中记载了早期的例子,即为贡士举行的释菜——"辟雍释菜仪"[2]。这些"通过仪式"(rites of passage)体现了科举考试对于孔子崇祀的重要性。它们将科举、孔子崇祀及官僚之间的协同作用神圣化了。学校的毕业生们象征性地承认,孔子对他们未来的职业起着精神上的指引作用。

孔子从"学问之神"变成了"官僚之神",关于这一点,中国及其附属王国的情形与日本的情形之间有鲜明的不同。德川日本没有科举及第者的"感恩仪式",在那里,很少或几乎不会通过考试选拔官吏。日本官场与儒学教育的割裂在释奠中得到了体现:在日本,仪式角色通常仍由专门的儒者担任,而不是非学术性的高级官员。孔子仍然是学问之神,而不是官僚之神。不过,有一个例外存在:《大唐开元礼》及《延喜式》中,地方级释奠的主祭官皆为非学术性的地方长官。在德川日本,这为大名的教育控制以及在某些情况下大名担任初献官的角色提供了合法性。

孔子与中国皇帝

最初的唐代仪式从专制君主与儒学官员之间的紧张关系中汲取了能量。唐代以后,这种关系的变化体现在礼仪形式的发展和孔子形象的演变上。首先,孔子被提升为官场的守护神。7世纪中期开始,对孔子的崇祀程度稳步加深。一位清朝礼仪学者写道:"封爵之崇,谥号之美,笾豆之加,登歌之盛,冕旒之数,代增世益。至于用天子之礼乐,而后称其德焉,盖名曰释奠,而祭仪实与大祀埒矣。"[3] 儒教传统中的其他人物也受到了崇祀。这一趋势可能反映了儒教与佛教、道教崇拜的竞争,也

---

[1] Moore, "The Ceremony of Gratitude."
[2] 黎靖德《朱子语类》卷九十,第 6 册,第 2295 页。关于"辟雍释菜仪",参阅郑居中等《政和五礼新仪》卷一百二十三,第二页上至第四页上。
[3] 秦蕙田《五礼通考》卷一百一十七,第二页下。

反映了官僚利益的权力化。孔子在仪式中的威严日益增长，这在圣人的封号上表现得尤为明显。[1] 1307 年，孔子被授予"大成至圣文宣王"的尊号。[2]

　　孔子地位的提高并不是没有争议的。在唐代以后的几个世纪里，专制君主出于自身目的对仪式进行干预，使其向皇帝倾斜。尤其在明朝，发生了引人注目的事件。"声名狼藉的专制君主"明太祖（1368—1398 在位）像罗马教皇一样插入了圣人与追随者之间。他"试图迫使所有官员对他尽高出其他任何人的义务，包括官员的父亲及孔子"。[3] "有一段时间，他剥夺了所有官员及学者祭祀孔子的传统权力，声称只有作为天子的自己才有这种特权"[4]。1372 年，他从配祀中排除了孟子这位特别强调个人道德的正统儒家思想家。不过，官员的反对迫使他在翌年又恢复了对孟子的崇祀。[5] 嘉靖皇帝亦"素不乐师道与君并尊"[6]，1530 年引发了进一步的冲突。皇帝的专制权力在礼仪方面重新得以强调；圣人形象改用木主来呈现，而不是用雕像，也许是因为雕像拥有更宏伟的象征意义；"至圣先师孔子"代替了"王"的称号；"大成殿"改名为"文庙"。相比之下，日本儒者倾向于保留孔子的尊号与形象。这是因为在日本政体中，佛教比儒教更能占据官方地位。德川早期的平民儒者中村惕斋（1629—1702）讲道："故释礼之主，非设衮冕之容，则不足以副世俗之尊仰也。"[7]

---

[1]　关于孔子的历代封号参见伊藤たまき《湯島聖堂の孔子像》，第 52—53 页。圣像章服上的"十二章"纹样，参见翠川文子《釈奠（二）》，第 224—223 页。

[2]　宋濂等《元史》卷七十六，第 6 册，第 1892 页。

[3]　McDermott, "Emperor, Élites, and Commoners: The Community Pact Ritual of the Late Ming," 308; Huang, "The Cultural Politics of Autocracy: The Confucius Temple and Ming Despotism, 1368-1530."

[4]　McDermott, "Emperor, Élites, and Commoners: The Community Pact Ritual of the Late Ming," 305.

[5]　Shryock, *The Origin and Development of the State Cult of Confucius: An Introductory Study. 1932*, 186.

[6]　沈德符《万历野获编》卷十四，中华书局，1997 年，第 360 页。

[7]　中村惕斋《聖像章服考議》（未编页码）。关于章服上的"十二章"纹样，见图 3.1。

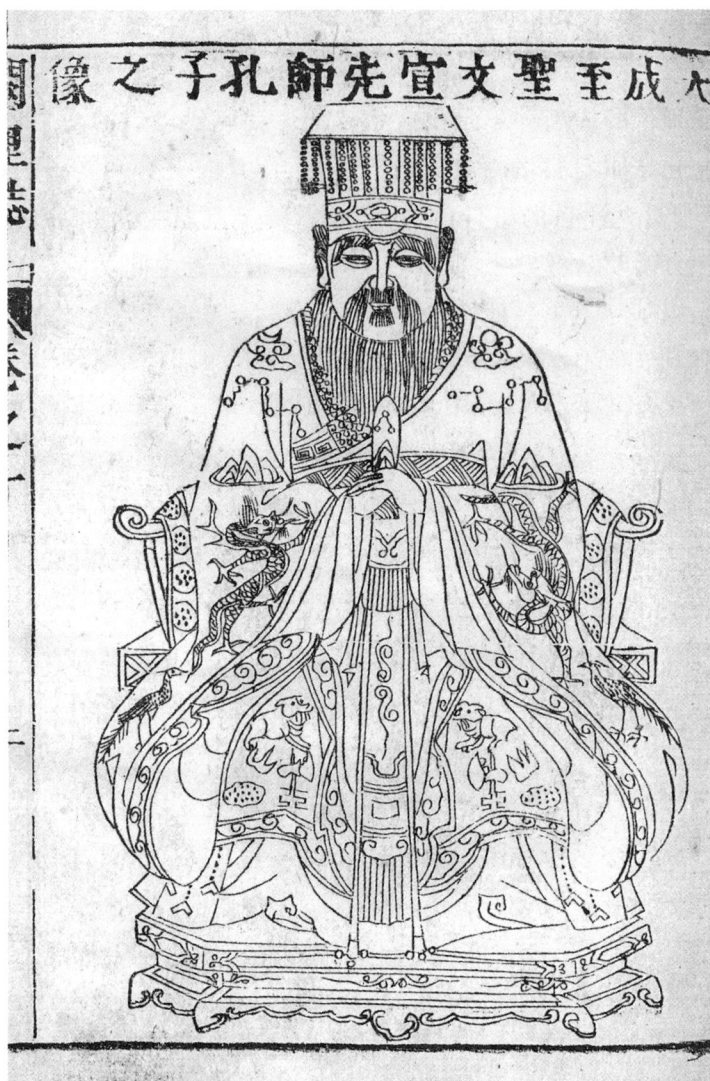

图7.1 大成至圣文宣先师孔子之像

木版插图,出自陈镐(1487年进士)所作《阙里志》(1669年版)。由京都大学文学院图书馆提供。这张"崇祀像"中的孔子拥有1645年顺治皇帝授予的最伟大尊号——"大成至圣文宣先师孔子"。孔子的章服有象征宇宙最高统治权的"十二章"(参见图3.1)。

作为国家孔子崇祀领导者的清朝皇帝

清朝建立之前的孔子崇祀变迁影响了德川日本对该仪式的讨论。然而,17世纪中期以后中国的发展虽然也被日本人所知,但其影响力却减弱了。尽管如此,还是有必要将清朝(1644—1911)的仪式与日本的仪式作一下对比。清朝的孔子崇祀解决了皇帝与官僚之间的紧张关系,变得对前者更有利。若想了解日本人对儒教的独特态度,就有必要概述清代崇祀最终走向政治化的过程。

清朝重新恢复了孔子在嘉靖以后被贬低的圣人地位。1645年,即顺治二年,孔子被授予最高的官方尊号:"大成至圣文宣先师孔子"(图7.1)。[1] 同时,皇帝的支持也出现了重要变化。首先,非学术官员担任的礼仪角色得到了巩固。到了19世纪初,各级行政官员在朝廷中枢、各部、各州县的祭祀中担任献官。地方学校只被分配了专门的礼仪任务,如检查用具及祭品,撰写祷文,准备香、币并提供引导等。[2]

同样重要的一点是,清朝皇帝重新占据了主要的礼仪角色。1684年,康熙皇帝(1662—1722在位)到曲阜亲祭孔子。这种皇帝亲祭并不罕见,但康熙皇帝的亲祭始于一种前所未有的致敬行为:与在场的所有人共行"三跪九叩首"。在此之前,奠币及三献礼皆由不同人担当,而此时却由康熙皇帝一人独揽。[3] 通过这一举动,皇帝有效地从官员及学问界夺取了向孔子献祭的最高荣誉。他在明太祖曾经失败的地方取得了成功,他把自己安置在了儒学创始人及其传承者之间。康熙皇帝对曲阜孔庙的祭祀被后世皇帝继承,其中祭祀最为频繁的是乾隆皇帝(1736—1795在位)。1727年,曲阜孔庙的屋顶被重新铺上了象征皇帝的黄瓦;这进一

---

[1] 伊藤たまき《湯島聖堂の孔子像》,第53页;陈镐《阙里志》卷一,第二页上。然而,清朝并没有恢复被嘉靖去掉的孔子"王"号。

[2] 《大清通礼》(1824年)卷十二,引自矢泽利彦《孔子崇拜仪礼(释奠)について》,第81—82页。

[3] 伊奈阿《大清会典》卷六十四,第二十七页下至第三十二页下(第3341—3348页)。

步象征了皇权对崇祀的占领。十年后的 1737 年,乾隆皇帝下令京城国子
监的孔庙亦改为黄瓦。[1] 乾隆皇帝曾七次出巡孔子诞生地,在 1748 年
的出巡中,他像祖父康熙皇帝一样进行了三次献祭。由此,皇帝的政治权
威象征性地等同于孔子的道德权威。儒教是国家宗教,皇帝是大祭司。
皇帝对孔子的崇祀类似于最神圣的帝王仪式——郊祀。在郊祀中,皇帝
向"上帝"献祭,"上帝"是宇宙中最高的道德权威,当朝的开国皇帝作为
"上帝"的配祀出现。此外,乾隆皇帝还亲临国子监向官员讲学,以此来
巩固政教合一的皇权。

外国观察者

对于中国皇帝亲自参加的京城释奠,外国似乎没有相关报道。但是,
基督教传教士及其他一些人报告了府州县仪式的活力及其在某些人眼中
的世俗性质。英国百科全书编纂者塞缪尔·帕切斯(Samuel Puratas,
1577—1626)写道:"有一天,中国人要对孔子这位学问之王进行隆重的
祭祀,不是作为他们的神,而是作为他们的圣人(Master)。"[2]耶稣会士
罗文藻(Gregorio Lopez,1611—1691)报告了这样一项规定:"轻率的表演
甚至会招致死刑。"[3]两个世纪后,新教传教士及其他西方观察者都对仪
式的宏伟壮观感到惊叹。作为局外人,他们未能洞察到仪式的动力所在。
不过,这些观察者注意到,孔庙及祭孔仪式在全国范围内拥有权威性、协
调性、严谨性及统一性。[4] 美国长老会传教士加斯特斯·杜利特尔
(Justus Doolittle,1824—1880)记录了 1560 座孔庙中"每年供奉在祭坛上

[1]　Shryock, *The Origin and Development of the State Cult of Confucius: An Introductory Study.*
　　1932, 203.
[2]　"耶稣会士庞迪我(Diego De Pantoia)神父写给伊尼戈·德古兹曼(Inigo De Guzman)神父
　　的信。写于中国宫廷所在地北京,1603 年三月九日。"引自 Purchas, *Hakluytus Posthumus*
　　or, *Purchas his Pilgrims. 1625*, 12: 325.
[3]　Otto Maas, *Die Wiedereröffnung der Franziskanermission in China in der Neuzeit*, 1926.引自
　　矢泽利彦《孔子崇拜仪礼(释奠)について》,第 70 页。
[4]　Gray, *China: A History of the Laws*, *Manners*, *and Customs of the People in Two Volumes*,
　　1: 87, 90.

的 27000 件丝织品及 62606 头猪、兔、羊、鹿，此外，水果、蔬菜等不计其
数"[1]。他们评论说，这种巨大的付出体现了对孔子的"虔诚"（devotion）。
"在成千上万的孔庙中，同时摆放着牛、羊、猪作为供品。……（中国人）
都在守望着一位学者的牌位，不断重燃对天才的偶像崇拜"[2]。他们注
意到，学校里有对孔子的"每日敬拜"（daily worship），以及每月举行两次
的祭祀仪式。[3]　1816 年，伦敦传教会的麦都思（W. H. Medhurst）被派到
祭孔现场。对他来说，斋戒等纪律是非常严格的，"如果疏忽了为祭祀准
备合适的动物及谷物，会受到一百下的杖刑；如果故意破坏祭坛，会受到
同样多的杖刑，并被永久驱逐"[4]。同样值得注意的还有仪式"极其庄
严"及"无比恭敬的气氛"。[5]　此外，加拿大传教士郝斐秋（V. C. Hart）
记载了一种喧闹的公众兴奋情绪，成群的人们聚集在南京孔庙的夜间仪
式中，产生了"千千万万低沉的嘈杂声"[6]。后来呈现一片"喧嚣"，甚至
一片"混乱"。[7]

　　应当认识到的是，西方对中国释奠的描述能展现出晚期帝制中国与德
川日本在政治及文化上的不同。当然，传教士到达日本的时间较晚，但他们
对日本孔子崇祀的关注还是太少了，没有描述过公众对儒教事物的任何兴
奋情绪。美国人格里菲斯（W. E. Griffis，1843—1928）自 1870 年十二月起
在仍处于封建制度下的福井藩校任教一年，不过，他没有提及释奠。[8]

---

[1]　Doolittle, *The Social Life of the Chinese*, 1：368.

[2]　Hart, *The Temple and the Sage*, 124-125.

[3]　Gray, *China: A History of the Laws, Manners, and Customs of the People in Two Volumes*, 1：94, 87.

[4]　Medhurst, *China: Its State and Prospects*, 115.

[5]　Doolittle, *The Social Life of the Chinese*, 1：366；Gray, *China: A History of the Laws, Manners, and Customs of the People in Two Volumes*, 1：87.关于 1858 年九月十日在福建进行仪式排演的生动记录，参见 Maclay, *Life among the Chinese: With Characteristic Sketches and Incidents of Missionary Operations and Prospects in China*, 94-99。

[6]　Hart, *The Temple and the Sage*, 117.

[7]　Hart, *The Temple and the Sage*, 119.

[8]　有关福井藩释奠的证据需要进一步研究。参见《日本教育史资料（二）》，第 42 页。福井藩在 1869 年秋天反对废除释奠(参见本书第二十章)，在格里菲斯访问期间有可能举行了仪式。

他在后来的《日本的宗教》(*The Religion of Japan*)一书中称孔子"只是受人尊敬,从未被神化"。[1] 相反,福井学生好斗的样子给他留下了深刻印象。他这样描述那些"令人难忘"的武士青年:"他们穿着独特的服装,昂首阔步,神情凶狠,头皮、脖子、胳膊、小腿和脚裸露着皮肤,腰间插着杀人的剑。"[2]

外国人的证词证实,中国的孔子崇祀延续了仪式原有的"社会戏剧"及其"宇宙秩序"的性质。它祭祀众多儒教传承者的神灵,构成一个宏大的历史叙事。中国中部圣公会主教慕稼谷(G. E. Moule,1828—1912)抱有优越感地认为"孔子的颂歌"(Hymn to Confucius)是"完全物欲的、世俗的"。[3] 然而,在慕稼谷的翻译中,孔子被称为"伟大的孔子/先知先觉/与天地同等/万世之师"。他是宇宙和谐的缔造者:"日月由你来维持!/天地因你才纯净而平坦!"[4]直到中国古代王朝终结,圣人仍保持着这种宇宙地位。在清朝灭亡前夕的1906年,有法令规定,与皇帝对天地的祭祀一样,对孔子的祭祀享有"大祀"的地位。[5]

非官方仪式

中国官方的京城释奠与地方级释奠贯穿了整个王朝时代,反映了中国国家制度的稳定。这种"宇宙秩序"仪式从皇帝那里获得权威,在儒家

---

[1] 格里菲斯认为,儒教原本是"不可知论者",通过与神道教"融合"而成为"泛神论"。参见 Griffis, *The Religions of Japan: From the Dawn of History to the Era of Meiji*, 105, 143。

[2] Griffis, *The Mikado's Empire*, 434. 引自 John Whitney Hall, "The Confucian Teacher in Tokugawa Japan," 298.

[3] Moule, "Notes on the Ting-chi or Half-Yearly Sacrifice to Confucius: Paper Read before the Society on 17 th January 1901," 53.

[4] Moule, "Notes on the Ting-chi or Half-Yearly Sacrifice to Confucius: Paper Read before the Society on 17 th January 1901," 49.原文如下:"Great K'ung tzu/ Prior in perception, prior in knowledge/Coequal with Heaven and earth/Teacher of the myriad ages." "Sun and moon are sustained [by thee!]/Heaven and [earth] kept pure and level!"

[5] Levenson, "The Suggestiveness of Vestiges: Confucianism and Monarchy at the Last," 246-247; Shryock, *The Origin and Development of the State Cult of Confucius: An Introductory Study. 1932*, 206.

帝制官僚国家的等级框架内得以实行。不过,宋朝出现了一种更加私人化的孔子祭祀仪式,不受国家等级制度的限制。

　　仪式诞生的背景是理学运动,该运动与晚唐以来兴起的非官方的"精舍"和"书院"相关。举行仪式的机构体现的不再是制度化的、宇宙秩序类型的官方儒学,而是"为达到儒家圣人境界而进行的个人道德修养"[1]。这些机构具有虔诚的特性,常被拿来与佛教寺庙相对比。[2] 它们拥有独立于官方机构之外的定义明确的救赎论(soteriology),指的是一种自我征服的状态,一种对自然及人类世界进行的玄妙的、道德的洞察。在理学集大成者朱熹看来,"与朝廷应试导向的学校不同,非官方的书院是为'士'提供适宜学习场所的机构"[3]。这些书院是相对独立于朝廷的,因为书院中不仅崇祀孔子本人,还经常包括"在派系之争中蒙受屈辱与遭遇放逐的官员"[4]。这些机构的另一个目的是推行新的儒教实践。[5]

　　作为一名地方官员,朱熹在任职期间曾几次参加过地方级官方释奠,《绍熙州县释奠仪图》就被认为是朱熹所作。[6] 不过,他的一项重要贡献在于将祖先祭祀等儒教礼仪从等级制度中解放出来,并进行了重新设计,使其适合个人及家庭的需要。[7] 朱熹的礼仪手册——《朱子家礼》为儒者提供了权威的礼仪规范,在整个东亚都具有影响力。朱熹将其书中的原则扩展到了对孔子的崇拜上。他在自己与圣人之间建立了一种虔诚的礼仪关系,类似于他所描述的人与祖先之间的关系。据说,他会在仪

[1]　Walton, *Academies and Society in Southern Sung China*, 105.

[2]　Walton, "Southern Sung Academies as Sacred Places," 349.

[3]　Walton, *Academies and Society in Southern Sung China*, 121.

[4]　Walton, "Southern Sung Academies as Sacred Places," 336.

[5]　Walton, "Southern Sung Academies as Sacred Places," 349.关于中国学术界对礼仪的最新研究,参见生云龙《中国古代书院学礼研究》。

[6]　朱熹《绍熙州县释奠仪图》。关于朱熹和释奠,参见吾妻重二《池田光政と儒教喪祭儀礼》。

[7]　Ebrey, *Chu His's "Family Rituals": A Twelfth-Century Chinese Manual for the Performance of Cappings, Weddings, Funerals, and Ancestral Rites*, p.xxi.

式上向孔子的神灵汇报重要事件。[1] 此外,他"未明而起,深衣、幅巾、方履。拜于家庙及先圣"[2]。

退休后,朱熹将其门徒聚集于"精舍"——位于福建省圣地武夷山的一所"严格的私人"书院。[3] 据说,朱熹"与其门生弟子挟书而诵,……琴歌酒赋,……方以学行其乡,善其徒"[4]。为了在这所规模小、半宗教化但富有文化气息的书院举行仪式,他制定了仪节《沧州精舍释菜仪》,规定了一种非官方的孔子祭祀仪式。[5] 这种小型仪式的直接文本来源可能是北宋郑居中(1059—1123)所撰《政和五礼新仪》中为贡士举行的"辟雍释菜仪"。[6] 朱熹的仪节较为朴素,有 9 个仪式角色,没有使用昂贵的青铜器具,而是用漆器及陶器。仪式结构遵循了官方释菜,但规模大为缩小,只有一位献官,步骤包括:检查器具、盥手、互相再拜、诵读献给孔子的祝文、向受祭者献酒。与官方版本不同,该仪式的气氛很自然,"堂狭地润……邻曲长幼并来陪"。朱熹认为,受祭者应该体现"道"的传承。[7] 祭祀对象除了孔子外,还包括四配——颜回、曾子、子思和孟子,分别立有纸牌,此外还有朱熹视为儒道复兴者的理学家——周敦颐、二程(程明道、程伊川)、邵雍(1011—1077)、司马光(1019—1086)、张载、李延平(1093—1163)。朱熹亲自献祭。仪式结束后,有人请他讲了"为学之要","午饭后,集众宾饮,至暮散"。[8]

这种自愿性、团体性、非正式的仪式将宋代理学家关于个人自我征服及道德赋能的学说神圣化了。它与官府、朝廷相分离,这使其具有潜在的

---

[1] 参见 Chan, *Chu Hsi: Life and Thought*, 141。

[2] 黄榦(1152—1221)《勉斋集》,引自 Chan, *Chu Hsi: Life and Thought*, 18。

[3] Chan, *Chu Hsi: Life and Thought*, 170.

[4] 引自戴铣《朱子实纪》。参见 Walton, "Southern Sung Academies as Sacred Places," 351。

[5] 引自朱熹《朱子文集》卷十三, 第 8 册, 第 479—480 页。参见 Walton, *Academies and Society in Southern Sung China*, 45-46。

[6] 黎靖德《朱子语类》卷九十, 第 6 册, 第 2295 页。关于"辟雍释菜仪",参见郑居中《政和五礼新仪》卷一百二十三,第二页上至第四页上。

[7] 黎靖德《朱子语类》卷九十, 第 6 册, 第 2294 页。

[8] 黎靖德《朱子语类》卷九十, 第 6 册, 第 2295—2296 页。与更大型版本的孔子祭礼一样,仪式在庭院中举行。北边的高殿朝南,东西两侧设有台阶。

普遍吸引力，可以传播到没有中国等级行政结构、官员选拔方法或官方儒家教育机构的地区。再加上其规模适中、成本较低，因此在德川日本，尤其是德川早期，仪式的这些特点吸引了一些并不享有政治权力的平民。在日本释奠的"第二次演变"中，朱熹的仪式为日本孔子崇祀的复兴创造了条件。最重要的是，该仪式与政治相对无关，其政治性只是弥散式的：儒家道德主体的稳定是实现理想儒家社会政治道德秩序的必要条件。[1]它拥护个人自主权，或者如已故的尾藤正英（1923—2013）所讲的那样，承认"个人的自主判断，……不断追求对普遍原理的理解"[2]。然而，在德川日本这样一个专制的、先赋性的、世袭的社会里，这样的个人赋权可能无法立足。

释奠对封建日本的挑战

德川早期的日本人在第二次遇到中国儒教及礼仪时，发现它们的内容与第一次演变时有所不同。不仅如此，德川日本人自己所处的社会政治环境也发生了根本变化，与同时代的其他东亚国家分道扬镳。不过，德川日本保留了很多古代文化的印记，包括每年循环举行的仪式，而释奠就是其中之一。这种文化遗产在宫廷中依靠古老的世袭家族及制度得以传承，一直延续至德川时期。在宫廷中，皇族血统被延续了下来，保留了作为其合法性来源的古代特权。中国古代的中央集权君主官僚政治制度在日本退居幕后，但仍潜藏着复兴的潜力以及重新确立其文化领导权的希望。在这个不稳定的社会中，天皇和高级贵族之间自古以来的断层线仍然存在，本书在后面将再次讨论这一点。随着德川时期和平的到来，天皇们渴望恢复平安时代的宫廷礼仪，其中包括孔子崇祀，不过，他们对孔子

---

[1] 入仕依旧是朱子学者的一个道德困境。参见朱熹、吕祖谦《近思录》，第270—299页。另参见 Chan, *Reflections on Things at Hand: The Neo-Confucian Anthology Compiled by Chu Hsi and Lü Tsu-ch'ien*, with Notes, 183–201。

[2] 尾藤正英《正名論と名分論——南朝正統論の思想的性格をめぐって》，第20页。

崇祀的兴趣时有时无。例如，后水尾天皇（1611—1629 在位）将朝廷官阶及入宫觐见的权利授予了一位德川早期在京都创建"家塾"、复兴释菜的儒者松永尺五（1592—1657）。后光明天皇（1643—1654 在位）提出了在京都建立学校及孔庙的强烈建议，计划却因自身得天花早逝而未果。[1] 直到德川时代的最后一百年，天皇们才意识到儒教仪式拥有特殊的潜力，能够帮助认定一个更加独断的君主身份。那时，京都宫廷的释奠才最终得以复兴。

德川时期，权力已经转移至武士阶层。德川政权起源在于军事征服，它的制度框架被恰如其分地称为"中央集权的封建制度"[2]。在军事首都江户，德川家康的子孙作为国家领主行使政治权力；在地方，权力被授予 250 余名分封的武士领袖，在法律规定下，武士阶层实现了权力的垄断。[3] 各藩都由世袭的、专制的大名统治。德川幕府是"战争时期的最高指挥权在和平时期的继续"[4]。德川政权是独裁性的，以暴力的威胁及其潜在实施为支撑。不管在历史、制度还是文化方面，儒教都与这种体制格格不入。不过，封建权力的分散给幕府内部留下了一些自由空间，"大名可以追求个人的宗教信仰，前提是他们足够谨慎和矜持，从而能够维护和平"[5]。这种自由适用于教育，初期也普遍适用于孔子崇祀。在特定时期，对教育重视度的提高将对释奠仪式起到促进作用。此外，江户与封建各藩之间的辩证关系也使得各藩的礼仪实践亦能影响江户仪式的发展。

在武士以下，日本社会被划分为职能不同的各行业阶层。农民、工匠和商人的政治身份固定，但在某些方面是自由的。德川早期是一个相对繁荣和稳定的时期，人口不断增长，到 1700 年，已达到古代的三倍多。伴

[1] 室鸠巢《鸠巢小说》，第 479 页。参见在线附录三"德川日本的非官方与民间孔子崇拜"。
[2] John Whitney Hall, "Feudalism in Japan — A Reassessment," 47.
[3] John Whitney Hall, "The Bakuhan System," 158–160.
[4] Sansom, *Japan: A Short Cultural History*, 455.
[5] Roberts, *Performing the Great Peace: Political Space and Open Secrets in Tokugawa Japan*, 142.

随而来的变化是各藩城下町及江户、京都、大阪三大城市逐渐走向城市化，平民资产阶级社会阶层也在不断成长、积累财富，并积极地从事汉学的学习。印刷文化逐渐繁荣，每年出版书籍多达 3000 种，此外进行"成千上万"中国书籍的重印。[1] 有人热衷于中国学问的研究，尽管这些人只占少数。他们把日本独特的制度、传统拿来与中国进行了比较。这就为探索儒教的一系列问题提供了肥沃的土壤，这些问题包括儒教肯定世界的形而上学思想、儒教的政治和道德意识形态等，最重要的一个问题是，儒教礼仪制度在日本的适用性。在德川日本，关于释奠及其历史、释奠适用性及合法性的问题引发了大量的讨论。

尽管中国在国家建设、文化移入等方面激起了古代日本热切的效仿，但随着清朝的入关、明朝的灭亡，日本由此出现了一种含蓄的矛盾心理。日本人向中国寻求文明的压力已经减小。与古代日本对唐朝的畏惧不同，清朝入关的威胁激起的只不过是以儒教来强国的孤立呼声。日本作为军事政体的自身形象使其激发了对中国的优越感，日本认为，汉人政权在军事方面是弱小的。其忽视了军民二元体中的军事元素，"在后期变得软弱"，惨败于北方"蛮族"的入侵之下，因此成了警示后人的反面例子。[2]

然而，就像在古代贵族中一样，中国的文学及艺术文化在封建精英及新兴的富裕平民阶层中保持着威望。德川时期就像奈良时代及平安时代初期一样，人们热衷于研究各种中国事物。至少对于关注日本世界地位的精英来说，他们对儒教的兴趣还有来自外部的动机。16 世纪入侵朝鲜的战争结束以后，日本正在努力恢复其在东亚的地位，而儒教传统为国际关系提供了基础。正如 701 年古代首次释奠的意义一样，从外交上讲，释奠仪式的举行象征着日本成为东亚国家秩序中的成员。不过，由于拥有独特的军事理想及价值观，德川时期占主导地位的文化与古代日本相比

---

[1] Kornicki, *The Book in Japan: A Cultural History from the Beginnings to the Nineteenth Century*, 140.

[2] 熊泽蕃山《集義和書》，第 14—15 页。

有很大的不同。很多武士不满于一种对书生气的侧重,而这又归咎于中国。武士的意见很直率:"日本流为善。亲远唐之书而作知物之态,为恶。"[1] 尽管儒教在德川后期受到了更多欢迎,但对亲华的书生气的反感始终是整个德川时期武士的主要情绪。

德川时期大多数日本人更信奉佛教,因为佛教有更清晰的救世性回报,对关乎人类存在的问题有指导作用。在制度方面,佛教比儒教势力更强大,传播范围更广。封建当局利用佛教来进行人口登记,佛教"可以说是国家宗教"。[2] 它的宗教信仰通常与祖先崇祀有关,并提供了"通过仪式"及祖先崇拜礼仪,被用来维护统治家族的威严。政权建立者德川家康挪用了佛教称号"权现",象征了佛教的重要性。[3] 儒家意识到,佛教是一个强大的竞争对手,他们必须与之争夺信徒。有抱负的儒家学者也在制度上面临着挑战。儒学教育是儒家对社会担当的一种使命,也是释奠的自然语境,但在德川早期,儒学教育并非德川秩序的必然要求。学校的建设起步缓慢。德川封建行政机构没有建立类似古代日本大学寮或地方国学校的教育设施,更没有一套可以获取行政职务资格的考试制度。

此外,德川日本在结构上与古代日本大体相似,这也妨碍了对儒教及其礼仪的无条件接受。在经历了战国时期的动荡之后,进入封建晚期的日本重新恢复了以先赋性及世袭地位为主的古代日本结构。在武士社会中,地位及行政权力取决于德川征服之前祖先的战斗力及忠诚度。虽然随着时间的推移,德川社会逐渐接受了儒教的诸多理念与实践,但德川统治者并没有比古代日本统治者更多地去重视科举取士制度。世袭寡头政治再次成为政治控制的主要形式。与古代日本一样,特殊形式的宗教和仪式将先赋性及世袭价值神圣化。正如古代统治者围绕天皇、皇族及贵族血统建立祖先崇祀一样,近世日本将军及大名的祖先崇拜及仪式也被

---

[1] 松浦镇信《武功雑記》(1696 年),引自笠井助治《近世藩校に於ける学統学派の研究》,第 784 页。原文为日文。

[2] Roberts, *Performing the Great Peace: Political Space and Open Secrets in Tokugawa Japan*, 137–138.

[3] 关于该主题,参见 Boot, "The Death of a Shogun: Deification in Early Modern Japan"。

迅速建立起来,其中的显著例子是以佛教为基础的德川家族崇祀。在中国及其他东亚君主制政权中,皇室祖先崇祀起到了将皇室合法化的作用,具有"大祀"的地位。从这个意义上讲,皇室祖先崇祀比孔子崇祀更优先,但是,尽管二者之间存在潜在紧张关系,皇室祖先崇祀与儒家意识形态的普遍性实现了共存。[1] 而在德川日本,对国家及地方统治者的崇祀显然更加强大。一位德川早期的封建寡头精英表示,特殊的世袭权力是道德秩序的源泉,并表现出对书本学习的偏见:"与其听四书五经,不如向通晓世代御家法度的人请教,短期内就必得益处("身之德")。"[2]

在个人层面上,各种各样的顾虑使儒教实践面临着严峻的挑战。中井凯特(Kate Nakai)对德川早期信奉儒教的人遇到的问题进行了研究,他指出,儒者的生活有"如履薄冰"之感。这种生活要求"完全信奉"及"承担责任,表示立场"。[3] 儒家仪式的模范表演能起到普及信仰的作用。释奠是"可视化儒教"中最突出的组成部分。然而,作为神圣空间中可能具有集体性、官方性的公共仪式,释奠中包含的儒教的挑战性也可能最为明显地暴露出来。推广释奠是需要决心及资源的,甚至需要勇气。可能是出于这样的困难,德川早期具有武士背景的主要儒学思想家中没有一人试图使释奠成为官方仪式。[4] 中江藤树(1608—1648)、山崎暗斋(1618—1683)、山鹿素行(1622—1685)、贝原益轩(1630—1714)等都没有认真倡导这一仪式。后来出现了有影响力的异端思想家荻生徂徕(1666—1728),他对唐朝及以后的孔子崇祀持批判态度。[5] 只有熊泽蕃山(1619—1691)原则上考虑了释奠实施的可能性,他指出,历史上"礼、乐、官、阶、服饰等制度"从中国传入日本,"如果我们复兴日本(和中国)

[1] 高明士《中国教育制度史论》,第53页。
[2] 大岛丰长《(松平)信綱記》(1677年),引自渡边浩《日本政治思想史》,第79页。原文为日文。
[3] Nakai, "The Naturalization of Confucianism in Tokugawa Japan: The Problem of Sinocentrism," 159, 167, 199.另外参见渡边浩《近世日本社会と宋学》。
[4] 关于德川早期儒者对释奠的看法,参阅在线附录四"德川初期儒者对释奠的态度"。
[5] 参阅本书第十二章"荻生徂徕"一节。

学校里曾经盛行的古老教义,还有释奠之类的,这将是一件难得的事情"[1]。不过,当局认为熊泽蕃山的社会思想具有颠覆性,因此他被判处长期监禁。与武士思想家不同,来自武士阶层之外的儒者通过研究或少数情况下的实践推广了释菜或释奠,例如处于京都宫廷社会边缘的松永尺五,以及京都商人中村惕斋等。此外,也有其他平民表达了对孔子崇祀的虔诚,但自认为没有资格去加以实践,如伊藤仁斋(1627—1705)和他的儿子伊藤东涯(1670—1736)。[2]

在个人层面具有儒学思想的封建统治者也没有对释奠显示出更多热情。只有一小部分人被儒教所吸引,将其作为自身政治责任的道德指南。不过,有些人发现,儒教仪式能够提供戏剧性表演的可能性。[3] 最有启发性的是四位早期拥护儒教的大名对仪式的回应,这四人常被合称为德川早期的"名君",都是与执政的德川家族有血缘或婚姻关系的人:池田光政(1609—1682),会津的保科正之(1611—1672),水户的德川光国(1628—1700),加贺的前田纲纪(1643—1724,德川光国的侄子、保科正之的女婿)等。近期有研究指出,此四人"不仅对儒家'思想',而且对'仪礼'也表现出强烈的兴趣"[4]。四人都提倡对自己祖先的儒家式崇祀。德川光国和池田光政亦在自身藩领广泛地普及儒教礼仪。不过,他们中没有人在藩内公开举行定期的孔子祭祀。他们所经历的种种限制揭示了德川日本释奠的问题。德川光国通过排演测试了释奠的可行性,本书第九章将分析他拒绝仪式的原因。总之,仪式的举行可能存在政治风险。幕府对此十分警惕甚至感到不安,尤其在德川早期,儒家的集体行为可能与"结徒党"联系在一起,这是幕府法律禁止的活动。[5] 1652年的别木叛乱(承应之变)中,有阳明学的追随者牵连其中,这导致幕府出面压制

---

[1] 熊泽蕃山《集義和書》,第101页。
[2] 关于德川早期儒教的情况,参阅在线附录三"德川日本的非官方与民间孔子崇拜"。
[3] 关于早期大名对释奠的采纳,参阅在线附录六"早期的武士仪式"。
[4] 吾妻重二《池田光政と儒教喪祭儀礼》,第80页。关于水户,参见吾妻重二《水戸德川家の儒教儀礼——祭礼を中心に》。
[5] 《武家诸法度》第7条,《日本思想大系》,第27册,第454页。

了冈山藩研究儒学的集体活动。[1]　此外,就像前面提到的,大名祖先崇祀的排他性也可能阻碍了对释奠的采纳。在会津藩,大名保科正之被奉为神道之神,这一举措在一段时期内妨碍了释奠的举行。[2]　在加贺藩,前田纲纪很可能受到了其叔父德川光国消极态度的影响,虽然举行了仪式,但仅在城中私下举行。德川早期拥护儒教的大名中,只有德川家康的第九子、爱好读书与音乐的德川义直(1600—1650)利用其特权地位在藩内上演了一场《延喜式》风格的盛大释奠。[3]　但尽管如此,德川义直仍然十分谨慎。该仪式采用的是《大唐开元礼》及《延喜式》中的地方国学校释奠,而不是京城大学寮释奠。[4]　考虑到德川义直与幕府关系的敏感性,这可能是一种稳妥的做法。[5]

在这样的背景下,德川政权早期释奠仪式的采纳是十分缓慢的。因此就不难理解,朱熹的小规模、非官方、相对非政治的仪式更有吸引力,也最早被实践,并且吸引了武士阶层以外的人。京都是当时军事化程度最低的城市,宫廷贵族藤原惺窝在此首次复兴了仪式,此外还有两个德川早期的非官方仪式被记录了下来。有趣的是,它们的举行方式不同于后来在武士支持下占主导地位的仪式。[6]　不过,京都的这些仪式都未能长期幸存或保持独立。藤原惺窝最有影响力的继承者、出身平民的京都人林罗山(1583—1657)成为使释奠登上国家舞台的早期推动者。林罗山在"家塾"中复兴了朱熹非官方"精舍"版的仪式。但是,林罗山把仪式进行

[1]　Bodart-Bailey, "The Persecution of Confucianism in Early Tokugawa Japan."另参见 James McMullen, *Idealism*, *Protest*, *and the Tale of Genji*, 117–121。关于熊泽蕃山参与的可能性,参见 James McMullen, "Confucianism, Christianity, and Heterodoxy in Tokugawa Japan"。

[2]　关于保科正之的神化,参见 Roberts, *Performing the Great Peace: Political Space and Open Secrets in Tokugawa Japan*, 143–149。

[3]　关于名古屋的仪式,参见所功《宫廷仪式书成立史の再检讨》,第 565—568 页。

[4]　参见《尾府圣堂记》,第 231—232 页;《延喜式》,第 1004 页。笾、豆各为 8 个,亦遵从唐代州县礼及《延喜式》。参见《大唐开元礼》卷六十九,第一页上至第五页下(第 355—357 页);卷七十二,第一页上至第五页下(第 366—368 页);《延喜式》,第 998 页。另参见所功《宫廷仪式书成立史の再检讨》,第 564—565 页。

[5]　关于二者的关系,参见名古屋市役所《名古屋市史·政治编第一》,第 109—112 页。

[6]　参见在线附录三"德川日本的非官方与民间孔子崇拜"。

了转向,将其带到了新的地域——江户。他是充满雄心的,他努力为其家族赢得了德川将军儒家顾问的角色,并创造了一种适合德川封建政体的释菜仪式。下一章将考察林罗山及其继承人对仪式的早期复兴所做的努力,例如林罗山试图利用儒教来为日本谋取国际声望的尝试。可以认为,古代社会与封建晚期社会在社会政治结构上的相似性使得"林家"(林罗山的家族及其后代)能够借鉴古人的经验。与古代日本一样,德川日本对释奠所作的反应是推进仪式中的"文化展示"、使仪式去政治化,将孔子封为学问之神或中国文化之神。德川日本的孔子崇祀重复了日本释奠第一次演变时的诸多矛盾心理,并遵循了与之类似的发展轨迹。

第八章

江户儒学奇观：林罗山与文化展示

新的迹象：第二次演变早期的仪式

德川儒学的传统记载将幕府创始者德川家康描述为该时期儒学的首位支持者、儒学正统的建立者，而事实并非如此。直到德川政权建立的几十年后，儒学才真正受到德川家的重视。同样，虽然后水尾天皇等德川时代早期的天皇复兴了中断的朝廷仪式，但释奠并不在其关切范围之内。与古代一样，德川时期对孔子崇祀的建立也是一个断断续续的过程。早在 16 世纪末国家统一之前，就已出现了复兴的迹象。[1] 战国时期，九州及关东地区都出现了零星的释奠仪式。在九州肥后，临济禅僧桂庵玄树（1427—1508）举行了释奠。[2] 桂庵玄树曾在明朝学习（1467—1473），回国后传播了朱子学典籍。[3] 他的影响力超出了九州地区。其弟子佐佐木永春（生卒年不详）于 1509 年被第十代将军足利义稙（1490—1493；1508—1521 在位）派往明朝，以"求先圣祀式"，而此行的结果似乎不得而知。[4] 在关东，下野国的足利学校（1439 年成立）举行了释奠仪式。此外，虽然细节尚待明确，武藏国的金泽图书馆似乎也举行了仪式。[5] 有文献记载，武将小早川隆景（1533—1597）"尝慨丧乱之久，人不知学，乃

---

[1] 田中义成《我國に於ける釋奠に就て》，第 47 页。
[2] 志方正和《菊池氏の孔子堂について》。
[3] 参见桂庵玄树的诗歌，年份不详，引自西村天囚《日本宋學史》，第 169 页。
[4] 和岛芳雄《日本宋学史の研究》，第 225 页。
[5] 山崎暗斋的记述，参见山崎暗斋《大和小学》，第 3—4 页。

摹下毛足利学规于名岛,设庠舍,建圣庙,行释菜之礼"[1]。然而,这种零星的仪式似乎是由佛教僧侣主持的,他们原本有自己的日常宗教事务。这些仪式几乎没有留下永久的遗产。它们的重要程度取决于武士军阀的资助,其出现可能源自武士对政治权力的合法化日益增长的兴趣。

到了 16 世纪末,仪式开始摆脱佛教的统治,迈出了持续复兴的第一步。这种倡议并非来自武士,而是来自一位古代京都宫廷贵族的后代——藤原惺窝。宫廷贵族在几个世纪的动荡中幸存下来,随着和平的到来,他们获得了复兴其独有历史传统的机会。释奠的复兴必须放到 16 世纪末至 17 世纪宫廷文化振兴和儒教复兴的背景下来看。释奠复兴的首倡者藤原惺窝(图 8.1)通常被认为是德川日本朱子学之祖。藤原惺窝从十几岁开始为僧,大约于 1594 年宣布了放弃佛教。他从菅原道真的作品中了解到,释奠仪式过去曾在日本被"大力推行"。[2]

不过,正如多次发生的那样,与外国的接触催生了仪式的举行,此次是来自朝鲜的影响。藤原惺窝的门徒中,有一位尊崇儒教的大名赤松广通,他曾参与了丰臣秀吉对朝鲜的侵略,但不同寻常的是,他成了朝鲜儒教礼仪的崇拜者。他在自己的领地但马国建立了孔庙,从朝鲜礼仪文本《(国朝)五礼仪》及《郡学释菜仪目》中获得了郡县学校释菜的仪节,并身着朝鲜服举行了祭仪。[3] 据说藤原惺窝曾这样评价他:"日本将官尽是盗贼,而惟广通颇有人心……虽居日本,非日本人也。"[4]藤原惺窝通过赤松广通结识了作为战争俘虏的朝鲜朱子学者姜沆(1567—1618)。1598 年秋,他们在京都郊区的伏见地区见了面。[5] 根据姜沆的记述,藤原惺窝"又闻臣以我国科举节次及春秋释奠"。据姜沆记载,藤原惺窝深深地

[1] "逸史",引自《日本教育史资料(三)》,第 21 页。早期仪式的记载参见阿部吉雄《日本朱子学と朝鲜》,第 76—77 页。田中义成《我が國に於ける釋奠に就て》也记录了由关东武士长尾景仲(1388—1463)主持的一次仪式,地点在关东和越后交界处的白井城(第 47 页)。

[2] 藤原惺窝《惺窝先生倭謌集》,第 664 页。

[3] 赤松广通别名斋村政广。姜沆《看羊録》,第 166 页。

[4] 藤原惺窝的这两句话皆引自姜沆《看羊録》,第 166 页。

[5] 迩部佳子《德川義直家臣团形成についての考察(七)》,第 392 页,注释 34。

图 8.1　藤原惺窝肖像

原念斋（1800—1870）《先哲像传》木版插图。牛津大学博德利图书馆提供。藤原惺窝在 1598 年举行的释奠标志着日本释奠第二次演变的开始。他的祖先藤原定家是现存平安时代最后一本释奠仪式手册的作者。

叹了口气,感叹自己生不逢时,很遗憾出生于日本而非中国或朝鲜。藤原惺窝还自称曾试图前往中国。[1]

庆长年间(1596—1614),在赤松广通的资助下,藤原惺窝在伏见举行了一场释奠:"惺窝先生别构一室,安圣牌以拟大成殿[2]。试使贞顺(角仓〔吉田〕素庵,1571—1632)等诸生肄释奠礼,此礼既绝久矣,庶几以微渐而后遂大行也。"[3]该仪式的具体内容不得而知。不过,藤原惺窝所期待的释奠之"大行"迟迟未能实现,这项任务留给了其最有名的弟子、惺窝传记的作者及上文的记录者——雄心勃勃的林罗山。主持仪式的赤松广通在关原之战中败北,被德川家康逼迫自杀。1600年,对赤松命运深感悲痛的藤原惺窝出现在德川家康面前,身穿朱熹指定的中式礼服"深衣幅巾"(图8.2)。[4]或许这是一种脱离当世的姿态,因为他回到了一种类似隐士的生活中,也不再举行释奠了。作为古代宫廷贵族的后裔,藤原惺窝公开宣称自己与时代、国家及崛起的武士阶级格格不入。他所复兴的释奠具有重要的象征意义,但似乎只是一次性的表演。释奠仪式与德川社会主流精神的不协调感将会持续存在,只不过随着时间慢慢减弱。

德川初期江户林家仪式

藤原惺窝对释奠的复兴充满了不确定性。他在武将的支持下上演了仪式,但拒绝在武士的庇护下为其服务。他的仪式对后世儒者提出了挑战:在当时的社会中,古代文官贵族后代和武士阶级明显分裂,哪一个群体更适合崇敬孔子?在藤原惺窝的弟子中,京都的松永尺五主张贵族释

[1] 姜沆《看羊録》,第166页。
[2] "大成殿"之名最初由宋徽宗于1104年赐予曲阜孔庙,后被全国的孔庙采用,一般指孔庙区域内专门建造的正殿。该名取意于《孟子·万章下》"孔子之谓集大成"。
[3] 林罗山《惺窝先生行状》,收于《林羅山文集》,第464页。贞顺是京都商人了以(1554—1614)之子。他在德川义直主导的名古屋仪式复兴中发挥了一定作用。迹部佳子《德川義直家臣団形成についての考察(七)》,第368—370页。
[4] 林罗山《惺窝先生行状》,收于《林羅山文集》,第464页。礼服的文字描述参见朱熹《家礼》,第1册,第六页上至第七页下;插图参见第3册,第二页上至第四页下。

图 8.2　深衣前图

出自朱熹著、浅见絅斋(1652—1712)编日文版《家礼》的木刻插图。作者本人收藏。图中描绘的是日本儒者及早期林家释菜中所穿的中式长袍。

奠,而名古屋德川义直支持的堀杏庵(1585—1642)及江户的林罗山(图8.3)坚信武士是合适的释奠承袭者。[1] 其中,只有林罗山创建的仪式在后世得到了延续。[2]

从1605年起,与藤原惺窝一样,林罗山担任了德川家康的中国事务顾问。但与惺窝的最终疏远不同,林罗山在为德川家服务的过程中看到了自己和朱子学的未来前景。不过,修建孔庙、创立释奠是一个普通儒者所无法企及的,需要来自封建精英的资助。林罗山在晚年才得以实现这一愿望,资助主要来自德川义直。德川义直是德川家康的第九子,早年就是一位藏书家,也是礼文及仪式的爱好者。[3] 德川义直在名古屋城建造了当时首座专用的孔庙,显示了他的兴趣所在。[4] 1629年十二月六日,林罗山在同德川义直见面之时看到了这座建筑。林罗山描述了该"孔子堂"的样貌:"莳绘涂小厨子,形如堂,在奥有金像,尧、舜、禹、周公、孔子安其中。……筑石为基,高于地四五尺许。堂下有花坞数亩,其傍有文库。"[5] 林罗山记录了圣像前的桌子上摆放的仪式用具。由于藤原惺窝的弟子堀杏庵生活在名古屋,再加上参加过藤原惺窝1598年释奠的弟子贞顺(角仓素庵)也时常来名古屋,因此可以推测,在林罗山访问的时候,名古屋城已在悄然举行某种形式的祭孔仪式了。[6] 不过,最早的仪节及祝文出自1633年二月十八日的春季释奠。这是一次兼容了《大唐开元礼》及《延喜式》风格的盛大释奠,由德川义直亲自担任"主持"及初献官,

---

[1] 关于松永尺五,参见在线附录三"德川日本的非官方与民间孔子崇拜"。
[2] 下述内容参阅了其他学者对林罗山的批判性研究,参见 Boot, *The Adoption and Adaptation of Neo-Confucianism in Japan: The Role of Fujiwara Seika and Hayashi Razan in Japan*。
[3] 他曾于1615年在京都购买一部《礼记》,并拥有一部宽永时代(1624—1644)早期的《延喜式》,以及一部1634年的《江家次第》。参见迹部佳子《德川義直家臣団形成についての考察 (七)》,第361—367、376页。
[4] 迹部佳子《德川義直家臣団形成についての考察 (七)》,第389—390页,注释12。
[5] 林罗山《林羅山文集》,第765页。
[6] 堀杏庵在1622年后以儒医的身份为德川义直效力。山本泰一描述他为"义直的儒学和学问背后的智囊"。山本泰一《尾張德川家初代義直の儒学尊崇とその遺品について》,第155页。

图8.3 林罗山肖像

原念斋《先哲像传》木版插图。牛津大学博德利图书馆提供。林罗山是江户林家塾的创始人，在1633年的首次释菜中担任了祭官。

共有包括奏乐者在内的 37 个礼仪角色。[1] 德川义直复兴释奠仪式的宏图没有在他死后得以延续,这说明,该时期的释奠依赖于当权者个人的、有时并不持久的意愿。不过,德川义直作为林罗山的资助者发挥了更持久的影响力。

1630 年,在幕府首都江户,第三代将军德川家光(1623—1651 在位)将上野忍冈的一块地赐给了林罗山,用来建立学校。[2] 此举在最终确立儒教为德川国家信仰的漫长道路上迈出了第一步。但正是德川义直的资助,最终促成了学校进一步的发展——孔庙得以建立。1630 年,德川义直下令幕府工匠平内大隅正信(1583—1645)建造孔庙,1632 年三月六日正式开工。六月十八日,工匠因安装"脊匾"而得到了赏赐,匾中记载了德川义直及林罗山对孔庙的创立过程,使用了具有宗教奠基意味的词语——"开基"。[3]

在参观现场时,德川义直称赞了这座异国风格建筑的工艺。[4] 据称,"其制异他,非若寻常宫室之例也。我朝昔虽闻有其名,而如是之形模未之有也"[5]。根据当时的资料可知,建筑结构受到了"黄帝合宫图"(图 8.4)的影响,该图被收录在 1607 年日本版的晚明百科全书《三才图会》中。这是一种华丽的八角形结构,德川义直在名古屋城的孔子堂也使用了这种形式。[6] 这座新建筑于八月二日落成,它显然被赋予了独特意义。德川义直亲自题写了匾额"先圣殿",并赠送了孔子及四配(颜子、曾子、子思、孟子)的雕像及仪式用具。[7] 德川义直还请著名艺术家狩野山

[1] 详细内容参见所功《宫廷儀式書成立史の再檢討》,第 564—565 页。另参见本书第七章"复兴带来的挑战:唐以后的崇祀仪式在晚期封建日本的采纳"。
[2] 堀勇雄《林羅山》,第 276 页。
[3] 山本泰一《尾張德川家初代義直の儒学尊崇とその遺品について》,第 153—154 页。
[4] 犬塚印南《昌平志》,第 51 页。
[5] 林罗山《林羅山文集》,第 765 页。
[6] 中村顾言给安积澹泊等人的书信,1704 年二月三十日条,参见仓员正江《水户藩编「大日本史」編纂記録(往復書案)に見る知識人の交流と出版文化の研究》,第 22—23 页;犬塚印南《昌平志》,第 30 页。另一不同的观点参见《日本教育史资料(七)》,第 395 页。另参见饭田须贺斯《江户时代の孔子廟建築》,第 950—951、1002 页。德川义直在名古屋城的多边形建筑,参见迹部佳子《德川義直家臣団形成についての考察(七)》,第 389—390 页,注释 12。
[7] 山本泰一《尾張德川家初代義直の儒学尊崇とその遺品について》,第 154 页。

图 8.4 黄帝合宫图

王圻(1530—1615)《三才图会》木版插图。牛津大学博德利图书馆提
供。据说,1630 年德川义直为林罗山专门建造先圣殿时,其设计灵感就来
自这种八角形结构。

雪(1589—1651)绘制了 21 位儒学代表人物,包括神话中的人文始祖伏羲以及六位宋儒,分别是周敦颐、程颢、程颐、张载、邵雍及朱熹。[1] 六人构成了林家仪式中的六位"配享"者。他们的出现表明林家学派忠于朱子学派。显然,林罗山希望这种独特形式能促进朱子学发展为军事首都江户的领导学派。这座新建筑引起了人们的注意。"金云:'东州州学之权舆乎!'"[2]

先圣殿建成的一年后,1633 年二月十日,首次举行了释菜礼,51 岁的林罗山担任祭官。参与者都身着"深衣幅巾【衣巾并用缎子绉纱制】",象征作为中国朱子学继承者的身份。[3] 仪式基本遵循了朱熹的"沧州精舍释菜仪"。[4] 直到 17 世纪 50 年代,林家一直遵循这种仪式。[5] 其礼仪框架较为简单,这使得林家可以自由添加各类元素,使仪式更加庄重。此外,朱熹曾在释菜结束后亲自讲学,与此类似,从 1633 年秋季开始,林罗山在释菜后增加了讲释经典的环节,这也是古代日本大学寮仪式的惯例。[6]

1633 年春季的释菜与新孔庙一样,是很成功的。林罗山的儿子林鹅峰(1618—1680)后来回忆道:"人皆改观。"[7] 林罗山明显拥有在封建首都宣扬朱子学的野心,但是,为什么林罗山的释菜要等到藤原惺窝释奠的三十多年后才实现呢?日本古代时期仪式的采纳过程暗示了一种可能性,就像高桥章则指出的,国际外交的考虑可能促成了这一举措。[8] 在

---

[1] 犬塚印南《昌平志》,第 37 页。有关图片的其他细节,详见山本泰一《尾張德川家初代義直の儒学尊崇とその遺品について》,第 155 页;林罗山《林羅山文集》,第 765—766 页。

[2] 林罗山《林羅山文集》,第 766 页。

[3] 犬塚印南《昌平志》,第 52 页。关于早期林家释菜的进一步研究,参见李月珊《近世初期林家塾の釈菜礼と聖人の道》。

[4] 高桥章则《近世初期の儒教と「礼」——林家塾における釈菜礼の成立を中心として》,第 248 页,引《鵞峯文集》卷八十。

[5] 林罗山于 1654 年给石川丈山的书信。林罗山《林羅山文集》,第 92 页。

[6] 犬塚印南《昌平志》,第 52 页。林罗山在 1633 年的秋季释菜上第二次讲释《尧典》。林鹅峰《西風淚露》,内阁文库所藏手抄本,引自高桥章则《近世初期の儒教と「礼」——林家塾における釈菜礼の成立を中心として》,第 246 页。

[7] 意为"它吸引了所有人的注意"。高桥章则《近世初期の儒教と「礼」——林家塾における釈菜礼の成立を中心として》,引林鹅峰《西風淚露》。

[8] 下述内容参见高桥章则《近世初期の儒教と「礼」——林家塾における釈菜礼の成立を中心として》。

第三代德川将军时期，林罗山在对朝鲜外交中扮演了重要角色。僧人以心崇传(1569—1633)曾在 1607 年、1617 年和 1624 年接待了最早三批访日的朝鲜使节，1636 年后，林罗山接替了以心崇传的工作。东亚外交是用汉文进行的，由受过汉文教育，尤其是受过儒学教育的人出任；它的基础是儒家关于秩序及文明的共同假设。很显然，忍冈圣堂及释奠表演将是一张有用的名片。林罗山在 1636 年与朝鲜使节的笔谈中提出的问题就体现了这一点：

> 问："贵国春秋丁日释奠之礼，至今无懈耶？"
>
> （朝鲜使节）答："不但春秋有释奠之礼，我殿下三年一谒于圣庙。"[1]

几年后的 1643 年，下一批朝鲜使节前来祝贺德川家光继承人的诞生，在致使节的一封信中，林罗山再次夸耀了江户的"释菜有时"[2]。

外交上的考虑显然推动了林罗山的儒家事业，提高了他的个人威望，不过，德川义直提供的实质资助仍然是 17 世纪 30 年代早期释奠得以实现的最重要条件。释奠仪式需要一座建筑及仪式用具，这显然超出了林罗山这位幕府雇员的财力，因为即使到最后退职，他的收入也没有达到 1000 石。[3]

首次释菜后过了不久，在 1633 年四月十七日，[4]将军德川家光参观了这座新孔庙，这进一步吸引了公众的注意力。这是德川将军第一次认可对孔子的崇祀。德川家光"见"孔子像与四配像，感到十分欣喜（"甚嘉焉"）。林罗山记载：

---

[1] 林罗山《林羅山文集》，第 712 页。
[2] 意为"释菜按时举行"。林罗山《林羅山文集》，第 161 页。
[3] 堀勇雄《林羅山》，第 136 页。
[4] 英文原著作"六月十七日"，查阅史料《昌平志》，记作"四月十七日"，原著应为笔误。——译者注

> 道春献嘉果时,命曰:五经之内,当读甚书? 道春执床上所有之《尧典》,进而天威咫尺,讲诵数行。[1] 毕置于书床而退。于是赐白银五百两于道春,拜谢而退。于户外又赐时服三领于永喜,亦拜谢而退。既而台驾出。[2]

虽然对林罗山来说是一次意外转机,但这种有些例行公事般的到访不应被理解为幕府对儒教的决定性接受。德川家光当天的主要目的是参拜东睿山宽永寺的德川家庙。[3] 他在拜访孔庙时没有做出任何致敬行为。正如林罗山的传记作者所言,动词"见"缺乏虔诚的语感。[4] 不过,这次访问成了一个先例,为后来 17 世纪 80 年代德川将军的访问奠定了基础。此外,林罗山对《尧典》的选择具有重要意义。该书描述了圣王的和谐统治、历法的制定及王位继承的安排。毫无疑问,林罗山希望把将军的注意力吸引到儒教潜在的政治价值上来。

经过首次释菜及将军的亲访之后,孔庙的公众形象有所提高,但仪式尚没有成为例行之事。在接下来的几十年里,仪式是不定期举行的,这让人再次联想起仪式在古代的早期历史。事实上,林罗山本人只参加了 13 次仪式。[5] 林罗山年谱 1649 年的条目记载,由于"顷年以公务繁故",他不得不暂停了仪式好多年。[6]

在随后的几年里,儒教遭到了幕府的质疑。在 1651 年第三位德川将军去世后的紧张气氛中,一场武士起义引起了人们对儒教,尤其是对阳明学的怀疑,因为据称池田光政冈山藩的阳明学信徒参与了起义。这次事件可能使一些幕府领导人对儒教产生了偏见,尤其是松平信纲(1596—

---

[1] 引自《左传》僖公九年。另参见堀勇雄《林羅山》,第 282 页。
[2] 林罗山《林羅山文集》,第 766 页。详见犬塚印南《昌平志》,第 52 页,其中记载了七月份的到访。
[3] 林罗山《林羅山文集》,第 766 页。
[4] 堀勇雄《林羅山》,第 282 页。
[5] 林鹅峰《國史館日録》,1670 年七月二十九日条,第 2 册,第 948 页。另见 1669 年八月十一日条,第 2 册,第 805 页。
[6] 参见《鵞峯自序譜略》,引自高桥章则《近世初期の儒教と「礼」——林家塾における釈菜礼の成立を中心として》,第 245 页。

1662）。松平信纲是一位颇具影响力的老中，他在当时被称为"迫害"儒教的领袖。[1] 幕府确实对冈山藩实施了干预，告诫人们不要大量聚众以学习儒学。但是，林罗山厉声地宣称自己对阳明学持批判态度，支持儒教排斥异端学说。林罗山似乎维系了松平信纲对他的信任。[2] 没有证据表明这些年间江户的林家释菜在政治上遭受质疑。

与此同时，林家释菜仪式从朱熹非官方的精舍版本发展成了一个更具政治性的仪式。仪式逐渐吸纳了反映不同历史、价值观及抱负的要素。在接下来的几十年里，平安时代仪式的"文化展示"特征与明朝国家礼仪实践的要素逐渐融合在一起。早在 1636 年的春季释菜中，林家仿照平安时期的做法，以"花有太平象"为题创作了诗歌。[3] 到 1649 年，与平安时期大学寮释奠的形式类似，仪式包含了作诗及"讲论"的步骤。1654 年三月下旬，林罗山给友人石川丈山（1583—1672）写了一封信，信中描述了二月中丁举行的精心设计的释菜仪式：

> 春斋、春德使青衿更深衣，役之者十余辈。春信最幼，故着长袴，从余入堂。欲效朱子沧州仪，而世异地殊，有小异欤。祭毕讲《春秋》，卒有问有答。其初问者春信，唱之不失不嗄。问答讫，各捧豫所题二月甘棠诗，共二十首许。既而退。[4]

林罗山把该释菜仪式看作是林家的一项家业。就算有迹象表明他正在摸索一种"宇宙秩序"类型的国家仪式，但是同时不得不注意的是，像日本无数教育机构的创始人一样，他实际控制的是家族事业。这种情形反映了日本社会占优势地位的先赋性世袭结构，但同时也体现出林家释

[1]　相关研究参见 Bodart-Bailey, "The Persecution of Confucianism in Early Tokugawa Japan"。

[2]　Bodart-Bailey, "The Persecution of Confucianism in Early Tokugawa Japan".关于松平信纲，参见 James McMullen, "Confucians, Christianity, and Heterodoxy in Tokugawa Japan," 171-172。

[3]　林鹅峰《西風淚露》，引自高桥章则《近世初期の儒教と「礼」——林家塾における釈菜礼の成立を中心として》，第 246 页。

[4]　林罗山《林羅山文集》，第 92 页。

菜的长处及其弱点。

仪式持续发展。1655 年的春季释菜上,有 25 人担任了不同角色。[1] 仪式亦得到了一些捐赠,例如 1656 年有人捐赠了一个水缸。[2]

林鹅峰

1657 年,在明历大火中失掉了所有藏书后不久,林罗山去世了。因为丧事,释菜被暂停。1659 年,释菜首次在春秋两季举行,成为"定式"。[3] 然而,事实证明这很难维持。林罗山的继承人林鹅峰记载,从 1659 年到 1666 年的释菜"或春或秋"举行,在此期间"余所行六度"[4]。这种低于规定的频率可能反映出,仪式的日益复杂导致其可行性遇到一些问题,而不是在原则上缺乏了对儒家礼仪的重视。林家有强烈的家庭意识,他们在 1658 年春季完成的三开间"祠堂"中举行了朱熹《朱子家礼》中规定的家礼仪式。[5]

孔庙在明历大火中被烧毁,1661 年获得 500 两的捐赠,实现了重建。新建筑由幕府建筑师设计,进一步体现出官方资助的意味。正如德川后期圣堂的一位历史学者所说:"虽云私举,而实系于官役。"[6] 新的大殿沿南北轴线实现延伸与对称,东西侧有"两庑"(两个侧翼结构),"就像张开的翅膀",该区域被围墙围起。院内增设"杏坛门",东西两侧各有

---

[1] 堀勇雄《林羅山》,第 533 页。
[2] 堀勇雄《林羅山》,第 533 页。
[3] 堀勇雄《林羅山》,第 55 页。
[4] 意为"我参加了六次仪式"。1666 年春季的仪式被取消,无疑是因为林罗山的长孙林梅洞(1643—1666)早逝。林鹅峰《國史館日録》,1669 年八月十一日条,第 2 册,第 805 页;《鵞峯自序譜略》,引自高桥章则《近世初期の儒教と「礼」——林家塾における釈菜礼の成立を中心として》,第 245 页。另参见《國史館日録》,1670 年七月二十九日条,第 2 册,第 948 页。
[5] 相关研究参见吾妻重二《日本における『家礼』の受容——林鵞峰『泣血余滴』·『祭奠私儀』を中心に》。
[6] 堀勇雄《林羅山》,第 54—55 页。建筑和示意图详见饭田须賀斯《江戸時代の孔子廟建築》,第 951—952、1002 页。素描图和测绘参见《日本教育史資料(七)》,第 398—401 页。另参见石川谦《昌平坂学問所の発達過程とその様式》,第 4 页。

"廊"，由石阶及另一扇门"入德门"进行连接。新建的孔庙现在更适合高官们进行时常参拜。

与此同时，1662 年十月三日，幕府委任林家编纂国家史书《本朝通鉴》。[1] 林鹅峰在日记《国史馆日录》（1662—1670 年间成书）中记录了史书编纂的过程，其中亦记载了 17 世纪 60 年代的释菜仪式。1663 年十二月廿六日，由于林家完成了五经的讲释，作为奖赏，林家塾获得"官许"，始称"弘文院"，林鹅峰亦获得了"弘文院学士"的称号。几乎可以肯定，该称号是在林鹅峰的要求下授予的，带有历史联想的意味：在古代日本，它指的是 9 世纪早期和气家族的别曹；更重要的是，它在中国象征着唐太宗贞观年间设立的著名朝廷文教咨询机构。[2] 林鹅峰无疑有些自我夸大，并试图与德川国家建立象征性的联系。

1664 年春天，以狛近元（生卒年不详）为首的一群京都雅乐师来到关东参加德川家康的五十周年忌，应邀在释菜仪式上进行了表演。翌年四月，这群人从日光返回时，"乐生三十余人舞于庙庭"，展现了罕见的舞蹈样式。[3] 林鹅峰记载到，"顷岁"，仪式在迎接和引导神灵时，会吟诗奏乐。他满意地指出，仪式现在"聊近古之释奠"。[4] 1665 年二月廿五日林家的"菅祭"（菅原道真祭祀）表现了林家对仪式的文化及文学方面的持续关注。[5] 1666 年，林家塾改组为五门课程——经书、历史、诗文、"博读"及日本经典，这为家塾赋予了一种古代国立大学的尊严。[6] 然而，虽然出现了这些创新，但并没有任何授予官衔及职位的公开考试制度

---

[1]　林鹅峰《國史館日録》，第 1 册，第 1 页。

[2]　参见高桥章则《弘文院学士号の成立と林鵞峰》。另参见朱全安《弘文院学士号取得にみる林家の大望——幕府文教施策との関連性の視点から》。

[3]　堀勇雄《林羅山》，第 56 页；須藤敏夫《近世日本釈奠の研究》，第 21 页。小野寺节子《釈奠儀礼と雅楽——現在の足利学校釈奠を中心に》，第 91—92 页。雅乐是德川时代复兴的古代宫廷传统之一。狛近元拥有古代宫廷乐师家族的血脉，该家族最初与"左之舞"有关。

[4]　林鹅峰《西風涙露》，引自高桥章则《近世初期の儒教と「礼」——林家塾における釈菜礼の成立を中心として》，第 247 页。

[5]　《林鵞自序年譜略》，引自高桥章则《近世初期の儒教と「礼」——林家塾における釈菜礼の成立を中心として》，第 245 页。

[6]　堀勇雄《林羅山》，第 56 页。

随之而来。林家塾在德川幕府行政机构中未能担当公共角色，严格来说，林家塾的释菜仍然是一个私人仪式。

不过，公众的兴趣在继续高涨。各地大名赠送了更多的礼物。将军也对此倍加关心。1669 年初，在将军城中，第四代将军德川家纲（1651—1680 在位）见到了一组描绘释奠仪式的"释奠屏风"，并要求林鹅峰撰写了相关内容说明。[1]

1670 年的释菜

林家释菜的详细仪节中现存最早的是 1670 年八月上丁日的释菜。这一年对于林家与幕府的关系来说是很重要的。首先，该年是"庚戌"年，此干支恰好是孔子和朱熹的诞生年；此外，历经八年编纂的 310 卷日本史书《本朝通鉴》在该年编纂完成。为了庆祝这些事件，释菜进行了改进，仪式程序被记录在《庚戌释菜记》中。[2] 该释菜成为后世参考的典范：直至 1800 年宽政期释奠改革为止，除了 1691 年孔庙转移至新地点后进行了细节上的完善以外，该释菜的礼仪框架一直被沿用。[3]

1670 年的释菜是在不久前重新扩建的忍冈圣堂举行的，这是一场比此前任何林家释菜都要隆重的仪式。仪式的大部分环节都在孔庙朝南突出的"露台"上举行，露台与下面的庭院由位于中央的台阶连接。在大成殿内还有一处台阶，通往供奉孔子及四配的祭坛。这些祭坛朝南，背靠北墙，北墙上挂有从祀的六位宋儒的卷轴画像，两侧各三幅。供品仍然不算多，用具沿用了朱熹精舍仪式中的一豆一笾，添加了一簠一簋，还有一对俎。祭品包括雄鸟及雌鸟肉、白麻糬及黑麻糬、干肉、时令水果、谷物及蔬

［1］ 林鹅峰《國史館日録》宽文九年一月七日条，第 2 册，第 717—718 页。
［2］ 林鹅峰《庚戌釋菜記》。具有细节差异并作出后期修改的版本参见犬塚印南《昌平志》，第 158—174 页；须藤敏夫《近世日本釈奠の研究》，第 21—25 页。犬塚印南《昌平志》证实了林鹅峰的作者身份（第 57 页）。
［3］ 须藤敏夫《近世日本釈奠の研究》，第 21 页。建筑的素描图参见林鹅峰《國史館日録》，第 7 册，第 400 页。

菜。[1] 朱熹仪式的小规模可能是吸引林家的地方之一：如上所述，它没有使用中国官方版本仪式中那些体形较大、可能在文化上有冒犯性的四足动物来祭祀。[2]

林鹅峰的仪式记录中列出了包括奏乐者在内的 56 个角色，其中一些参与者执行了多个任务。大约有 50 名武士负责安全守卫。[3] 仪式可以分为三个阶段：一是相当于古代未明祭的祭祀活动，二是讲经与作诗，三是宴会。仪式中多次使用了明朝释奠中的乐章。[4] 祭祀包括以下步骤：奏"越天乐"迎神，献帛，献馔，献酒。初次献酒后宣读明代洪武时期（1368—1398）的祝文，祝文对象为孔子以及拥有尊贵头衔的配享人物。[5] 祝文的开头讲道：

> 宽文十年，岁次庚戌，八月朔乙酉越丁亥日，弘文院学士林恕敬致祭于大成至圣文宣王。惟！王，德配天地，道冠古今，删述六经，垂宪万世。[6] 谨以币帛醴齐，粢盛庶品，祗奉旧章，式陈明荐。[7]

祝文之后是另一段由林鹅峰精心撰写的散文——给孔子的"告文"，报告了史书编纂项目的完成。[8] 接下来是对配享和从祀的亚献及终献。

随后，仍然在大成殿内，仪式进入平安时期风格的"讲经"与"赋诗"阶段。讲桌被抬上来后，讲师进行讲经，随后进行了五个问题的问答，在

---

[1] 林鹅峰《庚戌释菜记》。

[2] 不过，释菜一词在这里可能有专门的意义。在国家礼典中，它指的是每月一日和十五日上演的规模较小的释奠。它通常是校内的官方仪式，而不是政府的官方仪式。

[3] 这一细节和下述总结基于林鹅峰《庚戌释菜记》以及犬塚印南《昌平志》（第 57 页）。

[4] 包括乐章译文在内的有关仪式更为完整的介绍，参见在线附录二"礼仪细节（b）：1670 年林家释菜仪式"。

[5] 仪式开场及后续乐章的内容，参见李东阳《大明会典》卷九十一，第二十三页下至第二十四页下（第 1444 页）。

[6] "惟！王"这一用语保留了嘉靖改革前洪武时期圣人更为气势恢宏的地位。正如李东阳所说（《大明会典》卷九十一，第二十三页上［第 1444 页］），这在后来被改为更谦恭的"惟！师"。

[7] 犬塚印南《昌平志》，第 169—170 页。

[8] 犬塚印南《昌平志》，第 162 页。文本参见林鹅峰《庚戌释菜记》。

此过程中,有学生将如意递给答者。问答涉及有关孔子出生日期及场景的不同说法。其中,最后一个问题提出了孔子出生时奇迹般的场景:

> 问曰:孔诞之年月日,详闻其辨,然有一疑。窃闻,孔子将生,时有麒麟,吐玉书于阙里;又圣诞之夕,二龙绕室,五老降庭。果然乎?圣人不语怪。[1] 则疑是后世好事者之所妄言乎。……愿闻其辨,而解末学之疑。

林鹅峰在回答中引经据典,来说明孔子、朱熹等人的超然地位:"有非常之事,而有非常之人。故《中庸》曰:'国家将兴,必有祯祥。'[2] 故圣贤之生,皆有奇祥。"[3]

最后的回答结束后,在香案前摆放了一张桌子,上面置有两个如意和几首诗。宣布诗题"赋舜田秋谷"。从林鹅峰开始,30 名参加者所作的诗在神灵和祭品前接连诵出。林鹅峰的诗写道:

> 末耜曾同象鸟游,旻天于往事四畤。
> 至尊不忘历山稼,十二章中粉米秋。[4]

至此,仪式程序随着"撤祭供"而走向尾声。在"越天乐"的伴奏下唱送神词,帷幕降下,所有人降至庭院,仪式结束。仪式完成后,"如例"将币帛进行了瘗埋,并将祭祀用具存放起来。在晚餐时间,人们亦"如例"饮用了祭祀用酒。[5]

---

[1] 《论语》第七篇。

[2] 《中庸》第二十四章。

[3] 须藤敏夫《近世日本释奠の研究》,第24—25页。

[4] 林鹅峰《庚戌釋菜記》。诗中含蓄地将日本统治君主与中国的舜帝相比较。关于林家释菜诗的特征,参见宫崎修多《国风・詠物・狂詩——古文辞以前における遊戯的漢詩文の側面》,第5页。

[5] 犬塚印南《昌平志》的描述略有不同,即祝版及祝文都"焚于炉内"(第174页)。对祭祀用酒的饮用参见林鹅峰《國史館日録》1670年八月三日条,第2册,第949页。

这个活动很受欢迎。用经典中的话说，"观者如堵"，挤满了孔庙的庭院。[1] 林鹅峰在日记中欣然提到，仪式的进行"无滞"。仪式结束时，为"八十余人"准备了饭菜，"并今朝则百四五十膳"。此外，"终日快晴，众皆悦之"。[2]

道德赋能与宇宙秩序

林家仪式较 40 年前初创以来已有了长足的发展。林鹅峰表达了他对仪式的满意，他提到，自 1633 年第一次举行仪式以来的 38 年中，释菜已举行了 22 次，"先考时十三度，余行之九度"。仪式已经发展到了林鹅峰认为的最终版本，"乃是仪式稍备也，自今不可损益也"。[3] 林家释菜借鉴了几种不同的仪式传统。在 1673 年八月十七日的一篇日记中，林鹅峰说明了"当塾"是如何参考《唐书·礼乐志》、朱子的"沧州释菜仪"及《延喜式》、《江家次第》中的"汉倭释菜例"对仪式进行调整的。[4]

这个兼收并蓄的仪式保留了其直接依据——朱熹精舍仪式的几个特征，包括：仪式的名字"释菜"以及素朴的、以蔬菜为主的祭品；用具只使用一笾一豆，该数量象征着仪式的规格；参加者身着中式深衣；有三类祭祀对象，分别是孔子、四配及六位宋儒从祀。这些特征为"家塾"中举行的非官方仪式赋予了合理性。[5] 它们也明确地将林家仪式与朱子学联系在了一起，通过这种联系，林家仪式与"道德赋能"（moral empowerment）及传教型（proselytizing）仪式在历史上实现了结合。

然而，林家仪式的其他方面表明了其想要成为"宇宙秩序"及国家仪

[1] 《礼记·射义》；犬塚印南《昌平志》，第 57 页。
[2] 林鹅峰《國史館日録》1670 年八月三日条，第 2 册，第 949 页。
[3] 林鹅峰《國史館日録》1670 年七月廿九日条，第 2 册，第 948 页。
[4] 林鹅峰《忍岡南塾乘》，引自高桥章则《近世初期の儒教と「礼」——林家塾における釈菜礼の成立を中心として》，第 248 页。
[5] 犬塚印南《昌平志》，第 162 页。与"精舍版本"的比较参见朱熹《朱子文集》卷十三，第 479 页。其中提到仪式参与者身穿"深衣凉衫"。

式的宏大政治抱负。林罗山和林鹅峰都野心勃勃地欲将儒教与幕府正式联系起来。[1] 该仪式借鉴了中国官方国家仪式的版本。无论是《大唐开元礼》版本还是《延喜式》的改编版本,抑或是中国后世的版本,古代东亚的国家孔子崇祀一般都包括献帛的步骤以及三名献官,林家仪式亦是如此。此外,林家祝文中使用1663年幕府授予的唐代头衔"弘文院学士"来称呼主祭官,展现了仪式的官方地位。[2] 虽然林鹅峰并未提到对明代仪式的借鉴,但该仪式也融入了最新的中国特色,比如四拜。从明代释奠借用的乐章和祝文亦唤起了一种"宇宙秩序"仪式。作为圣王,孔子"德配天地"。他是伟大教义的承载者,与揭示宇宙真理的永恒而神圣的经典明确地联系在一起。与他一起被祭祀的是众多拥有高贵头衔的庄严神灵。总之,儒教被认为是与佛教、神道同等尊贵的传统。

文化展示与家族利益

虽然林鹅峰发展了林家仪式与国家、宇宙秩序之间的关联,但他也为仪式加入了政治性较弱的"文化展示"。正如他所认识到的那样,该仪式广泛借鉴了日本古代宫廷的传统,包括古代日本宫廷音乐("雅乐")、古代仪式中的"拜庙"部分、讲经赋诗部分。此时,林家学校建筑的规模仍然不大,这造成了一些限制。在古代仪式中,拜庙紧随于末明祭之后,要求把场地移至单独的讲堂,而林家校舍缺少相应的建筑。[3] 林家的拜庙在大成殿内举行,处于送神及帷幕落下的步骤之前,此时神灵仍然在场。[4] 这似乎是林家仪式中最独特的元素。它为赋诗活动给予了一种

---

[1] 关于林鹅峰向幕府高官的奉承,参见朱全安《弘文院学士号取得にみる林家の大望——幕府文教施策との関連性の視点から》。

[2] 高桥章则《近世初期の儒教と「礼」——林家塾における释菜礼の成立を中心として》,第251页。另参见高桥章则《弘文院学士号の成立と林鹅峰》;朱全安《弘文院学士号取得にみる林家の大望——幕府文教施策との関連性の視点から》。

[3] 素描图参见《日本教育史资料(七)》,第398—399页,展现了1661年维修后的忍冈圣堂。

[4] 林鹅峰《庚戌釋菜記》;犬塚印南《昌平志》,第159页。其中把"讲经赋诗"放在了帷幕落下之后。

神圣的品质,让人想起本书第五章中"对释奠的模仿"一节提到的古代"人麻吕影供"。[1] 就像纪念菅原道真的"菅祭"一样,这种对文化的强调符合林家对儒教的理解。仪式展示了他们的汉学实力及对中国文化实践的权威性掌握,这些技能在前近代日本一直具有声望。

然而,虽然有雄心壮志,但林家仪式仍然是一个有家族意识的、家庭内部的仪式。最重要的是,参加者是林家学术团体的成员,而不是幕府的代表。虽然林鹅峰"弘文院学士"的头衔使得祝文与国家产生了一些模糊的联系,但祝文是以林鹅峰本人的名义、由他亲自宣读的。学校及仪式是林家的世袭财产,林家是新崇祀的世袭祭司。初献官、亚献官、终献官等主要角色均由林家家族成员承担。他们还在问答环节中扮演了回答者的角色。从名字来看,其他参与者似乎是佛教僧侣。[2] 在林鹅峰写的两封信中,他描述了仪式的一些特点。第一封信是写给次子(后来的继任者)林凤冈(1645—1732)的。他充满雄心地写出了自己的希望:"则此家塾之祭仪,亦为王侯之师范乎!"第二封信写给一个叫林泰的人,也许是一个在仪式中扮演了小角色的学塾学生。林鹅峰在信中称,释菜仪式是林家的家族事业:"此是我家大事,汝不可不知焉。知而不忘,则于学问亦可有益也。"[3]

仪式具有的家族事业性质对其随后的发展产生了深远的影响。林家仪式的举行机构并不是一个旨在培养未来官僚的国家学习机构,而是一个向来被称为"学塾"的地方。这一机构的封闭性质很可能影响了仪式的规模。显然,林家学派为了仪式把人力资源发挥到了极限,似乎只剩三个人在仪式上扮演学生的角色。[4] 然而,问题不仅限于人力,还在于林

[1] 林家的释菜诗本身就带有一种混杂的特性。参见宫崎修多《国風・詠物・狂詩——古文辞以前における遊戯的漢詩文の側面》,第5页。

[2] 有关仪式中的官员参见犬塚印南《昌平志》,第57页。略有不同的版本参见林鹅峰《庚戌釋菜記》。

[3] 林鹅峰《庚戌釋菜記》卷四十、卷三十六。两封信均引自高桥章则《近世初期の儒教と「礼」——林家塾における釈菜礼の成立を中心として》,第249页。林泰在仪式中扮演了一个"执爵"的小角色,参见林鹅峰《庚戌釋菜記》。

[4] 林鹅峰《庚戌釋菜記》。

家维持其知识及学术领导地位的能力。学塾实行家族垄断与世袭,但学术能力并不能保证世代相传。

不过,从中短期来看,林家充满雄心的策略获得了回报。林家早期的几代人通过他们的智慧与努力成功地将林家塾融入了江户的文化生活。对于涌入孔庙的观众来说,这是一场盛会,一场充满中国异国情调的、源自古代日本的奇观。翌年二月的释奠中,大老酒井忠清(1624—1681)派其子酒井忠明(生卒年不详)前来"观礼"。[1] 封建精英中开始出现了参与仪式的潮流。[2] 释奠满足了江户民众对异国情调的趣味;它实现了林家的抱负,为家族赢得了江户精英社会的尊重。总之,林家释菜自称是"宇宙秩序"仪式,但很大程度上拥有"文化展示"的特性。与平安时代的释奠一样,早期林家释菜未能挑战日本社会的一般设想、价值观及结构。

---

[1] 犬塚印南《昌平志》,第 57 页。
[2] 关于德川光国等大名及其他人在接下来的几年中对仪式的尊重姿态,参见犬塚印南《昌平志》,第 57 页;须藤敏夫《近世日本释奠の研究》,第 43 页,注释 38。

第九章

外国仪式的排演：朱舜水与德川光国

大名与中国侨民

　　1670 年的林家释菜表演作为一种与佛教、神道教仪式相媲美的仪式，引发了全国对释奠的关注。不过，林家释菜淡化了可能挑战德川统治根基的一些方面。接下来，本书将在第九章至第十一章分别讲述三场释奠，它们皆是由处于或接近江户武士政府领导层的人发起的。这些释奠比林家仪式更具有探索性：三者先后通过排演、将军个人支持、将军献祭等做法检验了中国国家释奠在德川日本的可行性。第一场释奠涉及两位分别承载中日两国文化价值观的精英——朱舜水（1600—1682）与德川光国的接触。不同寻常的是，两人都记录下了自身对仪式的观念预设。尽管相互钦佩，他们在实施儒学教育及社会政治秩序方面的观点却大相径庭。对他们排演的分析表明，两人的不同目的最终导致了释奠的失败。这一记载翔实的有趣事件揭示，在试图将中国国家仪式转移至日本的过程中，出现了一些实践上及观念上的复杂问题。当现实需要仪式进行改变或适应时，任何成熟的仪式传统中已有的内在细节及微妙色彩就会受到密切关注。

　　朱舜水（图 9.1）是明朝遗民，受过中国儒学教育，经科举进入官场。[1]他是一个理想主义者，精通服装、仪式用具及建筑设计等方面的实用知

[1]　关于朱舜水的传记内容皆引自石原道博《朱舜水》。近期有相关研究进一步揭示了朱舜水在中日关系史上的作用，如徐兴庆《新订朱舜水集补遗》，Shu Zen'an（朱全安），"Cultural and Political Encounters with Chinese Language in Early Modern Japan：The Case of Kinoshita Jun'an（1621-1698）"。

图 9.1　朱舜水画像

作于 17 世纪晚期或 18 世纪。由德川博物馆（水户）及 DNP 艺术通信公司（东京）提供。朱舜水指导了 1672 年至 1673 年的江户释奠排演。

识。有材料表明,他也有行商经历。[1] 1638 年明朝即将灭亡时,朱舜水作为"恩贡生"被推荐至礼部。他在明朝灭亡的暴乱中幸存了下来,据传他多次访问安南和长崎,为明朝寻求军事援助,并因此获得了为已亡的明政权尽忠的美名。1659 年,他第七次访问日本,并在那里度过了余生。

在日本,朱舜水表达了一种严格的中国中心主义信仰,坚信中国文明的普世价值,并具有传教式的儒教虔诚。有日本弟子称他"不习(日本)皇朝典故"[2]。他自封为在日本传播儒教的使者,声称自己坚守的道德原则是"诚",这一理念无疑增强了他坚定不移的自我信念与传教决心。[3] 他持续奉行儒家的生活方式,特别重视礼仪,认为对礼仪的忽视导致了明朝的倾覆。[4] 罗伯特·查德(Robert Chard)最近探讨了朱舜水对礼的关注:"他意识到日本是不同的,但在他看来,这种差异实质上是文明进程中不同阶段的问题:通过礼的改造及儒家学校的教育,一个符合儒家理想的社会及政治秩序是可以在日本实现的。"[5]作为一位虔诚的儒者,朱舜水注重对圣人和祖先的崇拜。他的信仰使他对日本社会持批判态度。他担心日本文化对武力的偏重,写道:"惟是文教不足,实为万代之可惜。秉钧当轴者,岂不为此虑?"[6]朱舜水对儒教的虔诚、他所坚信的中国文化权威及对亡明的忠诚,满足了当时日本人特别是年轻日本人的精神需求,在某种程度上,无疑成了武士主要传统价值观外的另一种选择。他在具有儒家思想的日本人中享有很高的声誉。

---

[1]　Boot, "De drie Levens van Zhu Shunshui."

[2]　《朱舜水先生文集（水户本）》,凡例,《朱舜水集》,第 2 册,第 788 页。

[3]　安东省庵《舜水先生文集序》,第 216 页。关于朱子学概念"诚"(integrity)的分析,参见 Graham, *Two Chinese Philosophers: Ch'êng Ming-tao and Ch'êng Yi-ch'uan*, 67-69。

[4]　朱舜水给明石源助的回信。《朱舜水集》,第 1 册,第 82—83 页。参见石原道博《朱舜水》,第 190—191 页。

[5]　Chard, "Zhu Shunsui's Plans for the Confucian Ancestral Shrines（Zongmiao 宗廟）in Kaga Domain," 317.

[6]　《朱舜水集》,第 1 册,第 404 页；Shu Zen'an（朱全安）, "Cultural and Political Encounters with Chinese Language in Early Modern Japan: The Case of Kinoshita Jun'an（1621-1698）," 131.

　　水户大名德川光国比朱舜水小了近 30 岁,是"御三家"之一的武士贵族、将军的旁系亲属和世袭顾问。其祖父是德川家康,此外,其叔父是拥有儒家思想的名古屋藩大名、早期释奠复兴者德川义直,对其有所影响。[1] 德川光国作为"名君"被广泛地理想化,是一位重要历史人物(图 9.2)。他研究了日本历史,包括京都天皇的残余权威与德川军事政权力量之间的关系。他能言善辩、博览群书、勤于内省,偶尔还有些暴力。他倾向于将儒教简化为离散的、死板的道德命令,但也切实关心儒家的"仁政"。[2] 他试图推广"可视化儒教"这一能与佛教相竞争的儒教方面。因此,他对儒家风格的"深衣"产生了兴趣,甚至连朱舜水都对此感到惊讶。[3] 他比同时代的统治者更深思熟虑,直面了武士社会中释奠及儒学教育的问题。

　　早在 1665 年,德川光国就告诉林鹅峰,他打算在领地内建造学校及孔庙。然而,他犹豫不定,"制度未详"。[4] 从 1664 年起,他一直与朱舜水保持联系,起初是通过其儒者家臣小宅生顺(卒于 1674 年,享年大约 37 岁)与在长崎的朱舜水间接联系。1665 年,德川光国邀请朱舜水来到江户及水户,将其奉为儒师。与这位受过教育的中国儒者结识后,德川光国获得了关于中国礼仪、学校教育及官吏选拔等相关事项的权威信息。[5]

　　朱舜水通过小宅生顺得知,德川光国想要建一座孔庙,但要与其藩地的首府保持距离。朱舜水坚持认为,孔庙及教育等问题是儒教中应该优先解决的明确而正当的事项。他在给小宅生顺的一封信中表达了这一点,而信的内容显然是写给德川光国本人看的。结合本章结尾描述的德

---

[1]　关于德川义直的影响,参见迹部佳子《德川義直家臣団形成についての考察(七)》,第 376、382、391 页。

[2]　中井凯特曾提及德川光国性格的复杂性。参见 "Tokugawa Confucian Historiography: The Hayashi, Early Mito School, and Arai Hakuseki," 73-75. 关于德川光国在水户进行的儒家式的选贤任能,参见名古屋时正《水戸学の研究》,第 24 页。

[3]　Shu Zen'an(朱全安),"Cultural and Political Encounters with Chinese Language in Early Modern Japan: The Case of Kinoshita Jun'an (1621-1698)," 129-136.

[4]　林鹅峰《國史館日録》1665 年六月十七日,第 104 页;安积澹泊《西山遺事》,第 303 页。

[5]　参见《朱舜水集》,第 1 册,第 345—348 页。

图 9.2　德川光国画像

　　狩野常信(1636—1713)作,原图作于1701年,此图为1907年6月(明治四十年)的复制品。挂轴,纸本设色。由东京大学史料编纂所提供。德川光国是一位高级武士贵族,他非常尊敬比他大30岁的朱舜水。

川光国对释奠挑战的最终回应,朱舜水的信表明了两人在意识形态上的差异。朱舜水对儒学教育及其核心仪式的设想,以及德川光国最终的回应,很好地展现了二人充满阻碍的合作过程。

朱舜水认为,对于儒家社会来说,"莫大于学宫"。他坚持认为,孔庙是与学校密不可分的,孔庙能在潜移默化中将学校神圣化。此外,学校自古建于都城。若依照德川光国的提议让孔庙远离藩府,将会破坏每月两次的大名仪式的威严,并在春秋两季的仪式上造成过夜住宿的问题,也涉及成本的问题。很差的住宿条件会危害参与者的健康,并引发对儒教的偏见,助长佛教的吸引力。朱舜水认为,最重要的是,儒学学习作为官场选拔的基础,应是人人可及的。通过它,"农夫之子,可以升之司马司徒,辨论官材。簪缨之胄,可以移之郊遂,创惩逸志"。[1] 这种普遍主义挑战了德川社会的统治前提,但却是朱舜水的风格。据说,他"喜宾客,不择贵贱"[2]。这种普遍主义及朱舜水强烈的乌托邦主义也展现在他的释奠排演中。

排演

1665 年,朱舜水作为德川光国的贵客来到江户,计划创办学校。可能由于从 1666 年春天开始他的健康状况不佳,项目被推迟。[3] 1669 年完全恢复健康后,朱舜水着手于水户藩的儒学教育建设。儒家经典中有规定,庙要优先于其他建筑。或许是受此影响,德川光国首先从礼仪方面推进了学校计划。[4] 他让朱舜水为学校建筑做设计,并根据这一设计以 1∶30 的比例制作了大成殿的模型。大成殿为曲阜孔庙正殿,1104 年由

---

[1] 《朱舜水集》,第 1 册,第 321—323 页;Shu Zen'an(朱全安),"Cultural and Political Encounters with Chinese Language in Early Modern Japan:The Case of Kinoshita Jun'an(1621-1698)," 131. 文中提到的两个官职均属于中国古代官制中的高级职位。

[2] 安积澹泊《朱文恭遗事》,第 625 页;石原道博《朱舜水》,第 218 页。

[3] 关于朱舜水在江户和水户的情况,参见石原道博《朱舜水》,第 124—168 页。

[4] 《礼记·曲礼》:"君子将营宫室,宗庙为先。"

宋徽宗(1100—1126 在位)赐名。[1] 朱舜水还提供了礼仪方面的指导，包括盛放祭品的儒家礼器的设计(图 9.3)。他还为神灵降临的"木主"提供了木板的设计与尺寸。这些木主的尺寸根据孔庙内受祭者的不同而分为五个等级，分别是：圣人，四配，十哲，孔子的七十二门徒，其他"从祀"。

　　1672 年，德川光国邀请朱舜水到他位于驹込的江户宅邸监督释奠的排演。排演历时两年多，于 1672 年冬季开始，春夏两季暂停，次年秋季恢复。[2] 两次排演的过程在相关传记及当时的信件中可以找到记录。水户的彰考馆文库保存了一系列大致按时间排序的仪节手稿及其他材料，为排演提供了直接的礼仪证据。这些材料被合订在两本"和缀本"(日式装订书籍)中，分别名为《释奠仪注·全》及《释奠习礼仪》。[3] 它们并非朱舜水的亲笔手稿，而是誊写本，基本上未被出版，也鲜有人研究。中国礼书中记载的释奠大多为框架式的，且偶有前后不一致之处，因此日本在采纳这些释奠时面临细节的问题。前述材料生动地展现了双方为解决这些问题付出的努力。材料具体包括：对作为项目基础的中国仪节进行的抄写，根据实践进行的个别修订，项目参与者之间的沟通内容，对中国仪节进行的"谚解"(日文改写)。这些材料揭示了朱舜水作为排演监督员的雄心壮志，以及他有时略显迂腐，甚至令人费解的对细节的关注。[4] 材料也描绘了一位年长的、理想主义的但又固执的中国侨民与他强大的日本资助人之间不寻常的合作，值得关注。

---

[1] 今井弘济、安积澹泊《朱舜水先生行实》，第 619 页。关于建筑、总设计图、示意图的具体细节，参见安积澹泊《舜水朱氏谈綺》卷二，第一页上至第四十页下。关于模型图，参见本书第十四章图 14.2。这些类别的谚解见《聖牌寸法》，朱舜水等著《釋奠習禮儀》，彰考馆手抄本 04985(j)。

[2] 这两年的周期可在今井弘济、安积澹泊《朱舜水先生行实》中求证(第 620 页)。

[3] 两书封面副标题均为"朱舜水指授"。

[4] 关于该史料的目录，参见在线附录五"彰考馆文献及朱舜水《改定释奠仪注》文本的注解"。本章在指称该史料时使用已知的副标题或未标页码的"和缀本"，标示馆藏地彰考馆的藏书编号，并加上按字母顺序排列的序列号，用以指代在线附录五中列出的"和缀本"史料的内部划分。本书在参考文献中将"和缀本"列入朱舜水名下。

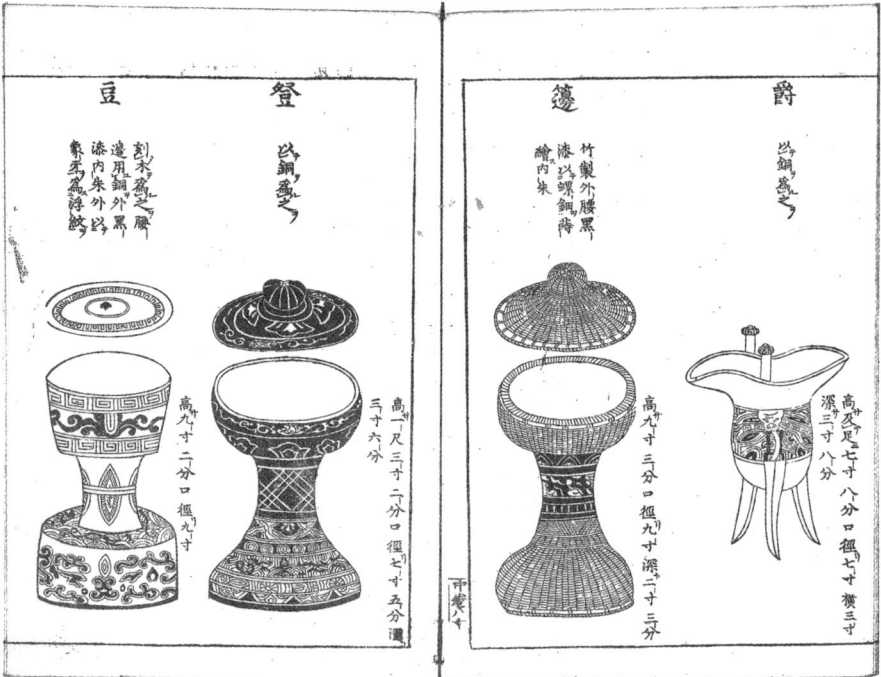

图 9.3　朱舜水设计的仪式用具

出自安积澹泊(1656—1737)《舜水朱氏谈绮》。由日本国立国会图书馆
（东京）提供。从右至左分别是朱舜水设计的爵、籩、登、豆，皆用来盛放释奠
仪式中献给孔子和配祀的祭品。

彰考馆的档案中还包含两组"释奠图"，是参与者场地移动的图示。两组图分别有 5 张和 6 张，与两次排演活动有关，为手稿材料的叙述提供了有力的支撑（图 9.4、9.5）。图表的作者可能是服部期衷（生卒年不详），一名来自加贺藩的多才多艺的年轻人。[1] 顺便一提，加贺藩是德川光国的侄子前田纲纪的领地，德川光国与前田纲纪在江户的宅邸相邻，二者关系较近。服部期衷会说中文，他被指派为多病的朱舜水的私人助理，似乎还担任了他的翻译。更重要的是，朱舜水虽然对服部期衷的任性表示担忧，但对其在迅速掌握礼仪方面的天分表示赞许："至于习礼一节，通场未有出其右者；不言出其右，即多年学礼之儒，亦无有能及之者。从容次第，礼无违错，不吴不傲，柔顺温私。"[2]

朱舜水在署名"之瑜"的一篇文章中阐述了他对排演项目的初步构想，并承认存在一些困难。[3] 该文没有标题，可能是为回应德川光国提出的问题而作。朱舜水坦言，他不了解日本的制度，作为一个外国人，也不想对此过问，但他暗示了中国京城之外的官僚组织与日本封建"藩主—家臣"组织之间的区别。对此，他写道："今不得已，但以天朝为则，而藩封则推类而行。"他意识到，这在仪式参与者的地位方面造成了问题，文中还对中国早期献官地位的先例作了简要而深入的考察。尽管如此，朱舜水对仪式充满雄心，他计划按照京城的、皇室可能参与的版本进行排演，而不是较小的地方国版本，尽管地方国版本看上去更适合其赞助人德川光国作为地方封建领主的实际身份。同时，他为德川光国的参与做好了准备，预设他作为"上公"亲自担任初献官。仪式的地位与仪式赞助人、未来领导者之间具有一种尴尬的不协调性，它贯穿了整个排演项目，

---

[1] 1674 年五月廿二日的一封信件曾提及，服部期衷送给朱舜水一个装有"释奠图示及仪节"的"包裹"，暗示出服部期衷与释奠图的联系。参见徐兴庆《新订朱舜水集补遗》，第 125—126 页。引自 Shu Zen'an（朱全安），"Cultural and Political Encounters with Chinese Language in Early Modern Japan：The Case of Kinoshita Jun'an（1621-1698），" 179-180。

[2] 《朱舜水集》，第 1 册，第 329—330 页；Shu Zen'an（朱全安），"Cultural and Political Encounters with Chinese Language in Early Modern Japan：The Case of Kinoshita Jun'an（1621-1698），" 179。

[3] 朱舜水所作的未命名史料，出自《釋奠儀註・全》04986（b）；印刷本参见《朱舜水集》，第 2 册，第 602 页。

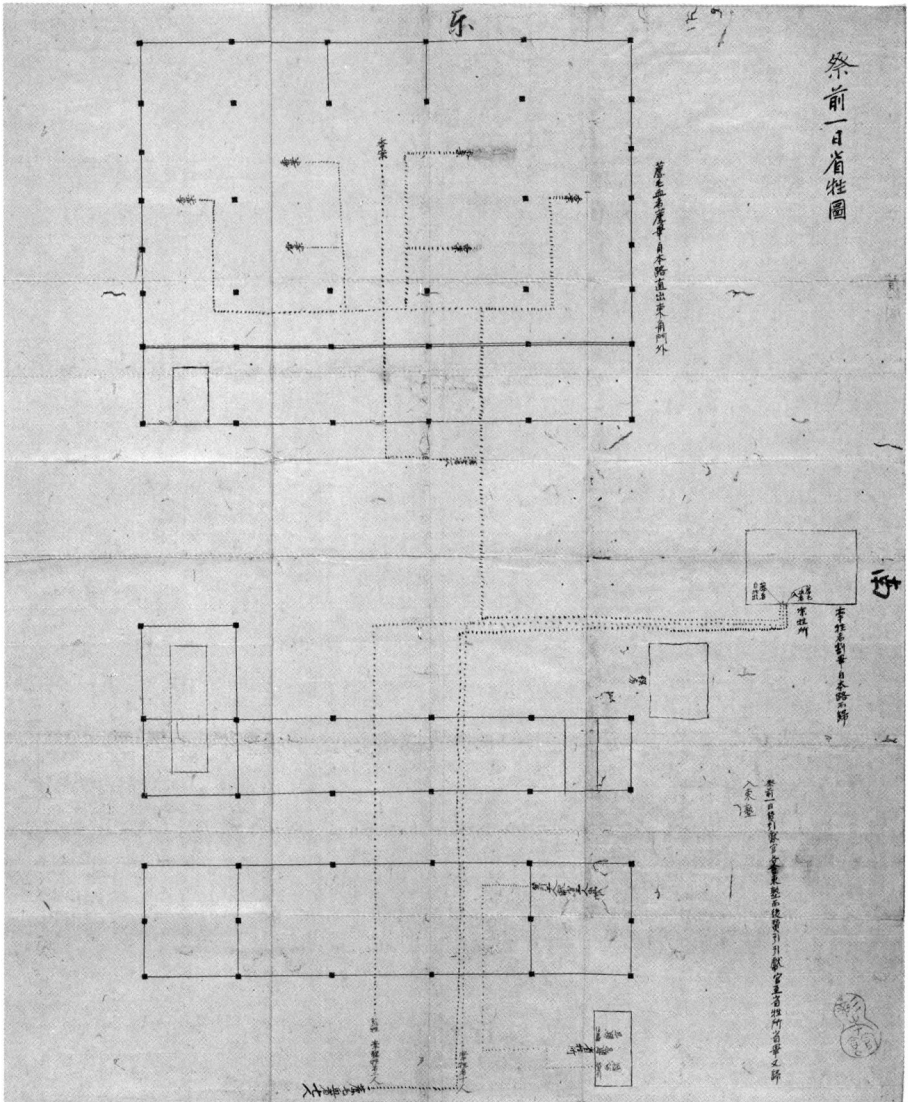

图9.4　祭前一日省牲图

"释奠图"平面组图中的细节部分。由德川博物馆（水户）及 DNP 艺术通信公司（东京）
提供。该手稿用于指导 1672 年朱舜水的首次排演，其中描绘了参与者对动物牺牲的初步检
查、对动物的屠宰、供奉"毛血"等相关动作。主殿区域外右下角的小矩形表示围栏，用以安
置接受检查的活的动物牺牲。此图的放大图参见在线附录五"彰考馆文献及朱舜水《改定
释奠仪注》文本的注解"，具体参见"释奠图"一节。

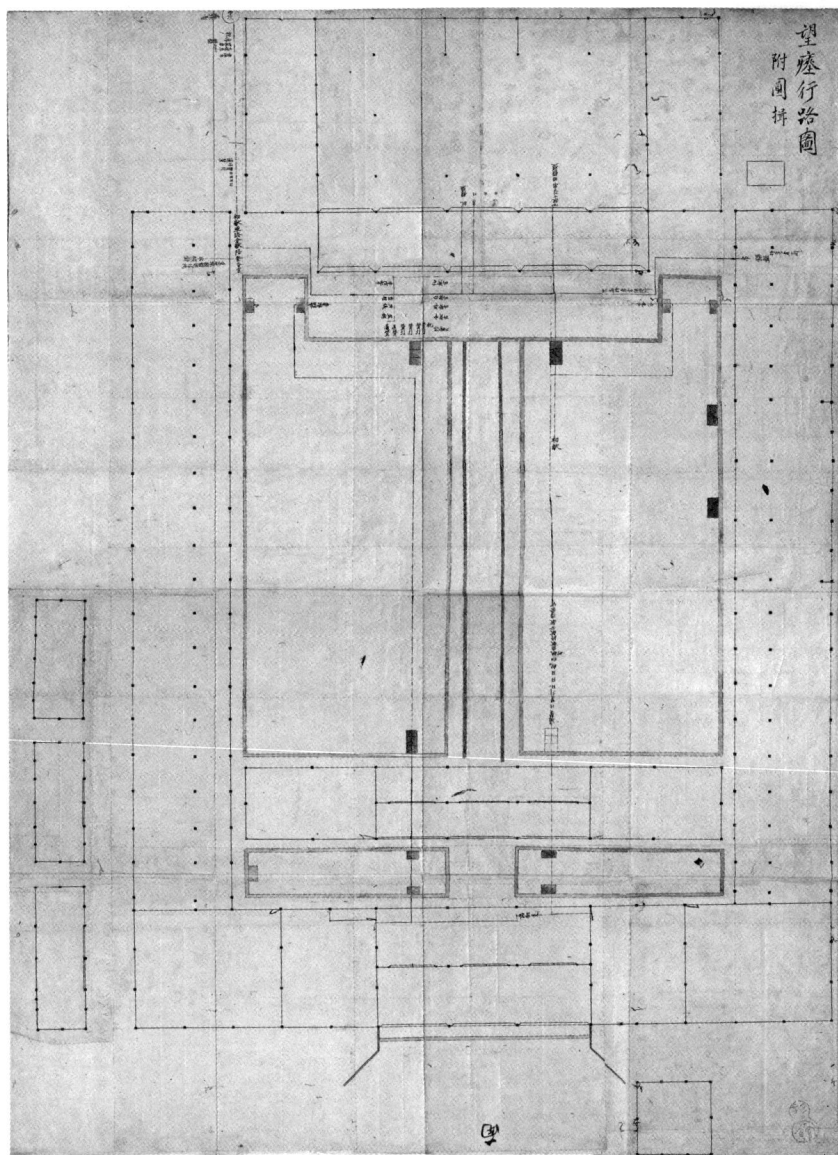

图 9.5　望瘗行路图

"释奠图"平面组图中的细节部分。由德川博物馆(水户)及 DNP 艺术通信公司(东京)提供。该图是为 1673 年的第二场排演准备的,标注了通往瘗所的路,在瘗所进行祝文和币帛的焚烧。最后行"圆揖",即公卿在仪式结束后相互行礼。此图的放大图参见在线附录五"彰考馆文献及朱舜水《改定释奠仪注》文本的注解",具体参见"释奠图"一节。

可能是德川光国最终遇到困境的原因之一。但朱舜水并非完全不在意日本封建统治者的实际要求。他建议,在德川光国因"参勤交替"(要求大名隔年在江户居住的幕府制度)而不在水户时,由高级家臣代行仪式。此外,对于级别较低的常规校内仪式,他建议:"若寻常释奠、释菜,则学官三人主之。"

排演计划需要在各种仪式版本中进行选择。朱舜水选择的版本是当时中国的礼仪纲要《泮宫礼乐疏》中的"释奠仪注"。《泮宫礼乐疏》的作者李之藻(1571—1630)是明末著名的学者、天文学家,较为讽刺的是,也是一位天主教徒。"释奠仪注"包含了对明代京城国子监仪式完整版本的说明,其主要程序分两天进行,其中规定了从未在日本进行过的礼仪要素,如用"太牢"、献"毛血"等。[1]

1672 年冬季的排演:参与者名册及学生的提问

1672 年冬季的排演需要对《泮宫礼乐疏》的仪节进行初步研究。《释奠图》的第一组图绘制了位于驹込的一个临时模拟场地,其中标注了仪式的移动过程,与常规不同,移动沿东西轴线进行(见图9.4)。

排演程序可能是从制作一份名为《释奠官员及执事人役》的名册开始推动的。该名册或许是朱舜水与德川光国最初接洽时的附录,目的是为招募排演人员提供依据。名册参照的来源可能是《泮宫礼乐疏》中对仪式参加者发出的布告,不过在角色名称及数量上存在不同。朱舜水共指定了 31 个角色及至少 88 名参与者。该名册可能在翌年的排演中被继续使用,后由朱舜水本人用朱批进行了修订和完

---

[1] 文本内容参见李之藻《泮宫礼乐疏》卷三,第三页上至第七页上;该文本亦被收入《释奠仪注·全》04986(a)。在琉球,仪式中规定使用"太牢"献祭,无疑是王国宣称独立的象征。参见《日本教育史资料(六)》,第 155 页。从 1796 年开始,弘前藩就在一场以《大唐开元礼》的皇太子释奠为蓝本的典礼上规定了"毛血"的献祭,但不使用四足动物。参见《日本教育史资料(六)》,第 53、56 页。

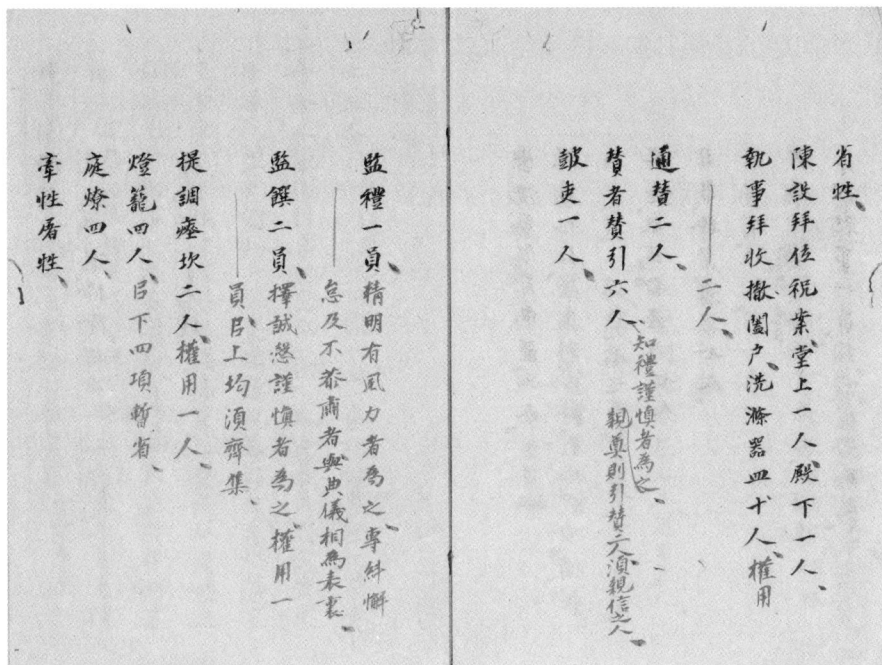

图9.6 释奠排演的角色名册手稿

出自朱舜水《释奠习礼仪：朱舜水指授》。由德川博物馆（水户）及DNP艺术通信公司（东京）提供。该名册是朱舜水为排演而拟定的。后来他用朱墨进行了补充说明（参看该图中的浅灰色文字），大概作于1673年，其中一部分是为了说明仪式参加者应具备的个人品质及道德品质。

善（图9.6）。[1] 不过，首次排演采用的是简化版的泮宫仪式，朱舜水的名册中没有提及泮宫仪式中对"先贤"及"先儒"的祭祀。

与此同时，学生们开始了自身工作。由于《泮宫礼乐疏》的部分记载较为笼统，问题很快就浮出了水面。朱舜水不懂日语，于是"史馆诸生，顿

---

[1] 《释奠仪註·全》04986（c）；印刷本参见《朱舜水集》，第2册，第602—604页。关于泮宫的布告，参见李之藻《泮宫礼乐疏》卷三，第十八页下至第二十页上（第651册，第89—90页）。关于参与者的具体人数（88），参见林俊宏《朱舜水在日本的活动及其贡献研究》，第209页。这一总数不包括乐舞生，也可能未包括其他一些类别的人数。

首再拜",将学生们的提问用中文恭敬地呈递给"舜水朱老先生"。[1] 前
16 个问题的呈递日期大概是在 1672 年仲冬月的下旬。[2] 内容与《泮宫
礼乐疏》的仪节有关:"前受明诲习释奠礼,而今考礼乐疏仪注,有未审
者,逐一记之,以祈发蒙。"问者没有直接质疑基本原则,比如四足动物牺
牲的使用,而是讨论了礼仪的细节及连贯性、等级优先次序等问题。前四
个问题涉及祭祀前一天对牺牲进行的检查、屠宰、解体,以及对仪式用具
的检查。

第一个问题是:

> 仪注曰:设香案于牲房外云。今按:牲房,畜牲之处。献官诣此
> 省之欤? 然则香案为牲设之乎? 为献官乎? 牲房之外,别有省牲所
> 乎否?

还有一个问题指出了历史上献官人数的不一致:

> 按仪注文,似献官一员,兼行三献之礼。前所习献官,用三人。
> 盖从唐宋礼欤?[3]

第二卷的十个问题侧重于实用性。例如:

> 凡拜位各设席欤?
> 阶高几尺? 露台,与卷篷,与庙内,地高下相违几尺?
> 脱履于何处乎?[4]

---

[1] 史馆诸生所作的一份无题的笔谈。参见《释奠仪註・全》04986(d)。
[2] 年份不明,但结合背景可推测为 1672 年末。
[3] 这一问题似乎与李之藻《泮宫礼乐疏》中提出的问题一致。参见《泮宫礼乐疏》卷三,第三
页上至第三页下(第 651 册,第 81 页);卷三,第十九页上(第 651 册,第 89 页)。
[4] 鞋子的穿脱及摆放不仅是日本人关心的问题,唐代皇帝视学礼中要求身着"公服"的官员
在上台阶之前脱下鞋子,"如常仪"。参见《大唐开元礼》卷五十二,第三页上(第 291 页)。

祝文,直书板面欤?（以下为附加的朱墨批复）

《阙里志》为：用白纸写祝文,贴版上。祭毕,揭而烧之。[1]

由于有了这样的问答,再加上排演时朱舜水的进一步指导,据说学生们已经"通其梗概"[2]。

采用中国仪式意味着学习新的仪式语言,而参与者对此并不熟悉。与早期排演相关的还有一份名为《释奠仪》（作者不详）的文献。它是对《泮宫礼乐疏》国子监仪式的日文改写。[3] 该文献应归为"谚解"一类,它对《泮宫礼乐疏》的原文进行了实用性的解说,构成了学习过程的一部分,目的是让那些对中国礼仪及其"语法"知之甚少的参与者也能了解这个仪式。

第二次活动：1673 年的排演

排演项目的第二阶段于 1673 年初秋开始,持续了整个冬天。如果说第一次活动的大部分内容都涉及对礼仪文本的介绍性研究,那么第二次活动则更加实用。根据林鹅峰日记中记载的传闻可知,活动始于 1673 年"七月末"。[4] 朱舜水的早期传记中记载,德川光国"复于别庄权装学宫,使再习之"[5]。据称,"从小型殿堂（即大成殿）、廊庑到门墙、器物",孔庙设施皆被精心再现。[6] 释奠图的第二组图描绘了配有回廊的朝南的孔庙（见图 9.5）。这些排演吸引了人们的注意。幕府儒者人见竹洞（1638—1696)生动地描绘了德川光国召来参加排演的"儒主侍史数十

---

[1]　陈镐《阙里志》卷二,第六页下。
[2]　今井弘济、安积澹泊《朱舜水先生行实》,第 620 页。
[3]　《釈奠儀》（《谚解》）,见《釋奠習禮儀》04985（b）。
[4]　林鹅峰《忍岡南塾乘》,引自高桥章则《近世初期の儒教と「礼」——林家塾における釈菜礼の成立を中心として》,第 255—256 页。
[5]　今井弘济、安积澹泊《朱舜水先生行實》,第 620 页。
[6]　安积澹泊《桃原遺事》,第 303 页。

员":"朱翁立墀指挥,礼容齐整,诸生拜趋之仪肃肃可观。"[1]

第二次排演活动记录的开头与第一次排演一样,是对《泮宫礼乐疏》国子监仪式的抄录。为适应日本的情况,明代风格的祝文中插入了最新的日期——"日本,延宝元年"(即 1673 年)。[2] 此外,还有《泮宫礼乐疏》中明嘉靖皇帝首创的祭祀孔子之父及四配之父的仪节,亦附有一篇 1673 年的祝文。记录中还有对《泮宫礼乐疏》"陈设目"(陈设用具的清单)、"乐器目"(乐器清单)、"陈设图"(祭坛用具的摆放图)的抄录。[3] 仪式的陈设方面引起了朱舜水对礼仪真实性的关注。他显然对泮宫版本的某些方面持批评态度,并用朱墨订正了排演底稿。《泮宫礼乐疏》中规定献给"十哲"一头整猪,朱舜水对此评论说:"此图大错。一豕既分为五体,则总坛不宜有豕,每位前又无豕肉。"[4] 这种对细节的关注证实了朱舜水想要完成一场宏大仪式的雄心。就像牺牲的数量一样,用具的数量及内容同样反映出仪式的规格——与"太牢"规格相一致,"十笾十豆"的使用证实朱舜水设想的是京城"国子监"版本的仪式。

带注释的名册:排演的道德化及缩减

在第二次排演期间,朱舜水制作的有关仪式表演及角色名单的介绍性材料仍然作为工作文本流通。不过在此时,《释奠官员及执事人役》的 31 条名目中有 14 条被标上了大量的朱墨注释(见图 9.6)。注释内容很可能是为第二次排演而设计的,它们也表明排演已经在进行中。可以说,这些新材料反映了朱舜水对日本仪式的持续思考。首先,他强调了各种

[1] 徐兴庆《朱舜水集补遗》,第 195 页。
[2] 《礼乐疏释奠仪注》,见《釋奠習禮儀》04985(a);抄录自李之藻《泮宫礼乐疏》卷三,第十七页下至第十八页上(第 651 册,第 88—89 页)。1673 年九月一日起日本年号从宽文改为延宝。
[3] 《釋奠習禮儀》04985(c),抄录自李之藻《泮宫礼乐疏》卷三,第五页下至第十页上(第 651 册,第 82—85 页)。
[4] 李之藻《泮宫礼乐疏》卷三,第九页下(第 651 册,第 84 页)。对照陈镐《阙里志》(卷二,第十页下),朱舜水的这条评论在抄本中更早的一条注释中有所记载:"此朱字朱点皆朱先生直笔。"

角色应具备的道德及个人素质。例如，关于"陪祭"（中国皇帝仪式中
"王、公、大夫"担任的地位较高的角色），他写道："或介弟，或有大小职
事人员，礼貌庄重诚信者即可。不拘品位，不论人数，但择其相宜者。"朱
舜水对德川光国的"亲奠"给予了特别的考虑，其中，"司爵"或"赞引"等
人可能会与德川光国在仪式上有密切接触，因此强调他们必须是可"亲
信"之人。他还总结道："不论高卑。"[1]

其次，朱舜水在注释中减少了参与者的数量，转而采用"权用"（临时
雇佣）的方式。例如，"提调瘗坎"（瘗埋毛血时的监督者）的条目原写作
"二人"，但注释写作"权用一人"。五个条目约有至少13人被缩减，这表
明参与人数比朱舜水最初提议的有所减少。据称，这些人是从德川光国
的史馆招募来的，而史馆"维持着三十至四十人的日常工作人员"[2]。
如果按照未加注释的原始版本进行人员配置且没有角色重复的话，这个人
数是不够的。在第二轮排演中，朱舜水对仪式的雄心似乎遇到了现实难题。

朱舜水修订的仪式

第二次排演中还引入了一套新的仪注，名为《改定仪注》。[3] 这是
朱舜水对《泮宫礼乐疏》仪节的中文修订本，有外部证据证明该仪注完全
归功于他，也是他对德川光国释奠项目所作的最大贡献。有传记文献称，
该仪注是在德川光国的要求下创作的。《改定仪注》与第二组更为精细
的释奠图之间具有一致性，表明它与释奠项目的后期阶段有关，即使不把
其创作时间定为1673年，那么也应是在那一年的排演中被采用的。朱舜
水的弟子安东省庵（1622—1701）及安积澹泊称，在创作仪注时，朱舜水

[1]《朱舜水集》，第2册，第603页。
[2] Nakai, "Tokugawa Confucian Historiography: The Hayashi, Early Mito School, and Arai Hakuseki," 73.
[3]《改定仪注》，见《釋奠習禮儀》04985(f)。该文本为配合实际使用进行了删除和修改。在
后来的版本中，该文本与序文材料的04985(f)(e)进行了合并。参见在线附录五"彰考馆
文献及朱舜水《改定释奠仪注》文本的注解"。有关《改定释奠仪注》的印刷本（有序言但
无删改），参见《朱舜水集》，第2册，第602—610页。为方便起见，此处引用印刷本。

对现有礼仪采取了折中的方法。[1] 不过,除了下面即将探讨的修改之外,它仍然以《泮宫礼乐疏》中的国子监释奠版本为基础。[2] 朱舜水在修订时,手边一定有国子监释奠的文本。引人注目的是,仪式仍然是一个雄心勃勃的"太牢"祭祀,献上了中国皇家及京城仪式中使用的牛、羊、猪,并在仪式开始时献上了"毛血"。

朱舜水的仪注设定了一座带有回廊的大型孔庙建筑。里面安置有四五级从祀者:除了孔子,还有四配、十哲;献祭对象还包括回廊中的"七十二子"和"从祠"牌位。[3] 即便朱舜水在名册注释中以"权用"的形式实现了参加者的削减,也不算上未知数量的"乐舞生",这些仪节仍然指定了近80位参与者。这使得朱舜水的仪式比当时江户的林家仪式盛大许多。仪节规定了舞蹈和音乐,但没有提到细节,这表明它们没被加入排演。尽管如此,朱舜水仍明确地设想了一场盛大而庄严的仪式,这场仪式是对中国官方儒家礼仪实践的全面展现,是对日本儒家秩序的高度神圣化。该仪节还为"上公"德川光国的参与作了准备,说明这是朱舜水为德川光国及水户藩释奠单独定制的版本。

乍看之下,朱舜水制定的仪式规模宏大,而他本人显然又对日本政治及文化习俗漠不关心,这似乎昭示了这位年迈侨民的文化迷失、顽固的乌托邦主义和不切实际的中国中心主义。但仔细观察可知,他对泮宫仪式的背离揭示了排演的具体过程,展现了自身的抱负以及他与德川光国的关系。朱舜水作出了许多微小的调整,如"祝文"朗读的时机:《泮宫礼乐疏》规定向孔子初次献币及献爵之后随即进行朗读,而朱舜水改成了向四配献祭完成之后。[4] 此外他还增加了一些额外的细节,如在孔庙中央大

---

[1] 安东省庵《舜水先生文集序》,第 215 页;安积澹泊《舜水朱氏談綺》卷一,第一页上。

[2] 有关《泮宫礼乐疏》和朱舜水《改定儀注》的简介,参见林俊宏《朱舜水在日本的活动及其贡献研究》,第 202—208 页。

[3] 关于朱舜水设计中回廊的位置,参见安积澹泊《舜水朱氏談綺》卷二,第七十八页上至第七十八页下。关于从祀牌位的设计,参见谙解《聖牌寸法》,见《釋奠習禮儀》04985(j)。

[4] 朱舜水《改定儀注》,见《釋奠習禮儀》04985(f);李之藻《泮宫禮儀疏》卷三,第十二页下(第 651 册,第 86 页);《朱舜水集》,第 2 册,第 607 页。"祝文"的朗读时间可能比较灵活。另一版本参见徐一夔《大明集礼》(1530 年)卷十六,第三十页下。

门外使用"行马"（一种竹栅栏）等。没有内容提到与排演有关的斋戒，但附有题为"庙戒"的纪律规则："不许谑浪笑傲；不许混扰喧哗。"[1]

不过，朱舜水对泮宫仪式也作了更为重要的修改和补充。正如弟子们描述的那样，该项工作是兼收并蓄的，同时也表明，朱舜水试图通过仪节上的调整来获得德川光国的认可。修订集中在仪节的开头及结尾，主要有两类：第一类涉及牺牲的准备工作及其时间框架；第二类是在仪节中加入了参加者名册注释中所展现的那种说教语气。此外，仪节还为德川光国的参与作出了规定。相关细节亦十分复杂，不过，这些对旧礼仪传统的创新在很大程度上反映了朱舜水的计划构想，值得分析。

对泮宫仪式的修改（1）：献官的角色

首先，朱舜水明显修改了预先检查、监督屠宰、分割牺牲的过程。和其他唐代以后的中国仪节一样，泮宫仪节要求献官亲自履行这些职责。1672 年的排演保留了这样的安排。释奠组图的首张图以及泮宫仪节的首个谚解中都有相关规定（见图 9.4）。[2] 事实上，当年冬天学生们向朱舜水提出的第一个问题也假定了"献官"参与牺牲的准备工作。[3] 然而，朱舜水修订后的仪节将这项准备工作重新分配给了三位"士"，而不是献官，他们的礼仪地位比献官要低。[4] 这三人先是聚集在孔庙的"东庑"接受指示，随后前往不同区域，分别视察和汇报主要仪式用具的清洗情况、牺牲（屠宰前被关在主庭院外的建筑里）的肥瘦以及屠宰工具的清

[1] 朱舜水《改定仪注》，见《釋奠習禮儀》04985（f）；《朱舜水集》，第 2 册，第 610—611 页。
[2] 《祭前一日省牲圖》，彰考馆手抄本 04998。第一个谚解见于《釋奠習禮儀》04985（b）。
[3] 参见前文"1672 年冬季的排演"一节。
[4] 朱舜水显然需要提供正当理由来解释对泮宫仪式的背离。他大费周章地为祭仪中引进三"士"的做法找到了学术依据，即朱熹对《詩經·絲衣》一诗的解释——这首颂诗表现的是一场仪式。仪式中，一位"士"或"官員"检查了献祭的准备工作并汇报了情况良好，汇报可能是由同一人分三个阶段完成的。参见朱熹《詩經朱傳》卷八，第十六页下至第十七页上。朱舜水赞同应由"士"完成这一工作，但他批评了朱熹只需一个"士"的观点。他规定需有三人，认为"天子元士至下士，一千五十三人，岂有一人兼三事之理？即诸侯亦不然"。参见《改定仪注》，《釋奠習禮儀》04985（f）；《朱舜水集》，第 2 册，第 605 页。

洗情况。[1] 此项工作完成后,牺牲才会被带到庭院进行屠宰与分割,用于孔子祭祀的牲肉通过中门被送入孔庙。

朱舜水对牺牲检查及屠宰的详细阐述似乎代表了他对中国式祭祀血腥一面的顽固坚持。他可能比下一代的新井白石(1657—1725)更加彻底地认为,他正在恢复中国仪式的真实面貌。朱舜水希望说服日本人接受儒教世界观,他对动物祭品的坚持可能就是为了强调这种世界观截然不同的性质。同时期有一位更年轻的日本商人、儒者中村惕斋,与朱舜水的传教愿望一样,他希望使日本人从信奉佛教转向信奉儒教。如果对比一下中村惕斋的小规模释菜与朱舜水的仪节,会发现很多有趣的相似性。与朱舜水的仪节一样,中村惕斋的仪节是完全中国式的。他也强调了仪式中的血腥细节,要求献祭者亲自射杀并分割一只用于献祭的野兔。[2]

朱舜水的仪节也可能反映了他的折中主义,它比《泮宫礼乐疏》更接近中国早期的做法。徐一夔于百年前编纂的《大明集礼》(1530年序)中记录了祭祀前一天的一系列检查与屠宰,比泮宫仪式更详细。这与朱舜水的仪节相类似,不过,《大明集礼》中仍然要求地位最高的仪式参与者——三位献官的参加。[3] 然而,其他的礼仪文献对这些任务有不同的分配。在《大唐开元礼》的皇太子释奠中,"郊社令"监督祭祀用具的摆放;"御史"检查"馔具";"太官令"带领"宰人"进行"割牲"。皇太子本人没有参与该过程,而献官(祭酒及司业)的唯一任务是检查"濯溉"情况。[4] 检查牺牲可能被认为是一项没有吸引力的职责。后来清代的地方级祭祀也不再将这些准备任务分配给献官,而是交给了当地官员("道员")。[5] 如果像朱舜水明确希望的那样,该仪式由德川光国"亲奠",那

---

[1] 彰考馆手抄本《改定仪注》里删除的一句话中提到由"宗人"(大名的亲属)履行这一职责。这里或许是指"陪祭"(地位较高但仪式职属不明的祭祀官员)。参见附录五。
[2] 中村惕斋《释菜仪节考并序》。
[3] 徐一夔《大明集礼》卷十六,第十页下。
[4] 《大唐开元礼》卷五十三,第四页下(第293页)。
[5] 《大清通礼》卷十二,引自矢泽利彦《孔子崇拜仪礼(释奠)について》,第82页。

么他肯定不想让这位赞助人对祭祀动物进行这种不相宜的检查。

对泮宫仪式的修改（2）：仪式持续时间的缩减

在朱舜水对泮宫仪式进行校订时，不仅表演者不同，而且时间框架也不同。在此，折中主义可能又一次在泮宫仪式的修改中发挥了作用。权威的《大唐开元礼》于祭祀前夜"黄昏后"就完成了对相关准备的检查，在当日黎明前的四个小时屠杀并分割牺牲。[1]

但是，朱舜水将原本为期两天的泮宫仪式筹备周期缩短成了一天。他没有指定检查的时间，后来在第二次谚解中称之在祭祀当日的"黎明"。[2] 完成这些检查后，牛、羊、猪等牺牲才被带到主庭院进行屠宰与分割。[3]

朱舜水将泮宫仪式的日程折中地缩短为一天，可能有直接的实际原因。这可能反映了他对德川光国早期提议的担忧，即孔庙远离藩府。在给小宅生顺的信中，朱舜水表达了对实际应用问题的担忧，包括这种距离带来的过夜问题。[4] 可能是为了避免这些困难以及与德川光国之间的分歧，朱舜水设想了位置更加现实的孔庙，采用了更简短的时间框架，并准许"士"在祭祀当日清晨才进行准备。

对泮宫仪式的修改（3）：道德要求与因人制宜

朱舜水对泮宫仪式的进一步修改也反映出了他的意图，即让仪式郑重地传达出儒教的威严、参与者的相互尊重与诚意。他在此处追求的主

---

[1] 《大唐开元礼》卷五十三，第四页上至第四页下（第293页）。
[2] 《改定释奠仪注》，见《释奠习礼仪》04985（g）。
[3] 此处校订或许是为了加快进度而要求更多人员参与："十二士"用托盘向孔庙祭坛献上"毛血"，其中四盘置于主祭坛献给孔子，八盘置于其余祭坛献给四配、十哲、七十二门徒和从祀。与1672年第一次排演及其辅助图中规定的7人相比，此处的12人在数量上有了显著增加。
[4] 《朱舜水集》，第1册，第322—323页。参见本章"大名与中国侨民"一节。

题与前述参加者名册上的朱批内容相一致：执行仪式准备阶段的三位"士"同样需要具备"谨慎周挚"的道德品质。[1] 此外，在初献官饮下献祭之酒后增加了一套拜礼，这种拜礼被认为会带来好运，理想情况下由德川光国执行。[2] 在仪式的最后增加了一个"圆揖"的动作，突出强调了参与者的相互尊重。这种敬礼形式可能是在元朝引入中国仪式的，但在泮宫仪式中没有出现。[3] 1673 年第二组释奠图的最后一幅显示，包括三位献官在内的主要礼仪官站成一个空出北边的正方形三边，皆面朝中心，在孔庙前方露台的西侧相互行礼（见图 9.5）。[4]

同样，朱舜水的修订也明确地为德川光国或其继承人的参与作了预设。在仪式结束部分，他写道："如上公、世子亲奠，各官俱就东塾，起居奉贺讫，各官仍前序立于大门之外，圆揖而毕。"[5]

朱舜水在名册注释及仪节中对某些仪式角色道德品质的坚持，是不是在间接批评日本人对世袭地位的重视，甚至是在批评水户藩武士群体的尚武气质呢？很容易看出，朱舜水对参加者道德要求的坚持反映了一种真正的关切——仪式应具有变革意义，并符合普遍的儒家规范。也可以认为，朱舜水对泮宫仪式的修订是一种适度的折中，虽然在政治和礼仪层面上是宏大的，但在道德和情感层面上却是精微的。这样的精心设计是为了取悦他的赞助人——儒家理想主义者德川光国。

"少牢"仪式

就像第一次排演中的《泮宫礼乐疏》文本一样，朱舜水对泮宫仪节的修改也需要翻译成日文。与 1673 年排演有关的最后一份彰考馆释奠文

---

[1] 朱舜水《改定仪注》，见《释奠习礼仪》04985（f）；《朱舜水集》，第 2 册，第 605 页。
[2] 朱舜水《改定仪注》，见《释奠习礼仪》04985（f）；《朱舜水集》，第 2 册，第 609 页。对照李之藻《泮宫礼乐疏》卷三，第十六页上（第 651 册，第 88 页）。
[3] 宋濂《元史》卷七十六，第 6 册，第 1899 页。
[4] 《望瘗行路图・附圆揖》。
[5] 尚不明确德川光国参与的最后这个仪节是对前面"圆揖"的替代还是对其补充。

献是一份全称为《改定释奠仪注》的谚解，作者不明。它是现在广为流传的朱舜水的中文修订本。与它相配的是彰考馆的第二组释奠图（彩色），反映了1673年第二次排演活动中更细致的场地模拟。[1] 这份谚解几乎包含了朱舜水对泮宫仪式的所有修订，比如从祀数量的扩大、准备时间的缩短以及"圆揖"的加入等。[2] 但同时，也出现了一个区别于此前朱舜水仪节的重要特点——与京城仪式版本不同，它采用了级别较低的地方级仪式，且没有设定德川光国的参与。

在封建晚期德川日本分散的政治结构下，如何定位大名的仪式，是各藩释奠创始人面临的一个敏感问题。一个主要趋势是避免像京城皇家仪式那样使用"太牢"。从德川义直开始，亲自参与祭祀的大名倾向于效仿《延喜式》中地方国守的角色，并相应地构建更为朴素的仪式。相比之下，朱舜水的排演从一开始就把仪式定在最宏伟的京城国子监级别。他一直表示，国子监的"太牢"祭祀是适合"上公"的。他似乎没有考虑到德川光国作为地方封建领主的身份，这可能会使水户盛大的皇家仪式十分尴尬，甚至可能具有煽动性。

然而，最终的谚解版本采用了一种不同的解决方案。朱舜水的中文修订本提到了"遍视牛、羊、豕"，而谚解只提到了"羊、豕"。"上公"也没有被提及。严格说来，这将仪式地位降到了由地方级官员领导的"少牢"仪式。很难解释这一迟来但重要的变化所具有的意义。可能正如朱舜水在仪注开头中设想的那样，这只是德川光国参勤交替时缺席情况下的"寻常释奠、释菜"。但这也可能反映出，拟定的水户仪式被刻意调整成了地方级仪式。中文原版泮宫仪节中也有注释指出，在京城国子监以外的其他仪式上，牛被省略。[3] 如果像朱舜水所希望的那样由德川光国主持仪式，那么地方级仪式版本将符合他作为地方封建领主的身份。不论哪种原因，这种"少牢"仪式表明朱舜水对仪式的宏伟愿望遭遇了阻碍。

---

[1] 《改定释奠仪注》，见《释奠习礼仪》04985（g）。

[2] 日文版仪注省略了初献官在饮完献祭之酒后的行礼。

[3] 李之藻《泮宫礼乐疏》卷三，第八页上（第651册，第84页）。

尽管参与者的态度变化及排演本身仍存在诸多不明之处,但依然能描绘其大致轮廓。在两年中,1672年是排演的第一阶段,此时日本人开始研究仪式,并在学习和排演简略版的中国当代仪式时提出了各种问题。在接下来的一年里,仪式向完整的京城版迈进,朱舜水亲自参与仪式用具的设计。他还作出了许多细致的调整:缩短了仪式准备阶段的时间跨度,详细说明了准备牺牲的程序。然而,这些愿望最终还是作出了退让,尽管不一定是朱舜水本人作出的。仪节的谚解版将仪式调整成了规格较低的版本。从彰考馆文献中最后一份可追溯日期的排演史料中可以看出,人们已经默认不能假定德川光国的必然参加,因此应该设立一个更小规模的仪节。

德川光国对排演的回应

从当时的通信中可以看出排演所引起的兴奋。大概在1674年,即第二次排演活动结束的几个月后,回到加贺的服部期衷在给朱舜水的信中表达了衷心的感谢:

> 两年以来释奠习仪,进退雍容,礼仪卒度。宰相样(即德川光国)谓:"十数百年未有之礼,先生以教日本之人,莫之大恩。"加贺守殿(即前田纲纪)谓:"先生以此礼教后人,乃先生莫大之功。"贺国多士谓:"三代礼仪尽在于斯。"[1]

然而,这些赞誉并没有鼓励德川光国继续推进仪式,他反而退缩了。德川光国没有在原则上拒绝释奠,却放弃了在水户藩内举行释奠的愿景。他原本怀着举行释奠的期待把朱舜水召至江户,可计划却最终落空。他所敬仰的年迈的中国友人设计和排演了规模宏大的中国式祭仪,并在其

---

[1] 徐兴庆《新订朱舜水集补遗》,第311—312页。关于类似的观点,参见安积澹泊《悼朱先生文》,第737页。

中特别关注了德川光国的仪式角色，然而，这个仪式最终未能从排演走向下一步。

　　确切的原因可能无法得知。在当时身体欠佳的情况下，朱舜水似乎觉得释奠排演不够隆重，他写道："释奠习仪，礼之小而略者，不足为快。"[1]不过，就像欧阳修（1007—1072）对释奠之"略"的积极评判一样，朱舜水认为，与他提议的祖先崇拜等其他复杂仪式相比，这种"小而略者"本应易于施行。[2] 朱舜水显然对在日本实现儒教理想国所遇到的挫折感到失望。[3] 他曾暗示，贫乏的资源是造成挫折的一个原因，但这应该是可以克服的："东土虽云荒瘠，雅不及于旧邦，若果能真心为之，世无不可教化之地。"[4]有人指出，释奠项目暂停的背后有财力上的原因。[5]事实上，延宝前期（17世纪70年代中期）就出现了农作物歉收的情况。也可能德川光国将藩领收入的一大部分——据说有三分之一之多——用于他著名的史料搜集事业，以至于无力负担新的仪式。[6] 也可能财政紧迫仅是顾全面子的一种说法，而实际上有其他原因。藤田东湖（1806—1855）在《常陆带》中指出，德川光国对历史编纂的执着使其"无暇"顾及儒教仪式。[7] 也有人认为，德川光国对学校项目的放弃可能是因为幕府不愿让一位明朝遗民担任藩校的校长。[8] 值得注意的是，该时期的幕府

---

[1] 《朱舜水集》，第1册，第284页；Shu Zen'an（朱全安），"Cultural and Political Encounters with Chinese Language in Early Modern Japan：The Case of Kinoshita Jun'an（1621-1698），"162。此处从朱全安，"快"改为"快"。
[2] 关于朱舜水在加贺建造祖庙的提议，参见 Chard，"Zhu Shunsui's Plans for the Confucian Ancestral Shrines（Zongmiao 宗庙）in Kaga Domain"。关于水户，参见吾妻重二《水户德川家の儒教儀礼——祭礼を中心に》。
[3] 关于朱舜水的期望，参见 Shu Zen'an（朱全安），"Cultural and Political Encounters with Chinese Language in Early Modern Japan：The Case of Kinoshita Jun'an（1621-1698），"150-151。
[4] 致奥村庸礼的信，引自石原道博《朱舜水》，第157页。
[5] 铃暎一《德川光圀》，第121—122页。
[6] Nakai，"Tokugawa Confucian Historiography：The Hayashi, Early Mito School, and Arai Hakuseki，"72-73.
[7] 藤田东湖《常陸带》，第176页；须藤敏夫《近世日本释奠の研究》，第236页。
[8] 仓员正江《水户藩编「大日本史」编纂记录（往復書案）に见る知识人の交流と出版文化の研究》，第66页。

并没有反对藩校的设立。尽管幕府曾禁止冈山藩聚众研究儒学,不过在 1666 年,冈山藩设立了藩校,并在当年七月廿五日开校时举行了简单的儒教仪式。[1]

更有说服力的可能性是,与时代稍晚的伊藤东涯一样,德川光国可能认为仪式的正式委托属于天皇的特权,不宜僭越。[2] 德川光国作为日本制度史的学习者及宫廷仪式记录的编纂者,应该知道古代日本释奠的这一性质。[3] 他对于军事政权、对于幕府与京都朝廷、天皇之间的关系持有复杂的态度,但是,其中一个持久的特质是主张幕府在行使权力时"自我克制"。[4] 他认为:"最高统治权威永远属于世代天皇。"[5]正如他曾对释奠中的佩剑行为加以谴责,他也是一个坚守儒家礼法的人。

朱舜水对"太牢"仪式的选择似乎使问题变得严重了。没有任何迹象表明这个版本吸引了德川光国。很难想象德川光国这样严谨的人会在他的藩领内傲慢地举行京城皇家仪式。不过,他可以像名古屋的叔父德川义直那样,采用"少牢"或地方级仪式,这没有不妥之处。值得注意的是,对于当时在礼仪上更为朴素、严格意义上仍属于非官方仪式的林家释菜,德川光国表达了赞赏。

关于德川光国究竟为何放弃了他的计划,每种解释都有一定的说服力,似乎没有一个是唯一原因。值得一提的是,德川光国对于一些大名遵循的重要儒礼——祖先崇祀并没有加以抑制。[6] 但是,他显然对于在武士中推行儒学教育持怀疑态度。在所有前近代的日本人中,德川光国的

---

[1]　熊泽蕃山参与了这场仪式,关于仪式的细节,参见《日本教育史资料(二)》,第585—586页。

[2]　伊藤东涯《紹述先生文集》,引自石田一郎《伊藤仁斋》,第45页。"释奠是朝廷的重要仪式,不应在私人宅邸施行"。

[3]　德川光国的《礼仪类典》(其中卷九十八第166—167页记录了释奠)写于1686年,并于1722年德川光国去世后献于京都朝廷。

[4]　关于德川光国对幕府和朝廷态度的复杂性,参见 Nakai,"Tokugawa Confucian Historiography: The Hayashi, Early Mito School, and Arai Hakuseki"。

[5]　Nakai,"Tokugawa Confucian Historiography: The Hayashi, Early Mito School, and Arai Hakuseki,"80.

[6]　铃暎一《德川光圀》,第94—95页。另参见吾妻重二《水戸徳川家の儒教儀礼——祭礼を中心に》。

见解是最有洞察力的。他认为，学校在原则上是可行的，统治者的态度应该起模范作用："国君好学，自力临讲筵劝学，则众人举若军役，驰集至学校。"但他也预见到了问题："一旦之勉强，难以传长久。"也就是说，实践起来存在困难："其家中诸士，职务繁多，难行定日会集之事。然止其职务，使之勤若书生，亦为不妥。"[1]

德川光国的思想超越了武士的时代及行动。他坚持认为，儒学不应成为发型及着装都与普通武士不同的"儒者"的独立职业。德川光国显然希望避免创建一种独立的儒教神职，因为这会带来经济与社会负担。[2] 不过，最重要的是他对中国与日本社会之间深层结构性差异的把握。关于孔子崇祀与中国社会贤能统治之间的协同作用，尤其是为官吏选拔作准备的正规学校教育、科举制度，他的见解最为有趣。朱舜水曾把学校及与其相依存的孔庙视为"农夫之子，可以升之司马司徒"的手段，而德川光国却有不同的看法：

> 在唐，民之有才学者，登科及第，录用为官，故大小学问盛也。在日本，及第取士之法不可行。唯造孔庙、尊祭先圣之事易成。……彼辟雍之制度、科场之作法，甚难行之事也。[3]

德川光国在此谈到了中国儒家学校教育及作为其协同仪式的释奠在日本遇到的根本问题：科举在中国发挥作用，在日本却不切实际。他间接地将释奠与中国的社会政治秩序联系在了一起。其观点有些隐晦，但主旨就是：如果没有以科举选拔官员的中国式制度为基础，那么总的来说，建造孔庙、表演释奠都是毫无意义的。日本维持的是一种有效的专业武士家臣团制度，这与中国的科举制度是不相容的。简言之，德川光国不想按照中国模式来重构日本武士社会。

---

[1]　德川光国《西山公随笔》，第 385 页。原文为日文。
[2]　安积澹泊《西山遗事》，第 367—368 页。
[3]　德川光国《西山公随笔》，第 385 页。原文为日文。

　　总之,对于朱舜水在学校建设的最初提议中所持的立场,德川光国作出了上述回应。[1] 从价值观上看,朱舜水是一位受过儒学教育、带有理想主义色彩的明朝遗民,他认可社会政治秩序中普遍的"贤能主义"(meritocratic)观念。而德川光国是一位受过良好教育的日本封建统治者,也是儒教与日本历史的认真学习者,不可避免地会从自身所处的世袭武士社会的角度来看待问题。与当时其他拥有儒家思想的武士统治者一样,对他来说,儒教涉及的主要是各类德道戒律问题,尤其是带有排他性色彩的忠诚问题,而不是制度建设问题。德川光国从东亚社会政治结构的比较中得出了独自的观点,这是否是他未能继续实施释奠计划的真正或主要原因? 还是说,计划的放弃是基于其他理由作出的决定,比如朱舜水建议的大型地方级仪式过于狂傲,而这些说辞只是为了事后的合理化? 无论如何,在尝试引入一个完整的、最新的、中国"宇宙秩序"型的地方级仪式时,朱舜水和德川光国的合作最终失败,他们之间的对话产生了分歧。

德川光国后来的观点

　　尽管放弃了排演,但德川光国并没有对释奠失去兴趣,也没有在原则上谴责它。他似乎把注意力转向了对江户林家仪式的改善。在排演期间,他曾表达过对林家忍冈孔庙所处地理位置的不满。他认为孔庙不应与喧闹的佛教圣地东睿山相邻,主动提出要出资将孔庙搬至自己在驹込的安静住所。[2] 虽然他很快就放弃了这个想法,但是继续插手林家的仪式。在放弃排演两年之后的 1675 年秋,他参加了林家释菜。[3] 可能是在此时,他以惯有的不妥协思维出面批评了仪式上的佩剑行为:"纵使无刀,武士之志亦无别义。堂上带剑乃不敬之至,不合礼仪。与礼仪相背之

———————————

[1]　参见《朱舜水集》,第 1 册,第 345—348 页。
[2]　安积澹泊《西山遗事》,第 2 册,第 76 页。
[3]　犬塚印南《昌平志》,第 38 页。

事,武士勿行。"他向林鹅峰表达了自己的不满。林鹅峰反驳说,作为一个平民,他无法影响"武士之子"。于是,德川光国允许林鹅峰借用自己的权威,最终制止了佩剑行为。[1] 除此以外,他反对奏乐者在大成殿表演,将他们转移至周围的回廊;他对忍冈先圣殿的窄小感到不满,认为这给仪式表演带来了困难;他还提议建一个后殿来安置藤原惺窝、德川义直及林罗山的牌位。这个有趣的提议原本可以建立一个与德川统治家族有关的日本朱子学"道统",也许还能改变德川思想史的进程。为此,他还委任了一名建筑师,然而这个项目最终也失败了。[2]

不过,德川光国对日本释奠的公开表态则更为积极。虽然他拒绝了在自家藩内举行释奠,但当 1688 年第五代将军德川纲吉（1680—1709 在位）首次参拜忍冈圣庙时,德川光国给林家私塾第三代学头林凤冈写了一篇夸张的"颂并序"来祝贺新时代的到来。他对自己的做法并没有感到矛盾。他在该文中提到了中国的孔子崇祀、古代日本天皇对释奠的庇护、"中古以来"的动乱导致的学习缺失,以及德川家康在"奖学"方面发挥的作用。德川光国特别称赞了林罗山,称林罗山"仰止宣圣,春秋上丁,祀事无违"。[3] 文章充满了各种溢美之词。不过,据说德川光国与将军德川纲吉的关系"不太好"。[4]

三年后的 1691 年八月廿一日,德川光国为一幅描绘德川纲吉所建昌平坂圣堂的木版画作了一篇"跋"。[5] 德川光国的赞美之词反映了受过教育的日本人对儒教一直持有的矛盾心理：一方面重视儒教带来的文化姿态、文学修养,接受了儒教关于仁政的普遍理想;另一方面,对儒教意识形态以及包括释奠在内的儒教制度持有谨慎态度。德川光国也可能意识

---

[1] 安积澹泊《西山遗事》,第 2 册,第 76 页;另见安积澹泊《桃源遗事》,第 367—368 页。原文为日文。在向圣人行礼前解下佩剑一直是古代日本的惯例。参见藤原公任《北山抄》,第 261 页;另见大乡信斋《释奠私议》卷三,"解剑"。

[2] 安积澹泊《西山遗事》,第 2 册,第 76 页。

[3] 引自德富猪一郎《日本国民史》,第 17 册,第 127—128 页。

[4] 铃暎一《德川光圀》,第 190—193 页。

[5] 参见本书第十章图 10.3。有关颂词的评论和誊写,参见渡边晃《「聖堂絵図」及び「聖堂之画図」について》和伊藤たまき《「聖堂之画図」の跋文》。

到，林家释菜与朱舜水的仪式不同，它起源于朴素的、非官方的仪式，并非"太牢"仪式，也没有使用不恰当的大型用具。德川光国非常了解林家，可能已经相信林家具有文化性质的仪式是无害的。

虽然朱舜水的仪式版本被拒绝了，但他传播的文化却对后世产生了巨大影响。朱舜水对明代仪式的宏大排演可能影响了德川纲吉资助下的大型林家仪式，本书接下来将对此进行分析。朱舜水去世几十年后，他对学校、庙宇及祭祀用具的专业知识被收入《舜水朱氏谈绮》（序言写于1707年）中，该书的编者是朱舜水的弟子、与德川光国熟识的安积澹泊。不过，安积澹泊保留了朱舜水提及的"太牢"仪节以及"上公"等表述，从而将仪式架空为一个脱离历史的、无法实现的理想，仅存在于对乌托邦式儒者、明朝忠义英雄朱舜水的崇拜中。单纯从礼仪角度来看，最接近德川光国排演后继者的可能是一场由前田纲纪主持的简略仪式。德川光国与前田纲纪为叔侄关系，据说二人"有着共同的愿望"。可能是在德川光国的影响下，前田纲纪与他的儒家顾问、朱舜水的友人木下顺庵（1621—1698）一起，在加贺城内举行了私人仪式。[1]

此外，还有一个更长远的遗产。朱舜水去世一百多年后，他的大成殿模型在宽政时期幕府孔庙的重建过程中发挥了作用。到了1800年，朱舜水在日本举行盛大京城官方仪式的雄心终于得到了部分实现——当时，以经典的《大唐开元礼》为蓝本的古代《延喜式》释奠作为幕府新建学问所的官方仪式得以复兴。不过，这次复兴所展现的政治意蕴肯定超出了朱舜水的想象。

---

[1] 近藤磐雄《加賀松雲公》，第2册，第450、452页；另参见 Shu Zen'an（朱全安），"Cultural and Political Encounters with Chinese Language in Early Modern Japan：The Case of Kinoshita Jun'an（1621-1698），" 168-173。

第十章

将军的独舞：德川纲吉

将军的资助

1673 年的排演之后，德川光国的释奠计划未能继续推进，这似乎表明，日本难以采纳当时中国成熟的国家实践。然而，停滞了几年之后，在将军本人的大力资助下，林家仪式发展势头迅猛。1680 年，无能的第四代德川将军德川家纲去世。家纲的弟弟德川纲吉（图 10.1）成为第五代将军，他酷爱读书，但夸耀做作，反复无常，独断专制却又容易听信他人。德川纲吉为儒教所吸引，想利用儒教加强自身统治，也试图借机展示自己，并加强臣民的道德纪律。他对儒家的理想圣王有着自身的理解，强调君主统治，认为统治者必须由根据能力选拔出的臣下来支持。德川纲吉在德川政体的框架内追求这一点，虽不彻底，但也取得了一些成功。在他提拔的官员中，就有一些原本地位低下的人，例如他的"侧用人"柳泽吉保（1658—1714）及喜多见重政（卒于 1693 年）。

德川纲吉使日本释奠呈现出空前的盛况，但他没有亲自祭祀孔子，而是以华丽浮夸的方式推动了释奠的发展。德川纲吉强势而古怪的个性扭曲了释奠仪式。不过，德川时期的很多后世儒者都将德川纲吉的统治时代视为日本释奠的黄金时代。林家塾的历史学者犬冢印南（1750—1813）于 1800 年这样写道："及乎元禄（1688—1704），升为中祀之典，而时又会隆盛之际。仪文礼节，莫不具备。"[1]本章将探索这种矛盾，阐述

---

[1]　犬冢印南《昌平志》，第 179 页。

图 10.1　德川纲吉画像

土佐光起(1617—1691)绘。由德川美术馆(名古屋)及 DNP 艺术通信公司(东京)提供。作为第五代德川幕府将军,德川纲吉资助了 1691 年迁至江户汤岛地区神田台孔庙的扩建。他经常参观释莱,却没有作为角色亲自参与其中。

德川纲吉独断的资助行为,并揭示德川孔子崇祀中更重要的问题。

德川纲吉在执政初期就显示出对儒教的兴趣。1680 年五月五日,林家学塾的第二任学头林鹅峰去世,他的继任者是次子林凤冈(名信笃)。1680 年八月廿三日,将军安排林凤冈与儒者人见友元(卒于1696,享年 69 岁)举行了一场辩论。[1] 随后他对儒教的兴趣似乎有所减退。不过到了 1687 年,德川纲吉赐予林凤冈"大藏卿法印"的佛家尊号。同年,又仿照林鹅峰的先例,赐予林凤冈更贴合儒家的称号"弘文院学士"。[2] 为什么德川纲吉延迟了这么久?有研究指出,德川纲吉重新燃起对儒教仪式的兴趣或许是因为和皇室之间的对抗。尤其是在1687 年,皇室复兴了"大尝祭"仪式。此时,幕府需要一种制衡京都宫廷仪式的力量。[3] 这种说法也可能是正确的,而且这种对抗在一个世纪后的宽政改革时再次出现。不过,德川纲吉这样做还有其他的考虑。

在德川纲吉赐予林凤冈封号的第二年,他对儒教的热情开始切实表现出来。1688 年二月廿五日林家释菜结束后,他得到了一部分祭品,并将酒食赐予林凤冈以为回礼。[4] 同年的九月廿八日,他提议以将军的名义参观忍冈圣堂:

> 孤幼嗜学,长而不懈。深崇圣教,切慕儒风。闻汝父祖创孔庙于家塾,二仲享奠,绍继不绝。孤甚嘉之。又闻,大猷大君尝谒焉。将遵前例修展谒之仪,顷付宰执详议,而众议佥同。汝宜检讨故事,肃择时日。[5]

[1]　须藤敏夫《近世日本释奠の研究》,第 27 页。
[2]　犬冢印南《昌平志》,第 158 页;须藤敏夫《近世日本释奠の研究》,第 27 页。该头衔最初是在 1663 年授予林鹅峰的。
[3]　黑田秀教《日本における儒教祭祀の败北》。
[4]　犬冢印南《昌平志》,第 59 页;《常宪院殿御实记》,第 4 页。
[5]　犬冢印南《昌平志》,第 59 页;《常宪院殿御实记》,第 23 页。

德川纲吉的"谒庙"

林凤冈建议在孔子诞辰日十一月廿一日到访孔庙。1688 年十一月廿一日,德川纲吉承袭祖父德川家光的先例,拜访了忍冈圣堂。他为这次访问作了认真的准备,在前三日就开始了"斋戒",并向圣堂献上了"寄楠"香、"牺象"(牛形银礼器)及"尊"(酒器)。当天,德川纲吉参与了被称为"谒庙仪"的礼仪程序,为后来的频繁到访奠定了基础。[1]

临近圣庙时,德川纲吉从轿子上下来,林凤冈上前迎接。在侍从牧野成贞(1634—1712)的引导下,德川纲吉在神殿的台阶下洗手、漱口。进入大殿前,他摘下佩剑,随行的幕府高官也是如此。打开神龛门扉后,德川纲吉由人引至跪垫("膝突")前。林凤冈进入殿内,"跪"于左侧。他向将军唱道:"焚香,拜。"并陪同在侧,以供"咨询"。随后,林凤冈跪着从龟山基玄(1636—1710)手中接过一个放在木架上的陶杯,并登上内殿的台阶,来到神位前,将爵中的酒倒满陶杯。然后走下台阶,将陶杯交给了龟山基玄。龟山基玄跪着接过,并将其递给德川纲吉。林凤冈回到之前的位置跪下,并唱道:"饮福。""大君"(即德川纲吉)一饮而尽,把陶杯还给了龟山基玄。[2]

在礼仪传统中,每一个动作都很重要。德川纲吉此时的礼仪角色似乎不同寻常。作为将军,他掌控整个仪式,但他自己并没有献祭。德川纲吉亲自饮用了祭祀之酒,他显然很看重这一点,但这很难找到礼仪先例。迄今为止,在江户,祭祀之酒都是由林家在仪式后喝的。[3] 德川纲吉的仪式行为类似于"酌献文宣王仪",即郑居中所编宋代礼典《政和五礼新仪》及其朝鲜版本中存在的"视学"礼的开始部分。[4] 然而,这些仪节中

---

[1] 犬冢印南《昌平志》,第58—60页;《常宪院殿御实记》,第27页。

[2] 犬冢印南《昌平志》,第59页。

[3] 参见本书第八章;林鹅峰《国史馆日录》1670年八月三日条,第2册,第949页。

[4] 郑居中《政和五礼新仪》卷一百二十,第二页上至第三页上;郑麟趾《高丽史》,第339—340页。关于仪式后参拜孔庙的仪节,参见犬冢印南《昌平志》,第172页。

都没有"饮福"，举行日期也与孔子诞生日无关。不过，饮用祭祀之酒通常被认为是会带来好运的。[1] 后面会讲到，德川纲吉是有目的性的。

接下来是对孔子神灵宣读"告文"。随后，德川纲吉视察了包括图书馆在内的建筑，向林凤冈及其母亲、妻儿赠送了礼物。并按照祖父德川家光的先例，下令让林凤冈讲解了《尧典》。随后举行了宴会及"猿乐"（能乐）表演，"大君忺甚，因起自舞"[2]。翌年二月，同样是在廿一日（1689年二月廿一日），有记录显示举行了与此前类似的将军谒庙仪式及宴会；不过，增加了进献"币帛"的环节。这次，将军又亲自舞蹈。[3] 下一年（1690年三月廿一日）又进行了类似的到访。在这两次拜访中，皆有记录显示德川纲吉有"饮福"之举。[4] 总而言之，在1688年至1705年间，德川纲吉一共进行了16次"谒庙"，其中10次定在了当月的廿一日，这个日子与孔子诞辰日有关。[5]

昌平坂新址及元禄期的重建

后来，德川纲吉提供了更多的物质支持来表达他对儒教的热情。1690年七月九日，德川纲吉向林凤冈表示，自己不满意忍冈圣堂的位置：圣堂不是由将军本人提议建立的；而且和1673年德川光国的想法一样，德川纲吉认为忍冈圣堂离佛教寺庙宽永寺很近，这对于孔庙来说是不适合的。他想选择一个新地点，"以昭国家崇尚之义"[6]。最终，

---

［1］ 诸桥徹次《大漢和辞典》第44063/89页"饮福"条："祭祀完成后，饮下献给神的酒，象征获得神赐予的好运。"有些学者认为德川纲吉亲自进行了献祭。参见德富猪一郎《日本国民史》，第17册，第125—126页；Bodart-Bailey, *The Dog Shōgun: The Personality and Policies of Tokugawa Tsunayoshi*, 225。

［2］ 犬冢印南《昌平志》，第60页。

［3］ 犬冢印南《昌平志》，第60页。

［4］ 《常宪院殿御实记》，第38、70页。

［5］ 参见犬冢印南《昌平志》，第68页；大乡信斋《釋奠私議》卷一，"御诣"。这些参拜分别发生在1688年六月廿一日、1689年二月廿一日、1690年三月廿一日、1691年二月廿一日、1695年八月廿一日。

［6］ 关于幕府高官对林凤冈发出的通告，参见犬冢印南《昌平志》，第61页。

他选择了位于江户城北神田台的汤岛地区,这是一片总占地约 2 万平方米的宽敞区域。该地更加靠近将军居住的江户城,风景优美,正南朝向护城河,作为孔庙选址十分合适。该地被更名为"昌平坂",取自孔子诞生地昌平。

新建筑是仿照忍冈圣堂的大殿建造的,遵循《礼书》中记载的样式:"两庑与正殿合共为一构,若张翼然。"[1] 新的主建筑更名为"大成殿",不再使用德川义直命名的"先圣殿"。殿上挂有德川纲吉于 1690 年题赠的匾额。意味深长的是,捐赠日同样选在了孔子生日这天。[2] 孔庙的规模比忍冈圣堂更大,朝南的大殿从五间扩至七间。主庭院的南面增加了"仰高门",两侧是"东舍、西舍"。孔庙还配备了一个"祭器库"和一个"神井"。[3] 这个新建筑群大受人们赞赏:"结构数百楹,随其宜设,莫不具备。"[4]

在孔庙的正西大举扩建了"超过二十座"的服务设施及其他建筑群,反映出德川纲吉参与孔庙仪式的需要。[5] 比较显眼的是将军的"行殿"(即临时宫殿,也被称为"御成御殿"),用来满足孔庙仪式期间将军的个人使用及礼仪要求,里面包括一个带浴室的"斋殿"(斋戒所)及"便殿"(休息所)。此外,建筑群中还有一个九间的大型"正殿"(也被称为"飨应所"或"厅堂"),是举行宴会及讲经的地方。[6] 德川纲吉的释奠就像古代宫廷释奠一样,是盛情款待达官显贵的场合。[7] 有文献称:"又元禄制,大君每岁谒庙,必驻仗赐宴礼。"[8] 然而,"学舍"建筑坐落在遥远的西北角落,是"不显眼的附属结构"。正如一位现代历史学家所讲的:"所谓的圣堂、将军的行殿、厅堂等各种楼宇光彩夺目,而学舍已不再引

---

[1] 饭田须贺斯《江户时代の孔子庙建築》,第 952 页。当时的图样参见伊藤たまき《「聖堂之画図」の跋文》,第 112—113 页。

[2] 犬冢印南《昌平志》,第 61、68 页。

[3] 关于文字描述、场地平面图、尺寸及线条图,参见文部省《日本教育史资料(七)》,第 412—426 页。

[4] 犬冢印南《昌平志》,第 38 页。

[5] 石川谦《昌平坂学問所の発達過程とその様式》,第 20 页。

[6] 文部省《日本教育史资料(七)》,第 417、422 页。

[7] 犬冢印南《昌平志》第 62 页首次记录为"释奠",而非"释菜"。

[8] 文部省《日本教育史资料(七)》,第 432 页。

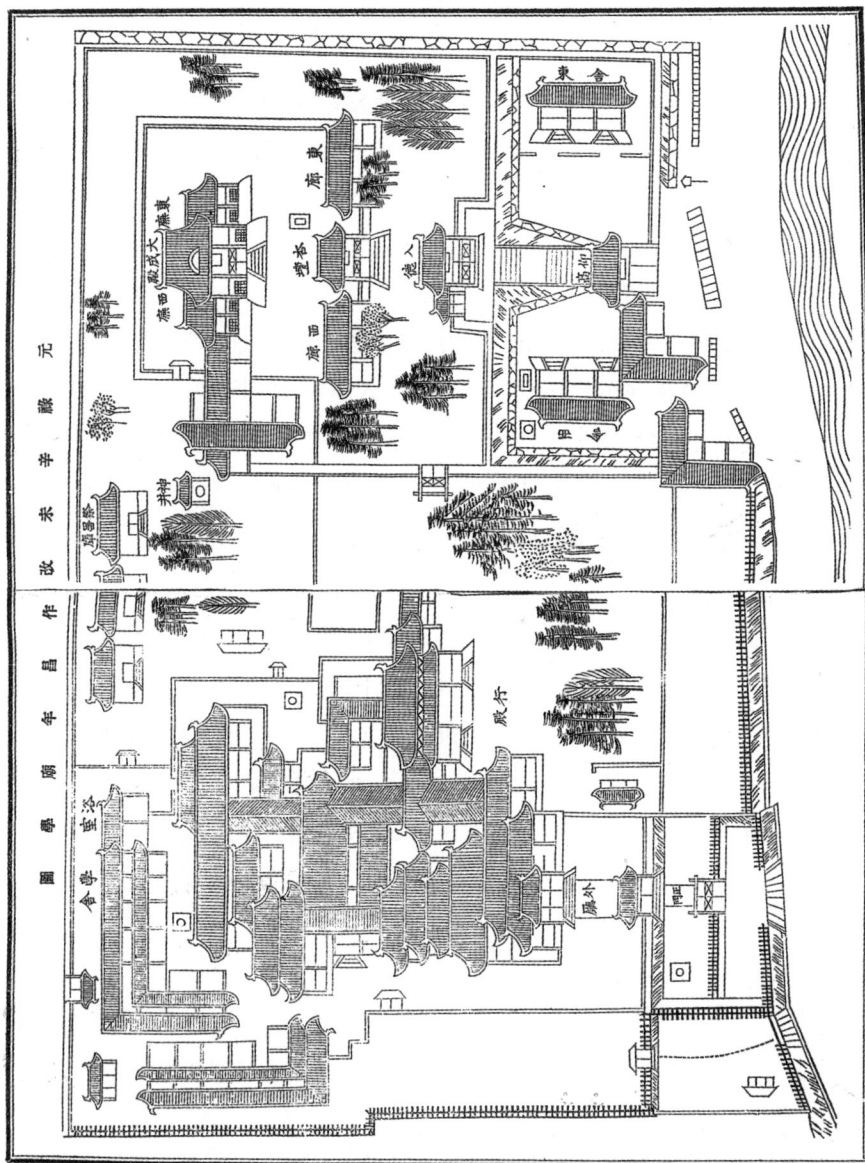

图 10.2　元禄辛未改作昌平庙学图

即 1691 年昌平坂孔庙及学舍的重建图。天冬印南《昌平志》插图。由牛津大学博德利图书馆及临川书店（京都）提供。该平面图展示了东侧仪式区域与西侧其他建筑群之间的平衡。西侧建筑群包括仪式后将军举行讲经及宴会的建筑，还有学舍。

人注目。"[1]新建筑给人的印象与之前的忍冈圣堂一样,是一个宗教崇祀的场所,就像佛教寺庙或神道神社一样,并不是一个教育机构。[2](图10.2)

翌年年初,即1691年一月十四日,在新孔庙建筑即将完工的时候,林凤冈正式解除僧形,得以蓄发。与此同时,他被授予古代官僚国家的官职——"大学头"的头衔,并被授予"从五位下"的品级。[3] 伴随这些发展,林家学校也象征性地成为一所官方机构。

1691年二月七日,孔庙建成。圣像的迁座仪式由幕府支持,在侍卫的护送下进行;洒扫街道,关闭门市,孔子像及从祀像用"神舆"迁至新的圣堂。[4] 可能受水户排演的影响,孔子的从祀人数扩展到了当时中国的最大规模。在圣堂内,北墙朝南的中心至尊之位挂有一幅身着皇帝"衮冕"服饰的"文宣王"画像("妆绘"),衮服上绘有九章图案(见图3.1、7.1)。[5] 有趣的是,孔子这种僭越的帝王形象在当时似乎并没有引起京都皇宫的不安。

中央孔子像的两侧是四配的画像。再往东西两侧,北墙上悬挂着六位宋儒的画像(只在祭祀日展出),与孔子及四配处于同一轴线上,这一安排让人联想起《延喜式》中从祀的位置。孔子祭坛前设有"十哲"的木主,两边各五个,面朝中心。之所以没有统一使用画像,而是使用木主,可能是受明代嘉靖改革的影响。[6] 此外以画像呈现的还有89位

[1] 石川谦《昌平坂学問所の発達過程とその様式》,第21页。
[2] 石川谦《昌平坂学問所の発達過程とその様式》,第6页。
[3] 《常憲院殿御実記》,元禄四年一月十一日,第95—96页。林凤冈的朝廷品级比律令制度下的大学头品级(从五位上)要低一级。
[4] 林凤谷《聖堂事実紀》,第242页;犬冢印南《昌平志》,第61—62页;《常憲院殿御実記》,第97—98页。
[5] 犬冢印南《昌平志》,第36页。该图现已佚失。十二章纹减少为九章,省略了三个天体图案(日、月、星被转移到旗子上)。章纹的减少并不意味着等级的降低,九章依然是帝王的象征。九章和十二章都见于中国不同时期的孔子画像。参见伊藤たまき《湯島聖堂の孔子像》,第53页;另参见诸桥徹次《大漢和辞典》,34121/15,167/331。
[6] 犬冢印南《昌平志》,第36、170页;文部省《日本教育史资料(七)》,第426页。这一安排与图10.3呈现的略有不同。

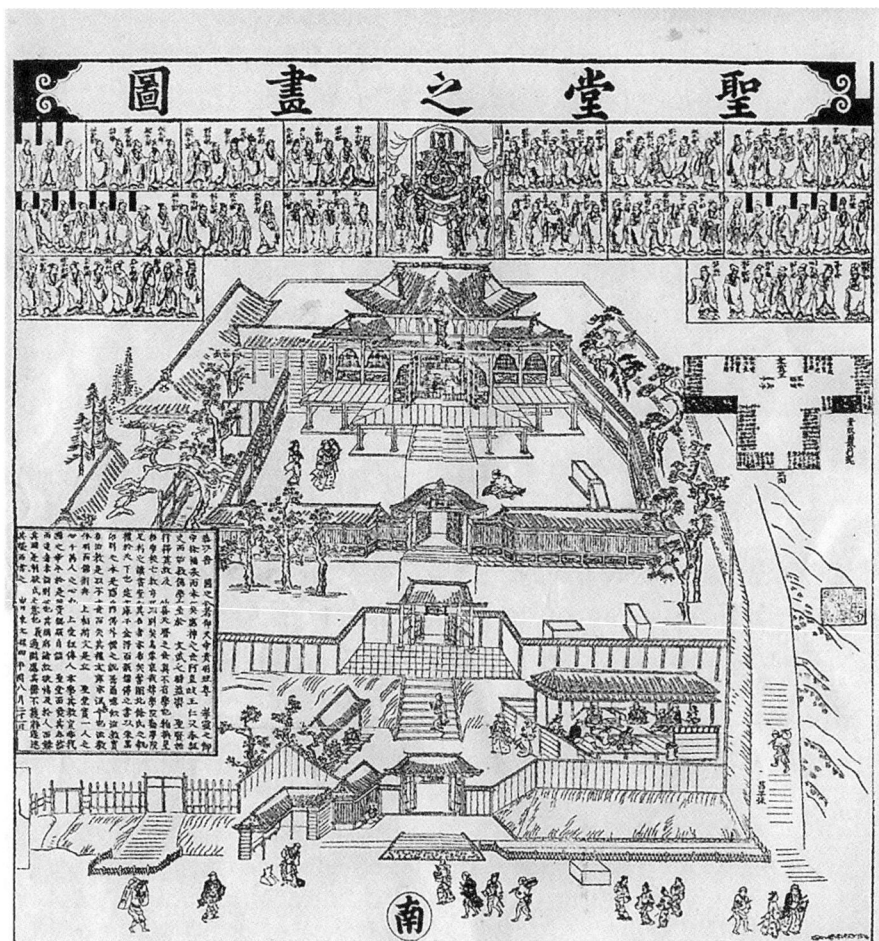

图 10.3　圣堂之画图

菱川师宣（约 1618—1694）作，木版画。引自西山松之助《汤岛圣堂与江户时代》，图 E4。由汤岛圣堂及斯文会（东京）提供。在标题下方、圣堂图像的顶部描绘了受祭者，他们的画像陈列在大成殿的墙壁四周。右侧小图是中央空间的放大图（省略了十哲的木主）。左侧小图中是德川光国于 1691 年八月（闰）廿一日为圣堂及仪式所作的颂词。

"先贤、先儒"。[1] 人物名单是最新的版本,名单最后是王阳明(1472——1529)与胡居仁(1434——1484)。林家是反对他们的学说的,因此有不协调之感。这些画像是 1688 年委托著名画家狩野益信(1625——1694)为忍冈圣堂绘制的,曾被张挂于两翼的墙壁上。[2] 画像是人物群像,大约五六人或七八人在一幅画里。此时悬挂在新大成殿东西两边的墙壁上,东边有 44 人,西边有 45 人,从北墙开始向两侧环绕,一直到达南墙。[3] 现存当时为纪念新圣堂而创作的木版画,上面有德川光国写的颂词(图 10.3)。[4] 不过,与明代仪式及朱舜水的水户排演不同,虽然祝文中提到了"先贤、先儒",但没有仪节明确规定这些人物接受供奉。

1691 年的仪式

在新圣堂安放圣像的几天后,1691 年二月十一日,德川纲吉参加了圣堂的首次仪式,这也是德川政权迄今为止最盛大的仪式。[5] 不过,德川纲吉只是旁观了仪式,没有直接参与其中。首先,就像此前访问忍冈圣堂时一样,德川纲吉向孔子行致敬之仪。他身穿"熨目"(一种丝绸礼服)与"长袴",登上大成殿,来到了拜垫前。在此,他"饮福如规"。然后,他向孔子献上了一把剑及其他祭品,由林凤冈放置在祭坛上。[6] 德川纲吉宠信的两人——侧用人柳泽吉保和松平辉贞(1665——1747)都随将军前

---

[1] 从祀者的变化参见文部省《日本教育史资料(七)》,第 426——427 页。先贤是孔子的七十二个学生,先儒包括自左丘明以来的著名儒家学者。参见诸桥徹次《大漢和辞典》,1349/55。这些画像在 1703 年的大火中烧毁,现被重新精心绘制。参见筑波大学日本画研究室《復元大成殿内陣壁画》。

[2] 犬冢印南《昌平志》,第 58 页。

[3] 参见文部省《日本教育史资料(七)》,第 426——427 页;另参见筑波大学大学院《湯島聖堂大成殿内陣空間の再現》。

[4] 颂词的文本和评论参见渡边晃《「聖堂絵図」及び「聖堂之画図」について》;另参见伊藤たまき《「聖堂之画図」の跋文》。

[5] 《常憲院殿御実記》,第 98——100 页。犬冢印南《昌平志》对当天仪式的记述略有不同(第 62——63 页)。"释奠"一词首次出现在犬冢印南的书中。

[6] 这把名为"葵"的剑由铁匠下坂康继(1554——1621)铸造。其图片参见文部省《日本教育史资料(七)》,第 336 页。

来祭拜。[1]

随后,德川纲吉退回"行殿",进而移至庭院中的一座特殊"棚阁",在此观看了"释奠礼"。[2] 接下来的仪式可说是1670年忍冈仪式的豪华扩大版。[3] 主要的礼仪官有32人。[4] 不过,与忍冈仪式相比出现了很多差异,反映出林家与封建权威更为紧密的联系,也反映出对古代国家仪式更大程度的引用。在视觉上,仪式呈现出丰富多彩的景象。圣堂十分华丽,"有大量红色和绿色的艳丽装饰"[5]。其主体建筑为铜瓦屋顶,挂有德川纲吉题写的黑底金字"大成殿"匾额。主殿及两翼的柱子、椽子都涂成朱红色,雕带上刻有云纹。铜顶的杏坛门也呈朱红色。中式门扉上刻有涂成红色的云纹,两侧走廊与窗棂的颜色相同,皆为绿色。[6] 祭祀当天挂上新帘子,摆好祭祀用具,在杏坛门前插上锦旗——东边为升龙图样,西边为降龙图样。在西边的回廊里,为奏乐者铺上了猩红色的地毯。[7] 衣服也是五颜六色的。在1670年的版本中,献祭官"皆服深衣幅巾"[8]。而此时,他们的着装呈现平安时代的宫廷风格。林凤冈身穿古代宫廷象征品级在"五位"的朱红色袍子与冠冕。其他礼仪官准许临时身穿宫廷六位等级的布衣(蓝色低品级朝服);司乐(音乐总监)身穿"狩衣";刀者(执剑官)身穿素袄(武士礼服)。[9]

仪式加入了新的音乐:初献时的"万岁乐",亚献时的"三台盐",终献时的"太平乐",撤馔时的"还城乐",仪式结束时的"夜半乐",等等。最

[1] 《常宪院殿御实记》,第98页;冢本学《德川纲吉》,第222页。
[2] 圣殿的东西两侧皆置有棚阁。参见犬冢印南《昌平志》,第63页。德川纲吉的棚阁置于东南角。参见文部省《日本教育史资料(七)》,第278页。
[3] 该仪式的仪节记录见于犬冢印南《昌平志》,第158—174页。
[4] 犬冢印南《昌平志》,第63页。另一份名单(同上)上有26人。林鹅峰所列的1670年仪式名单人数更多,将乐师、学生等也算入其中。人数较少的名单记录见于犬冢印南《昌平志》,第57页。
[5] 石川谦《昌平坂学問所の発達過程とその様式》,第13页。
[6] 文部省《日本教育史资料(七)》,第422页;饭田须贺斯《江戸時代の孔子廟建築》,第954—955页;铃木三八男《聖堂物語》,第9—10页。
[7] 大乡信斋《釋奠私議》卷二,"元禄实录"。
[8] 犬冢印南《昌平志》,第162页。
[9] 犬冢印南《昌平志》,第161—162页。

后,在礼仪官来到剑架取回他们的剑时,演奏"长庆子"。[1] 从宽文时期(1661—1673)开始,仪式就采纳了朱熹精舍仪式中的"上香"这一礼仪元素。在元禄仪式中,"上香"共出现了 7 次,必然营造出更加虔诚的氛围。

与 1670 年的仪式相比,元禄仪式出现了几处变化,使其更接近《延喜式》的仪式版本。首先,礼仪用具的数量比朱熹仪式及 1670 年仪式有所增加:笾和豆各从一个增加到三个,超过了明代地方级仪式水平,但仍低于明代国子监仪式规定的十笾十豆的规格。[2] 不过,尽管规模变大了,但供品的丰富程度仍然不如《延喜式》中的地方国级别仪式。此外,元禄仪式不再使用 1670 年仪式中的"干肉、菜",取而代之的是三条"实鲷"。[3] 这个替换毫无疑问是由于德川纲吉厌恶杀生,因为 1709 年纲吉死后,人们用一只鹤取代了其中的一条鲷鱼。[4]

在 1670 年的仪式中,祭祀用的"福酒"是在仪式结束后饮用的,而此时依照《延喜式》,改在了仪式的进程当中,同时亦举行了"受胙"(接受祭品)。[5] 在 1670 年的典礼上,讲经和诵诗包含在献祭仪式中,可以看作是献给神灵的祭品。[6] 现在修改了这一安排:讲经、问答及读诗在"庙殿"仪式稍晚的步骤中进行,即在降下帐幕之后、送神步骤之前。[7] 不过,除此之外还在主讲堂举行了第二场讲经,利用了更大的新场地。这一重复似乎是为了迎合德川纲吉对讲经的热情。[8] 不过,第二场讲经的时机也遵循了平安时代释奠中的拜庙实践。最后,把仪式上供奉的食物摆放在礼仪官面前,整个仪式结束。[9]

---

[1] 犬冢印南《昌平志》,第 166—169 页。

[2] 文部省《日本教育史资料(七)》,第 284 页。

[3] 文部省《日本教育史资料(七)》,第 284 页。

[4] 犬冢印南《昌平志》,第 159—160 页。

[5] 犬冢印南《昌平志》第 167—168 页;《延喜式》,第 521 页。剩余的酒和祭品在仪式结束后享用。参见犬冢印南《昌平志》,第 174 页。

[6] 林鹅峰《庚戌释菜记》。

[7] 犬冢印南《昌平志》,第 169 页。

[8] 犬冢印南《昌平志》,第 174 页。

[9] 从 1702 年开始,剩余的祭品在主祭官的住所享用。此后,这一安排经过了几次修改。参见犬冢印南《昌平志》,第 174 页。

元禄仪式中还有的其他一些礼仪创新,虽然未能反映出德川纲吉的偏好,却反映了把释奠这一体现中国价值观及文化习俗的礼仪融入日本封建社会时存在的问题。有一项新措施解决了德川光国提出的仪式佩剑问题。杏坛门的东西两侧有四位"刀者",参加仪式的人在进门时将剑递给他们。[1] 这些人被称为"解剑者""执剑者"。[2] 从礼仪上讲,对刀剑的抛弃创造了一个阈限空间。在该空间内,参加仪式的武士暂时改变了持刀武者的角色,象征性地接受了儒教的世界观。[3] 武士精英们是如何看待这一点的尚不清楚,不过,对剑术不太感兴趣的德川纲吉应该没有什么异议。[4]

同样重要的还有对祝文的重新措辞,祝文是释奠及释菜仪式的重要组成部分,祝文中会明确指出仪式举行机构与资助者。关于 1691 年仪式祝文的变化,史学家犬冢印南曾讲:"前是祝文直云:'姓名,敬致祭。'至是改云:'命具官姓名昭致祭。'"[5] 这是一个富有意义的改变。1670 年的祝文是以"弘文院学士林恕"的名义宣读的,含蓄地表明举行机构为"弘文院",祭官林鹅峰只是间接地认定自己为国家官员,即名义上的中国式咨询机构的成员。这种形式被后世礼学者大乡信斋(1772—1844)称为适用于"学塾"的"学官自祭"。[6] 而在元禄仪式中,新祝文使用了词语"命"与"具官",与明代祝文的用法类似,两者都暗示仪式是隶属于国家的。[7] 这种新措辞后来用于表明仪式"列于官祭"的性质。[8] 此外,祝文沿用了明代释奠及 1670 年仪式中对孔子的称号,即元朝以来的尊贵称号"大成至圣文宣王"。不过,祝文中保留了六位宋儒的名字,这

[1]　犬冢印南《昌平志》,第 160 页。
[2]　犬冢印南《昌平志》,第 162 页。
[3]　整个江户时期的武士普遍关注上交佩剑的问题。在小藩林田藩(10000 石,敬业馆,创建于 1789—1801 年),参加仪式的武士需要解下、戴上佩剑共计 8 次。参见文部省《日本教育史资料(六)》,第 103 页。
[4]　冢本学《德川纲吉》,第 46、194 页。
[5]　犬冢印南《昌平志》,第 63、170 页。
[6]　大乡信斋《释奠私议》卷四,"祝文"。他认为这种做法在中国可以追溯到唐贞观年间。
[7]　犬冢印南《昌平志》,第 170 页。
[8]　大乡信斋《释奠私议》卷四,"祝文"。

一做法表明林家仪式起源于朱熹精舍仪式,重申了林家对朱子学派的忠诚。[1] 此外,还有一处对 1670 年祝文的补充是在受祭者中加入了"先贤、先儒"。[2]

　　1691 年春祭释奠还有一个重要部分,即祭仪之后的社交性活动,这些活动反映出德川纲吉的偏好以及复兴平安时代释奠的趋势。仪式结束后,所有人都退回到德川纲吉的"御成御殿"。在此,将军扮演了宽厚而仁慈的儒家君主角色,他宣称自己对仪式很满意,并对林家表示感谢,将年收入在 1000 石左右的"祭田"赐予林家,用来支持祭祀仪式的开销。委派了一群侍卫,并委任了一位大名负责圣堂的防火。德川纲吉还承诺维持现有的"学粮"(学校经费)资助。[3] 接下来举行了第二次"经筵",德川纲吉亲自讲经。随后由纲吉"赐宴"(出资安排了一场盛宴),席间表演了"猿乐"以助酒兴。犬冢印南形容这种仪式后的宴会"礼极丰盛"[4]。德川纲吉还向林凤冈及其家人赠送了礼物,并将 50 锭银赐予了 26 位在仪式中承担角色的学生,其中大多数是大名的家臣。[5] 林凤冈向德川纲吉回赠了礼物,包括一套四书及两个金箔屏风。当天最后还表演了能乐。7 个能乐角色中,将军扮演了 5 个。他在申时回到了自己的城中。[6]

德川纲吉在后期仪式中的角色

　　德川纲吉在 1692 年二月十三日和 1693 年二月廿一日再次观看了春

---

[1] 从 1714 年开始,朝鲜国家释奠也以六位宋儒为从祀。参见佐藤文四郎《朝鲜に於ける孔子祭に就きて》,第 2 篇,第 46 页。

[2] 然而矛盾的是,在"陈设"及仪节中都没有提到为先贤、先儒准备的器具及供品。

[3] 犬冢印南《昌平志》,第 63 页。"十石"一定是错误的。《常宪院殿御实记》第 100 页作"一千石"。须藤敏夫《近世日本释奠の研究》,第 34 页。

[4] 犬冢印南《昌平志》,第 173 页。尽管祝酒与舞蹈持续到正德年间,但宴会显然在宝永年间(1704—1711)有细微的改变,这或许是由于德川纲吉兴趣的丧失。

[5] 大乡信斋《释奠私議》卷一"御诣"记录了学生的名字及他们所依附的大名,引自《汤原日记》1691 年二月十一日条。

[6] 大乡信斋《释奠私議》卷一,"御诣",引自《汤原日记》1691 年二月十一日条。

季仪式,两次都进行了讲经与赏赐。在第二次仪式中,他命令大名与其同行。[1] 然而,这导致了仪式过度拥挤。结果,"一万石以上之辈,虽有崇圣之志,不能来见"。于是,安排每年秋季举行第二次仪式。首次秋季仪式于 1693 年八月六日举行,有超过 40 位"国持"级别以下的大名出席。[2] 然而,这个只有大名参加的秋季仪式减少了供品。[3] 这种差别被批评为"君臣异观",等于是以春季将军仪式为"隆"而以秋季大名仪式为"杀",这样的等级区分被认为是破坏了仪式的共同参与性(collegiality)。[4] 将军仪式的这种礼仪特权显示,德川纲吉的目的不仅在于解决大名参观拥挤的实际问题,也在于实现对仪式的操纵,以牺牲大名为代价来支持其成为独裁君主的愿望。[5] 诚然,他没有做到像明太祖(1368—1398 在位)那样的专制,明太祖将自己强加在圣人与其追随者之间:"有一段时间,他剥夺了所有官员及学者祭祀孔子的传统权力,声称只有作为天子的自己才有这种特权。"[6] 不过,德川纲吉可能认识到了孔子是政治与道德权威的象征,因此,他想要宣称自己不仅是最高掌权者,还是领导孔子崇祀的国家领袖。如果真的是这样,那么这再一次表明该仪式具有被政治操纵的可能。[7]

然而,德川纲吉的春季"观"礼没有持续太久。他在 1691 年至 1694年间连续观礼四年,但此后又恢复了"谒庙仪"的做法,通常在廿一日举行,也就是孔子的诞辰日。[8] 1694 年九月廿二日,德川纲吉进行了当年

---

[1] 犬冢印南《昌平志》,第 64 页。

[2] 《常宪院殿御实记》,第 174 页。原文为日文。

[3] 参见文部省《日本教育史资料(七)》,第 284 页图表及评论。

[4] "隆"与"杀"之间的区别与《礼记·乡饮酒义》的记载相吻合。参见桂湖村《禮記》第 2 册,第 698 页。

[5] 关于德川纲吉的政策是否成功的讨论,参见 Bodart-Bailey, *The Dog Shōgun: The Personality and Policies of Tokugawa Tsunayoshi*。

[6] McDermott, "Emperor, Élites, and Commoners: The Community Pact Ritual of the Late Ming," 305.

[7] 春季和秋季释奠的区分于 1722 年由第八代将军德川吉宗废止。参见犬冢印南《昌平志》,第 74—75 页。

[8] 犬冢印南《昌平志》,第 66 页。《昌平志》指出,只有间接证据表明德川纲吉参加了 1692 年的释奠(见第 64 页)。

的第二次谒庙,此次,他带着母亲桂昌院(1627—1705)参观了大成殿两翼陈列的器物,"以遂宿愿"。[1] 桂昌院向孔子进香,并致以告文。随后,62 名随行人员举行了宴会,另有 40 名随从陪同将军的母亲一起参加。[2]

1703 年十一月廿九日,新建筑被烧毁。不过,孔子像、四配像、十哲木主及德川纲吉题写的牌匾都从大火中抢救了出来。[3] 1704 年十一月廿五日,幕府下令该区域重建孔庙,但是没有修建德川纲吉的"御成御殿"。[4] 将军赐宴这一纲吉的资助活动也停止了。德川纲吉的最后一次访问是在 1705 年三月廿五日,当时他 60 岁。[5] 在统治的最后四年里,德川纲吉似乎突然对孔庙失去了兴趣,不再来访。德川纲吉一共到访新孔庙 16 次。除了 1691 年以外,德川纲吉只在 1692 年二月十三日和 1693 年二月十三日亲自观看了仪式。另有 1694 年二月廿五日的具体情况不明,而剩下的 12 次,德川纲吉似乎只是到访并举行讲经。其中有 10 次不是在释奠日,而是在与孔子诞辰日有关的廿一日。[6]

德川纲吉的动机

德川纲吉对新孔庙及其仪式的支持浮夸华丽,异乎寻常。虽然未能持续下去,但促进了儒教传统在日本更广泛的传播。元禄时期,江户以外各地方的释奠有所增加。例如,米泽藩藩校繁复的仪式似乎就是复制于昌平坂学校的德川纲吉仪式。[7] 甚至京都的中村惕斋、九州的武富咸亮

[1] 犬冢印南《昌平志》,第 65—66 页;《常宪院殿御实记》,第 210、742 页;须藤敏夫《近世日本释奠の研究》,第 35 页。
[2] 犬冢印南《昌平志》,第 65 页。
[3] 犬冢印南《昌平志》,第 68 页。
[4] 关于场地平面图及线条图,参见文部省《日本教育史资料(七)》,第 428—434 页。此次没有重建"御成御殿"。参见犬冢印南《昌平志》,第 69 页。
[5] 《常宪院殿御实记》,第 574 页。大约在 1705 年六月廿二日纲吉母亲去世后,纲吉对讲经的兴趣下降。参见塚本学《德川纲吉》,第 258 页。
[6] 有关德川纲吉偏爱每月二十一日的记载,参见犬冢印南《昌平志》,第 68 页。
[7] 关于德川时期释奠和释菜的举行次数,参见本书第十八章"表 18-1:1624—1871 年间藩校举行的儒教仪式数量"。关于米泽藩仪式,参见须藤敏夫《近世日本释奠の研究》,第 191—213 页。

（或称武富廉斋,1637—1718）等释奠的非官方推动者也称赞德川纲吉的支持是儒教复兴的里程碑。[1] 在更广泛的文化生活中,圣堂和释奠成为少数俳句的主题,其中最著名的俳句是榎本其角（1661—1707）的"圣堂拱礼,蝶之袂哉"[2]。毫无疑问,德川纲吉推进了日本历史学家所说的"官教化",即幕府对儒教的支持。然而,这种支持影响有限。德川纲吉本人并没有献祭,最终似乎也对释奠失去了兴趣。林家世代拥有学校的所有权,仪式的主要角色也由林家世袭担当。林家仪式仍然没有挑战封建晚期日本社会政治秩序中以亲属为基础的先赋性结构。

那么,这场盛大的仪式有什么意义呢？当时,它对不同的人有不同的意义。对于林家雄心勃勃的儒者、思想家来说,仪式以一种宏大的方式实现了他们对终生信奉的信仰所持有的期待。林家取得了极大的成功。林家朱子学在当时至少成为德川国家的半官方正统学说,受到国家最高统治者的支持。林家在全国都很知名,儒教重新获得了古代时期的地位。不过值得注意的是,学校仍然是林家的私人家族财产。对于蜂拥而至参观仪式的大名来说,仪式肯定意义众多：对有些人来说,这意味着出席精英荟萃的场合；对一些更认真的人来说,这为他们的治理提供了道德指南；对于曾是京都蔬果商女儿的纲吉之母来说,这一定象征她梦想的实现。

不过,将军本人作为这场盛会的主要推动者,给仪式赋予了独特的基调。仪式对他意味着什么,同时代的人又如何看待他的支持呢？毫无疑问,德川纲吉被儒教君主专制统治的理想所吸引。据称,他试图将幕府统治从藩国形式转变为更加中国式的君主官僚制形式。尽管如此,德川纲吉在礼仪上的行为是模棱两可的。他似乎想从对仪式的支持中获益,但同时想继续旁观仪礼。德川纲吉没有像明朝皇帝那样直接利用仪式来将自己的专制神圣化。他在仪式中的行为不同寻常：他在谒庙仪中饮酒,

---

[1] 中村惕斋的赞词见于《肥州佐嘉武富氏孔子祠记》,第 279 页。武富咸亮的赞词见于其传记《武富市郎右衛門咸亮伝》,第 336 页。武富咸亮是中村惕斋的弟子,中国移民的后裔。

[2] 关于仪式及圣堂成为俳句主题,参见家越义幸《俳諧に見える釈奠（釈菜）——其角句「聖堂にこまぬく蝶の袂哉」をめぐって》。该俳句的日文原文为："聖堂に、こまぬく蝶の、袂哉。"意为：啊！圣堂中行拱礼者,其袖舞如彩蝶。

且至少有三次参观了释奠,却没有亲自参与祭祀,只在下方庭院中有些突兀的特别包厢里被动地观看。祭祀结束后,他才参加后续的社交性活动,进行演讲、赏赐、舞蹈。对于一个想要扮成圣王及独裁君主的人来说,他在礼仪上的节制是很奇怪的。这该如何解释呢?

有几种可能的解释。首先,德川纲吉可能已意识到,在中国和日本的国家释奠中,仪式的委任是皇帝的一种特权。他十分尊重京都朝廷的仪式及其特权。他渴望实现儒家的君主统治,但可能不愿占用其至高的神圣象征。德川纲吉克制地采用了地方级仪式,而不是京城仪式或皇帝仪式,这使得他在维新时期受到了赞扬。[1] 第二种可能的抑制原因就是,众所周知,德川纲吉十分憎恶捕杀动物。1685 年他颁布了被后世诟病的"生类怜悯令",严禁伤害动物。德川纲吉把动物捕杀问题与儒教的动物祭祀联系在了一起。在一篇题为《观用教戒》的文章中,德川纲吉发出了这样的警告:

> 学儒道者,泥经传之言。祭或常食用禽兽,是以不厌害万物之生。如此则世将至悉不仁而如夷狄之风俗,是可恶之甚也。学儒佛者,不可失其本矣。[2]

德川纲吉会因为武士不小心射死一只鸟而将武士处决。这也就不难理解他对儒家的动物祭祀感到压抑了。

不过,至少在一段时期内,德川纲吉对儒教显然还是很有热情的。他可能认为,儒教是一种请愿式崇拜,能够带来尘世利益,就像他和许多同时代人对佛教及神道的认识一样。有记载表明,在启用新的大成殿时,德川纲吉将林凤冈称为"开基",这是用于佛教寺庙创始人的称呼。[3] 与

---

[1] 这一赞扬来自佐仓藩学者樱井久乃之助,参见文部省《日本教育史资料(一)》,第 252 页。

[2] 佐佐木源六《常宪院殿御实记》,第 743 页。原文为汉文。

[3] 林凤谷《圣堂事实纪》,第 241 页;石川谦《昌平坂学问所》,第 5 页。

此类似,林凤冈也将自己称为"圣堂开山",并且"摆出一副祈愿大师的姿态"。[1] 据称,新孔庙有一种混合型的"儒家佛寺或儒家神社"的气氛。[2]

一些同时代的评论更明确地表示出怀疑。正如犬冢印南所言,德川纲吉是在孔子诞辰纪念日首次到访忍冈圣堂的,此后亦倾向于在当月的廿一日前往。[3] 德川纲吉去世四年后的 1713 年十二月四日,儒者室鸠巢(1658—1734)记录了一个说法,认为这种做法与德川纲吉想要子嗣的愿望有关:"近日听闻,先年建孔子堂,乃宪庙(指德川纲吉)无子之故。大学头进言:'孔子本为祈于尼丘山后所生,将军若为祈祷而建圣庙,则子嗣可期。'故而建之。"[4]

在此,孔子与人类生育联系在了一起。德川纲吉是个迷信且耳根软的人。[5] 这些间接性的细节表明,这种迷信可能促使他对孔子崇祀产生了兴趣。德川纲吉最初参拜的频繁程度、所做的斋戒、经常饮用"福酒"、选在孔子诞生日参拜、对于参拜的兴趣突然丧失——所有这些都表明,他对儒教并没有深刻的理解,只是期望获得一种回报,而这种期望最终未能实现。也许是受到了林凤冈的适时鼓动,德川纲吉利用孔子崇祀中边缘的迷信思想来达到请愿的目的。确切地说,对超自然的诉求使仪式回归到了贝尔所说的"安抚与恳求"类别,即"通过频繁的仪式性行为……来获得各路神灵或祖先的保佑"[6]。

此外,德川纲吉被仪式吸引的原因肯定还包括仪式夸张的戏剧性为他提供的展示机会。当时,有人批评他缺乏"治天下之器量"[7]。也有同时代人指出:"有一段时间,他专注于圣人的经典与贤人的传记,但他的行为

[1]　石川谦《昌平坂学問所の発達過程とその様式》,第 5 页,室鸠巢写给金泽藩弟子们的信。

[2]　石川谦《昌平坂学問所の発達過程とその様式》,第 6 页。

[3]　犬冢印南《昌平志》,第 68 页。

[4]　室鸠巢《兼山麗沢秘策》,第 246—247 页;石川谦《昌平坂学問所》,第 5 页。原文为日文。

[5]　有关孔子与人类生育之间的关系,参见 Jensen, "The Genesis of Kongzi in Ancient Narrative: The Figurative as Historical," 195–214.

[6]　Bell, *Ritual: Perspectives and Dimensions*, 185.

[7]　户田茂睡《御当代記》,引自冢本学《德川纲吉》,第 227 页。冢本学指出德川纲吉具有"偏执的个性",参见《德川纲吉》,第 156 页。

令人惊讶,经常做一些出人意料之事。"[1]德川纲吉向他的家臣作了大量关于儒教经典的演讲,但收效甚微,也没有相关文本幸存下来。一个世纪后,改革者柴野栗山(1736—1807)也提出了类似批评:"常宪院(指德川纲吉)爱好学问,但是,尽管我不愿这么说,他只是在放纵自身轻浮的爱好,没有去追求根本的学问之道。"[2]这一论断得到了现代历史学家的赞同。研究德川纲吉生平的现代学者的结论是:德川纲吉对儒教的理解并不深刻。[3]

的确,德川纲吉试图任命或实际任命了一些儒家顾问,确实增加了对林家塾的资助。他会见学生并赏赐礼物,资助了少量经费。此外,德川纲吉确实提升了孔子崇祀的地位,没有将其与祖先崇祀或"神道"纠缠在一起。但他很少关注培养儒家官僚所需的基础设施。林家学塾尽管得到了将军的支持,但其规模仍然太小,无法对幕府的行政管理产生影响。在1688年到1691年期间,只有63名学生毕业。[4] 此外,学塾遵循了日本世袭家族事业的模式,在幕府内部没有正式地位。学塾没有培养出受过儒学教育的、能为中国原始仪式的"社会戏剧"注入活力的官僚群体。在日本,没有"儒家的对抗"可以为仪式提供创造性的结构张力,也不存在专制统治者与有原则的官僚之间的紧张关系,仪式难以拥有活力。此外,也没有出现考试制度与释奠之间的协同作用。

德川纲吉既促进又阻碍了日本儒教的发展。他的堂兄德川光国曾从服务武士的角度及中日结构差异的角度考虑过这个仪式,并拒绝了它。相比之下,基于对最高统治权的渴望以及为同时代人所嘲笑的迷信思想,德川纲吉贪婪地利用了这个仪式。他那华丽的、反复无常的、戏剧性的支持似乎有几年是成功的。只要德川纲吉凭借其崇高的地位以及张扬的个性进行推动,元禄释奠就会在表面上呈现繁荣。而当德川纲吉不再感兴趣时,仪式浅薄的根基就暴露无遗。

---

[1] 朝日定章《鸚鵡籠中記》,引自冢本学《德川綱吉》,第240页。原文为日文。
[2] 柴野栗山《栗山上書》,第142—143页。原文为日文。
[3] 冢本学《德川綱吉》,第87页,另参见本山幸彦《近世国家の教育思想》,第46页。
[4] 石川谦《昌平坂学問所の発達過程とその様式》,第31页。

第十一章

木偶戏、减损与衰落：新井白石与德川吉宗

第六代将军与新井白石

德川纲吉的侄子、养子、下一任将军德川家宣（1709—1712 在位）是一个不太有名的人物，但拥有和德川纲吉类似的喜好，正如中井凯特所说："喜欢穿戏服、戴面具，在舞台上表演一系列精心设计的仪式化动作。"[1] 1707 年二月廿五日，德川家宣作为将军继承人参观了孔庙，并分发了礼物。[2] 该仪式遵循了德川纲吉拜庙的先例。不过，德川家宣成为将军后，陪同他前来的还有一批自甲府大名时期就任用的亲信。其中最重要的一位是地位相对较低但有才能又好斗的新井白石（图 11.1）。他是一位同时拥有儒家学识与武士保守价值观的武士学者。新井白石对他的主人很有信心。通过将军侍从（侧众）间部诠房（1666—1720）的协助，新井白石力图把将军确立为儒家式的日本合法君主，即"国王"，一个"集军事、民事、神圣与世俗权威于一身的人物"[3]。新井白石试图重塑德川幕府所有重要礼仪的基础。他认为林家是个障碍，将林凤冈蔑视为"完全不适合教学与领导的人"[4]。新井白石在广泛的"礼仪"方面发起了反对林凤冈的运动，涉及《武家诸法度》（1707 年）、德川纲吉石棺上的铭文（1709 年）、1711 年朝鲜通信使的接待礼仪、年幼的将军继任者德川家继

---

[1] Nakai, *Shogunal Politics: Arai Hakuseki and the Premises of Tokugawa Rule*, 53.

[2] 犬冢印南《昌平志》，第 71 页。

[3] Nakai, *Shogunal Politics: Arai Hakuseki and the Premises of Tokugawa Rule*, 183.

[4] Ackroyd, "*Told Round a Brushwood Fire: The Autobiography of Arai Hakuseki Translated and with an Introduction and Notes*," 119.

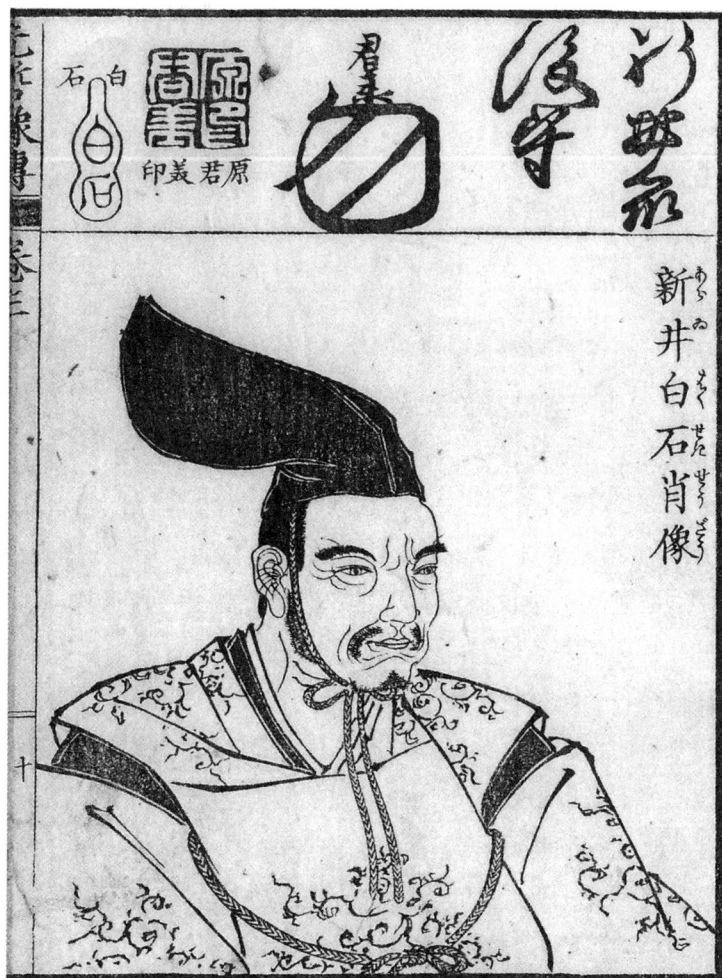

图 11.1 新井白石肖像

出自原念斋《先哲像传》木版插图。牛津大学博德利图书馆提供。新井白石是第六代将军德川家宣身边地位相对较低的一位儒家顾问。他策划了1710年的春季释奠，仪式中，将军亲自向孔子献祭。

（1713—1716 在位）所穿的丧服、新年号"正德"的选用等。[1]

　　鲜为人知的是，新井白石把释奠当作了一种武器，一来用于巩固将军作为专制君主的合法性，二来用于羞辱林凤冈。他计划在自身研究的基础上彻底重建仪式。新井白石的著作揭示了他对鬼神崇拜的信仰及释奠的政治重要性。他认为对已故统治者的祭祀是"宇宙秩序"的一个方面。令人惊讶的是，在如此理性的思想家身上，其鬼神崇拜观念也包含了一层神秘的色彩。他在《祭祀考》的结尾部分热切地企盼适当的"礼乐"来维持宇宙秩序，并确保德川家族世代相继。[2] 不过，他在《鬼神论》中没有特别关注对孔子的祭祀，只是顺便提到了"大学寮与各国祭先圣先师"仪式的历史。因此，他含蓄地承认了在日本祭祀孔子的合法性。[3]

　　新井白石对中国释奠的肖像历史很熟悉。文章《圣像考》展现了他的博识，其中引用了程伊川、朱熹等人的权威观点。程伊川认为，塑像和画像必须精准地还原每一根头发；朱熹认为，为孔子造像并不是古代的做法。[4] 新井白石同意使用木主，而不是造像。此外，《圣像考》高度赞扬了专制的明代嘉靖皇帝对释奠的改革：

> 帝亲将孔子祭礼悉加改正，（将仪节）分赐群臣。……悉舍其
> 像，用神主祭之。……同（即嘉靖）十三年，帝亲至大学，祭先圣。[5]

这篇文章最后引用了日本的历史。新井白石就此评论道，"随着末世的到来"，像日本古代那样在大学寮及地方国学校祭祀孔子的做法已经被抛弃了。[6] 这里隐含的意味是，释奠是盛世政体的一个组成部分。

---

[1]　有关这些措施的概要，参见 Nakai, *Shogunal Politics: Arai Hakuseki and the Premises of Tokugawa Rule*, 196-221。下面的讨论很大程度上得益于中井凯特的研究。

[2]　详见新井白石《祭祀考》，第 487 页；Nakai, *Shogunal Politics: Arai Hakuseki and the Premises of Tokugawa Rule*, 186。

[3]　详见新井白石《鬼神論》，第 20—21 页。

[4]　详见新井白石《聖像考》，第 490 页。

[5]　新井白石《聖像考》，第 491 页。原文为日文。

[6]　新井白石《聖像考》，第 491 页。

将军的献祭

新井白石热切希望德川政权能借鉴嘉靖皇帝对孔子崇祀的领导力。他认为,幕府将军应在仪式上效仿嘉靖皇帝的君主角色。1710 年八月四日,德川家宣作为将军首次访问昌平坂圣堂,这为挑战林家的释菜仪式提供了机会。新井白石为此次访问作了充分准备。1710 年二月廿六日的日记显示,新井白石采购了明代礼典《大明集礼》,可见他阅读了关于明代国家礼仪的背景资料。[1] 几个月后,随着秋季释菜的临近,他向幕府将军献上了两套仪节:七月五日首先献上了《圣庙御参诣次第》,得到将军采纳并于廿九日获得了赏赐;七月三十日提交了彻底改造仪式的建议——《圣庙御释菜一献四拜之次第》,亦得到了批准。八月一日,新井白石又提交了关于将军礼仪角色及“神拜”的仪节。新井白石本人显然没有出席仪式,但在四日后的释奠当天,他在城中对幕府将军的仪式参与表示了祝贺。[2]

新井白石的仪节文本似乎没有保留下来。《昌平志》及家宣统治时期的官方编年史中都没有完整地描述该仪式。不过,《昌平志》引用新井白石的自传,称“其礼皆君美(指新井白石)所进议也”[3]。其中还称,仪式着装反映了新井白石的意见,采用了最接近古代的样式,摒弃了毫无凭据的林家样式。新井白石认为,“先王”的礼服为“直领”而非“圆领”,日本宫廷的“乌帽子”最接近周朝样式。另据《周礼》的古代权威注释,日本现存的“振动拜”(即“神拜”)是一种古老的周朝拜礼,新井白石让德川家宣亲自进行了练习。[4]

然而,这些都是相对次要的细节,新井白石可能想借此展示他卓越的

[1] 新井白石《新井白石日记》,第 110 页。
[2] 新井白石《新井白石日记》,第 120 页。
[3] 犬冢印南《昌平志》,第 73 页。
[4] 犬冢印南《昌平志》,第 72—73 页;更多详细内容参考 Nakai, *Shogunal Politics: Arai Hakuseki and the Premises of Tokugawa Rule*, 330.

学识。仪式改革最激进的特点是幕府将军亲自作为献祭者进行"一献四拜"。大乡信斋在《释奠私议》中描述了仪式的这一中心特征。其中记载，在林家家族成员林凤冈及林信允献上币帛之后：

> 将军起座，入东方堂内之奥，盥手。于神前祭具之案前着座，二揖、二拜。役人以蒲勺汲牺尊之酒入爵，另有役人以蒲勺汲象尊之酒而加之，捧之。将军亲置爵于案上，二揖、二拜。[1]

这个程序类似于德川纲吉经常执行的"谒庙仪"，但将军亲自献祭的做法是德川纲吉从未做过的。《昌平志》准确地总结道："大君亲行献奠昉于此。"[2]这也是唯一的一次将军献祭。

德川时期的记载没有评论新井白石仪式修订背后的象征意义，也许是担心仪式在东亚背景下的傲慢意味而有所顾忌。然而，国家仪式上的"单献"是皇帝的特权，对于这一点儒者不可能意识不到。关于这种献祭的重要记录可以在《阙里志》中找到，新井白石应该对其很熟悉。[3] 据记载，1091 年，宋哲宗（1085—1100 在位）"幸国子监，谒先圣，行释奠礼一献再拜"[4]。明朝洪武皇帝（1368—1398 在位）与永乐皇帝（1402—1424 在位）分别在 1382 年及 1406 年举行了单独献酒的仪式，形式上有所不同，前者在献酒前行再拜，后者在献酒后行再拜。[5] 新井白石采用了后一种形式。还必须指出的是，在朝鲜高丽王朝（918—1392）的仪式"视学酌献仪"中，"国王"也对孔子进行单独献酒。[6]

新井白石将单献者的礼仪角色赋予将军本人的做法不仅否认了林家和幕府的传统，而且象征性地将德川家宣与中国的君主政治实践联系在

---

[1] 大乡信斋《釋奠私議》卷一，"御诣"。原文为日文。
[2] 犬冢印南《昌平志》，第 73 页。
[3] 新井白石《聖像考》，第 489 页。
[4] 陈镐《阙里志》卷六，第 9 页上。
[5] 龙文彬《明会要》卷十三，第 1 册，第 219 页。
[6] 郑麟趾《高麗史》卷六十二，第 2 册，第 339—349 页。

了一起。他暗示，德川家宣的礼仪地位相当于汉高祖、宋哲宗或明朝皇帝。这构成了新井白石礼仪项目的一部分，目的是通过礼仪来显示德川将军为日本唯一的君主。他对昌平坂释奠的改革象征他"坚信统治者应该对国家行使广泛而明确的权力，他深信，礼仪实践及规程……是阐明和维持这一权力的主要手段"[1]。毫无疑问，这也迎合了德川家宣对于戏剧表演的嗜好。

1710 年八月二日，幕府在仪式即将举行之前下了一条命令，大意是说"献祭之人无须斋戒"[2]。这显示出新井白石对将军献祭的改革是出于政治动机，而非虔诚信仰。《释奠私议》中寅年（1710）八月的一份"觉"（备忘录）也指出："圣堂参诣不及精进。"[3]也就是说，将军拜访圣堂时不必斋戒。这种豁免的做法很难让人相信对孔子的祭祀是虔诚的，也无法展现对儒教这一国家基本思想的信仰。新井白石本人对儒家治理的观点狭隘地聚焦于政体的顶端，有"不平衡"的特点。[4]据说他对"积极招募贤能官员的呼吁"持反对态度。相反，他"强调统治者的个人影响"以及将军作为审判者的作用，而不是作为教育者或牧者的（pastoral）作用。[5]

新井白石对释奠的干预是有限的，这与他本人在幕府的地位有关。新井白石的正式地位并不高，他"家庭背景平凡"，一直处于"幕府行政结构的边缘"。[6]他没有权力基础，他的效用取决于他对德川家宣的个人影响。从这方面来讲，他对孔子崇祀的干预与 8 世纪吉备真备在"昙花一现"的生涯中对释奠所作的贡献类似。此外，虽然新井白石拥有出色的专业礼仪知识，但他在制度上仍不得不依赖于林家塾。在中国，对于有抱负的学者和官僚来说，在帝国官僚机构中任职是一个可以实现的目标，他们

---

［1］ Nakai, *Shogunal Politics: Arai Hakuseki and the Premises of Tokugawa Rule*, 182-183.

［2］ 《文昭院殿御实记》，第 112 页。

［3］ 大乡信斋《释奠私议》卷三，"斋戒"。

［4］ Nakai, *Shogunal Politics: Arai Hakuseki and the Premises of Tokugawa Rule*, 171.

［5］ Nakai, *Shogunal Politics: Arai Hakuseki and the Premises of Tokugawa Rule*, 71-72.

［6］ Nakai, *Shogunal Politics: Arai Hakuseki and the Premises of Tokugawa Rule*, 28, 171.

的志向使国家释奠拥有效力。然而在日本，这种情况无法发生。

新井白石对林家的抵抗只在短期内取得了成功。[1] 德川家宣于 1712 年十月四日去世，享年 51 岁，这是在他祭祀孔子的两年之后。德川家宣的儿子德川家继继位。林凤冈与新井白石之间的竞争仍在继续，但最终新井白石败北。1716 年四月三十日德川家继去世后，林家东山再起。如果说德川光国是彩排后未能上演的外国戏剧的制片人，如果说德川纲吉是自我放纵的舞蹈家，那么新井白石就是一部自负短剧的木偶师。

德川吉宗时期及以后

释奠的根基较浅且十分脆弱，专制统治者及其代理人的一时兴起、林家世袭学者不稳定的个人能力都对其造成影响——这些缺陷在第八代将军德川吉宗（1716—1745 在位）统治时期进一步暴露出来。德川吉宗转变了前三任将军的统治风格，采取了与德川家康时期相类似的更加务实、严谨的统治方式。他罢免了新井白石的幕府顾问职能，称其"文饰过多"。[2] 德川吉宗本人没有参拜过孔庙，也取消了相关物质资助。林氏家族的领导能力不断下降。林凤冈之后，林氏家族再没有出现"杰出的学者"。[3]

德川吉宗上台后恢复了德川纲吉时期的强力统治，但目标和基调不同。他对曾祖父德川家康的崇敬激发了一种尚武风气，而他的质朴作风很快影响了孔子崇祀。他将儒教作为实用的、可行的伦理加以推广，没有重视礼仪方面。从他继任的第二年开始，圣堂的重点从释奠仪式变成了公开讲学。1718 年，有新的学者被任命为"圣堂学舍讲师"，不再局限于

---

[1]　他导致林凤冈"不断地尝试辞职"，尽管他的辞职没有被准许。参见《文昭院殿御實記》1710 年四月廿三日条，第 106 页；须藤敏夫《近世日本釈奠の研究》，第 63 页，注释 4。

[2]　Nakai, *Shogunal Politics: Arai Hakuseki and the Premises of Tokugawa Rule*, 347；室鸠巢《兼山麗沢秘策》，第 640—641 页。

[3]　本山幸彦《近世国家の教育思想》，第 88 页；Backus, "The Relationship of Confucianism to the Tokugawa Bakufu as Revealed in the Kansei Educational Reform," 110。

林家学者。翌年,又有新的学者被委任到更加开放的"高仓屋敷"讲学,此地原为江户八重洲河岸地区的宫廷贵族住宅,现改建为学校,与林家形成了明显的竞争。利用这种策略,德川吉宗试图将林家儒教从礼仪传统及"文化展示"转向公开教化。

德川吉宗似乎认为释奠是一种奢侈。1722 年二月六日,他斥责了林凤冈,"亦须节虚费,毋从丰美"。与他的紧缩政策一致,他将仪式后宴会的参与者限定于礼仪官及仪式人员。此外,圣堂的收入被进一步削减,圣堂所有开支均来自德川纲吉所赐 1000 石"祀田"的收入。[1] 德川吉宗还谴责了德川纲吉时期春秋两仪之别:"稽诸经未之前闻,宜加厘正,二仲同礼。"[2] 这在政治上也许可以解释为对大名的待遇回到了更近于"邦联"(federalist)或"合议"(collegiate)的形式。

到了 1722 年八月四日秋季释奠时,林家及其亲信重新执掌仪式,担任初献官、亚献官、终献官、经书的"读师"及问答者。但是,释奠仪式失去了色彩。[3] 第九代将军德川家重(1745—1760 在位)同其父德川吉宗一样,没有访问过圣堂。这使得林家失去了获得将军现金赏赐的机会,学塾陷入了财政困难。在接下来的几十年里,孔庙及释奠持续衰落。德川家重时期,幕府老中田沼意次(1719—1788)掌权,此时的政策亦不以儒教为优先事项。释奠仪式经常出现中断:1747 年,林家学头生病,秋祭被推迟;1751 年六月二十日为德川吉宗举行"国忌",当年的秋祭及翌年的春祭被暂停;1759 年林家学头要为林信充(林榴冈,1681—1758)服丧,春祭及秋祭被中止。犬冢印南在《昌平志》1760 年的记事中抱怨说:"盖时势弛缓,斯文扫地,虽当路大臣,亦或有不详庙学所由。"[4]

---

[1] 犬冢印南《昌平志》,第 75 页。
[2] 犬冢印南《昌平志》,第 74—75 页。参见文部省《日本教育史资料(七)》,第 284 页图表及评论。
[3] 根据须藤敏夫的研究,1723 年至 1733 年的十年间,"没有举行释奠"。见《近世日本释奠の研究》,第 52 页;参见犬冢印南《昌平志》,第 75 页。须藤敏夫的观点似乎基于如下假设:《昌平志》记录了每一次释奠仪式。不过,如果与大乡信斋《释奠私议》卷三"祭期"中记载的仪式举行和推迟列表相比较可知,须藤的结论并不准确。
[4] 犬冢印南《昌平志》,第 76 页。

为了保持体面,林家作出了努力。1760年,林家请求幕府的帮助,对圣堂进行了必要的修复。[1]　圣像被转移到德川纲吉临时宫殿遗址上建立的"厂殿"中。1760年二月十八日,圣堂举行了人员稀少的迁座仪式。圣堂于1761年修复完成,圣像在三月十三日被迁回。翌日,田沼意次提交了一份关于圣堂完工的官方报告。具有讽刺意味的是,田沼意次是当时的掌权者中最欠缺儒学思想的一个。[2]

后来,仪式出现了更多的违规和延期。[3]　1771年发生了史学家犬冢印南所说的"变礼之尤变者"——由于封建精英及林氏家族中频繁出现死亡及丧葬,仪式被推迟到了十二月四日。[4]　财政状况进一步恶化,《昌平志》记载了资金严重不足的问题:"盖享保(1716—1736)以来,祭祀补修之费,皆取于祭田。而田有定租,加以旱凶,其所支用或不给焉。"[5]捐赠也减少了。1771年的记载显示:"昌平坂圣堂释菜,某时,人人自来参拜,进荐物品。何时其事绝,今诣者亦少矣。"[6]

当年,幕府向大名下达指令,呼吁大名自愿地援助释菜,但圣堂的财政困境几乎没有得到缓解。[7]　有一段话经常被后世引用,展现了下个世纪的人如何看待这段时期:

　　明和(1764—1772)至安永(1772—1781)年间,厉行俭约令之时,一位建筑官员建言,昌平圣堂是最大的无用之物,理应拆除。老中水野羽州(或称水野忠友,1731—1802)负责将此事报告给上级("高德"),并通知了将军御用人("御用取次众")。但御用人并不知道"圣堂"为何。他们向秘书长大前孙兵卫(生卒年不详)询问供

---

[1]　林凤谷《聖堂事實紀》。
[2]　犬冢印南《昌平志》,第76—77页。
[3]　犬冢印南《昌平志》,第77—79页。起因分别是:附近发生了火灾(1763年)、第16次朝鲜通信使的到来引起的事务繁忙(1764年)、皇室成员的死亡(1765年、1773年)。
[4]　犬冢印南《昌平志》,第78页。
[5]　犬冢印南《昌平志》,第78页。
[6]　《浚明院殿御實記》1771年七月一日条,第363页;须藤敏夫《近世日本释奠の研究》,第61页。原文为日文。
[7]　犬冢印南《昌平志》,第78页。

奉的是神还是佛。大前孙兵卫回答说,崇拜的对象应该是孔子之类的。随后御用人点头说:"啊! 这样就明白了。难怪有拆除圣堂的意见。"但是林大学头说,若此事传至中国,将损害将军的声誉。水野听说后,认为应该暂缓此事,便没有通知上级。此事至此作罢。[1]

1772 年,幕府再次下令向圣堂提供资金支持,取得了一些成效。[2]然而祸不单行,春祭后不到一个月,江户发生了大火,大成殿被焚毁,最后只剩下少量建筑、牌匾及神龛。[3] 幕府很快批准了"安永重建",但实际工作却被推迟了。1773 年重建才正式开始,建筑规模被缩小,进展缓慢,使用的材料质量也很差。从 1772 年起到 1775 年五月大成殿完工,仪式皆在"厅堂"举行,没有观众(图 11.2)。[4] 1786 年初又发生了两场火灾,毁坏了这些建筑。[5] 第一场火灾中,虽然圣像被救出,但仅有仰高门旁的一座建筑幸存了下来。几周后发生了第二场火灾,圣像再次被救出,但释奠被迫暂停。[6] 一年后又开始了重建,参照的是安永重建后缩小了规模的建筑形式。不过,"时议专务省费",尤其是讲堂,被进一步缩小,以至于看上去像"士庶一区之宅"。[7] 最终,1787 年九月十六日举行了将圣像迁回新圣堂的仪式。但是,由于再次恰逢林家服丧及第十代将军德川家治(1760—1786 在位)的国丧,仪式中没有演奏音乐,也没有朗读"告文"。此外,仪式首次由林家以外的人主持。[8] 如果说林家仪式在第五代将军统治时期达到了顶峰,那么则在第十代将军时期跌到了谷底。

---

[1] 松浦静(1760—1841)《甲子夜话》(1841 年),引自本山幸彦《近世国家の教育思想》,第 87 页。原文为日文。这里提到的"林大学头"可能指的是林家塾的第五代学头林凤谷(1721—1774)。
[2] 犬冢印南《昌平志》,第 78—79 页。
[3] 犬冢印南《昌平志》,第 79 页。
[4] 犬冢印南《昌平志》,第 79—80 页。
[5] 犬冢印南《昌平志》,第 80—81 页。
[6] 犬冢印南《昌平志》,第 81 页。
[7] 文部省《日本教育史资料(七)》,第 444 页。
[8] 主持仪式的是人见称帅。犬冢印南《昌平志》,第 81 页。

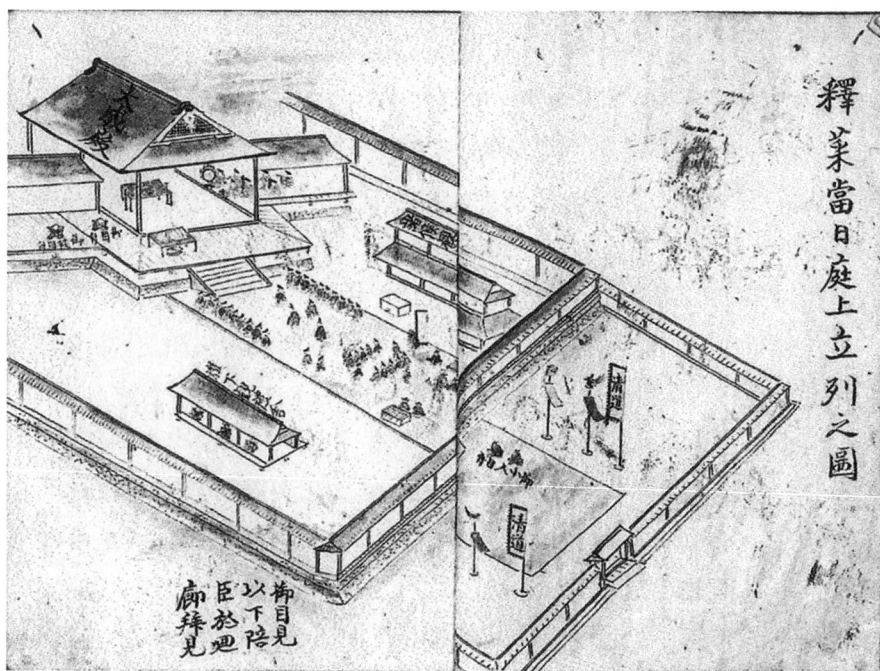

图 11.2　安永时期的圣堂

该水墨画引自西山松之助《汤岛圣堂与江户时代》，图 B8。由汤岛圣堂与斯文会（东京）提供。在经历了一连串毁灭性的火灾及缺乏官方支持的情况下，财政紧缩使得临时重建后的孔庙被人喻为"士庶一区之宅"。

对第一阶段的回顾：不稳定的、探索中的仪式

1600 年德川和平的建立为儒教提供了比以往动荡时代更为适宜的发展环境。在东亚经历了漫长而复杂历史的释奠显现出重要性与挑战性，随着和平的到来，日本探索释奠礼仪的机会也随之而来。首先的问题是，三种主要仪式传统中应该使用或改编哪一个：一是古代日本释奠，由《延喜式》释奠及平安时代发展起来的具有文化性质的"拜庙"组成；二是朱熹的精舍释菜，是一种小规模的、非官方的、相对非政治的仪式；三是中国唐代以后的国家释奠，例如明朝的国家仪式。三种传统中的每一种都是特定亚文化的产物。它们在政治、信仰、文化和审美方面的侧重点不同，且各自基于不同的目的论。

与此相对，封建晚期日本文化的承担者也可划分为法律上、功能上及文化上各具特色的三个主要阶层：一是以京都为中心的少数宫廷贵族，他们继承了古代宫廷的传统与文化；二是被剥夺了权利的大量平民，其中很多来自不断发展中的城镇；三是作为军事文化及政治权力承载者的武士。于是，不免得出这样的结论：这些群体对复兴释奠的反应是由各自的社会特征所决定的。

藤原惺窝在血缘上和社会上都是古代宫廷贵族的继承人，他对释奠的复兴不太为人所知。前面也提到，儒者松永尺五是藤原惺窝的继承人。松永尺五举行的是一种平安时代样式的文化庆典，参与者是京都贵族以及其他被汉文化吸引的人。松永尺五的仪式强调审美价值，与政治相对无关，是典型的"文化展示"仪式。但是该仪式并没有长期繁荣下去。松永尺五非官方学校的衰落有其复杂原因：继承人缺乏学术才能，缺乏维系学校的领导力，后光明天皇时期受到来自幕府的政治压力等。虽然京都保留了文化领导地位，但作为儒教仪式的中心，它在后光明天皇去世后沉睡了一百多年。

朱熹的小规模仪式吸引了平民和被剥夺了权利的人。它在制度上与

政府没有联系，在表面上与政治无关；它是自愿举行的，侧重于自我克制与个人道德赋能。在最初的形式中，仪式的回报主要是精神层面的，它将朱熹自我修养体系所提供的复杂而神秘的回报神圣化了。[1]　仪式的杰出作者使仪式作为非官方实践具有了正当性，且规模小、成本低的特点使其适用于官场以外的人。至少对一些朱子学者而言，该仪式也与中国风格的文化活动相兼容。因此，它对平民有吸引力也就不足为奇了。该仪式在德川早期最突出的倡导者是京都朱子学者中村惕斋。中村惕斋是商人出身的平民，他注重自我修养及朱子学的精神性（spirituality）。他有意回避了为封建政权供职，并拒绝了平安贵族的传统。他在《释菜仪节考议并序》中对朱熹的释菜仪节进行了修订。该仪节后来被中村惕斋的门人在各地进行应用，成为德川时期藩校释奠史上一个有趣的主题。[2]

但是，朱熹的精舍释菜与朱子学本身一样，是为构成中国官场的文人阶层创造的，并吸引了他们。这种仪式明确了文人的职业精神，并将其神圣化。在有德者的统治下进行政治服务——这仍然是自我实现的一个目标。"是否从政"是朱子学的追随者所面临的生存困境。然而，德川日本没有与中国自由流动的文人阶层明显对应的结构。武士阶层以外的人明显缺乏实现朱子学官僚服务理想的机会。"道德赋能"在原则上是可能的，但在一个社会角色主要由先赋决定的社会中，它仅适用于拥有世袭地位的少数群体。对武士阶层以外的人进行道德赋能甚至可以被认为是充满反抗性或颠覆性的。此外，非官方仪式或平民仪式往往是脆弱和短命的，有的是因为私人学校的所有者缺乏继承人才，有的被并入官方藩校，也有的虽为朱熹正统仪式，但其作为非官方仪式的合法性仍受到限制。中村惕斋的非官方仪式与松永尺五的仪式一样，未能蓬勃发展。他没有建立可在平民阶层中延续仪式的学校。中村惕斋仪式的最终命运是被地方大名借鉴使用了，如冈山藩闲谷学校、佐贺藩多久圣庙、荻藩学校（秋日

---

[1]　尾藤正英在《日本封建思想史研究》中探讨了将朱熹的自我修养进行神秘化解读的倾向。
[2]　中村惕斋《释菜仪节考并序》。其前言载于柴田笃《中村惕斋》，第278—279页。另一个非武士仪式是由松永尺五推行的，参见在线附录三"德川日本的非官方与民间孔子崇拜"。

祭典)以及后来的广岛藩校。在这些事例中,仪式被巧妙地政治化了。

那么,处于统治地位的武士阶层及将军采纳了怎样的释奠呢? 一种可能性是采纳中国的"宇宙秩序"仪式,它既可以在《大唐开元礼》中找到古代版本,也可以在《延喜式》未明祭中找到日本版本,也可以在明代释奠等中国仪式中找到最新版本。然而,这里也存在问题,因为这些版本适用的是非封建的社会政治秩序及君主政体,其制度结构和文化是与早期德川武士社会格格不入的。著名的武士领袖德川义直很早就被这种仪式所吸引,作为德川家康的儿子,他拥有复兴仪式的资源和政治特权。然而,从德川时期更广泛的仪式历史背景来看,德川义直《延喜式》风格的名古屋仪式就像是一种消遣。德川义直在生前没有颁布官方教育规定,名古屋没有任何基础设施。最终,仪式在他死后没有再被举行。基于上面提到的原因,德川初期的四位"名君"都没有在其藩内采用这种仪式。

不过,武士阶层举行儒教仪式的可能性仍然存在。林罗山出身平民,却愿意接受武士的资助,领导创建了武士释奠。几十年来,林罗山成功地对朱熹释菜仪式进行了折中式改造,使其在文化上和政治上具有吸引力,成为封建晚期德川国家的一种点缀。林家的野心超越了朱熹仪式的个人"道德赋能",也超越了小规模的非官方表演。可以说,吸引他们的也不是朱子学中受佛教影响的救赎论方面。他们更渴望扩大迄今为止作为"念书僧"的作用,即为军阀和封建领袖提供文化资源与汉学资源。为此,他们寻求了封建领袖的资助,从德川义直开始,一直到第五代幕府将军德川纲吉。在礼仪层面,他们既借鉴了古代本土化改造后的仪式及"文化展示",也借鉴了中国明朝及以前的"宇宙秩序"型国家仪式传统。通过这种方式,林家同执政的德川家族建立了共生关系,并赋予了释菜许多国家官方仪式的特征。与此同时,林家世代延续了这种成功带来的回报。用他们自己的话来说,他们是成功的。无论各藩对儒教的政治作用有什么怀疑和偏见,林家都能让幕府领导人坚信释奠是德川政权的有利资源。不过,林家释菜仍然是一个家族项目。虽然林家塾受到尊重并具备了政府教育机构的一些特征,但它没有实现儒教理想,即没有成为培养贤能官员候选人的机构。

　　林家的策略是有风险的，且需要妥协。这使林家仪式面临多种危险：过度依赖专制权力，为迎合资助人的利益而削减儒教讯息，在武士中造成一种文化上不和谐的文人仪式形象，无法保证林家世代拥有维持专业学术领导力的才智等。这些可能出现的情况最终会对林家造成不利影响。在前三代，林家人的才智得以继承，但到了第四代，学术领导力开始减弱。尚武的第八代将军统治时期，幕府对林家的资助减少。仪式无法再向政治精英们展现令人信服的儒教。人们认为仪式是奢侈、难懂的，或是无关紧要的。出于不同的原因，德川光国、德川纲吉和新井白石相继试图将释奠确立为标志儒教的政权中心地位的主要礼仪，但从长远来看，他们都失败了。总的来讲，除了存在世袭机构内部的能力继承问题以外，一个主要原因就是德川光国所讲的：缺乏必要的结构基础。到了第八代，林家只能艰难地维持自身的威望。

　　在江户之外，举行仪式的主要是为满足武士阶层教育需要而设立的藩校。与藩校并行出现的藩校释奠具有起步缓慢和不稳定的特点。1620年至1771年期间，藩校释奠最显著的特征就是在全国的数量较少，且分布不均衡。不过，随着德川秩序的逐步稳定，德川武士社会原有的军事性格消退，儒学教育变得更容易接受。尽管如此，总体来说只有少数藩认真推行了孔子崇祀。此间成立的50所藩校中，有多达39所藩校明确记载或间接显示以某种形式的仪式尊崇了孔子。[1] 但是，只有7个藩采用了"完整仪式"，或者明显热衷于仪式的实施。[2] 与此同时，无法维持仪式的藩校不在少数。前面亦提到，德川光国等拥有儒教思想的"名君"皆未能施行释奠。这说明，即使在那些很多方面都乐于接受儒教的人看来，儒教也是存在问题的。

---

[1]　关于该数量有不同的说法。相关问题参见 Dore, *Education in Tokugawa Japan*, 71。
[2]　"完整仪式"在这里的定义是拥有以下列表中4个或4个以上元素的仪式：斋戒、焚香、币帛、酒、馔、祝文、掩埋或焚烧币帛和(或)祝文、讲经、作诗(讲经和作诗中具备其中之一或两者都有)。详见第十八章表18-1。

不过,也有一些成功的例子。最具代表性的是西部的萩藩(369000
石,明伦馆,1719 年),后来因其独立于中央封建政权而闻名。获藩精心
设计的复杂仪式程序结合了两种不同的礼仪:一是基于《延喜式》释奠的
家长式作风的春季仪式,属于"宇宙秩序"类型,仪式中还从全藩范围内
邀请年长者参加"养老礼";二是以朱熹精舍释菜为基础的秋季仪式,是
为学术群体举行的校内仪式,属于"道德赋能"类型。有的地方释奠规模
较小,例如佐贺藩多久邑(10000 石,东原庠社,1699 年)创建了精美的圣
庙,并以中村惕斋修订后的朱熹释菜为基础举行了仪式,取得了显著的成
功。[1] 然而,这样成功的例子并不多。一般来讲,释奠依旧是外来的、无
关紧要的,有人把它当成可选的装饰品,有时甚至认为它是危险的。在当
时,不实施释奠的藩也不会因此受到指责,一个典型例子就是西方大藩熊
本藩(540000 石,时习馆,1755 年),据说其著名藩校时习馆"为全国的藩
提供了榜样"[2]。时习馆采用了基于学生表现而非世袭等级的先进教学
法,体现了儒教的普遍主义价值观。校内还设有医学所。但至少在 1819
年之前,该藩校既没有孔庙,也没有释奠。[3] 时习馆的教育重视的是务
实和有效,而对于教育的神圣化及以孔子为主神的崇祀则似乎没有感到
必要。[4]

总之,在日本德川释奠历史的前二百年中,任何级别的释奠仪式都鲜
有迫切的制度性需求或结构性需求。在日本缺少一个能使儒教学习与修
养目标富有意义的社会阶层。在中国,掌握了道德与政治文本的人可以
执政,释奠使这一晋升途径得以神圣化,而对于由世袭地位决定命运的人
们来说,释奠是没有广泛吸引力的。在日本,很少有人关注机构教育这一

[1] 关于获藩的仪式,参见须藤敏夫《近世日本释奠の研究》,第 214—234 页。
[2] 笠井助治《近世藩校に於ける学統学派の研究》,第 1718 页。
[3] 关于熊本藩是否存在释奠或孔庙、什么时候存在的问题仍有争论。然而,1819 年四月坂梨
顺八郎向藩校校长辛岛盐井(1754—1839)提交的一份请愿书中明确指出:"我大名藩校无
圣堂。"引自志方正和《菊池氏の孔子堂について》,第 225—226 页。非常感激堤克彦博士
为我提供的有关熊本藩孔子崇祀的宝贵信息。
[4] 可以推测,熊本藩大名和学校人员对孔子崇祀的克制可能来自荻生徂徕贬损释奠的功利
主义思想。参见第十二章"荻生徂徕"一节。

成功推行释奠所需的基础设施及必要条件。在这种情况下，仪式、考试和任官之间的协同作用是无法实现的。此外，对许多武士来说，孔子崇祀在文化上仍然是不和谐的。德川光国最清晰地思考了仪式在当代武士社会中的实用性，决定藩内不接受正式的儒学教育与儒教仪式。的确，日本儒教思想在该时期是具有创造性的，但这通常是在个人道德及生活方式的层面上，如中江藤树或伊藤仁斋。或者，就像德川纲吉一样，与儒教无关的野心、迷信或对儒教深层含义的误解导致了其观点的扭曲，把儒教当成了一种手段。此外，非官方仪式及平民仪式也没有兴盛起来，尽管它们让人注意到了仪式传统的另一种可能性。在江户及各藩，仪式仍然是脆弱的、不稳定的，经常出现藩当局任意撤销支持、资金匮乏或世袭学术官员失去领导力的情况。可能只有等到一场全国性危机出现后，人们才能对儒教产生不同的认识，并创造一种更容易接受儒学教育及儒教仪式的氛围。

第二次演变

第二阶段：1800 年的改革、仪式的建立与衰落

第十二章

新的观念：本土主义、儒家争论、宫廷崇祀及武士崇祀

18 世纪晚期的危机

从安永年间（1772—1781）到明治维新的这段时期是孔子崇祀历史
的最后一个阶段。从安永元年（1772）到 1872 年封建藩制瓦解，正好是一
百年的时间。这段时期是日本释奠史上最具戏剧性的时期之一。与以往
一样，仪式的发展与日本更广泛的政治历史息息相关。最令人吃惊的是，
仪式创造了一种双重表演传统，反映出德川政体日益两分化的现象。而
反过来讲，这种传统又是由天皇朝廷与武士幕府古代二元统治的复兴所
引起的。到了宽政时代（1789—1801）中期，位于政体顶点的两个地区都
举行了释奠：一是名义上的国家元首天皇所在的京都朝廷举行的宫廷释
奠，二是军事首都江户将仪式进行改革及官方化后举行的幕府释奠。与
此同时，仪式在各藩广泛传播。然而，在维新前的十年左右，宫廷释奠及
幕府释奠都陷入了传统主义（traditionalism）。

这些发展变化出现在国家危机的背景之下，并且社会政治及意识形
态环境相较 17 世纪再次发生了变化。在安永、天明（1781—1789）及宽政
时期，"自然灾害接连不断：暴雨，干旱，火山爆发，作物歉收，席卷农村的
饥荒与疫病，城市的火灾"[1]。破坏性特别大的是 1782 至 1787 年的"天
明大饥荒"以及两场城市大火——1772 年的江户"明和大火"及 1788 年

---

[1]　Tsuji Tatsuya（辻達也），Translated by Harold Bolitho，"Politics in the Eighteenth Century，"
　　　466.关于当时社会气氛的生动描写，参见 Screech，*The Shogun's Painted Culture: Fear and
　　　Creativity in the Japanese States*，*1760-1829*。

的京都大火。此外,农民暴动增加,幕府及各藩的收入下降。日本逐渐意识到外国侵略的威胁。社会及政体的不同组成部分以不同的方式感受到了这些灾难带来的冲击。后果之一是人们对幕府的敌对情绪日益加剧,而在二元政治中长期有名无实的朝廷成为主要的受益者。抱负与忠诚开始聚集于两个中心——京都的朝廷及江户的军事政府总部。对许多人来说,在该时期的大部分时间,二者的关系仍然是相互补充与依赖的,二元结构对当时的状况几乎没有构成威胁。然而,在维护各自的影响力时,集中于两个中心的抱负与忠诚催生了两种截然不同的模式。早在 17 世纪就有儒者指出,建立在"礼、乐、文"之上的朝廷力量是以"宽柔"的方式存在的,而武家"刚强"的力量是以"威"或"武力"为基础的,二者形成鲜明的对比。[1]

天皇和朝廷存续于政治背景中,超越历史——这种状况是思想家和儒家学者永恒的参考与追求,是与想象中的远古日本联系在一起的道德、文化、礼仪、政治、历史的理想,这种状况下的特征之一就是释奠的举行。到了 18 世纪中期,天皇开始拥有一种更强烈的君权意识,他们对日益不安的民众作出平民主义(populist)的同情姿态。包括庶民在内的社会各阶层都被这种现象所感动。人们对普遍灾难作出的一个反应是关注皇宫,认为皇宫是摆脱当前苦难的潜在救济所和避难所。这本质上是一种"软"实力。天皇日益增长的权威是分散的、模糊的、文化意义上的,是通过神话投射出来的,具有神圣的性质。维护这种权威的一种主要方式是礼仪,包括在适当的时候进行孔子的崇祀。

另一方面,幕府及政治上占支配地位的武士阶层的"硬实力"仍然是行政的、实用的,以法律和惩罚为后盾,在必要的时候还会使用暴力。[2]武士当局与日益复杂的行政管理及自然灾害作斗争。田沼意次所推行的政策被拥有儒家观念的人认为是不道德的。人们开始普遍相信,有必要

---

[1] 熊泽蕃山《源語外傳》,第 420 页。

[2] 关于徂徕及"硬"儒教,参见 James McMullen, "Reinterpreting the *Analects*: History and Utility in the Thought of Ogyū Sorai," 151-155。

实施教育、"人材"鉴定、改革及进一步强化道德与理性纪律。在此，儒教及儒学教育开始脱颖而出。

对释奠的态度：林家保守主义

对儒教及释奠的兴趣起初在思想界得以复兴。与 17 世纪的早期复兴相比，思想界及社会政治气候已发生了显著的变化。在叙述双重表演传统的发展之前，首先有必要概述一下日本 18 世纪后期与释奠有关的主要思想潮流。

到了德川时代中期，圣堂建筑因遭遇连续的火灾而缩小了规模，圣堂及仪式日益边缘化。尽管如此，林家塾的释菜仍然是日本仪式中最引人注目的典范，它的延续及将军的庇护证明了它在政权礼仪项目中的地位。但凡德川家康的先见之明及政权本身的权威不被质疑，它就很难被放弃。同时，对仪式的古老矛盾心理依然存在。将军的支持一直不稳定：德川纲吉曾短暂地炫耀过这个仪式，但德川吉宗对其并不友好。然而，正如已经看到的那样，仪式对封建晚期日本秩序可能构成的任何挑战都被消除了。儒家礼仪的普遍价值与统治者祖先仪式的特殊主义之间关系紧张，这是日本释奠第一次演变时的一个课题，并且很大程度上在此后仍然潜存。两者之间出现竞争时，最后所选的结果是使儒家价值观从属于对封建和世袭的忠诚。德川家族仪式比孔子崇祀更享有优先地位，例如，1710年颁布的法令规定，将军在祭祀孔子之前可以免行斋戒。[1]

然而，即使在这个黯淡的时期，仪式上还是有一些创意的火花。曾在林家塾学习的久保泰亨（1730—1785）于 1761 年起草了一套新的仪节《订正仪注》。[2] 其意图似乎是为了更新仪式，默示出礼仪应该随时代变化。根据作者的跋文，该仪节是基于《大唐开元礼》《阙里志》及德川纲

---

[1] 参见大乡信斋《釋奠私議》卷三，"斋戒"。
[2] 须藤敏夫《近世日本释奠の研究》，第 65—73 页。抄录自内阁文库手抄本。相关内容亦参见大乡信斋《釋奠私議》卷二，"旧仪"。

吉时代的仪式制定的,为适应新的圣堂设计而作了一些细节上的改变。元禄仪式中的一些特征被保留了下来,比如四拜。但该仪注是一个"以备他日之考据"的草案,不太可能立即实施。[1] 更有趣的一套仪节是1778年昌平校学督关修龄(又称关松窗,1727—1801)起草的《国学释奠仪注》。[2] 该仪节书是作者自发编写的,其发行量似乎有限,仪节抄录了宽政改革前夕礼仪的原貌。最后一部分是一个六页的附录,副标题是《释奠质疑》。关修龄秉持学术态度,作为一位中国中心主义的礼学家试图在东亚传统中寻找真实性。他的"质疑"主要涉及的是专业细节,其中一个质疑在后世变得更加重要,尽管起到的是消极作用。关修龄批评道,圣堂祭祀仪式中,在神灵尚且在场的情况下举行讲经及诗歌朗诵是不恰当的。他认为这种做法是亵渎神灵的,因为它使神灵无所事事地出席太久。他引用了孔子的意见,认可一种开始于黎明但结束于"晏朝"(即黄昏)的相对较短的仪式。[3] 关修龄承认"颜延年释奠会诗是非为献神而作"。[4]不过有证据表明,他认为祭祀仪式之后的赋诗仍然是构成仪式的有效部分。他的仪式保留了"文化展示"。

本土主义

林家塾的传统体现出一种连续性,但在保守的林家塾之外,宗教及儒学思想的发展促成了这一时代知识界氛围的变化。围绕道德与政治权威的性质、日本及日本文化的地位、个人的作用等基本存在性问题兴起了多方面的争论。新形成的思维模式为不同的支持者赋予了力量,并提供了

---

[1] 须藤敏夫《近世日本释奠の研究》,第 57 页。

[2] 内阁文库手抄本(索书号 no.90-37-35705)。另见大乡信斋《釋奠私議》卷二,但没有附加的问题。

[3] 《礼记·礼器》,桂湖村《禮記》,第 1 册,第 606 页。

[4] 宽政异学之禁后,关松窗将因其对徂徕学的同情而被赶出学问所,具体参见 Backus, "The Relationship of Confucianism to the Tokugawa Bakufu as Revealed in the Kansei Educational Reform," 122;笠井助治《近世藩校に於ける学統学派の研究》,第 522 页;李月珊《宽政期昌平坂学问所の释奠改革と「礼」の問題——教育世界の敬神と秩序》,第 39—40 页。

与以往截然不同的对儒学传统的解释。礼仪和释奠被嵌入这些争论中，由此产生了关于孔子崇祀的新观点。有三种动向尤其促成了新知识氛围中对释奠看法的改变。第一种动向是散漫的本土主义，指明了日本过去规范的文化价值及政治价值，并且具有厌恶中国文化及儒教的倾向。另外两种动向代表了对儒教本身的不同解释，但也导致了对释奠的质疑。它们出现在当时两大主要的儒家学派中，二者对儒教性质及功能提出了完全不同的假设。一个是山崎暗斋建立的崎门学派，忠于朱子学之"正统"，强调个人修养，尤其是忠诚与"敬"。另一个是荻生徂徕学派，该学派抨击了朱子学，对儒学进行了政治化的、现实主义的解释。两个儒家学派都吸引了大量的追随者，并且都对仪式的某些方面表示了怀疑。

本土主义是18世纪末至19世纪日本知识分子中兴起的一股强大潮流。它有文化和宗教两个方面。这种有时排外的心态中，有一部分是对日本起源及皇室神话起源的排他性信仰。本土主义者对德川制度的态度是复杂的，但总体上是肯定的。有一种倾向认为，现状是由高级而神圣的权力决定的，并肯定了日本世袭的、先赋性的秩序。著名的"国学"思想家本居宣长（1730—1801）认为，日本式的世袭地位作为"名誉"的绝对基础要高于中国的"道德"标准。先不谈本居宣长对中国文化影响的强烈反感，这样的观点也不会为释奠留下空间，因为释奠所要神圣化的儒学教育倡导的正是以修德作为地位的基础。[1] 虽然我们很难从18世纪晚期的本土主义学派中找到对孔子崇祀的明确谴责，但本土主义信仰可能会对藩校的儒教礼仪活动产生冲击——尽管没有完全排斥孔子，但也导致了对孔子的贬低。在彦根藩（250000石，弘道馆，1799年），本居宣长的影响很大，据说该藩没有设立圣堂，学校也"没有贸然举行释奠"。后来，第十二代藩主井伊直中（1766—1831）题写了神主，包括武神八幡宫的神号以及被贬损的孔子谥号"周人孔丘"，被放置在讲堂中

[1] 对于这一观点的陈述，参见本居宣长《くず花》，第153—154页。

央朝南的位置。[1]

崎门学派

本土主义思想家显然不愿意讨论释奠,儒学者却并非如此。朱子学派中崎门学派的创始人山崎暗斋与释奠之间仅存在间接联系,其门人对仪式的观点也不一致,但他仍然是日本释奠史上重要的人物。总体来说,他似乎将中国的儒教礼仪视为对日本独立性的威胁。山崎暗斋的主要弟子浅见䌹斋(1652—1711)记录了下面这段轶事:

> 山崎先生尝言:"若唐攻伐日本,假使尧、舜、文、武为大将率军来攻,亦当以石火之矢击破之,此乃大义也。若假以礼仪德化之名来攻,亦不当为臣下。是则《春秋》之道也。"[2]

关于释奠,山崎暗斋承认:"自第四十二位天皇的文武天皇时起,每年皆行释奠,讲《孝经》《论语》等经典。次日,祭祀胙肉献于天皇。"然而,尽管有这样的历史认识,山崎暗斋及其门人对于当时日本是否应该举行释奠感到矛盾。山崎暗斋拥有一尊孔子雕像,但直到他死后,这尊雕像才被安置在他曾服务的会津藩的藩校讲堂里。[3]

在山崎暗斋的直系弟子中,民族特殊主义(national particularism)对释奠仪式产生了影响。浅见䌹斋否认了在日本举行非官方释奠的合法性。他在《批释奠策》中没有质疑"中古"历史中的日本国家释奠,[4]但

---

[1] 笠井助治《近世藩校に於ける学統学派の研究》,第786页;文部省《日本教育史資料(一)》,第426页;文部省《日本教育史資料(五)》,第513、520—526页。关于孔子称号的贬损色彩,参见本居宣长《玉勝間》,第454页。"孔丘"是本居宣长对孔子的称呼(第454页),他还在别处指出孔子非王(见第463—464页)。
[2] 浅见䌹斋《靖献遺言講義》(1689年作序),引自原念斋《先哲叢談》,第119页。原文为日文。
[3] 文部省《日本教育史資料(二)》,第537页;文部省《日本教育史資料(一)》,第681页。
[4] 浅见䌹斋《批釋奠策》,《近世儒家文集集成》,第2册,第90—91页。参见李月珊《近世日本の釈奠をめぐる思想の一実態——浅見䌹斋を例として》。

如果"庶人"参加仪式的话，情况有所不同。[1] 浅见䌹斋认为，虽然天地是和谐统一的，但天地之间存在形式、制度、习俗、语言及人的差异，必须尊重这些区别，"而况于建彼祠祭彼神，则国体所重"[2]。浅见䌹斋对非本土神灵的非官方崇拜提出了批评。值得注意的是，直到宽政改革时期，林家塾仍被视为半私人的机构，因此就浅见䌹斋的论点而言，严格来说，它是没有资格举行释奠的。[3]

垂加神道

山崎暗斋未能支持孔子崇拜，但他对日本的神灵却没有秉持这种沉默的态度，他的思想延伸到了与日本政体、皇室血统地位及神道教祭神有关的本土神话与信仰。山崎暗斋在担任会津藩主保科正之的儒者顾问时，并没有创立释奠，而是全心致力于将藩主进行神道式的神化。[4] 山崎暗斋获得了学习伊势神道与吉田神道教义的特权，并试图将神道宇宙观与儒教宇宙论进行融合。[5] "暗斋及其弟子运用五行说来主张日本在世界上的特殊优越地位，并通过连绵不断的皇位继承这一日本独有现象来进一步支持这种主张。"[6]同时，他将朱子学的伦理强度应用到"垂加神道"这一融合性构造中。关于个人角色，他的学说强调"无条件的忠诚以维持政体的连续性"，甚至对于儒家训诫要求的向上级不当行为进行劝谏的重要做法，他也提出了质疑。[7]

---

[1] 浅见䌹斋《批释奠策》，第90页。对于在江户时代末期仍将藩校仪式视为"私人"仪式的观点，参见水户藩"前藩主"对文部省调查（宗教仪式问题）所作的回复："本馆实系私学，故不必因朝制。"参见文部省《日本教育史资料（一）》，第345页。
[2] 浅见䌹斋《批释奠策》。
[3] 当时有观念认为，林家塾的仪式保留了私人仪式的特征。例如中村惕斋《肥州佐嘉武富氏孔子祠记》，第279页。
[4] Roberts, *Performing the Great Peace: Political Space and Open Secrets in Tokugawa Japan*, 143-150.
[5] Ooms, *Tokugawa Ideology: Early Constructs, 1570-1680*, 222.
[6] Ooms, *Tokugawa Ideology: Early Constructs, 1570-1680*, 284.
[7] Ooms, *Tokugawa Ideology: Early Constructs, 1570-1680*, 263.

山崎暗斋的儒家神道赢得了一批有影响力的长期追随者,接下来的部分将会提到这些人。它吸引了那些对天皇尤其忠诚的人,其神儒融合论转而构成了 19 世纪水户意识形态的基础。然而,它在核心部分暗含着本土神话叙事的特殊主义与儒家道德的普遍主义之间矛盾紧张的关系。这种紧张关系及其最终瓦解将成为日本维新前最后几十年释奠历史上的一个重要主题。

崎门释奠

不过,并非所有的崎门学者都反对释奠。有另一个传统看上去对仪式很有利,即朱熹本人对孔子的崇敬,它符合山崎暗斋的朱熹原教旨主义。以广岛藩的崎门朱子学者赖春水(1746—1816)为例。他于 1785 年将朱子学确立为广岛藩的正统学问。作为幕府学问所的客座讲师,他与幕府学问所的高级儒者保持密切的联系。他因"在宽政教育改革背后扮演的角色"而闻名,通过说服松平定信(1758—1829)而促使朱子学成了幕府学问所的正统学问。[1] 赖春水的影响力不止于此。1792 年,幕府学问所采纳了赖春水在广岛藩于天明时期就已进行的实践,即每年一月十五日讲解朱熹儒家伦理纲要《白鹿洞书院揭示》的做法。朱熹的这篇文章几乎被崎门学派赋予了护身符般的价值,幕府学问所举行新年讲座时将其免费分发给参与者。[2] 毫无疑问,这样做的目的是促使家臣进行道德革新。

1790 年八月九日,赖春水与他的兄弟赖杏坪(1756—1834)一起在广岛藩校成功举行了一场朱熹精舍式的释菜仪式,其仪节主要借鉴了中村惕斋对朱熹精舍仪式的修订。不过,该仪式将中村惕斋原本非政治的虔

---

[1] Backus, "The Motivation of Confucian Orthodoxy in Tokugawa Japan," 297.

[2] 石川谦《昌平坂学問所の発達過程とその様式》,第 26—27 页;犬冢印南《昌平志》,第 84 页。《白鹿洞书院揭示》在崎门学派相关的其他藩校中同样受到崇敬。参见笠井助治《近世藩校に於ける学統学派の研究》,第 2 册,第 2089—2090 页。

诚仪式很大程度上进行了政治化。赖春水在祝文中把广岛藩主引为祭主，而不是他自己。他请藩主在神主上题了字，希望借此将藩主的权威与仪式包含的儒家信息联系起来。除了这种微妙的政治色彩外，祝文中还列出了作为从祀的主要宋代理学家，自称这是一个适宜的仪式，符合规模较小的广岛藩校的朱子学正统。该仪式既能体现朱子正统，又是对朱熹道德启蒙的一种尊崇，那么，仪式很可能被认为同样适用于江户。但是，尽管赖春水对幕府学问所的影响很大，但这种影响力没有延伸到仪式方面，赖春水的朱熹精舍式释菜没有被江户采纳。[1]

荻生徂徕

与崎门朱子学对个人道德责任的关注相反，有影响力的异端功利主义儒学思想家荻生徂徕提出了针对外部制度和社会控制的哲学。他的儒学思想代表了一种目的论的深刻转变，即从朱子学的个人救赎目的（individual soteriological ends）转向政治与社会目标。他认为，政府的政治制度及宗教制度是中国古代智者根据历史条件创造的工具，用以满足国家的需要。这种精英主义（elitism）和实用主义为荻生徂徕政治学说中的权威主义与强制性奠定了基础。政府统治就是精英对普通人的控制，普通人是被动的，通常并不知情。法律、惩罚，甚至暴力都在统治过程中发挥了作用。无论鬼神是否存在，鬼神崇拜（spirit worship）亦服务于同样的功利目的。[2] 从这种将制度视为工具的角度来看，荻生徂徕能看到佛教的好处也不足为奇。[3] 对鬼神的崇拜是"先王"创造的一种可操纵

---

[1] 关于广岛藩的孔子崇拜未能被江户采用的原因，参见 James McMullen，"The Worship of Confucius in Hiroshima"。

[2] 关于荻生徂徕对鬼神的态度，参见 Nakai，"Chinese Ritual and Native Japanese Identity in Tokugawa Confucianism," 273。尤其参见其中的第 24 条注释。

[3] 荻生徂徕《徂徕先生答问书》，第 183 页。参见 Yamashita, *Master Sorai's Responsals: An Annotated Translation of Sorai sensei tōmonsho*, 54。徂徕认为"在衰落的时代即使佛教也是有价值的"。

的"治术"。[1] 用西方术语来准确描述的话,荻生徂徕是一位"主张精英权威管理的功利主义者"[2]。

荻生徂徕对儒学的解读必然对他的礼仪观及释奠观产生影响。由于对鬼神崇拜的工具价值拥有功利主义信念,荻生徂徕极为反感儒家传统中对自我修养及个人主体性的强调,以及孟子、子思及宋明理学者身上的"好辩"特质。[3] 他在早期思想中批评孔子的追随者在释奠中"授予或取消贵族头衔、谥号和官阶",认为这是一种"极端"的放纵,具有"僭"的性质。[4] 到他思想完全成熟的时候,荻生徂徕似乎进一步批判了当时的孔子崇祀及孔子的配祀。在 1720 年左右所作的《辨名》中,他没有明确支持孔子本人为合适的献祭对象。他认为,只有圣人才有资格在学校受到崇祀,即那些创造了构成"道"的社会组织礼仪与规范的人。他认为释奠适用于"作者七人":尧、舜、禹、汤、文王、武王和周公。[5] 关于孔子本人,他宣称不可知论:"孔子,我不敢谓之圣人也,亦不敢谓之非圣人也。"[6]

荻生徂徕对释奠的批评产生于他对自身世界高度保守的评判。尽管在徂徕的思想中能明显看到合理的创造性变革的潜力,但它认可了所处

---

[1] 荻生徂徕《辩名》,第 238、131 页;Tucker, *Ogyū Sorai's Philosophical Masterworks: The Bendō and Benmei, Translated and with an Introduction*, 275。

[2] 关于荻生徂徕思想及其影响力的解读,参见 James McMullen, "Reinterpreting the *Analects*: History and Utility in the Thought of Ogyū Sorai;" James McMullen, "Ogyū Sorai and the Definition of Terms;" James McMullen, Review of John A. Tucker, ed. and trans., *Ogyū Sorai's Philosophical Masterworks: The Bendō and Benmei*. 另外亦可参见 James McMullen, "Ogyū Sorai, Matsudaira Sadanobu, and the Kansei Worship of Confucius"。需要补充的一点是,荻生徂徕拒绝了"德行"及道德义务论。他认为,虽然孔子是一位有德行的贤者,但个人的德行修养并不是儒教实践的主要目的。儒家美德也不是人类及自然界固有的超然而自然的、具有约束力的原则。

[3] 关于荻生徂徕对孟子的敌意,参见 James McMullen, "Ogyū Sorai and the Definition of Terms," 257–258。

[4] 荻生徂徕《蘐园十笔》,第 495、216 页。关于荻生徂徕在仪式中对崇祀对象的削减,参见《蘐园十笔》,第 496、217 页。

[5] 荻生徂徕《辩名》,第 217、66 页;Tucker, *Ogyū Sorai's Philosophical Masterworks: The Bendō and Benmei, Translated and with an Introduction*, 200。但是在《政谈》中,荻生徂徕在毛利氏的萩藩正面提到了以释菜来崇祀孔子之事。参见荻生徂徕《政谈》,第 442 页;Lidin, *Ogyū Sorai's Discourse on Government (Seidan): An Annotated Translation*, 320。

[6] 荻生徂徕《蘐园十笔》,第 338、548 页。

社会的社会政治结构，不主张激进的重建。他对将军的君主权威有极深的关切："日本所有国土皆属于将军。任何事都应遵照将军的命令。"[1]他主张提拔有才能的人，即使他们是"百姓、町人"，但这样的提拔只涉及底层人民中的"一两人"。[2] 从中国儒家的观点来看，荻生徂徕并没有从根本上解决日本社会潜在的结构性问题，这种问题也是导致释奠苍白化的主要原因——先赋性的、世袭的社会结构，再加上德川政权的军事特征。他不建议实行公开的中国式考试制度，也没有从根本上批评自身世界中军事文化的影响。

双重崇祀

以上就是从 18 世纪后半叶开始的有关释奠的主要思想潮流。正是处于这样的背景之下，再加上灾难激化了的民族情绪，日本的高级官员才转向了儒教、释奠及与之相关的价值观，以便在危机时刻保持权威，提供指导。明治时代以前，释奠的最后一段历史中占主导地位的两种不同仪式是由两名国家最高官员委托的：一个是朝廷的天皇，与释奠初次传入日本时不同，天皇在一段时期内担当了主要礼仪角色；二是幕府将军，委托了幕府学问所的释奠。释奠为两者各自提供了益处，但有所不同。两种仪式都借鉴了平安时代的传统，但它们的动机、观众、精神特质及礼仪形式等方面却各不相同。皇家释奠在幽静的京都宫廷中悄然开始。客观地说，这种仪式规模很小，资源贫乏，礼仪并不隆重，一开始很少有人关注。然而，它的抱负和象征意义是广泛的，甚至是全面性的，因为它在无形中唤起了人们对于天皇统治权的一种宇宙论式的（cosmic）甚至宇宙生成论式的（cosmogonic）的宏大愿景。在宫中，支持释奠的是垂加神道派

[1] 荻生徂徕《政談》，第 306、365 页；Lidin, *Ogyū Sorai's Discourse on Government (Seidan): An Annotated Translation*, 139, 218。
[2] 荻生徂徕《政談》，第 371、369 页；Lidin, *Ogyū Sorai's Discourse on Government (Seidan): An Annotated Translation*, 224, 225-226。

的学者,仪式最突出的推动者是光格天皇(1780—1817 在位)。

幕府仪式的影响也同样深远。仪式在经历了前一章描述的低谷之后,幕府内部的改革派进行了根本性的教育改革,其中包括释奠改革。改革前的林家仪式事实上已是半官方的,改革后则为完全官方的仪式,在重建后规模宏大的圣堂举行,并拥有了资金保证。在思想意识上,幕府对释奠仪式的占有是对其国家道德领导力的一种宣告。但与传统的京都仪式及此前的林家仪式不同,幕府官方释奠所要表达的是贯穿整个宽政改革的专制精神。下面会讲到,虽然幕府的宽政改革者树立了崎门朱子学的正统地位,但改革背后的主要影响因素是荻生徂徕关于精英管理的功利主义思想。宽政改革的领袖是松平定信,他曾担任"老中"的"主席",后来成为"将军补佐",直到 1803 年辞职。

由于日本儒者中不存在制度化的等级划分,加之朝廷在政治上拥有顺从、被动的特点,且朝廷和幕府仪式的观众是有限而狭隘的,因此,两种释奠表演在没有公开争论的情况下得以共存。这两种传统并不代表分裂,因为不存在儒者的国家团体组织,也不存在普遍接受的正统信仰。儒教传统不具备吉田神道、白川神道或佛教那样的宗派结构。然而,没有教义争论并不代表没有竞争。东亚国家释奠是政治权力的合法性及道德品质的有力象征。在京都宫廷和幕府关系日益紧张的时期,仪式的举行象征着对道德领导力的主张,是一种有价值的权力附加。宽政改革期间,光格天皇和松平定信作为各自团体的领导人对释奠实施了资助,这可以看作是对权力的竞争。

随后而来的是日本儒教和释奠历史上的所谓黄金时代。本书第三部分的其余章节将考察这种"儒教化"的性质。每一处独立释奠的历史都可以追溯到明治维新之初。本书将分析孔子崇祀的性质、机构、礼仪及参与者。在接下来的几十年里,每种释奠都首先经历了短暂的灿烂,随后却陷入了传统主义。随着幕末危机的加剧,朝廷和幕府的释奠都无法使儒教成为领导者的资源,这两种释奠在维新时期都无法作为明治政府合法化或神圣化的工具而得以继续存在。两者之中,天皇的儒教无疑具有更长远的历史重要性。然而，由于"幕府支持儒教"这一林家叙事的成功，也许还因为历史学者们对于日本天皇向中国人献祭的做法仍然心存顾虑，与江户幕府释奠相比，宫廷儒教仪式的存在鲜为人知。在这两个社会中，将释奠树立为国家崇祀的做法为仪式及其推动者带来的好处是有限的：虽然拥有了财力保障，但也导致了安于现状、表现力衰弱及传统主义等问题。

第十三章

天皇与素王：宫廷仪式、光格天皇及学习院

德川吉宗与礼仪、宝历事件、宫廷"上丁"仪式

18 世纪末宫廷中举行的释奠戏剧性地扭转了自古以来圣人与天皇之间的隔阂局面，但这并不是突然发生的。在德川早期就有迹象表明朝廷对释奠感兴趣。如前所述，日本释奠的第二次演变始于京都这一古老帝都。释奠的主要推行者藤原惺窝是古代宫廷社会的血缘及社会继承人，他的祖先可以追溯到古代释奠史上最后一位重要人物藤原定家。藤原定家在武士的支持下复兴仪式，这种做法在后来引发了问题。朝廷和京都是要把他们对古老儒家道德及文化的领导权拱手让给武士阶层吗？藤原惺窝的弟子、远亲、贵族后裔的儒者松永尺五以为不然。17 世纪中期，松永尺五在京都成功创建了仪式，复兴了作为文化庆典的释菜版本。他得到了后水尾天皇的支持，但这一仪式未能持续进行。后光明天皇在京都设立学校及圣堂的提议也未能实现。[1] 在此后的大约 80 年里，天皇对孔子崇祀的兴趣消退。不过，也有天皇悄然地表达过虔敬之意。例如，后光明天皇的养子灵元天皇（1663—1687 在位）为孔子画了一幅肖像，在题词中引用了《论语》，这幅画的绘制可能就是出于崇敬的目的。[2] 随着时间的推移，天皇又恢复了对仪式的兴趣。后来的宫廷记录声称，樱町天皇（1735—1747 在位）自"元文（1736—1741）以来"，于"春

---

[1] 参见第七章"释奠对封建日本的挑战"一节以及在线附录三"德川日本的非官方与民间孔子崇拜"。

[2] 灵元天皇《聖像之御畫並御贊》，第 3 册，第 129 页；《论语》第四篇第九章。

秋上丁"之日旁听儒学讲释。[1] 这一说法出自古代藤原家族后裔的日记,有一定的真实性。究竟是什么促使朝廷此时对儒教产生了兴趣,又采取了什么礼仪形式呢?这一点并不清楚。但众所周知,第八代将军德川吉宗支持了宫廷仪式的复兴,例如 1738 年樱町天皇的即位仪式。更有启示意义的是 1722 年幕府向朝廷呈献的礼典,包括水户藩编纂的《礼仪类典》,共 98 卷,其中 166 卷至 167 卷记录了日本的释奠。此外在 1729 年,幕府还呈献了记有中国释奠细节的马端临(1254—1323)的《文献通考》,及其明代续篇——王圻(1530—1615)的《续文献通考》。[2] 但是,正如前面提到的,德川吉宗对释奠并没有兴趣,他更喜欢用讲学来传播儒教思想。在这个阶段,宫廷仪式似乎只进行了讲学,没有包含对孔子的祭祀。

1752 年春天的宫廷日记中可以找到关于"上丁"仪式的最可靠记录,尽管那时的仪式还未具有祭仪的性质。[3] 18 世纪中期,天皇重新拥有了最高统治权意识,这对孔子崇祀产生了巨大的影响。可以推测,大约在这个时候或稍晚一点,忠皇派理论家竹内式部(1712—1767)在京都的讲学使宫廷增强了对儒教的兴趣。[4] 竹内式部是山崎暗斋儒家神道——垂加神道的追随者,他主张对天皇的绝对忠诚,认为天皇是神道创世神的神圣后裔。他的活动导致的 1758 年重要的"宝历事件",需要在此作一下简要介绍。竹内式部向"数十名下级宫廷贵族"进行了讲学,包括天皇的私人侍从。其中一位是天皇的老师伏原宣条(1720—1791),他是古代朝廷儒学者清原家族的后裔,他把竹内的观点传达给了年轻的桃园天皇(1747—1762 在位),得到了天皇的认同。然而到了 1755 年,保守的高级贵族担心竹内宣扬的对皇权的效忠是具有煽动性的。朝廷内部沿着一条

[1] 五条为定《菅葉》1850 年八月八日条,引自《孝明天皇実録》,第 198 页。

[2] 辻达也《朝幕体制の変質と朝幕関係》,第 236 页。

[3] 《稙房記》1752 年八月九日条,引自《桃園天皇實録》,第 1 册,第 332 页。记录中称,仪式举行了"讲释","如去(1752 年)二月五日",即与当年二月份举行的类似。其措辞表明这是一种不为人熟知的仪式或新形式。

[4] 相关介绍参见内田周平《望楠軒諸子の學風》,第 201—203 页。关于垂加神道,参见 Herman Ooms, *Tokugawa Ideology: Early Constructs, 1570–1680*, 221–286。

古老断层线出现了派系纷争。[1] 断层线的一边是摄政王近卫内前（1728—1785）领导的高级贵族，他们谴责垂加神道这种吸引了天皇并潜在地为天皇赋权的神儒融合观念，认为它是粗俗的，并试图加以压制。断层线的另一边是桃园天皇本人和他身边的级别较低的侍从，他们对竹内式部的学说感到兴奋。摄政王禁止垂加神道学者在天皇面前讲读《日本书纪》，对此，桃园天皇提出了抗议。他讲道："夫神道……吾国之大道，朕等执政人必学之道也。"[2] 最终，摄政王取得了胜利，天皇的许多侍从都被判处居家监禁，朝廷寡头重新控制了天皇。竹内式部则由于对《论语》中倡导的皇帝专制表示赞同，后来被京都的地方长官奉行赶出了京都。[3]

　　这一事件带来的两个变化对日本后世孔子崇祀的历史产生了重要影响。一是，从长远来看，摄政王对级别较低的天皇侍从家族进行的惩罚在朝臣的记忆中留下了对"摄关家"永久的怨恨；二是，其中两名受罚者来自岩仓家族，据说他们的命运在一个世纪后促使著名的维新领袖岩仓具视（1825—1883）开展了反对"摄关家"的活动，讽刺的是，那显然也是反对儒教的活动。[4]

后樱町天皇与光格天皇

　　然而，这一事件更直接的后果是，天皇开始认识到其作为太阳女神后裔所具有的个人统治权力。天皇重新燃起了对儒教的兴趣，其背后的神学基础是垂加神道的教义。显然，垂加神道关于最高统治权的观念试图将日本特殊的神权神话信仰与儒教普世的道德责任融合在一起。前文提

---

[1]　宝历事件在辻善之助《江户时代》中有详细叙述（第274—294页）。
[2]　桃园天皇写给近卫内前的信，见辻善之助《江户时代》，第283页。原文为日文。
[3]　《论语》第十六篇第二章："天下有道，则礼乐征伐自天子出；天下无道，则礼乐征伐自诸侯出。自诸侯出，盖十世希不失矣。"
[4]　受罚者名单参见辻善之助《江户时代》，第287页。有关岩仓具视因此次事件在维新运动时期开展反摄关活动的说法，见前书，第239页。

到了桃园天皇的老师伏原宣条，他在宝历事件中没有受惩罚，并向下一任天皇后樱町天皇（1762—1770 在位）进行了讲学。后樱町天皇继而试图说服其继任者光格天皇去支持儒教事业。竹内式部的影响并没有像摄政王期望的那样被根除，而是从桃园天皇延续到了接下来的三任天皇。这对宫中的孔子崇祀产生了重大影响。

18 世纪中叶的日记中记载了每年二月及八月上丁日在宫中举行的"讲释"。虽然这些日子按日历来讲属于释奠日，但尚不清楚讲释之前是否有祭祀仪式。这种独立于祭祀的、天皇定期聆听宫内儒学讲释的做法可以在日本古代找到先例，即天皇参加的"内论义"。内论义上进行对儒家经典的阐述，其举行日期是大学寮秋祭仪式的翌日，即戊日。18 世纪的"讲释"很可能有意识地复兴了内论义，但该活动没有与献祭活动联系在一起。

同时，桃园天皇统治时期的宫廷日记显示，后樱町天皇及其继任者后桃园天皇（1758—1779；1770—1779 在位）继续在"帝鉴间"或"小御所"举行讲释。根据后樱町天皇及后桃园天皇统治时期的相关记录，天皇在讲释时"垂帘"听讲，这可能也意味着没有举行献祭活动。[1] 不过，仪式显然包含了诗歌创作活动，显示出日本古代释奠文化活动的复兴。[2] 后樱町天皇这位日本最后的女天皇亲自进行祭祀的可能性不太大，但也不能完全排除。光格天皇在 1799 年描述了他在后樱町天皇的持续教导下实践儒家最高统治权理想的尝试，其用语表明他熟悉崎门朱子学的自我修养："无私欲，以慈、仁、智专心于天下万民，是君主之本教；自《论语》始，凡书皆有此理。"[3] 其他情况也表明，从后樱町到光格时期天皇可能都受到了垂加派的影响。从 1777 年六月廿八日起，在六个多月的时间

［1］《柳原纪光卿记》1766 年二月十七日条，引自《後桜町天皇實録》，第 396 页；1776 年八月八日条，引自《後桃園天皇實録》，第 608 页。
［2］ 参见《後桜町天皇實録》1765 年二月二日条，第 330 页，所引"后樱町天皇宸记"中提到了天皇为提交的诗文作标注。
［3］ 1799 年七月廿八日光格天皇写给退位女皇的信。参见辻善之助《歷代詔勅謹釋》，第711—712 页。

里,后樱町天皇听了伏原宣条的 26 次讲释。前面也提到了,伏原宣条是竹内式部的垂加派信徒,从 1748 年开始,他将其学说传授给了桃园天皇。[1]

光格天皇

除了天皇自身以外,公众亦愈加拥护天皇的统治。安永、天明时期的自然灾害及苦难增强了人们对宫廷的信仰,宫廷成为摆脱困苦的寄托,例如 1787 年六月发生饥荒时,出现了约 7 万人绕行皇宫的"御所千度参拜"现象。天皇对公众的遭遇表示了同情。后樱町天皇及光格天皇(图 13.1)都做出平民主义姿态,例如,后樱町天皇分发了 3 万个苹果,光格天皇用淡水灌满了护城河以供绕行的民众使用,并在 1787 年向江户幕府提议饥荒期间对民众实施救济。[2]

在光格天皇漫长的统治期间及后来退位成为上皇期间,他始终是一个对政治敏感的君主。他固执地将自己的意志与幕府宽政改革领导者松平定信的意志对立起来,试图扩大天皇和京都朝廷相对于幕府的道德权威与礼仪权威。[3] 和当时的其他天皇一样,光格天皇将礼仪视为一种工具。正如一位现代历史学家所说的,他用礼仪来"提升天皇的神秘感与权威"[4]。相关礼仪包括与国家安稳有关的仪式,如岩清水八幡宫及贺茂神社的"临时祭祀",还有天皇亲自担任祭官的"新尝祭"。[5] 儒教仪式也在其中发挥了作用,帮助天皇塑造出了一个仁慈的、家长式君主的理想形象。宫廷日记在提到"上丁"仪式时频繁使用"如常"一词,证明仪式确已成为宫廷礼仪日历中的例行活动。

---

[1]　参见所功《後桜町女帝の書写伝授された仮名論語》,第 28—29 页。

[2]　藤田觉《国政に対する朝廷の存在》第 308、312、318、333 页。

[3]　例如他希望恢复"天皇"的称号,以示对日本君主至高无上的尊重。藤田觉《国政に対する朝廷の存在》,第 353—356 页。

[4]　藤田觉《国政に対する朝廷の存在》,第 325 页。

[5]　藤田觉《国政に対する朝廷の存在》,第 326—327 页。

图 13.1　光格天皇画像

丰冈治资（1789—1854）作。由东京大学史料编纂所提供。受退位后的后樱町上皇的影响，光格天皇在京都皇宫定期主持释奠仪式，亲自祭祀了孔子。

后来，仪式从单纯的"讲释"转变为更完整的释奠祭祀加讲释的形式，这一巨变究竟是由谁、在何时发起的呢？这一点并不确定，但很可能是在光格天皇统治时期。当时的释奠仪节没有被保留下来。不过，1781年二月十四日的日记中提到了"释奠"，暗示当时举行了祭祀。[1] 可以明确的是，光格天皇致力于推动释奠仪式。1788年京都大火烧毁了皇宫后，他"颁布命令"，宣布1789年八月四日的释奠在佛教寺院圣护院的"行宫"（临时宫殿）中举行。[2] 1798年的史料首次提到了天皇的拜礼及"供物"（祭品），称一切"如前"。[3] 此外，宫廷外部有关藩校初创释奠的史料证明，皇宫的释奠祭祀仪式早已开始进行。"宽政七年"（1795）左右开始，播磨地区的三日月藩（15000石，广业馆，1796年）在学校举行了释奠仪式。[4] 该藩与京都宫廷贵族有密切的联系。[5] 该校的释奠仪节《三日月藩立学校释奠式》受到了"显官"菅原在熙（亦称唐桥在熙）的指导。菅原在熙曾参加过宫廷的孔子祭祀。宫廷日记中多次提及他参加了18世纪70年代与80年代的宫廷"上丁"仪式。[6] 此外，该藩校的记录还提到，三日月藩释奠的器具是根据"修约"（协议许可）复制的，其原型是京都柳本商店为天皇制作的器具。[7] 总之，宫廷释奠显然在1795年就已经建立，其初创可能是在十年前或者更早。

宫廷释奠

从18世纪末开始，宫廷孔子崇祀的细节变得愈加清晰。从历代朝臣

[1] 《山科忠言卿記》1781年二月十四日条，引自《光格天皇實録》，第153页。
[2] 安田照矩《十三朝記聞》第六，"光格"，引自《古事類苑》，文学篇第2册，第41页；《史料稿本》"释奠"，编号20。
[3] 《日記案》1798年二月三日条，引自《光格天皇實録》，第985页。
[4] 文部省《日本教育史資料（六）》，第104页。
[5] 三日月藩的奏乐者声称从宫廷乐师那里获得了"许可"，关于这些宫廷乐师，参见《日本教育史資料（六）》，第104页。
[6] 参见《日本教育史資料（六）》，第104页。例如，1778年二月六日，在讲授《礼记·曲礼》时，菅原在熙（此前曾担任临时大臣。正二位，死于1812年，享年56岁）在宫廷参与了"上丁"仪式。参见《定晴卿記》，出自《桃园天皇實録》，第692页。
[7] 有关京都柳本商店的详细信息可能会缩短时间范围，但尚需进一步研究。

日记中可以抽象出仪式及相关安排的轮廓。比如，仪式受到了平安时代释奠拜庙中"文化展示"部分的影响。仪式当天（二月和八月的第一个丁日，有时推迟），以古代学者家族的菅原氏及清原氏为代表的高级贵族在宫廷中向"议奏"进行报告。参加仪式时，贵族身穿"指贯"（丝绸长裤）。祭祀仪式十分简短，举行场所是"御学问所"，一个用于天皇接受教育、接见高级贵族的宫内场所。该空间的"上段"与"中段"用屏风隔开，并设立了一个祭坛。按照古代仪式惯例，献祭之后贵族将前往"小御所"（用于会见大名的房间）举行与古代"拜庙"阶段相对应的活动，即经典讲释与诗歌创作等文化活动。

关于进一步的细节，菅原家子弟东坊城聪长（1799—1861）在1831年八月八日的日记中有详细记录。当天，一小群公卿来到御学问所，在那里"如常"举行了释奠：

> 墙上挂画像（孔子像）三幅，面东。北为宣光卿笔，中为胜麿笔【此画先年予献之】，南为吴道子笔。左侧颜子，右侧曾子【此画先年从位鹰司殿献之，远不及予所献之物也】。次供膳物：御饭高盛，二器【每幅前】。次鱼物：鲷、鲤、盐鸭。果：枣、葡萄、菜、大根、牛房、若采、冰。次（天皇到达中殿后进献）御神酒【御拜之时，天酌（天皇亲自斟酒）也】。御拜毕，近臣【清二位已下】拜。毕，天皇入御（退入内宫）。其后皆退去。[1]

此次诗歌创作的主题为"清风满竹林（以凉为韵）"。宣布诗题后，仪式的祭祀阶段结束。按照平安时代的惯例，接下来进行休息，然后变换场地。在申时天皇再次出现在小御所，朝臣们对经典依次发表阐述并进行

---

[1] 《東坊城聰長日記》1831年八月八日条，引自《桃園天皇實錄》，第649—650页。"宣光卿"可能是伏原光卿（死于1827年，享年78岁）。吴道子（710—760）的画很可能是被广泛复制的"孔子行教像"。参见翠川文子《释奠（二）》，第224页。胜麿的身份不明，可能是狩野派分支的岩佐派的成员。原文为日文。

议论。日记的作者东坊城聪长讲解了《论语》第五篇第二十七章中的六句。[1] 最后,"各讲进之后,天皇回宫如例。圣像撤却,供物分配。怀纸交予按察使,退出"。

仁孝天皇

光格天皇退位后,他的儿子、继任者仁孝天皇(1817—1846 在位)继续参与献祭活动,并对释奠仪式表示满意。有两次仪式中,仁孝天皇在献酒之后坐在御学问所"中段"的垫子上"发表声明",表达了"他惯有的喜悦"。[2] 1836 年二月四日,由于患了感冒,仁孝天皇命人传达消息,称他不能亲行祭拜。为此,他委托代表进行了献祭,东坊城聪长记载:"我献上供品,就像天皇在场时一样。"[3] 仁孝天皇最后一次参与仪式是在 1845 年八月八日,东坊城聪长记载:"天皇行拜礼,亲手献上神酒。我作为天皇侍从出席。"[4]

这场宫廷仪式虽然低调,却也并不是秘密。前面已经提到,三日月藩在"宽政七年"明确表示其受到宫廷释奠的恩惠。幕府很可能了解这场宫廷仪式,因为它一直密切监视着宫廷。1788 年五月,松平定信因当年火灾后的重建工作而访问了宫廷,如果宫中确立了释奠制度,松平定信肯定会知道。[5] 在半个世纪之后的 19 世纪 40 年代末,朝廷商议在新的"学习院"举行仪式,最终与幕府达成了协定,将每年举行两场的宫廷仪式中的一场转移至该校。然而,德川时代晚期的宫廷释奠绝不是古代大学寮仪式那样盛大而包容的仪式。其规模较小,是个人的、简单的,几乎都是暗中进行的。仪式的某些细节至今尚不清楚,例如,是否有祝文阐明

---

[1]《论语》第五篇,第 18—23 页。
[2]《東坊城聰長日記》1832 年二月九日条、1834 年八月五日条,引自《仁孝天皇實録》,第 665、705 页。
[3]《東坊城聰長日記》1836 年二月四日条,引自《仁孝天皇實録》,第 769 页。
[4]《東坊城聰長日記》1845 年八月八日条,引自《仁孝天皇實録》,第 1100 页。
[5] 藤田觉《国政に对する朝廷の存在》,第 338 页。

天皇的意图？如果有，它是如何措辞、由谁宣读的？

这次仪式的目的又是什么呢？它是否试图通过赋予天皇权力来消解天皇与高级宫廷寡头之间的古老断层？即使孔子被公认为"素王"，但他也是一位外国平民，作为太阳神后裔的天皇如何看待自身与孔子的关系呢？有趣的是，主持仪式的都是古代学者家族菅原氏的后人，其祖先菅原道真曾侍奉过宇多天皇并与释奠具有历史关联。尽管诗歌创作显示了释奠作为"文化展示"的性质，但毋庸置疑，天皇对孔子的祭祀蕴含了虔诚的信仰。至少对于光格天皇来讲，对儒教的践行包含了对精神或思想准则的遵守；为了显示自身的儒家"仁政"理想，他利用仪式来彰显政权合法性及道德性。诚然，在政治上基本被剥夺权力的德川后期天皇在当时不太可能把儒家君主制传统视为挑战或驱逐幕府的直接政治手段。光格天皇声称的权威是基于礼仪和道德权威的典型"软"实力。这种权威缺乏有效的官僚结构及实际的权力基础，也未能使宫廷超越德川政权早期强加的艺术典范的角色。[1]

光格天皇强烈的统治权意识源自其对儒教的个人理解，进而被其接任者所继承。这种意识创造了一个独特的政治空间，在三任天皇之后，最终促成了王政复古的出现。[2] 值得一提的是，在这一时期，宫廷开始"悄悄地发展在日本礼仪空间中的权威，并与大名建立联系"[3]。这与同时期乾隆皇帝在北京针对孔子崇祀体现出的张扬而积极的公共领导力形成了鲜明对比。这位伟大的中国皇帝也许并没有大肆宣扬儒教，但他在北京国子监以口头转述的方式向聚集的官僚和学生传达了他的儒家教义。

然而，此时出现了日本释奠史上的诸多讽刺之一：在古代，对仪式的态度多是将其去政治化，并保护以天皇为中心的寡头政府免受仪式具有颠覆性的潜在威胁；而德川时代晚期天皇参与的释奠则是相反的，他们试

---

[1]　Lee Butler, *Emperor and Aristocracy in Japan, 1467–1680: Resilience and Renewal*, 212–217.
[2]　参见藤田觉《幕末の天皇》，第80页。
[3]　Luke S. Roberts, *Performing the Great Peace: Political Space and Open Secrets in Tokugawa Japan*, 154.

图利用仪式来增强自身的权力。天皇对孔子的祭祀也令人耳目一新地否定了任何关于孔子崇祀的日本特殊论的主张。释奠的政治及道德吸引力超越了历史上对宫廷释奠的反对意见。真正决定日本人对释奠这种政治仪式的态度的，并不是实体化的民族性格，而是政治的迫切需要，以及长期以来儒教道德及政治传统对日本权力诉求者的吸引力。

学习院与孝明天皇

光格天皇和仁孝天皇对儒教虔诚的信仰对德川后期及明治时期的最高统治权观念产生了长期影响，但两位天皇生前几乎没有为儒教的发展带来直接影响。1846 年仁孝天皇去世之后，朝廷声称他曾希望在京都建立一所宫廷贵族学校。[1] 由此，1847 年建立了由幕府出资的"学习院"，这被认为是对古代大学寮的复兴。其表面目的是解决京都朝臣风纪下降的问题，特别是那些地位较低的朝臣，有的十分贫困，不得不依靠赌博等行当来维持生计。[2] 然而，幕府却以谨慎和矛盾的心态看待朝廷贵族教育的前景。在提供资金的同时，江户幕府试图使新学校拥有一个低调的形象，并弃用古老的名称"大学寮"，大概是因为该名称与天皇集权统治有关。学习院使用了位于皇宫外围狭窄的"开明门院"现有的建筑，只有讲堂是新建的。[3] 不过事实表明，这个新学校在朝廷上下的贵族群体中很受欢迎。1847 年三月八日，学校开始讲授。[4] 开校仪式上，有 93 人出席。这些人中包括了加茂神社、吉田神社及松尾神社的世袭神官，他们受雇于宫廷并拥有朝廷品级。[5]

像在古代日本一样，朝廷贵族学校通常成为朝廷崇祀孔子的场所。

---

[1] 大久保利谦《明治維新と教育：大久保利謙歴史著作集（四）》，第 27 页。
[2] 关于下级朝臣贫穷堕落的相关内容，参见学习院百年史编纂委员会《学习院百年史》，第 19—23 页；大久保利谦《明治維新と教育：大久保利謙歴史著作集（四）》，第 20 页。
[3] 学习院百年史编纂委员会《学习院百年史》，第 24 页。
[4] 学习院百年史编纂委员会《学习院百年史》，第 33 页。
[5] 学习院百年史编纂委员会《学习院百年史》，第 33—34 页。

1848 年七月,为了获得举行释奠的许可,摄政鹰司政通(1789—1868)通过"禁里付"(驻朝廷武官,或称"御附武士")向幕府的老中发起了谨慎的谈判。[1] 朝廷希望在新学校每年举行两次释菜,由朝廷出资。后来朝廷提议的仪式次数减少了,这可能是对幕府作出的让步:"现在仅有讲堂而已,因此不会举行正式的仪式。目前皇宫每年有两场仪式,我们想将其中的一场转移到讲堂。"由此,双方似乎已在原则上达成初步共识。[2]但之后幕府却变得十分拖拉。[3] 显然,幕府有财政上的困难,于是朝廷申明,费用将从宫廷收入中支出。[4]

与此同时,年轻的新天皇孝明天皇(1846—1866 在位)最初似乎打算延续父亲及祖父对孔子的宫廷祭祀。1847 年八月十日,他在父亲的旧"侍从"东坊城聪长的指导下小心翼翼地举行了祭祀孔子的释奠。[5] 这次经历使孝明天皇兴奋不已。据称,1849 年秋天,他"希望在学习院举行仪式,并将此愿望传达给了幕府的京都所司代酒井忠义(1813—1873)"。但是在新学校举行释奠的设想令关东的幕府感到担忧。[6] 公开的天皇仪式是具有挑衅性的。因此,幕府的京都代表"犹豫不决,没有答复"[7]。年轻天皇的意愿被拒绝了。朝廷日记作者称,仪式因"障碍"而不得不推迟,到了 1849 年八月二十日,即八月的第三个丁日,秋季"圣像御祭"仪式及讲经议论仍然在小御所中举行,而未能在学习院举办。[8] 这是现存最后一个关于宫廷祭孔的记录。最后,幕府接受了一个妥协方案——就像菅原家的日记作者五条为定在 1850 年一月五日记载的那样:

[1] 幕府老中任命的两名武士官,率领五十名武士,在皇宫里层层看守,检查宫廷贵族,收入为 1000 石 1500 俵。
[2] 本多辰次郎《學習院創建及其沿革》,第 35 页,引武家传奏三条实万 1848 年八月一日日记。本多辰次郎的论文中有大量引文,记录了旷日持久的谈判。
[3] 大久保利谦《明治維新と教育: 大久保利謙歴史著作集(四)》,第 22、24 页。
[4] 大久保利谦《明治維新と教育: 大久保利謙歴史著作集(四)》,第 38 页。
[5] 《東坊城聰長日記》1847 年八月十日条,引自《孝明天皇實録》,第 92—93 页。
[6] 三条实万 1849 年五月一日日记,引自本多辰次郎《學習院創建及其沿革》,第 37 页。
[7] 《史料稿本》1848 年八月廿日,"釋奠",编号 64。
[8] 《山科言成卿記》1849 年八月廿日条,出自《孝明天皇實録》,第 182 页。孝明天皇参加的后续仪式似乎只包括讲释。

"来二月丁祭,于学习院行之。以后依先帝之睿虑,秋于学院行之,春于禁中行之。"[1]不过,没有安排天皇参加学习院仪式。

在孝明天皇失败的背后,宫廷内部相当于发生了一场高级寡头的政变。宫廷释奠减少到一年一次,天皇被拒绝参加学习院的仪式,这似乎反映了权力向高级贵族尤其是摄政王的转移。这种权力的转移在1850年八月八日推迟举行的秋季宫廷仪式的座位安排上有所体现。像往常一样,讲经在小御所举行,不过座位发生了变化。此前,有记录显示讲经时天皇位于帘后,与小御所中的讲师似乎是隔开的,包括公卿在内的贵族则一直坐在相邻的"南厢之间"。[2] 而现如今,参加仪式的朝臣被分成了两组。其中高级贵族所在的一组被提升至更接近天皇的地方,即小御所的"下段"中。[3] 这在等级上及政治上重申了最高寡头的优势地位。[4]

如今,摄政王控制着朝廷,可能不愿意将祭祀孔子的权力让渡给天皇。天皇直接参与宫廷释奠的情况逐渐减少。孝明天皇后来又在1851年二月十日及1853年二月二日参加了两次春季宫廷讲释,但自此以后宫廷讲释也从记录中消失了。[5] 权力再一次跨越了天皇与高级贵族之间的古老断层线,向有利于后者的方向转移。

尽管不情愿,幕府还是许可了在新学习院举行的释奠。1850年春季

[1] 大久保利谦《明治維新と教育: 大久保利謙歷史著作集(四)》,第38—39页,引五条为定《菅葉》1850年一月一日条。此处解释说,学习院的这场特殊春季仪式本应在去年秋天举行,但由于与幕府的谈判陷入僵局推迟了。
[2] 《山科言成郷記》1843年二月四日条,出自《仁孝天皇実録》,第986页。
[3] 五条为定《菅葉》1850年八月八日条,出自《孝明天皇実録》,第198页。"殿上人"在宫廷中的地位低于公卿,仍然坐在地位相对较低的"南厢之间"的圆形垫子上。
[4] 《野宮定祥日記》1850年八月八日,引自《孝明天皇実録》,第198—199页。东坊城聪长向他的同僚、日记的作者野宫定祥解释了当时的情况:计划是由摄政鹰司政通筹划的。野宫定祥带有怨恨地评论道:"公(指东坊城聪长)知悉摄政王的意图,处处迎合。不愧是合于时势之人。"1846年仁孝天皇死后,摄政王获得对宫廷的统治权。关于这一点,参见Herschel Webb, *The Japanese Imperial Institution in the Tokugawa Period*, 232–234。
[5] 《非蔵人日記抄》1851年二月十日条,出自《孝明天皇実録》,第204页;《史料稿本》"上丁",编号34。

仪式的仪节被保存至今。[1]　在形式方面,学习院释奠与它所取代的宫内
仪式相似。不过,学习院释奠更多基于《延喜式》,其设计似乎旨在强调
与古代宫廷贵族传统在礼仪等方面的连续性。仪式中向孔子像献上释奠
诗,具有平安时期"文化展示"的色彩。[2]　仪式在学习院的讲堂举行,初
献官由"别当"(学校管理者)担任,主导仪式的还有"学头"(校长)东坊
城聪长,前文亦多次提到过他,他曾作为宫内侍从协助过仁孝天皇,并教
授过孝明天皇。孔子祭坛位于新讲堂北墙中央的凸出部分,面朝南,两侧
分别是颜回与曾子,后面摆放着十哲的屏风。[3]　此处还有一张八脚桌及
一整套器具,包括京城释奠中典型的十笾与十豆,显示出对仪式的雄心。
在这方面,学习院采纳了古代《延喜式》官方释奠及中国皇帝委托的国子
监释奠的用具数量。[4]　由此,学习院举行的释奠仪式获得了最高官方
地位。

　　然而,仪式本身却很简单。据称,仪式的形式是由场地狭窄的特性决
定的。首先,别当及学头放置"币帛"(宫廷资助仪式的黄金,以及类似的
贵族捐款)。随后,学生们从菅原及清原家族手中接过供品,递给学头,学
头将其献于祭坛。别当端来一杯酒,放在祭坛上。现存第二年学习院释
奠祝文内容与《延喜式》中的释奠祝文相同,指认天皇作为委任人,委托
"学头菅原朝臣聪长"主持仪式。[5]　献祭后举行了对应于平安时代"拜
庙"的仪式:在讲堂中布置讲论的位置;进行讲经与问答;撤掉祭品;分配礼
物;献诗(1850 年春季释奠的主题恰如其分,为"温故而知新");[6]别当将
重要的诗文送到宫中供天皇审阅;天皇审阅之后,又将诗文送回到学校。

[1]　《日本教育史资料(八)》中的仪节,第 133—134 页。另一份资料与其稍有不同,参见《古
　　　事类苑》,文学篇第 2 册,第 1415—1417 页。
[2]　《古事类苑》,文学篇第 2 册,第 1417 页。一些诗收录于第 1417—1418 页。
[3]　与幕府复兴的孔子、颜回的祭祀仪式一样,在本应象征着朱熹正学复兴的仪式上仅以这两人
　　　为配祀是十分奇怪的。不过,有必要与菰野藩(11000 石,丽泽馆,1816 年)举行的仪式相对
　　　比,在那里祭祀的也是孔子、颜回和曾子。参见《日本教育史资料(一)》,第 121 页。
[4]　《日本教育史资料(八)》,第 134 页。
[5]　1851 年八月三日释奠仪式的祝文,引自本多辰次郎《学习院创建及其沿革》,第 54 页。
[6]　《论语》第二篇第十一章;《日本教育史资料(八)》,第 134 页。

　　这种仪式在宫廷贵族群体中取得了成功。[1] 每位在场观众都分到了一盒点心,包括 100 多位公卿以及大约 30 位"推参"(40 岁以上、不再有入学资格的自荐参加者)。此外,大约有 40 位"非藏人"、信使、警卫每人领到了 7 个包子。[2] 出席者包括摄政王、摄政王家族成员及其他高级贵族。财政支持来自宫廷及大约 140 位贵族个人,捐助者名单十分详尽。可见,仪式的复兴得到了摄政家族及整个宫廷贵族群体的支持。

　　学习院释奠部分地取代了天皇的宫廷仪式,在礼仪上更宏大、更开放。在京都朝廷与幕府关系微妙的背景下,该如何解释这个仪式呢?就像往常一样,这里存在不明确性。从礼仪细节中可以发现些许倾向。学习院释奠在礼仪上参照了古代《延喜式》中的朝廷仪式,以天皇作为仪式的委托人,器具的数量采用帝王规格,相对于不那么宏伟的改革后的幕府昌平坂学问所释奠来说,该仪式在历史上和礼仪上都更有优越性。[3] 朝廷给幕府的信息可以被解释为是在隐晦地宣示自身的礼仪优越感。但是,即便朝廷有意对幕府进行挑战,这种挑战所造成的紧张局势也被仪式其他方面表现出的保守和谨慎平衡掉了。朝廷在政治上仍处于从属地位,万事依赖于幕府的批准。其代表性事例就是,出于对幕府释奠的尊重,朝廷谈判代表认为应该谨慎地将学习院举行的仪式称为"丁祭",而不是"释奠",因为"释奠"这个词可能意味着它与昌平坂学问所幕府释奠存在竞争。学习院释奠被打造成一种独特的高级朝臣仪式,反映出摄政王的支配地位。仪式将光格天皇普遍且模糊的儒教愿景带回一个安全之所,只有在社会和文化上享有盛誉的少数世袭人员才能接触得到。在仪式中,天皇不再担当个人角色,这使他无法超越朝廷寡头。从这方面来看,学习院释奠是传统主义的,甚至是倒退的。

---

[1] 更多的群体开始效仿这场仪式,最引人注目的是 1859 年在下鸭神社举行的仪式。参见本书第十八章"非官方仪式"一节。
[2] 本多辰次郎《學習院創建及其沿革》,第 46 页。
[3] 《三条实万日记》1849 年五月一日条,引自本多辰次郎《學習院創建及其沿革》,第 36—37 页。

　　宫廷贵族的保守主义使得学习院在接下来幕末动荡的几十年里继续定期举行儒教释奠。如果没有来自外部世界的干预,这个仪式可能会像中世的释奠一样,作为历史上停滞不前的小群体所举行的传统主义仪式,一直延续下去。而事实上,它在维新时期只持续了很短的时间。京都学习院的最后一次释奠出现在 1868 年八月三日。但在那时,这个古老仪式已经迎来了它最终的宿命。已有迹象表明仪式即将被取消:参加仪式的人很少,另有 5 名高级贵族礼仪官、3 名对话者和 2 位讲师缺席。[1] 与此同时,朝廷贵族群体的古老地位及社会凝聚力也受到了迁都东京的影响。在学习院内出现了分裂,这种分裂将在一年之内挑战日本教育中孔子崇祀的存续。

---

[1] 《大學校學習院雜記》1868 年八月三日条。

第十四章

回到过去：松平定信与《延喜式》复兴

松平定信与宽政改革

就在京都的光格天皇写信给退位的后樱町上皇（两人为从堂姐弟关系）声称自己推崇儒家最高统治权时，江户幕府也开始对日本普遍存在的不安情绪作出回应。幕府采取了一些措施，在其庞大家臣中及全国范围内重申自身的合法性与道德领导力，并严明纪律。它恢复了日本现存最早的释奠仪节——有近千年历史的平安时代的《延喜式》释奠，这一举措使幕府的计划达到高潮。有详细史料记载了这场释奠改革的具体实施过程。其中有两份史料提供了极其重要的信息，皆由改革进程的参与者撰写：一是犬冢印南的《昌平志》（1800年五月），二是大乡信斋的《释奠私议》（1800年十二月）。除了这两部著作以外，20世纪70年代罗伯特·巴克斯（Robert Backus）于《哈佛亚洲研究》（*Harvard Journal of Asiatic Studies*）杂志上发表的一系列相关文章也将在本书下文中经常被引用。

1791年四月八日，松平定信和其他高级幕僚参观了林家孔庙与学校，开启了幕府对孔子的崇祀。松平定信是幕府改革派的领袖（图14.1）。1787年第十一代将军德川家齐（1787—1837在位）上任后，松平定信受到重用，开始了他的改革之路。1787年九月十六日，他被任命为"老中首座"，后来又担任"将军补佐"。其改革目标包括重建天明大饥荒摧毁的关东及东北地区农村，解决城市移民贫困问题，恢复抢米暴动后的江户秩序，缓解江户幕府家臣的贫困状况。[1] 松平定信还想要调整幕府家臣的

---

[1] 关于这场改革运动的事实背景，参见 Totman, *Politics in the Tokugawa Bakufu 1600-1843*, 223-227。

图 14.1　松平定信遗像

　　狩野养信（1796—1846）作于 1834 年后。悬挂卷轴，彩纸。由东京大学史料编纂所提供。据说狩野养信与松平定信是朋友。

教育形式,并建立中国式的考试制度。幕府将林家塾改造成了中国式或者说古代日本式的儒学国家教育机构。在此之前,林家塾只是半官方的学校。该举措有两个目的:一是在德川家臣中加强纪律,二是培养受教育程度更高、效率更高的官员。

就像德川纲吉对元禄仪式产生极大影响一样,松平定信对改革后的释奠同样影响极深。不过,尽管松平定信善于表达,阅读时求知若渴,但从现有的资料来看,他似乎从未讨论过仪式的目的或实用性。[1] 松平定信的儒教思想主要受到两种思想流派的影响:朱熹的理学与荻生徂徕的异端学说。松平定信公开认同前者,并宣称自己“学于林家”。[2] 对他而言,这个学派代表了儒学的高度。[3] 1790 年五月廿四日,松平定信把朱子学作为“正学”强加给了当时的林家塾,以此宣示对朱子学的崇奉。不过,推动他进行幕府家臣道德重建计划的是道德强度问题,而不是林家式的“文化展示”仪式。此外,他被崎门学派的朱子学解释所吸引。

松平定信十分仰慕其祖父——第八代将军德川吉宗。正如前面讲到的,德川吉宗对释奠仪式漠不关心。他的态度可能对松平定信产生了影响,导致其对释奠采取了复杂而矛盾的措施,并最终使改革后的仪式摒弃了“文化展示”。和德川吉宗一样,松平定信喜欢以讲经的方式传达儒教道德信息。担任幕府老中首座后不久,1787 年九月十五日,松平定信下令重开享保时期的圣堂讲释,并提到“有听闻之志者,不限贵贱,皆可往圣堂听讲”[4]。用罗伯特·巴克斯的话说,他向家臣讲经时“过于自负”[5]。同时,松平定信任命崎门学派儒者在学问所担任高级职务,进一

[1] 松平定信在其所作的《政语》(1788 年)中提到了进通的故事。故事里,进通是一个酒鬼,对父母不孝。后来,他被带到地方的孔庙,看到了孔子像,自此开始悔过。见《政语》,第 49 页。
[2] 松平定信《说得秘书》,引自冈田千昭《本居宣长》,第 378 页。关于松平定信早期的教育经历和影响,参见冈田千昭《本居宣长》,第 373—374 页。
[3] 松平定信《花月草纸》(约 1796—1803 年作),第 59—60 页。
[4] 引自德富猪一郎《松平定信时代》,第 139 页。原文为日文。在改革启动时,松平定信对将军祝文中提到的“德川吉宗之精神”表示赞成。参见 Tsuji Tatsuya, “ Politics in the Eighteenth Century,” 467。
[5] 《林大学頭信敬申上書》。

步巩固了这一措施。1788 年首位被任命的是柴野栗山，他与松平定信一样，非常崇拜德川吉宗，并对改革进程的开启产生了重要影响。接着是1789 年任命的冈田寒泉（1740—1818），一位来自坚守崎门传统的伊势崎藩（20000 石，学习堂）的武士。据说他擅长讲释。此外还有任命于 1791年的尾藤二洲（1745—1813），他是朱熹的狂热信奉者。他的自撰墓志铭中说："然其于闽洛说，终身信而弗二也。"[1]此外，1796 年任命了古贺精里（1750—1817），他是一位来自佐贺藩（357000 石，弘道馆，1705 年）的武士，同属崎门学派，是崎门狂热信奉者西依成斋（1702—1797）的弟子。人们对古贺精里的评价是"苛刻、沉默、不太宽容"[2]。然而，他的兴趣超越了崎门的原教旨主义。不管是不是因为崎门对孔子崇拜的质疑，这些人似乎都不是释奠仪式的坚定支持者。

松平定信强调朱子学实践传统中的训诫方面，而不是鬼神、救赎或文化方面。在他看来，朱子学所讲的对"理"的遵从既不是一种心灵上的自我实现方式，也不是对世界进行的哲学阐释或神秘主义理解，而是对于遵守伦理以履行社会职责的一种训诫。松平定信坚持追求"至善"之"理"，并压制"私欲"，以此来指导武士在战场及其他场合的行为。与其任命的崎门学者一样，他并不倾向于利用释奠来实现幕府家臣道德重振这一主要目标。

荻生徂徕与本土主义的影响

对于松平定信而言，朱子学伦理准则是一种工具，而不是目的。但是，除了朱子学以外，还有一些因素对松平定信产生了重要影响。最近的一项研究将松平定信的思想总结为"在徂徕学的基础上拥有强烈的折衷

---

[1]　尾藤二洲《自誌銘》，第 581 页。"闽""洛"是朱熹和程颐、程颢居住和讲学之地。
[2]　赖春水《師友志》，引自 Backus, "The Motivation of Confucian Orthodoxy in Tokugawa Japan," 299。

学派色彩"[1]。尽管松平定信把朱子学作为正统学问强加给幕府学校，并自称忠于林家传统，但从他经常前后矛盾的行为中可以看到荻生徂徕的影响。[2] 对他来说，就像徂徕所说的，"道"是"圣人依人性而建者，非天地之自然"[3]。它是人为构建的社会规章制度。与这种信念一致，松平定信认为儒学的学习是实现政治目标的一种实用工具。他将这种功利主义方法的回报称为"实用之益"。这种信念超越了当时流行的折衷主义，成为政治行动的原则。[4] 松平定信承认自己喜欢阅读徂徕的《太平策》这部本着实用性原则解决当下问题的著作。[5] 该作品可能增强了他作为独断改革家的使命感，促使他在一个历经了周期性奢靡及衰落的时代进行改革。对他来说，这种改革是基于政治"治术"的。松平定信选择朱子学作为后来幕府官方学问所的唯一正统学说，可能恰恰是在寻求"实用之益"。正如奥姆斯所言，松平定信"将道德准则视为操纵手段的观点……是徂徕将政治结构视为社会秩序维持手段这一观点的换位"[6]。甚至松平定信的自我神化也可以视为一种促进有效行政控制的手段。[7]

此外在政治上，松平定信的观念和荻生徂徕一样保守。他的目标是恢复德川政权的权威和效力。尽管宽政教育改革模仿了中国的精英考试制度，但其目标并不是从根本上对封建社会进行儒家重建，也不是重建以考试为基础的官员选拔制度。松平定信接受了荻生徂徕"硬"的权威主义儒家思想。他相信制度控制的有效性，同时在政治上，法律是必需的，

---

[1] 冈田千昭《本居宣長》，第 378 页。亦见 Maruyama Masao, *Studies in the Intellectual History of Tokugawa Japan*, 280–284。

[2] 松平定信《説得秘書》，引自涩泽荣一《樂翁公傳》，第 206 页。

[3] 松平定信《政語》，第 1—2 页。原文为日文。

[4] 松平定信《燈前漫筆》，第 1—3 页。

[5] 松平定信《説得秘書》，部分引自涩泽荣一《樂翁公傳》，第 206 页。

[6] Ooms, *Charismatic Bureaucrat: A Political Biography of Matsudaira Sadanobu, 1758–1829*, 35.

[7] 关于松平定信的"自我崇拜"，参见 Ooms, *Charismatic Bureaucrat: A Political Biography of Matsudaira Sadanobu, 1758–1829*, 43–47。

而且还要使"下民"对其畏惧。[1] 当权者必须控制知识。教化原本由"先王"实施，但不幸的是，后世的教化"降为儒者之任"，但他们是专业学者，而非统治者："夫教之为物，自上而下者也。秦汉以后，道之不行，教在下也。譬之川，欲澄其流，必也于源。"[2]诸如此类的看法可以解释宽政教育改革气氛如此压抑的原因。

最近有研究指出，松平定信与本土主义国学运动保持着距离。[3] 然而，他却深受文化民族主义的影响。他肯定了不同于中国的日本文化传统价值，创办或资助了一处日本文化研究机构。[4] 他拒绝接受对中国文化的崇拜，并对"舍我邦制度、用唐国制度"的做法进行谴责。[5] 他不希望家臣研习儒学成为有"唐臭"的人，认为这样将使"武家的矛尖变钝"。[6] 像德川光国一样，他站在统治者的角度思考问题，意识到了中国和日本之间的社会政治差异。在中国，"农民亦可登用为官"[7]。但是，日本社会有世袭的基础。受徂徕影响，他相信所有人都有自己的职能，也就是说，皆在政体中有自己的作用。[8] 他不信任中国文化及其社会的各方面，这可能影响了他对释奠的热情。

改革进程

1791 年四月八日，幕府高官参拜了孔庙，这样做似乎是为了凸显孔庙的礼仪功能。当时，礼仪用具"贴签名件以便认辨"并被陈列出来，这无疑是希望激发武士高层对陌生的圣堂仪式的兴趣。[9] 然而，改革者显

[1]　松平定信《政語》，第23页。
[2]　松平定信《政語》，第1页。原文为汉文。
[3]　冈田千昭《本居宣長》。
[4]　Screech, *The Shogun's Painted Culture: Fear and Creativity in the Japanese States, 1760-1829*, 39-40.
[5]　松平定信《修身録》，第4页。
[6]　松平定信《修身録》，第6页。
[7]　松平定信《大學經文講義》，第181页。
[8]　松平定信《大學經文講義》，第154页。
[9]　犬冢印南《昌平志》，第83页。

然不认为孔子崇祀是当务之急,改革进展缓慢。不过,从 1791 年三月起,幕府开始对当时仍具半官方性质的林家塾进行制度与财政基础的重建,使其成为教育幕府家臣的官方机构。[1] 接着,又建设了"新厅舍"(新校舍,1791—1792 年),实行了新的学问制度。1792 年九月,"学问吟味"考试制度开始实施,该制度"显然是模仿……中国的考试制度"。[2] 然而,尽管这些措施明显借鉴于中国,但它们只不过是对学术成就的一种奖励。无论这些考试作为实现贤能统治的一种理想产生了多么长久的影响,它们并没有直接提供一条常规的晋升之路,也没有和释奠共同发挥有意义的协同作用。

1793 年三月林家的第七代学头林锦峰(1767—1793)去世后,松平定信将 26 岁的林述斋(1768—1841)过继到林家,并任命其为幕府学问所——昌平坂学问所的第八代学头。此后林述斋担任该职位长达 49 年。在社会出身和信奉派别方面,林述斋与其属下的崎门派儒者明显不同。崎门派儒者皆为低级武士或平民出身,而林述斋是岩村藩大名松平乘蕴的第三个儿子。[3] 就学派而言,林述斋曾受教于徂徕派学者,包括太宰春台(1680—1747)的弟子大盐鳌渚(1717—1785)以及徂徕弟子服部南郭(1683—1759)的孙子服部仲山(1736—1808),后来他还师从折衷学者涩井太室(1720—1788)。[4] 林述斋的儒教思想也是折衷主义的。没有资料表明他与其他儒者一样忠于崎门的精神与道德准则。林述斋对"宋学"进行了改造。[5] 他在学术方面给人的印象是经验主义和事实导向

---

[1] Backus, "The Relationship of Confucianism to the Tokugawa Bakufu as Revealed in the Kansei Educational Reform," 123.

[2] 犬冢印南《昌平志》,第 84—85 页;Backus, "The Relationship of Confucianism to the Tokugawa Bakufu as Revealed in the Kansei Educational Reform," 125-126, 129。

[3] 笠井助治《近世藩校に於ける学統学派の研究》,第 680 页;铃木三八男《聖堂物語》,第 24 页,其中将他称为"第二个儿子"。

[4] 佐藤一斋《嚴師述齋林公墓碑銘並序》,第 288 页。关于涩井太室的折衷主义,参见笠井助治《近世藩校に於ける学統学派の研究》,第 334—335 页。

[5] 最好的资料是其一生挚友为他写的墓志铭。参见笠井助治《近世藩校に於ける学統学派の研究》,第 288—292 页。

的，他的作品多为分类和汇编。[1] 林述斋热情奔放，才华横溢，而且像那个时代的许多人一样，心胸开阔。他有 9 个儿子和 9 个女儿，却没有正妻。包括孙辈在内，他的家庭多达 165 人。[2]

幕府学问所等级较低的儒者与在学术政策方面拥有最高权力的封建掌权者之间存在鸿沟，而林述斋拥有封建精英背景，可以弥合两者之间的差距。他是其庇护人松平定信的重要顾问。根据后来的传记记载："松平定信邀其参与国策，并从中获得了'冥赞'（极大帮助）。"[3] 林述斋曾长期担任日本最重要的儒家职位，在此期间，他为改革后的仪式定下了基调。没有证据表明他重视释奠。他对儒教家礼的态度让赖春水等循规蹈矩的朱子学者感到失望："祭礼、祭器皆是粗糙的，一切都不合规矩……某祭酒将'馂'（剩下的祭品）都给了门人。他从不确认参与者是否在服丧。一切都非常草率。"[4]

林家学校改革：从释菜到释奠

1793 年七月廿三日，松平定信因在"尊号事件"中支持幕府而辞职。[5] 这场复杂争端涉及朝廷与幕府的微妙关系。事件的核心在于，光格天皇欲封其父闲院宫典仁（1733—1794）为"太上天皇"，而其父并未做过天皇。在随后的对抗中，松平定信将他的权力强加于京都宫廷，但这样的做法却引起了水户的忠皇派同僚的反感，最终引咎辞职。不过，接替他担任老中的松平信明（1760—1817）及担任"若年寄"的堀田正敦（1768—1832）等人皆是松平定信的盟友，因此，松平定信"仍然维持着顾问的作

[1] 笠井助治《近世藩校に於ける学统学派の研究》，第 290 页。
[2] 铃木三八男《圣堂物语》，第 30 页。
[3] 五弓久文《松平定信行实》，第 216 页。
[4] 赖春水《掌录》，引自皆川美惠子《赖静子の主妇生活——『梅颸日记』にみる儒教家庭》，第 204 页。原文为日文。
[5] 相关总结参见皆川美惠子《赖静子の主妇生活——『梅颸日记』にみる儒教家庭》，第 226 页。更多详情参见 Ooms, *Charismatic Bureaucrat: A Political Biography of Matsudaira Sadanobu, 1758–1829*, 106–119。

用,在幕后发挥影响力"[1]。

在接下来的六年里,幕府在行政和财政上加强了对非完全官方性质的林家塾的控制。学校得到了扩建,增设了一个讲堂、多处学生宿舍和教职员住所等世俗建筑。由此,圣堂"从带学校的孔庙变成了带孔庙的学校"[2]。在制度上确定了学校行政部门的职责,考试制度也实现了标准化。

到此为止,还未涉及孔子崇祀改革或礼仪改革。1793 年九月十八日发布的规章制度对学生的学习和社交准则进行了严格控制,却没有提及他们在孔庙及释奠方面的义务。[3] 如果说学校有重振的崇奉对象,那就是朱熹的《白鹿洞书院揭示》。这一简短的儒家伦理纲要被崎门学派赋予了近乎护身符的价值,在每年一月十五日的开讲仪式中将其复印本分发给听众。[4] 但已经有蛛丝马迹显示出幕府对释奠的关注。在改革初期,释菜仪式不太稳定。[5] 1794 年八月二日,林述斋首次作为学头参加仪式时,他表示准备改变仪式,但这种改变仍然很微小、浅显。[6] 按照近 30 年前关修龄的建议,林述斋把讲经与读诗的仪式从孔庙移到了讲堂,在祭祀仪式结束后才举行。林家仪式曾强调"文化展示"并使其神圣化,这是其独特之处,而如今这一点被革除了,这肯定会影响仪式的吸引力。

此外,幕府放弃了在入德门处竖立标旗和麾旗的做法,这可能是幕府改革方针的一种早期表现——减少仪式对公众的影响,对仪式进行简

[1] Totman, *Politics in the Tokugawa Bakufu, 1600–1843*, 227.
[2] Backus, "The Relationship of Confucianism to the Tokugawa Bakufu as Revealed in the Kansei Educational Reform," 135.
[3] 犬冢印南《昌平志》,第 85 页;石川谦《昌平坂学問所の発達過程とその様式》,第 43—44 页;Backus, "The Relationship of Confucianism to the Tokugawa Bakufu as Revealed in the Kansei Educational Reform," 127-133.
[4] 石川谦《昌平坂学問所の発達過程とその様式》,第 26—27 页;犬冢印南《昌平志》,第 84 页。
[5] 须藤敏夫《近世日本釈奠の研究》,第 124—125 页。
[6] 犬冢印南《昌平志》,第 87 页。

化。[1] 在 1795 年的秋季释菜中，幕府宣示了对仪式的控制权。幕府命令学头将乐师的出席情况提前告知幕府，因为他们显然"每每迟参"（最近经常迟到）。幕府的"目付"（监视官）也出席了当时的仪式。[2] 1796年秋，林述斋在"会疾"的情况下主持了主要仪式，不过重要的是，出于长期打算，他下令"推迟"（也有史料称"止""废"）分发食物、讲经读诗等环节。[3] 显然，大家不再认为这些环节是必要的，在 1800 年秋季的最终释奠仪式中，它们都没有出现。

1796 年，仪式的名称由释菜改为释奠。同时代的人对此表示欢迎。据大乡信斋讲，仪式过去被称为释菜是因为"其实林氏传家之私祀也……这般升为国学，永列官祀之恒典，改公称释奠，固其当然也"[4]。

1796 年将军德川家齐的拜访

到 1796 年春天，出席仪式的大名已减少到两人。[5] 然而那年秋天，高层开始关注孔子。十月十五日，德川家齐拜访圣庙，这是自 1710 年德川家宣到访以后的首位将军到访。学校提前一个半月就开始了准备工作，林述斋下令"清理木枝杂草"，且"开辟一条新路，从屏重门通到西原"。[6] 讲堂里还摆放了礼仪用具。当日，24 岁的德川家齐在松平定信的学术盟友——"若年寄"堀田正敦的陪同下前往王子村打猎，途中经过

---

[1] 犬冢印南《昌平志》，第 87、160 页。相关图示参见《日本教育史资料（七）》，第 382—383 页。

[2] 须藤敏夫《近世日本释奠の研究》，第 126 页。它恢复了幕府"寺社奉行"（管理寺院及神社的官员）对音乐的控制。林家过去曾经忽视了这一点。

[3] 平井澹所 1796 年八月四日的日记，参见桥本昭彦《官学移行期の林家塾昌平黉に关する史料》，第 158 页。犬冢印南《昌平志》使用了"止""废"等表达（第 88 页）。

[4] 大乡信斋《释奠私议》卷二，"名目"。犬冢印南《昌平志》将更名日期追溯到了 1796 年（第 150 页）。平井澹所的日记也从该年秋季仪式起开始使用"释奠"，参见桥本昭彦《官学移行期の林家塾昌平黉に关する史料》，第 140、158 页。

[5] 平井澹所 1796 年二月十一日的日记，参见桥本昭彦《官学移行期の林家塾昌平黉に关する史料》，第 140 页。

[6] 平井澹所 1796 年九月二日的日记，参见桥本昭彦《官学移行期の林家塾昌平黉に关する史料》，第 159 页。原文为日文。关于选址的计划，参见《日本教育史资料（七）》，第 442—443 页。

了圣庙。[1] 将军对圣庙的拜访为重新审视将军与外国文化传统象征之间的关系提供了机会。《昌平志》的记录表明当日的仪式并不正规:"大君【服猎衣】却舆步入仰高门,历于石阶瞻览庙殿【叠启殿扉,洞开户牖,铺张红罽,而撤香案,嫌设拜位也】。"[2] 这种对孔子明显不尊重的行为在官方记录的附录中有更详细的描述:

> 在王子附近狩猎鹌鹑之时,将军身穿狩猎服装("野服")顺道拜访了昌平坂圣庙。进入杏坛门后,将军停下来行了端正之礼("中礼"),随后登上了大成殿。不过,也许是因为穿着狩猎服装,他并没有行拜礼,而是带着充满敬意的表情("有御会释之御气色")观看了圣像。

这个动作是有意为之的,后来德川家齐本人证实了这一点。因为德川家齐问随从是否知道自己为什么要行"中礼"(端正之礼):

> 有侍从回答:"我们怎会知道您的深邃想法呢? 但既然是在圣庙,那一定是出于崇敬之意。"将军答道:"不然。入杏坛门时,我看见了正面大成殿的匾额,此乃常宪院(指德川纲吉)大人之笔,故而对其行礼。我向圣像致以敬意是在登上圣殿之后的事情。"[3]

德川家齐显然随意贬损了对孔子的礼敬,这似乎有多种解释。最简单的解释就是记录中所讲的,德川家齐着装不当。不过,这尚未解释清楚背后原因。与此类似的一种解释是,将军表现得如此不正式,是因为他不想让人注意到圣庙被忽视了,这种忽视是很不体面的;他不想因此而让孔子受

---

[1] 《文恭院殿御實記》,第 327 页。
[2] 犬冢印南《昌平志》,第 88 页。
[3] 《新見正路録》,引自《文恭院殿御實記》,第 298—299 页。原文为日文。

辱,但同时,他又想视察一下圣庙。[1] 鉴于后来将军在圣堂整修后进行了更为正式的参观,这种解释具有一定的说服力。还有一种解释是,严格来说,圣堂在这个阶段仍是非官方的林家机构,而不是幕府机构,因此,将军不宜做出崇敬的姿态。或者也可以解释说,虽然第三代、第五代及第六代将军对圣庙都极其尊崇,但是德川家齐可能与其他"武士"一样,不愿意向儒家学问致敬。

这些解释并不相互排斥。我们应该从历史的角度看待这一事件。在改革的背景下,此次拜访虽然并不正式,但其本身可能代表着官方重新认可了儒教对于幕府改革的重要性。另一方面,无论对孔子的明显轻视是出于临时的准备不足还是出于对圣堂的长期忽视,可以断定的是,儒教尚未得到幕府太大的关注。德川家齐对德川纲吉题字的态度似乎是在炫耀自己的世袭血统比孔子更重要。与日本两次接触释奠过程中的表现不谋而合,将军这种明显故意不尊重孔子的行为表明统治者的祖先崇祀要优先于孔子崇祀。与古代当权者一样,晚期封建日本的当权者似乎非常矛盾——既想承认儒教的重要性,又不想让将军与孔子这一象征性人物走得过近。

这种矛盾心理在接下来的孔子崇祀改革中以不同方式展现了出来。首先,德川家齐参观后,圣堂得到重建。根据官方记载,之前圣堂"破坏至极",德川家齐对此感到不满,觉得必须在"不日"下令重建。[2] 一周后的 1796 年十月廿二日,松平定信的盟友堀田正敦"传命"林述斋,要求他做计划建造新圣堂。堀田正敦指出,早些年火灾后的修建未能使圣堂恢复"故貌"。此前的修复提议因缺乏资金而未能通过,但"当将军亲自参观(圣堂)后,(意识到)这个问题不能搁置,于是几天后就发布了重建命令"。旧的设计可能不符合"礼意",因此"宜加审议以备规制"。[3] 于是,林述斋"退与诸儒议"。经过研究决定,建筑采用明代样式。同年,

---

[1] 关于他的动机,参见《文恭院殿御實記》,第 303 页。

[2] 《新見正路記》,第 299 页。

[3] 犬冢印南《昌平志》,第 95 页。

120 多年前朱舜水为德川光国制作的大成殿模型（图 14.2）从水户带到了江户。[1] 在松平定信的领导下，幕府的财政状况似乎已恢复到足以负担圣堂重建费用的水平。[2]

图 14.2　朱舜水制作的大成殿模型

由东京的汤岛圣堂提供。朱舜水指导制作的 1∶30 比例的大成殿木制模型被带到江户，成为 1798 年至 1799 年宽政改革重建时的参考资料。

官方礼仪与“代礼”

同时，释奠作为德川幕府官方仪式的地位得到了进一步巩固，不再是私人的家塾仪式。1797 年，先前用于资助林家释奠仪式及其学塾的“祭田”收入转交给幕府财政官（“勘定奉行”）。林述斋获准正式成为幕府雇

---

[1] 犬冢印南《昌平志》，第 44、95 页；《日本教育史资料（七）》，第 449—466 页图表。

[2] 关于幕府财政的复苏，参见 Ooms, *Charismatic Bureaucrat: A Political Biography of Matsudaira Sadanobu, 1758-1829*, 104。

员，薪水增加了 1500 石米，总计 3500 石。虽然林家学塾本身继续以非官方的形式独立存在，为儒学学生提供私人辅导，但最终"完全断绝"了幕府资助。之前，林家招收的学生"不限士庶"，现在学生被"放"走，只有武士才能进入学校。新学校被正式命名为"昌平坂学问所"，该名称拥有世俗化及实用化的意味。[1]

同年起，仪式祭官的职位不再是林家世袭的特权。林述斋向幕府请愿，大意是说，虽然从元禄时代起祭官就一直由林家担任，但现如今林家只剩他一人了。用《昌平志》中的话说，现在的状况使仪式面临"废停"的威胁。[2] 林述斋建议应该从幕府的"御儒者"中选出礼仪官。[3] 此外，参与者应该穿"六位袍"（古代日本低级官僚的服装）。他的提议得到了批准。[4] 1797 年五月，柴野栗山、尾藤二洲、古贺精里受命，如果林述斋生病，他们要代行祭官。[5] 与此同时，幕府掌管学问所的官方地位得到巩固后，仪式参加者开始受到限制：不再允许儒者的私人弟子自由出入观看释奠；大名家族成员必须由主人申请后才准许参加。[6]

在 1798 年二月廿二日至廿三日的春季释奠上，出现了两个影响仪式的重要发展：一是财政方面的，二是礼仪方面的。在财政方面，出现了幕府捐助资金的定期仪式，即释奠前夜幕府送来"大板一金"（金币）的仪式。"前一日，大君遣近侍隐岐守酒井忠美代礼"，这进一步提高了礼仪的官方地位，[7] 同时也使德川吉宗缩减开支以来长期存在的资金问题重新得到保证。翌年秋天起，幕府又增加了资助，将军继承人每次会寄赠相当于将军"大板一金"的礼物。此时将军继承人已经六岁，并首次接受了

---

[1]　犬冢印南《昌平志》，第 90 页；Backus, "The Relationship of Confucianism to the Tokugawa Bakufu as Revealed in the Kansei Educational Reform," 134-135, esp. Note 56。

[2]　犬冢印南《昌平志》，第 90 页。

[3]　大乡信斋《釋奠私議》"祭服"。仪式参加者的穿着跟古代日本官僚阶层类似。

[4]　大乡信斋《釋奠私議》"祭服"。

[5]　犬冢印南《昌平志》，第 89—90 页。

[6]　犬冢印南《昌平志》；须藤敏夫《近世日本釈奠の研究》，第 128 页。

[7]　犬冢印南《昌平志》，第 91 页。酒井隐岐守忠美（生卒年不详）在宽政时期作为"御用取次"曾多次出现。

儒学教育。[1] 将军委托的这种礼仪程序亦较为简洁,与早期将军访问圣堂时的仪节类似。[2] 为了与重新设计的大殿相符,从1800年起该仪式作了一些细微改动,自此,仪式在释奠前夜定期举行。然而,这种财政支持也呈现出矛盾性。将军本人不必参与这种"代礼"。将军也没有像德川纲吉那样亲自观礼或对圣堂、职员及其家人进行慷慨资助。将军在财政上是支持释奠的,但可以说,这种支持是以保持距离、委托他人的方式进行的。

早些时候,大名也被要求进行捐款。1798年一月廿九日,幕府诏令一万石领地以上的大名向圣庙捐赠仪刀、"马代银"及银币。捐款数额是根据他们的财富规模来决定的。此前,18世纪释奠衰落的原因之一就是大名没有提供支持。[3] 现在,幕府重新要求各藩进行捐献,这就象征着幕府学问所仪式不仅仅是幕府的仪式,而是代表整个封建国家的仪式。虽然个人出席与否是自愿的,但幕府鼓励大名出席。[4]

1798年的春季仪式发生了进一步变化,这种变化与代礼的出现同样重要。自1794年八月二日以来,讲经与诗歌朗诵都从祭祀仪式移至讲堂举行,而到此时,两种活动被完全废弃。[5] 除音乐以外的所有"文化展示"最终皆被淘汰。仪式还推进了精神氛围方面的另一个变化:彻底取消了德川吉宗就曾加以限制的仪式后的宴会,"而官止给酒饵"。[6] 这巩固了林述斋在就任初期推行的紧缩政策。

---

[1] 犬冢印南《昌平志》,第92页。

[2] 犬冢印南《昌平志》,第91页;须藤敏夫《近世日本释奠の研究》,第129—130页。

[3] 须藤敏夫《近世日本释奠の研究》,第129页。关于释奠的花费(幕末数据),参见《旧事谘问录》,第162页。估计在250、260日元到300日元之间,"明显随着商品价格上下浮动"。由将军或将军继承人贡献"一枚金";同时要求大名根据自身收入等级进行捐款:一万石及以上的大名捐1枚银;五万石及以上的捐2枚银;十万石及以上的捐3枚银;三十万石及以上的捐5枚银;五十万石及以上的捐7枚银;一百万石及以上的捐10枚银。有一些情况可以不出席,例如服丧、触秽等。

[4] 须藤敏夫《近世日本释奠の研究》,第129页,引《德川禁令考》前集第三,第1471、1472号。

[5] 犬冢印南《昌平志》,第92页。

[6] 犬冢印南《昌平志》,第91—92、173页。

新圣堂

幕府摈弃了使古代及宽政改革前的释奠得以流行的"文化展示"。但同时，幕府又开始修复圣堂，这体现出一种顽固的矛盾心理。1798 年二月，松平信明委任了一个由幕府官员组成的监督委员会，包括堀田正敦及负责财务、建设的官员等。平内大隅政休（生卒年不详）担任建筑师，即"大工栋梁"（意为做梁椽的木匠）。[1] 松平信明及堀田正敦皆为松平定信的盟友，据称"实际监督"了该项目。具体工作在翌月开始，包括分配职责、募集资金、分发图纸、开始地基建设（耗时一年），此外，建了一座朴素的"厂"（棚屋）来临时安置神像。[2]

1798 年三月廿二日，圣像移至该棚屋，举行了一场没有观众和音乐的"临时迁座仪式"。主持者为学问所的三位"员长"——犬冢印南、大乡信斋以及日记作者平井澹所（通称平井直藏，1762—1820）。[3] 对孔子神灵的"告文"有史以来第一次提到"大君"（将军）委托执行仪式。由此，军事政府夺得了委托仪式的权力。告文内容称仪式"创始宽永，极美元禄。迩年以来，殿寝屡毁。享祀虽隆，庙貌不称"。为了弥补这一点，幕府下令修建一座新圣堂，因此圣像需要暂时迁至别处。[4]

计划启动一年后，1799 年三月廿七日开始了新圣堂的建造。[5] 六月廿二日架起了正梁，九月大成殿建成，并在屋脊安放了牌匾，内有文字

---

[1] 犬冢印南《昌平志》，第 95 页；铃木三八男《聖堂物語》，第 25 页；须藤敏夫《近世日本释奠の研究》，第 96 页，引《文恭院殿御實記》宽政十年二月七日、九日条。平内大隅政休似乎是 1630 年负责建造林家圣堂的木匠的后代。

[2] 犬冢印南《昌平志》，第 92 页。

[3] 仪式的细节参见犬冢印南《昌平志》，第 175—176 页；大乡信斋《釋奠私議》卷三，"新仪"。平井澹所于 1797 年辞职，更多生平参见桥本昭彦《官学移行期の林家塾昌平黌に関する史料》的"解说"部分，第 168 页。关于 1796 年平井日记，参见桥本昭彦《官学移行期の林家塾昌平黌に関する史料》；1797 年的手抄本史料《公事私記寛政九年丁巳》，日本国立国会图书馆藏。

[4] 大乡信斋《釋奠私議》卷三，"新仪"。"大君"后来在仪式文本中被改写为"征夷大将军"。大乡信斋《釋奠私議》卷四，"祝文"。

[5] 犬冢印南《昌平志》，第 93 页。

"征夷大将军内大臣再建",日期为 1799 年十月廿二日。[1]

新圣堂与其前身形成鲜明对比。新圣堂的场地扩大,从过去的 2 万平方米左右增至 3.83 万平方米,几乎是原来的两倍,有部分原因是为了改善防火条件。[2] 与之前的圣堂一样,这些建筑围起一个庭院并沿南北轴线排列。与早期的元禄圣堂不同,新建筑没有使用任何鲜艳色彩,看上去很简朴。有观察者称:"无丹青之彩,内外无处不着漆,皆涂黑色。反愈显神圣。"他还总结道,依据朱舜水的设计而"悉施雕镂"的做法是"林家有其意图而为之"。[3]

大成殿建筑也比此前规模更大。高度为 14.6 米,比过去高了 2 米。屋顶用铜瓦铺成。外部装饰中唯一华丽的就是一对镀金的屋顶脊饰"鬼狄头"——一种龙头鱼身的动物,显然是朱舜水的设计。[4] 同一位观察者称,他们可以说传承了公输子的技艺。[5] 过去的三开间南向两翼结构被扩成一个五开间的大厅,创造了一个更大、更统一的礼仪空间,实现了建筑规模的"两倍大"。[6] 去掉的两翼可能在名义上由"廊"代替,廊沿着主庭院东西两侧延伸,皆为七开间,总长度为 28.5 米。根据朱舜水的设计及过去的林家仪式,它们本来可以容纳众多作为孔子从祀的"贤儒"牌位。但在幕府接下来采纳的仪式中,这些都取消了。尽管如此,圣堂主庭院在南北轴上的长度明显大于此前的圣堂。[7] 新的回廊供观众和乐师使用。

1799 年十一月十一日圣堂落成后,举行了隆重的神座迁回仪式。幕

---

[1] 犬冢印南《昌平志》提供了部分文本,日期为 1799 年十月廿二日(第 45 页)。

[2] 铃木三八男《聖堂物語》,第 9(元禄数据)、26 页。

[3] 饭田须贺斯《江戸時代の孔子廟建築》,第 959 页;藤原安辰《大成殿上梁の私記》,第 565 页。原文为日文。

[4] 这些设计和屋檐上的 4 个鬼龙子在铃木三八男《聖堂物語》第 26—27 页中有所描述。

[5] 藤原安辰《大成殿上梁の私記》,第 564 页。公输子和孔子为同时代人,用理雅各(James Legge)的话来说,是鲁国"著名的能工巧匠"。参见 *Mencius* 4a:1 (i);Legge, *The Chinese Classics*, vol.2, 288。

[6] 石川谦《昌平坂学問所の発達過程とその様式》,第 10 页。

[7] 饭田须贺斯《江戸時代の孔子廟建築》,第 958 页。但是,宽政时期回廊的长度仍然不及朱舜水设计的一半。

府"高家"（典礼官）有马广春作为将军代表出席了这一盛大仪式，此外还有松平定信的同盟者松平信明、堀田正敦以及财政官员或其他封建权贵等。在仪式上，首先展示了将军的现金礼物，随后向孔子之神献酒，并恭读告文，宣告为期两年的工程最终完成。随后举行了庆祝宴会，向包括"官匠"在内的所有参与者分发了礼物。[1]

礼仪调查团与 1800 年春季的临时仪式："新仪"

圣堂重建的同时，一个由林述斋领导的调查团被召集起来，为仪式改革准备"式书"（规范礼仪的手册）及绘图。除了林述斋，调查团中还有身为学校员长的大乡信斋、犬冢印南。此外，还有前任员长广濑淡窗（1782—1856）担任顾问。调查团在 1800 年一月二日提交了一份报告。第二天，幕府学问所的"御儒者众"皆收到一份建议书，要求对十条建议进行考量。在这十条中，最重要的是调查团提出的第一条根本性建议："此次释奠仪注全据《开元礼》《延喜式》，其中当下难行之事，加以'差略'（修改）。"[2]

有些建议涉及"道具"，可能是水箱、桌子等。对林家仪式部分特征的修订推迟，留待秋季进行最终决定。其中一些重要迹象表明改革后的仪式参照了各个级别的东亚释奠传统，包括君主的、京城的、地方的及学校内部的释奠。按照建议书中提到的顺序，关注的问题依次是：仪节的最终措辞、从祀者应朝的方向、从祀者的头衔、祝文的措辞、用具与供品的数量。关于礼仪"役名"（角色的名称），当时认为应该遵循《延喜式》中的地方国级别仪式。其动机尚不清楚，可能是考虑到春季仪式规模较小，或是因为该仪式只是一个过渡。[3]《延喜式》中的地方国释奠可以容纳 23

---

[1]　饭田须贺斯《江户时代的孔子庙建築》；犬冢印南《昌平志》，第 92—94 页。关于迁座仪式和告文，参见犬冢印南《昌平志》，第 177—178 页。
[2]　须藤敏夫《近世日本释奠の研究》，第 134 页。原文为日文。
[3]　参见第十六章"规模问题"一节。

名左右的礼官,比国家京城释奠规模小、耗资少。此外,与规定天皇参加的京城释奠不同,地方国释奠没有规定中央政府委托代理人。[1] 在这个过渡阶段,使用该仪式很可能反映出幕府有意避免将仪式置于国家政治背景之下。关于这个关键问题的明确决定将在秋季作出。其他的事项较为简单,比如将祝文放在板箱里瘗埋、"协律郎"暂用扇子向乐师发出信号等。

礼仪的重大变化需要时间和排演。1800 年春季释奠是一次有意的过渡仪式。与之相伴的有一系列活动,大乡信斋《释奠私议》的"附录"中记载了相关内容:护卫的详细情况、规定各种礼仪官职责的文件、关于着装的说明、乐师的安排以及大量的排演。其中一天,仪式"无滞"地排演了 3 次,"七半时"(约下午五点)结束。最重要的是"监祀"官犬冢印南准备的"御式书一册",副标题中写有"为心得令拜见"(意为众人阅览以便了解仪式)。[2] 这似乎是一份关于排演的草稿文件,可能是在礼仪调查团协商期间编写的。它涉及改革最重要的原则——复兴古代《延喜式》的可行性。[3] 册子中有很多悬而未决的内容,应该视为礼仪改革的第一个过渡阶段。该册子很可能反映的是学问所儒教礼仪专家的偏好,而不是幕府当局的偏好,幕府的许多干预措施在秋季仪式中才真正显现出来。

随着春季过渡性仪式的日期不断临近,更多的细节也敲定了。由于林述斋生病,柴野栗山担任主祭官,同时担任祝文的朗读者。[4] 祝文仍然沿用了传统的林家塾的模式。[5] 起初,按照朱舜水设计的明代方式,四配在圣殿中是互相面对面的。[6] 但是,在二月廿一号,柴野栗山发布了一项指令,将四配朝南置于孔子像神龛的左右两侧,并将盛放奠酒的

[1] 《延喜式》,第 1000—1001 页。
[2] 大乡信斋《釋奠私議》,"付录"。
[3] 大乡信斋《釋奠私議》,"付录"。
[4] 大乡信斋《釋奠私議》,第 96 页。林述斋在仪式前至少生了一周的病。参见须藤敏夫《近世日本释奠の研究》,第 159 页,注释 71,引《释奠記》(尊经阁文库藏)。
[5] 大乡信斋《釋奠私議》,"附录"。
[6] 铃木三八男《日本の孔子廟と孔子像》,第 27 页;参见《日本教育史资料(七)》,第 460 页。相关言辞描述参见犬冢印南《昌平志》,第 45 页。

"桶"移至圣殿中。[1] 这种干预可能是柴野栗山对配祀的方向性这一显著敏感问题的解决方案。[2] 这种安排证实了他对《延喜式》的偏爱，因为在《延喜式》中，孔子配祀皆是朝南的。

1800 年二月廿三日举行了春季释奠。这天天气晴朗，监礼官在"六时过"之时就位。队伍"以帐缲出，御式无滞相济"（按照名册顺序出发，仪式顺利完成）。这种基于《延喜式》的仪式称为"今仪"，以区别于"旧仪"。[3] 之后，参与人员享用了食品。由于是过渡性的，此次内部仪式没有观众。但是，记录的有些地方存在矛盾，这表明改革在某些方面尚存在未解决的分歧。[4] 大乡信斋这样总结此次过渡仪式："时方起新仪，礼文犹有未尽，与秋奠所行非无出入。"[5]

1800 年秋祭的最终形式

1800 年的春季仪式为最终的秋季改革仪式作了准备。七月，秋祭的准备工作开始加紧。七月五日至六日选出了参与仪式的"稽古人"（幕府学生），有 12 名正式的候选人，最终名单在七月十八日敲定。七月二十日，规定了仪式中"小刀准备之义"（短剑的相关事项）。[6] 与此同时，对《延喜式》版本进行了第二波调整，改变了几个重要仪节。总的来说，主要是将仪式纳入了德川武士的等级体系中。仪式参与者仅限于儒者及学校的"朝士"（幕府家臣）。[7] 规定要求，有权觐见将军的武士才有资格

---

[1] 大乡信斋《释奠私议》，"附录"。
[2] 与《延喜式》的一个重要不同是该阶段引入了"雨仪"的规定。详见犬冢印南《昌平志》，第 157 页；大乡信斋《释奠私议》，"附录"。
[3] 详见犬冢印南《昌平志》，第 153 页。关于仪节，参见《昌平志》，第 150—158 页。
[4] 因此犬冢印南声称，他的"新仪"记录了使用《延喜式》祝文的仪式。参见犬冢印南《昌平志》，第 158 页。与此矛盾的是，后来他在"新仪"中又记录了林家时期保留下来的祝文，这有可能是出于自身的偏好。参见犬冢印南《昌平志》，第 157 页。
[5] 大乡信斋《释奠私议》卷四，"附录"。关于犬冢印南同样模棱两可的表述，参见犬冢印南《昌平志》，第 96 页。
[6] 桥本昭彦《昌平坂学问所日记》，第 1 册，第 23 页。
[7] 犬冢印南《昌平志》，第 153 页。

观看仪式。七月廿五日举行了就仪式进行讨论的例会,当日起草了一份
"心得之觉"(仪式备忘录),规定了排演及正式仪式的细节,比如春秋两
季仪式的开始时间及从祀画像的张挂位置等。此外还扩大了仪式的场
面。该文件的附录列出了包括协律郎在内的43个礼仪角色,不包括乐师
及工人。根据季节制定了不同的着装规范,排演及正式仪式的不同场合
着装也有区别。束腰外衣的颜色有"花田"(深蓝色)、"木栏"(黑黄交织
色)、"藤重"(浅紫色)、"萌黄"(浅绿色)、"丁子"(暗黄红色)。[1]

　　即将到来的秋季仪式的仪节已经确定。[2] 如果说临时的春季仪式
反映了礼仪学者的偏好,那么这些最后的干预似乎是由改革的政治领导
人强加的。下面就其旨趣进行全面分析。首先,最显著的变化是祝文,此
时放弃了林家明代风格的文本,恢复了《延喜式》中的措辞。不过,仪式
的委托人不是天皇,取而代之的是"征夷大将军"。按照身份等级,祝文
将仪式的执行者林述斋称为"从五位下守大学头"。[3] 如果说1800年一
月三日的咨询文件曾对暂时使用低调的地方级头衔抱有疑虑,那么现在
则完全否定了这种做法,转而将改革后的释奠明确定为京城国家仪
式。[4] 林家仪式中的祭祀对象——四配及六从祀在祝文中都被取消了。
祝文借鉴的是《延喜式》。不过,《延喜式》中对孔子及颜回的祝文是分开
的,而此时合并为一个对孔子的简单祈祷文,并在其中将其他受祀者略称
为"先师颜子等"。仪节中引用的配祀者头衔没有中国唐代以后的头衔
高贵。对春季礼仪还有一项重要修订就是在仪式结束后的用餐环节进行
了等级区分,本书后面也将对此讨论。

[1]　除去献祭以外的参与者人数,参见《日本教育史资料(七)》,第250页。关于礼仪角色及
服装颜色,参见大乡信斋《释奠私议》卷三,"庚申仲秋释奠执役"。
[2]　须藤敏夫《近世日本释奠の研究》,第141页。文本参见大乡信斋《释奠私议》卷三,"改
正释奠仪注";另见《日本教育史资料(七)》,第250—252页,题目为"庚申仲秋释奠
仪注"。
[3]　《宽政十二年仲秋释奠记》"祝文书法",参见《日本教育史资料(七)》,第250页;大乡信
斋《释奠私议》卷四,"祝文"。
[4]　这一点后来被指责为"不尽善",引自《论语》第三篇第二十五章。作此观察的樱井久之助
对比了松平定信的傲慢仪式与德川纲吉采用的明代"县"级低调仪式。引自1881年的佐
仓藩记录,参见《日本教育史资料(一)》,第252页。

七月廿八日宣布放假，随后进行了排演。此时的排演比春季的更为细致。参与者被告知不用自带午餐，因为他们会在仪式后享用祭品。第一次排演于七月廿九日举行。八月一日，礼学者大乡信斋主持召开了一次会议。八月二日举行了第二次排演，次日又举行了第二次会议及第三次排演。[1] 八月六日举行了定期的"代礼"仪式，献上了将军及继承人赠送的仪刀与马代银。八月七日，秋季仪式在幕府监视官的监督下举行，并为"万分之一的意外骤雨"作了周密准备。林述斋的健康状况明显有所改善。他参加了策划会议，并担任首席司仪。不过，他有可能身体还很虚弱，或者在其他方面准备不足，因为他警告监视官可能会出差错。[2] 仪式以焚烧祝文及参加人员在圣堂接待室"接受"供品而宣告结束。没有举行讲经、诗歌朗诵或为观众举行的正式宴会。不过在其他方面，日本释奠礼仪又回到了历史的原点。从表面上看，它近似于古代释奠的形式。

1800 年八月七日的释奠成为宽政礼仪改革的标志。翌年的 1801 年四月二十日，将军德川家齐第二次访问圣堂，声称这是对先前疏忽的补偿。他赠送了一把剑和一块金子。[3] 还有另一份史料称德川家齐亲行了拜礼，并解释了此次访问与此前 1796 年十月十五日的秘密访问在礼节上的不同："先前，在前往王子地区狩猎的途中，大君身穿'野服'（狩猎服装），顺路拜访，是为了视察（圣庙的）破败程度。此次新建筑完成，大君身穿'正服'（正式服装），访问过程中的各个方面都十分庄重。"[4]

但是，德川家齐的第二次访问有两个突出特点。首先，与此前一样，将军当日出行的首要目的不在于此。不过，此次不是为了游乐，而是去参拜祖先祠堂。与第三代将军在百年前的 1633 年六月十七日所做的一样，家齐在祭祖结束后返回的路上访问了圣堂，这就意味着，对圣堂的拜访是个次要事项。尽管情况存在不同，但与首次访问圣堂时德川家齐对纲吉

[1] 桥本昭彦《昌平坂学问所日记》，第 1 册，第 25 页。
[2] 须藤敏夫《近世日本释奠の研究》，第 159 页，注释 71，引《释奠记》。
[3] 《文恭院殿御实记》，第 457 页。原文为日文。
[4] 《新见正路记》，第 303 页。

题字所作的"中礼"一样,第二次访问也可以理解为对将军血统的尊崇。将军在承认孔子重要性的同时,在礼仪上将其置于从属地位。其次,尽管有将军参加释奠甚至个人献祭的先例,此次将军访问并未选在释奠日。宽政改革后的圣堂仪式既不需要将军出席,也不需要将军献祭。简言之,此次改革根据需要修复了圣堂,但并没有使儒教更接近晚期封建国家礼仪的中心。在这方面,它几乎没有改变什么。可以说,改革并没有使日本成为一个更加显著儒教化的国家。

第十五章
礼学者的不满：犬冢印南与大乡信斋

礼学者

　　"新仪"表面上很简单，是对古代《延喜式》大学寮释奠的一次复兴。然而，距大学寮释奠诞生已隔近千年之久，此次复兴并未重燃仪式的原始精神。宽政时期出现《延喜式》的复兴，其背后推动因素十分复杂。从犬冢印南《昌平志》中的一段记录可以窥见当时改革引发的争议。在描述相关人员的改革预备工作时，犬冢印南使用了《后汉书》名篇中出现的"聚讼"一词。面对在位时礼仪混乱的局面，汉章帝（76—88 在位）抱怨道："会礼之家，名为聚讼，互生疑异，笔不得下。"为改变局面，汉章帝下令编纂了一部权威性的王朝法典。[1] 犬冢印南对《后汉书》的引用表明，宽政礼仪改革也存在争议，而幕府当局向反对者强制推行了解决方案。[2] 不难预料，最终版本反映了长达一年的改革过程中投入的各种资源，也反映了参与者之间的不同利益。可以推断，争议有两种来源：一是包括松平定信本人在内的具有高级封建世袭地位的人，二是学问所里等级地位较低的儒家礼学者。

　　礼学者们提供专业知识，起草仪节规定，指导典礼排演，是对最终版本进行专业评判的最佳人选。他们主要关心的是制定一个庄严的《延喜式》版本，既能够适应作为幕府官方仪式的新形势，符合幕府的职权范围，

---

[1]　犬冢印南《昌平志》，第 149 页，"礼家聚讼"。可以比照范晔《后汉书》卷三十五《曹褒传》中的"会礼之家，名为聚讼"（第 1203 页）。

[2]　犬冢印南《昌平志》，第 149 页。

同时又能真实地体现东亚及日本释奠的悠久历史,不至于辱没它所取代
的林家传统。同时期有两个人的观点被保留了下来,其中一个是犬冢印
南,他是重要的见证者,也是重要的史学者、仪式参与者。[1] 他的《昌平
志》共有五卷,涵盖了德川前期江户林家塾的建筑、发展过程、仪式用具、
藏书及祭仪等内容,是一部备受赞誉的作品。该书体现了一种与封建权
威格格不入的独立精神的创造。犬冢印南是姬路藩一名武士的第六个儿
子,但"有故"而离开了姬路。1784 年,犬冢印南进入林家塾,此时该学塾
正急剧衰落。在那里,"以其学优,升为员长"。据记载,他"深刻理解并
掌握了朱子学说"。[2] 也许可以认为,这种赞美是指犬冢印南实践了朱
子学自我修养目标之一的个人道德赋能。

　　《昌平志》的创作始于 1794 年,起初是一部私人作品。[3] 宽政改革
开始后不久,他隐晦地称自己被"赐放"(被免职的委婉说法)了。不过,
后来他被重新纳入学问所,这大概是因为他对礼仪及林家塾历史的知识
仍有用途。犬冢印南对原稿中的历史记录进行了增添,作品完成后的序
言写于 1800 年五月,即当年春季过渡仪式结束后不久,当年秋季最终版
本采用之前。大约在这个时候,他退休了,因而没有参与完成秋季仪
式。[4] 似乎是为了证实自己的独立性,作为史书作者的犬冢印南称自己
为"退翁",这是他"常自负"的身份。[5] 后来他在江户的本乡地区过着
与世隔绝的生活,开办私塾讲学。在那里,"与二三同志在一室,吐得意之
语"。不过,他写的历史被上交给幕府,由此获得了"银锭若干"作为奖
励。[6] 《昌平志》有时暗含批判意味,背后隐藏的可能是犬冢印南与幕

[1] 标题"墓志"下的生平注解,引自文部省《日本教育史资料(七)》,第 584 页;笠井助治
《近世藩校に於ける学统学派の研究》,第 307—308 页。
[2] 文部省《日本教育史资料(七)》,第 584 页;笠井助治《近世藩校に於ける学统学派の研
究》,第 307—308 页。
[3] 犬冢印南《昌平志》,第 18 页。根据尾藤二洲 1794 年所作序言可知,在尾藤刚就任学官、对
学问所尚不熟悉之时,这部作品成为很有用的材料。参见《昌平志》"序",第 18 页。
[4] 犬冢印南《昌平志》,第 20 页。
[5] 犬冢印南《昌平志》,第 20 页。1794 年尾藤二洲已开始用这一名称代指犬冢印南。参见
《昌平志》"序",第 18 页。
[6] 《墓志》,第 584 页,暂将"若干"改为"若干"。

府当局之间不稳定的关系。在每一卷的结尾，犬冢印南大致遵循中国史学家的做法，对相关内容提出了自己的评论（"论"）。

另一位重要的见证者是大乡信斋。他的《释奠私议》共四卷，另有附录和后记，约作于 1800 年十二月。该作品可能是为改革提供资料而作。大乡信斋来自鲭江藩，武士出身，是犬冢印南旧林家塾时代的年轻同辈，但与林述斋亲近。[1] 他的作品涵盖了从古至今中日两国的仪式，记录的内容包括不同历史版本的仪节，有关礼仪细节元素的历史记载，关于仪式举行、延期及其他方面的日记等。[2] 这是当时最新的一部汇编作品，引用了中国最近的著作，如 1761 年编纂的《大清会典》等。与犬冢印南一样，他也在书中穿插了自己的观点，使用"良则案"为开头语进行叙述。

乍看之下，犬冢印南及大乡信斋记录的内容是令人欢欣鼓舞的。在过去的十二年中，幕府对林家教育机构进行了彻底的改革，并重建了孔庙。二人对改革的参与无疑给了他们一种自我赋能（personal empowerment）的感觉，他们自豪地回顾过去十年的成就。犬冢印南写道：

> 其规模之大，气象之雄，不翅逾乎元禄。虽古昔大宝（701—704）之盛，亦或莫及焉。且开试局，课诗书，褒赐劝奖，造就人材。此又治体之尤大者，亦实前世所未有焉。[3]

他们的学校在改革之后成为官方机构，不仅地位提高，而且资金充足。与最近几百年相比，此时的学校更接近他们作为儒者所追求的理想状态。这一仪式至此才称得上是真正的释奠，供职于其中的都是政府官员。犬冢印南自豪地认为，该仪式是日本在国际秩序中正当地位的一种象征。否则，"又夫泱泱乎东海之表，何以夸示万国哉"[4]！

[1] 生平总结见笠井助治《近世藩校に於ける学统学派の研究》，第 542—543 页。
[2] 该作品引用目录已由李月珊汇编。参见李月珊《寛政期昌平坂学問所の釈奠改革と「礼」の問題》，第 56 页。
[3] 犬冢印南《昌平志》，第 96 页。
[4] 犬冢印南《昌平志》，第 20 页。

　　大乡信斋也称赞《延喜式》是日本最完整可靠的礼仪形式："隆杀中流各应其节,是定为万世不易之永式"[1];"《延喜式》全模仿《开元礼》,反复讲贯,其仪简易,次序条达。后世据用无及之者"[2]。

　　然而在这种欢欣鼓舞的背后,两人都有各自的保留意见,觉得有必要为选择复兴《延喜式》而非元禄仪式提供论据。大乡信斋不如犬冢印南那般深入本质,他更关注礼仪的细节问题,而没有分析礼仪变化的原理。他的假设是,礼仪真实性靠的主要是昔日大儒的认可。他引用了朱熹本人及明初学者宋濂(1310—1381)对唐礼的认可,认为唐礼是以古代实践为基础的。他总结道:"如今之新仪者沿革适宜,比从前旧式,实可谓无跛倚临祭之失矣。"[3]

　　犬冢印南显然更费神于为礼仪改革及《延喜式》辩护,他就礼仪变化的问题进行了深入分析。他的叙述体现了大多数儒者所认同的历史相对主义:仪式反映了自然界及人类世界的道德结构,但不同的时代和不同的政治群体需要不同的仪式。而且,道德价值或"义"比仪式的外在形式更重要。[4] 他提到,在日本古代,仪式很难建立,宝龟时期(770—781)见证了建立释奠所花的漫长时间。[5] 和所有的仪式一样,古代日本的释奠反映了当时的秩序。犬冢印南说:"皇朝自有振古之典,而幕府亦有一代之制,此又不可混用也。"[6]作为林家塾的忠实成员,犬冢印南对林家释奠大加赞赏。林罗山为武士政权创造的仪式使他值得享有"硕儒"的地位。[7] 林罗山仪式中的任何不完美都不是因为无能,而是因为"势未

---

[1] 大乡信斋《釋奠私議》卷三,"新仪"。"隆杀"的相关内容详见本书第十章"德川纲吉在后期仪式中的角色"一节。

[2] 大乡信斋《釋奠私議》卷三,"新仪"。

[3] 大乡信斋《釋奠私議》卷三,"新仪"。朱熹的观点参见黎靖德《朱子语类》卷九十,第6册,第2294页。这段引用借鉴了《礼记·礼器》。参见桂湖村《禮記》,第1册,第606页。

[4] 犬冢印南《昌平志》,第179页。下文引用的经典语句体现了犬冢印南的疑惑:"礼信如得,义顺可达;鼋鳞苟完,骍角何论?"对比《论语》第六篇第四章。

[5] 犬冢印南《昌平志》,第149页。

[6] 犬冢印南《昌平志》,第149页。

[7] 犬冢印南《昌平志》,第96页。

至也"[1]。到了元禄时期，"时又会隆盛之际"，仪式上升为"中祀"。犬冢印南对第五代将军德川纲吉赞不绝口，并称赞元禄仪式"莫不具备"[2]。纲吉"大成众美，始定一代祀典"。他"特命罗山孙凤冈先生，移之今地，……已念夫毓灵之地、诞圣之乡，名以昌平，以表羹墙之诚"[3]，"若夫大君亲书殿额、躬谒庙庭，及君臣说经以讲大义，实振代伟典，旷古仅事，前世所未有焉"[4]。此外，犬冢印南准确地理解了第六代将军德川家宣亲自祭祀孔子的独特之处，对其大加赞美，认为家宣"博考古典，亲行献奠，亦实千载鸿仪"[5]。但是，元禄时代兴盛过后，随之而来的却是圣堂的灾难和衰败，这令亲历其中的犬冢印南深感苦闷。不过，复兴的基础被保留了下来。元禄到宽政年间的物质性破坏"终无加损于崇尊之实"[6]。

然而，有个问题仍然存在，犬冢印南反问道：既然林罗山是"硕儒"，那他为什么没有复兴《延喜式》？他竭力想找到答案。他猜测，这可能是为了避免不恰当地占用皇室仪式。但理由"未可知也"。不过，他隐晦地补充说："但其时势，方于今不必避。"[7]或许带着一丝保留，他将其原因归结于一个明显不掺杂个人因素的历史循环。他在《昌平志》中仅称："我礼其始取于明，行之殆百余年，今而反乎唐，定为不刊之典。"[8]

特别的不满：文化展示的消除

犬冢印南有所保留地接受了《延喜式》，这表明他对改革持有疑虑。

---

[1] 犬冢印南《昌平志》，第49页。
[2] 犬冢印南《昌平志》，第179页。目前尚不清楚犬冢印南对礼仪变革的系统看法。但是此处的看法可能是犬冢印南对于改革的心态的一部分，相关引用亦以这种心态为前提。
[3] 犬冢印南《昌平志》，第19页。
[4] 犬冢印南《昌平志》，第96页。
[5] 犬冢印南《昌平志》，第29页。
[6] 犬冢印南《昌平志》，第29页。
[7] 犬冢印南《昌平志》，第179页。
[8] 犬冢印南《昌平志》，第149页。

仔细研究他和大乡信斋的记述可以发现,对他们来说,某些特征损害了仪式的尊严和真实性。他们的不满并非明确针对《延喜式》,而是针对幕府所要求的"差略"(修改)。犬冢印南和大乡信斋作为旧林家塾的成员,都表达了对林家仪式版本的怀念之情,对现如今"文化展示"元素的消除感到遗憾。犬冢印南就 1798 年春季的措施评论道:"凡事之涉于虚文者皆罢之。"[1]他特意附加了一份关于林家仪式的详细记录。"今于今仪之后,附以旧仪。而旧仪之下,又注以其所因革。庶几来世有稽焉。"[2]显然,犬冢印南在此带着责备的眼光回顾了近百年前繁盛的儒家神殿、气势恢宏的景象以及各种文化社交活动。用他的话说,仪式"升为中祀之典,而时又会隆盛之际,仪文礼节,莫不具备"。仪式在当时得到了将军的资助,这是"前世所未有"的。[3]

　　犬冢印南可能认为,被消除的"虚文"之一是音乐。在迎神、送神等不同仪式环节中演奏的乐章是 17 世纪日本采用的明代仪式的一个特点。明朝遗民陈元赟(1587—1671)及其日本追随者松永尺五甚至在缩减后的非官方仪式版本中采用了释奠乐章。这些乐章亦被 1670 年的林家仪式采用,并配以雅乐。这些做法被宽政改革派抛弃,使仪式失去了吸引力。在礼仪方面,舍弃乐章也减弱了仪式的虔诚程度,因为乐章的内容赞扬孔子为崇高的伟人。[4]

　　大乡信斋感到更为遗憾的是诗歌创作的取消,这曾是古代及改革前林家传统中"文化展示"的一个重要方面。与被解雇的学督关松窗一样,大乡信斋认为颜延之的释奠诗基本上证明诗歌创作是仪式的一个组成部分。在《释奠私议》的结尾,他意味深长地记载了一个关于"说经、问答及

---

[1]　犬冢印南《昌平志》,第 96 页。
[2]　犬冢印南《昌平志》,第 149 页。
[3]　犬冢印南《昌平志》,第 179、96 页。
[4]　参见真壁仁《神の宿るところ——德川後期の釈奠における迎送神と神像》。真壁仁指出,宽政改革后仪式中拟人化形象的再次使用导致了释奠乐章的取消(在他看来,释奠乐章更像是被"读"而非被"唱"的)。他认为,这使得明确的"迎神""送神"仪式变得多余,而这反过来又促成了不含乐章的神道教祭祀方式的采纳。笔者认为这种论证是不准确的,因为在早期林家仪式中,乐章是和拟人化形象一起使用的。有关释奠乐章的相关内容,参见在线附录二"礼仪细节(b):1670 年林家释菜礼仪式"。

诗稿等"记录的"小箧"，还有留存下来的一月十三日"春宴"诗会的记录（1691 年一月十三日林凤冈初任大学头，故用此日）。他就此讲道：

> 戊午岁（1789），将营新庙，命遣废之。盖以其近虚礼故也。……余恐数年之后，人不复见有此二举也。乃录其现存者数卷，厘为八册，以永其传云。宽政十二庚申岁闰四月。[1]

有证据表明，幕府学问所释奠确实不再包含作诗活动。不过，宽政改革后仍有其他作诗活动存续，比如幕府人员与高级儒者的私人学生之间每年举行两次的著名诗会（除此之外这两种人员几乎没有机会见面），还有私人学生中的非官方诗会等。[2] 把视野放宽一些，从江户以外各地的仪式中可以看出，"文化展示"仍然是各藩官方及非官方仪式的重要方面，就像改革前的林家仪式一样，它给原本严肃的祭祀礼仪增添了文化趣味。

改革者对这些"文化展示"元素的摒弃可以认为是古代仪式复兴的一个方面。其中，对乐章的省略可能仅是为了遵循《大唐开元礼》（虽然唐代乐章的文本存于其他文献）及《延喜式》明确规定的惯例。也可能是为了摒弃"虚礼"，从而与改革派推崇的普遍节制政策保持一致。[3] 同样，如果对古代仪式的复兴仅限于祭祀部分，那么取消拜庙部分的作诗环节也是合理的，这与幕府学问所推崇的文化严肃性也是一致的。此外，在柴野栗山的干预下，诗歌写作已经从学问所的课程中剔除了。[4]

从祀、祭品和用具

在消除"文化展示"元素的同时，改革后的仪式削减了祭祀对象的表

---

［1］　大乡信斋《釋奠私議》卷四，"杂议"。

［2］　参见铃木三八男《昌平黌物語》，第 7—8 页；须藤敏夫《近世日本釈奠の研究》，第 174—175 页。

［3］　唐代释奠乐章的歌辞内容，详见彭定求《全唐诗》卷十二，第 1 册，第 117—119 页。

［4］　Backus, "The Relationship of Confucianism to the Tokugawa Bakufu as Revealed in the Kansei Educational Reform," 128-129.

征性地位和数量。1800 年的秋季仪式中,"大成至圣文宣王"这一林家过去采用的元朝孔子尊号被降为《延喜式》中的"先圣文宣王"。翌年,该封号进一步简化为"文宣王"。[1] 四配和六从祀的封号也从"侯"降到了"子"。[2] 毫无疑问,这些降级是礼仪改革选择《延喜式》的结果,也是其背后的动机。从复兴古代唐礼及《延喜式》的角度或从符合明嘉靖改革的角度而言,从祀地位的降低可能是合理的。然而对于礼学者来说,这意味着仪式的形象威严被贬低,由此可能丧失与佛教竞争的潜力。大乡信斋拥有彰显仪式威严的抱负,且对东亚释奠史十分了解,因此他对从祀头衔的简化表示不解。任何头衔无论多么宏大,都是不够的。他反问道:所谓"从盛唐之旧",就是要"这般除宋元之加号"吗?[3]

比头衔的降低更不容易解释的是从祀数量的减少。最终的改革舍弃了《大唐开元礼》中一大批从祀者,甚至舍弃了《延喜式》的"十哲"。同样被排除在外的还有元禄林家仪式中的 89 位先贤和先儒。毫无疑问,礼学者对改革的这一方面感到遗憾。与从祀头衔的降低一样,对他们来说这种做法削减了仪式的威严。从犬冢印南"且停十哲位,撤贤儒像"的直白记录中可以感受到他的悲哀。[4]

除了从祀者的数量,具有重要象征意义的祭品和用具数量也被缩减了。改革后的宽政仪式获得了官方地位,但与东亚一贯采用的国家仪式存在不同。东亚的国家孔子崇祀十分盛大。君主释奠或京城释奠的供品包括"太牢",即牛、羊、猪。朝鲜、越南甚至琉球都使用了太牢,这种方式无疑是在象征性地宣示小国的主权。[5]《延喜式》的做法是用一头大鹿、一头小鹿及一头猪(另加野兔肉)的"三牲"代替了太牢。然而自 12

---

[1] 关于尊号的第二次降低,参见须藤敏夫《近世日本释奠の研究》,第 147 页。

[2] 大乡信斋《釋奠私議》卷三,"谥号"。

[3] 大乡信斋《釋奠私議》卷三,"谥号"。

[4] 犬冢印南《昌平志》,第 96 页。

[5] 朝鲜方面有间接证据表明,高丽时期曾举行过"太牢"仪式,因为有高丽史料记载了对牺牲中牛的疏漏。参见郑麟趾《高麗史》卷六十二,第 2 册,第 344 页,1351 年相关记事。越南方面举行"太牢"仪式的证据见于吴士连《大越史记全书》1434 年八月条,第 577 页。琉球自 1719 年起举行"太牢"仪式,见于徐葆光《完译中山传信录》,第 304 页。

世纪以后，日本在京城释奠中放弃使用四足动物。改革前的传统林家仪式使用的祭品很朴素，这也许反映了它的非官方起源。德川光国曾排演过朱舜水的太牢仪式，但最终没有采纳。在德川纲吉时期林家仪式得到最大发展时，用三条"鲷鱼"代替了三牲。[1]

虽然改革将释奠的形象提升为一种君主及京城版本的仪式，但它并没有努力提高祭品的级别，未能使其超出林家塾的低调水准。中国仪典、日本《延喜式》及后来朝鲜等东亚各国的惯例都规定，在君主及京城版本仪式中应使用十笾十豆。[2] 前文曾提到，19 世纪中叶的学习院释奠虽然在其他方面很简朴，但它是天皇委任的，采用了十笾十豆的君主级别。然而，宽政的"新仪"只为孔子保留了三笾三豆，而四配及六从祀皆为一笾一豆。[3] 新仪也没有恢复《延喜式》中规定的鹿肉祭品。与传统的林家仪式相比，祭神的食物仅略有增加，即添加一簋，用于盛装来自祭田的秋季新米。[4] 结果，从严格的东亚传统来看，再次出现了不协调之处：祝文中自我标榜的是君主的国家仪式，但祭品规格却比较低，甚至低于古代日本或同时期中国的地方级别。不出所料，批评之声绝于耳。大乡信斋称，宽政仪式中削减后的笾豆数量与古代仪式的"中祀"地位不符，对此表示了不满。他提议，这个问题应该"任异日之再议"。[5]

简而言之，宽政礼仪改革者将仪式提升到了东亚国家中央学府官方仪式的级别，但同时也降低了从祀者的礼仪威严，减少了从祀人数，使其低于当时东亚同等地位学府的传统规格。这些做法削弱了仪式的礼仪强

---

[1] 正如前文推测的那样，这或许是为了顺从德川纲吉对杀生的厌恶，因为自从 1709 年纲吉去世后，正德年间（1711—1716）开始用一只鹤代替一条鲷鱼。参见犬冢印南《昌平志》，第 159—160 页。

[2] 唐、宋、元皆规定十笾十豆。参见徐一夔《大明集礼》卷一百一十六，第二十二页上至第二十二页下。（但书中还记载，明朝规定的数量是八笾八豆，这似乎不符合常理。）明朝的具体规定参见李之藻《泮宫礼乐疏》卷三，第五页下至第六页上（第 651 册，第 82—83 页）；李东阳《大明会典》卷九十一，第二十页下。朝鲜方面参见佐藤文四郎《朝鲜に於ける孔子祭に就きて》，第 3 部分，第 52 页。琉球方面参见文部省《日本教育史资料（七）》，第 157 页。此外，另见大乡信斋《释奠私议》卷四，"器数"；《延喜式》，第 515 页。

[3] 犬冢印南《昌平志》，第 151 页。

[4] 出自文部省《日本教育史资料（七）》，第 255 页。

[5] 大乡信斋《释奠私议》卷四，"器数"。

度,并弱化了仪式拥有的潜力,使其难以再将不同于现实的世界观神圣化。下面将论证,这种系统化的削减不仅与自古以来当权者对释奠的矛盾心理相一致,同时也与荻生徂徕对孔子崇祀的开创性观点相吻合。

配祀与祝文

这些专业问题也许只不过是礼学者们私下的抱怨。但是,围绕《延喜式》版本的复兴还有一个更严重的教义上与礼仪上的问题。这与祝文有关,并被犬冢印南指了出来。问题在于,仪式采用了宋学以前的版本,而仪式机构却是以程朱理学为唯一正统学说。宋学以前的《延喜式》在礼仪上没有重视子思、曾子和孟子,而三人是对后世的理学发展及传播有深远影响的三位早期儒学家。朱熹自己曾说过:"配享只当论传道,合以颜子、曾子、子思、孟子配。"[1] 至少从元朝开始,这些人就已成为其他东亚国家孔子崇祀的配享对象。[2] 当然,《延喜式》中更没有提到伟大的宋儒,如其代表人物朱熹及二程。这种对朱子学道统的贬损困扰着林家朱子学者犬冢印南。在"新仪"的行间注释中,犬冢印南指出了改革后保留的道统式配享和《延喜式》祝文之间的不一致之处:

> 按,已奠币于配享四座,则宜读祝于配享四座。盖先圣先师之制,读祝虽止于二座,然今所配享,不止先师。以意揆之,当以四座同礼为正。[3]

那么,《延喜式》应该如何与幕府学问所的朱子学正统相结合呢?解决方法很简单,那就是延续林家的祝文,除了颜回以外,以曾子、子思、孟

---

[1] 黎靖德《朱子语类》卷九十,第 6 册,第 2294 页。朱熹在"新学"中将以下人物定为"从祀":周敦颐、程明道、程伊川、邵雍、司马光、张载。参见大乡信斋《释奠私议》,第 2295—2296 页。

[2] 宋濂《元史》卷七十六,第 6 册,第 1892 页。

[3] 犬冢印南《昌平志》,第 155 页。

子为配，以六位宋儒为"从祀"。由此，《延喜式》的古代权威声望与改革后幕府学问所对正统朱子学创造者的尊崇结合在了一起；这也将古代礼仪与幕府学问所的正统学说结合在了一起。犬冢印南设计的 1800 年临时春季释奠采用了这一方案，它也被列入了仪式改革版本的"新仪"中，注有"春秋通用"字样。这无疑是犬冢印南最喜欢的解决方案。[1]　然而，在他辞职后，此方案在秋季的正式仪式上被推翻了。秋季仪式未能圆满地解决这一礼仪问题，也就是说，未能调和古代礼仪与当代意识形态的关系，造成了尴尬的脱节。最终，改革后的宽政仪式在礼仪上出现了瑕疵，在儒家传统问题上传递了混乱的信息。忠实于儒教传统的林家礼学者犬冢印南和大乡信斋有理由对此表示不满。

---

[1]　犬冢印南《昌平志》，第 157 页。

第十六章

将军的仪式：适应武士的世界

《延喜式》的选择

礼学者们在儒教礼仪传统的框架下写作,怀着时遭挫败的野心,想要建立一个真实的、庄严的、在文化上有吸引力的日本国家仪式,既尊重朱子学和林家传统,同时又符合他们复兴《大唐开元礼》和《延喜式》的使命。然而,在其他更广泛的改革方面,礼学者要么无法评论,要么最多只能提供暗示。事态被改革的政治发起者控制,他们比礼学者更有权力。这些权势者们的思考框架超越了礼仪的范畴,延伸到了释奠的政治背景、影响以及幕府的利益,他们认为,起源于中国的释奠仪式在历史上是为培养文官而设计的,在德川武士社会推行仪式时,要在一定程度上进行修改。他们关心的内容包括仪式版本的选择、祝文中引用的委托人等最根本的问题,也包括仪式规模、参与者及访问者的身份等。甚至还延伸到一些很小但有象征意义的细节,如仪式后用餐使用的餐具等。此外,还包括对朝廷与幕府二元统治平衡的即时战略考量。他们也影响了改革中不太具象的方面,特别是对仪式有影响力的普遍社会风貌。在此要展开讨论的是,松平定信想在二元政治中保护幕府地位,其政治愿望与权威主义信念折射出来的是荻生徂徕关于治理的教义。松平定信的意向进一步与德川吉宗的紧缩传统、崎门儒者关于服从及道德强度的信念相结合,最终形成了一种带有工具性目的的仪式,并剔除了曾使林家释菜成为德川早期江户奇观的"文化展示"元素。

没有原始资料明确指出这些改革的责任人,但从他们所促进的利益、他们在改革进程开始及结束时所作的干预可以间接推断其身份。把他们和幕府改革派成员联系起来是合理的，比如退休的松平定信及其在幕府、幕府学问所的盟友，包括林述斋。宽政改革的领导人没有说明为什么选择了《延喜式》。只有林述斋的一个微妙陈述可勉强看作是一种解释："释奠之事，依《五礼通考》（秦蕙田［1702—1764］撰），则一向难行矣。据《延喜式》，则进退周旋可行矣。"[1] 可见，他将选择的原因归结为《延喜式》版本的简洁性。然而，他的语气可能反映了他个人对礼仪缺乏耐心。仅因所谓《延喜式》的实用性似乎不太可能决定仪式的选择。在此背景下，必须探讨日本最具政治性的儒学思想家荻生徂徕的政治权谋及其影响。

从最广泛的层面讲，在松平定信及其盟友的意识中，荻生徂徕是一位希望复兴古制的复古主义者。[2]《大唐开元礼》及其在日本衍生的《延喜式》提供了现存最早的，因而也是最真实的仪节。反对朱子学的荻生徂徕的追随者可能会认为，这一版本出现于宋儒的严重误读之前。改革转向《延喜式》的时候，仪式受祀者的头衔较为低调，祝文中排除了曾子、子思、孟子及宋儒，这些遵循了与徂徕观点一致的偏好。[3] 改革者们可能相信他们的做法可以压制徂徕与定信所憎恶的孟子及理学者的"好辩"。

如果说这反映出《延喜式》选择的背后有儒学派别方面的动机，那么，与徂徕思想相关的儒教政治化则在政治上和意识形态上提供了更多有力的好处。《延喜式》释奠是一种"宇宙秩序"型仪式，适合于现已提升为日本国家官方教育机构的学问所。它的复兴还将武士政权与日本历史上以"治世"著称的延喜时代联系在一起。故而在制度上，古代《延喜式》释奠的复兴象征性地宣告了重建后的幕府学问所成为国家机构，是古代

---

[1]　西田直养《笹舍漫筆》，引自真壁仁《神の宿るところ——徳川後期の釈奠における迎送神と神像》，第55页。这句话出自《礼记·内则》，参见桂湖村《禮記》，第2册，第12页。将仪式的简洁性作为选择《延喜式》的理由，无疑反映了林述斋的观点。参见大乡信斋《釋奠私議》卷三，"新仪"。另见本书第十五章"礼学者"一节。

[2]　参见田原嗣郎《徂徕学の世界》，第8—29页。

[3]　《延喜式》中，祭祀对象为孔子、颜回及其他九位孔子的直系弟子，后世的人物都被排除在外。见《延喜式》，第515页。

大学寮的继承者。此外,尽管在实践中并未落实,松平定信在仪式改革前同样象征性地引入了考试制度。在仪式上,参加者身着的礼服亦唤起了一种理想化的过去,尽管这也将他们与拥有政治权力的武士区分了开来。毫无疑问,礼仪改革也具有国际性。正如日本释奠早期历史中至少两次发生过的情况一样,释奠的表演成为日本作为国际社会成员身份的象征,在与朝鲜保持外交关系的时候发挥着重要的作用。

仪式的委托与占有

还有一个更具体的好处。武士政府拨给林家塾及释奠的经费引发了一个问题,即仪式是由哪个机构委托的。释奠的委托者在祝文中是被指定的。《延喜式》遵循唐朝的惯例,以天皇作为仪式委托人。林家塾最初将仪式定为"学官自祭",但从德川纲吉时代开始,使用了"命"这一模糊的表述。[1] 过去的家塾转变为幕府国家机构之后,仪式的权威委托机构将如何变化?在朝廷与幕府关系紧张的背景下,这个问题与国家道德领导权的争夺有很大关系。

1798 年三月廿二日,为重建圣殿而将圣像转移至仓库,举行了"临时迁座"仪式,其中对孔子的告文显示,将军被最终确定为仪式的委托人。不过,改革者们计划在 1800 年春季临时释奠之后再作出关于释奠本身的最终决定,1800 年春季仍旧使用传统的林家祝文,其中提到了作为从祀的宋儒。到了 1800 年秋季释奠,这个问题得以最终解决。[2] 此时做出了一个大胆的举动:委托人由《延喜式》的"天子"变成了"征夷大将军"。这样,武士政府就占有了这个仪式。祝文中提到了委托仪式的当权者与受委托的执行者,后者被列出了等级、职务(使用《延喜式》中的头衔)和姓名:"维!宽政十二年岁次庚申八月辛亥朔粤丁巳,征夷大将军谨遣从

---

[1] 参见本书第十章"1691 年的仪式"一节。
[2] 大乡信斋《释奠私议》卷四,"祝文"。

五位下大学头林衡,敢昭告于先圣文宣王。"[1]

　　这一祝文明确地将祭祀定为由将军委托、在日本国家中央学术机构进行的国家行为。此时的学问所相当于唐朝的国子监及其后继者的古代日本大学寮。就礼仪传统而言,这无异于盗窃,让人想起近百年前新井白石对于将军的野心。以将军取代天皇的决定一定是高层做出的。此举不仅贯彻了荻生徂徕关于将军统治的集权主义观点,而且是在政体二元结构日益紧张的背景下实施的。这在礼仪上巩固了松平定信声称的将军的"大政委任"角色,即将军代表天皇行使国家行政权。以将军为仪式委托者的做法证实,将军代表天皇对国家实施道德管理。[2] 这种做法把将军置于天皇及其臣民之间,在幕府与朝廷争夺政治及道德制高点的时候,用来加强幕府的合法性。

　　然而,即使在这一大胆举措的背后,也隐藏着古老的矛盾心理。《延喜式》为皇太子甚至天皇的出席仪式作了准备。相比之下,复兴后的仪式虽然任命将军代替天皇成为委托人,但没有要求将军或其继承人参加仪式。尽管在德川历史上有过将军出席甚至献祭的先例,但此时将军对国家教育仪式的占用并不包括将军的积极参与。相反,将军与仪式本身保持距离。这种距离感与中国释奠的总体发展方向形成了鲜明对比,尤其是清朝仪式。在清朝,皇帝通过个人参与来宣称对仪式的直接控制。有观点认为,幕府学者的"政治纲领""受到当时东亚政治思想的影响,尤其是中国清朝政治思想的影响"[3]。然而,在重要的儒教仪式问题上,日本明显背离了中国、朝鲜或越南的做法。日本高层政治当局长期以来对释奠的矛盾心理再次得到证实。

　　此外,幕府对该仪式的倡导并不代表幕府在更广泛的政体中系统地推广儒教。松平定信希望幕府仪式的复兴能加强幕府的地位与统治,改

---

[1]　《寛政十二年仲秋釋奠記》,第250页;大乡信斋《釋奠私議》卷四,"祝文"。
[2]　藤田觉《近世政治史と天皇》,第73—75页。
[3]　Paramore, " The Nationalization of Confucianism: Academism, Examinations, and Bureaucratic Governance in the Late Tokugawa State," 26.

善其家臣的行为。同时,他希望控制仪式的影响,实际上是让幕府垄断它,并转移它可能对现状构成的任何挑战。他的矛盾心理表现在他对在京都建立儒家学校的反应上。在京都建校本质上是对 17 世纪中期后光明天皇提议的一种复兴。[1] 1782 年,代表宫廷贵族的高辻胤长(1740—1803)及大阪平民学堂"怀德堂"的校长中井竹山(1730—1804)提出了一个有远见的计划:在京都皇宫附近建立一所新的官方学校——"观光院"。设计的核心特征是建造一所大型圣堂,暗含着释奠的举行。[2] 虽然松平定信与中井竹山有接触,了解中井的教育理念,但他似乎忽略了这一提议。或许因为他把这当作了对京都朝廷权力的威胁。1792 年怀德堂在大阪大火中烧毁后计划新建小型孔庙,松平定信也没有为此提供资助。[3] 此外,下面将提到,松平定信拒绝了在自己的藩领——白河藩的藩校举行释奠。[4]

规模问题

幕府对仪式的疏远、对儒教意识形态并不热心的支持在《延喜式》复兴的其他方面亦有所体现。改革后的释奠虽然明确声称是与东亚诸国类似的国家仪式,但减少了用具和祭品的数目,也削减了从祀的数量和头衔。前面已讲到,令礼学者不满的是,这些做法明显低于东亚君主制国家仪式的常规。

然而,仪式还有一个重要方面被简化了,但礼学者没有直接评论,因为这再次超出了他们的控制:与古代原型或中国模式相比,仪式的规模和资源都有所减少。完整的《延喜式》仪式与唐代释奠一样,是一个盛大的仪式项目,动员了一百多人及庞大的学生群体。它吸引了不同官僚机

[1] 参见本书第七章"释奠对封建日本的挑战"一节和线上附录三"德川日本的非官方与民间孔子崇拜"。
[2] 梅溪升《大坂学问史の周边》,第 36—47 页。
[3] 汤浅邦弘《懷德堂研究》,第 37—38 页。中井竹山的计划参见第 56 页。
[4] 参见本书第十八章"合并"和"排他"两节。

构和不同政治阶层。相比之下，林家仪式则源于朱熹朴素的、非官方的
"精舍"版本，动员的人数相对较少。宽政改革把林家塾划为国家机构，
这给幕府提供了机会，使其可以在儒学教育及仪式中扮演更重要的角色。
在比较古代仪式与改革后仪式所涉及的人数时不宜过于刻板，因为官职
并不是完全对应的。幕府的临时春季释奠在仪式角色方面仿照的是《延
喜式》的地方国仪式，规定了 23 种角色。在最终的秋季释奠中，礼仪角色
扩增至 43 个。[1] 不过，这仍旧比《延喜式》京城仪式中在"致斋"期间供
给食物的 100 名礼仪参与者的一半还少。

　　无论是在绝对意义上还是相对意义上，这种减少都反映出幕府儒
学教育机构的不富裕和小规模。但最有说服力的比较不是高级职员，
而是学生人数：幕府学问所的学生人数只有古代大学寮的十分之一多
一点。早期宿舍规模可以容纳 30 名学生，后来扩大至可容纳 48
名。[2] 此外，幕府家臣可以每天走读，而不必寄宿。[3] 这些幕府家臣学
生加起来数量仍然有限，而释奠仪式的许多礼仪角色都是从中挑选
的。[4] 总体而言，即便考虑到封建后期日本国家的特殊情况，比如幕府
的"天领"（直接领地）面积有限，但与古代日本、同时期的中国甚至朝鲜
和越南相比，幕府对改革后的释奠所投入的人力、物力及礼仪资源都是非
常有限的。

---

[1]　《延喜式》，第 1000—1001 页（33 种角色）；犬塚印南《昌平志》，第 151 页；大乡信斋《释奠
私议》，"附录"（23 种角色）。临时春季释奠剔除了十位"执馔者"的角色，因此规模较小。
完整的礼仪角色名册及其着装颜色，参见大乡信斋《释奠私议》卷三，"新仪"。至德川末
期，礼仪角色的数量增至 60 人。参见《日本教育史资料（十）》插页图表"仲春丁祭之
图"（1850 年）。

[2]　其中 20 个位置提供给"御目见"，其余 10 个提供给地位低于"御目见"的人。参见
Backus, "The Relationship of Confucianism to the Tokugawa Bakufu as Revealed in the
Kansei Educational Reform," 138。宿舍数量在天保年后有所增加。参见铃木三八男《昌
平黉物語》，第 4 页。

[3]　走读的学生被称为"通稽古人"或"往来稽古人"。参见本山幸彦《近世国家の教育思想》，
第 107 页。

[4]　幕府学问所儒者的私人弟子称作"书生"，他们需在提出申请后才可观看礼器或释奠。参
见《日本教育史资料（七）》，第 209—210 页。这一规定始于 1798 年。参见犬冢印南《昌
平志》，第 161 页。

礼仪结构与参与者

宽政改革后《延喜式》风格的释奠与古代日本、朝鲜半岛及大陆的释奠相比，不仅缩小了整体规模，还精简了结构，限制了参与者。仪式仅重建了古代仪式的祭祀阶段，可以称其为礼仪简化或极简主义。值得注意的是，古代《延喜式》释奠由两部分组成：一是黎明前的献祭，即"未明祭"；二是转移地点后的仪式后续部分，即"拜庙"（或称"讲论"）。未明祭只涉及教职员及学生，是在"庙"中举行的校内仪式，仪式中向孔子、颜回及十哲献祭并恭读祝文。《延喜式》仪式的第二部分是一个更具社会性和包容性的序列，由诸多"文化展示"环节组成，例如在讲堂举行的讲经、宴会、作诗、读诗及其他活动等。这些活动的参加者通常为高级宫廷贵族，但不排除皇太子甚至天皇出席的可能。整个学生群体也会有简短的亮相。因此，虽然古代仪式差不多包括了整个学术群体，但实际上却被一分为二。特别是未明祭，通常只有世袭等级较低的人参与。

在复兴《延喜式》释奠时，宽政改革者们忽略了具有包容性的拜庙，只采用了未明祭。拜庙的参与者是职位更高的人，因此拜庙的缺位意味着与古代宫廷贵族相对应的高级封建精英被排除在幕府学问所释奠之外。复兴后仪式的参与者包括级别较低的儒学家及学生群体。这些学生主要来自幕府家臣中的"旗本"（收入在一万石及以上的家臣）和"御家人"（级别较低的将军侍从，没有觐见将军的权利），这些人的前途几乎不会通过学习或考试而改变。如果拜庙得以复兴，它的形式可能是德川纲吉时期祭仪后奢华的娱乐、讲学及宴会形式，老中等幕府高级官员将参与其中。这是林家仪式的一个特征，而德川吉宗一直以铺张浪费和华而不实为由强烈反对。改革者对拜庙的省略隐含了一种态度，即幕府高层并不期望或不需要对儒教进行公开支持。于是，宽政释奠成为一种学校内部仪式，比古代释奠更为局限，仅有职位较低的一小群人参与。仪式改革的目的并不是为了扩大儒教的影响，当然也不是为了把日本打造成神圣的"儒教国家"。这不仅与古代仪式所反映的矛盾心理相一致，同时也印证了荻生徂徕未能真正挑战德川社会先赋性及世袭结构的结局。

也许有人会争辩说，恰恰相反，在日本，对参与者及参与机会的限制往往会提高礼仪的威望。也就是说，对幕府释奠参与者的限制为仪式赋予了一种神秘的性质，提高了仪式的地位。但是，中国的及日本古代的孔子崇祀都没有这样的限制。《大唐开元礼》释奠允许参观，孔庙本身似乎也对外人开放。在古代日本，"百官"及数百名学生参与了拜庙仪式。宽政改革对仪式参加者的限制可能在某些方面增强了仪式的神秘感和权威性，但也违背了仪式原有的独特精神，违背了行政乃公共事务的传统理念。

共食

仪式规模及参与者的整体缩减可以视为武士社会下的一种调整。最终改革后的仪式还有两个特征符合这一趋势。这些特征似乎不能明确断定受到了荻生徂徕的影响，但是它们迎合了武士社会的惯例，而这正是荻生徂徕的原则。其中一个特征是前面提到的一种做法，即仪式后参加者出席的宴会中使用了象征武士世袭地位的标志。祭祀后的宴会原本是仪式限阈阶段的延伸，宴会中的共食（commensality）含蓄地承认了儒教理念下参与者的基本平等。在1800年春季的临时规定中，宴会中的地位差异完全取决于仪式角色固有的礼仪功能，阈限礼仪的角色能够超越日常角色。1800年一月廿二日的备忘录中指出："参与祭仪者于仪式结束后至'座敷'（接待室）接受胙肉。献官使用'白木足付'（带脚的纯木托盘），其余人使用'片木'（未刨光的木托盘）。"[1] 然而，该仪节在秋季仪式上被取消了。仪式中原本没有的身份差异被引入其中：在接受祭品时，使用"白木足付"的是"御目见"（具有觐见将军资格的人），而低于该身份的人使用"片木"。[2] 从宽政改革到明治维新期间，闯入仪式阈限空间的世袭地位被进一步巩固。

---

[1] 大乡信斋《释奠私議》，"附录"。
[2] 《寛政十二年仲秋释奠記》，第249页。

到了德川时代末期,当学生位列参加者之中时,其束腰外衣的颜色根据世袭等级进行区分:"御目见"身着白色,其他同级或低级的参加者身着"萌黄"(浅绿色)。[1] 仪式中的这种地位区分并非古代仪式的特征。在中国唐代,皇太子进入国子监时必须身穿学生服"青衿"。[2] 参加《延喜式》释奠的学生都穿相同的制服。[3]《源氏物语》中,作为天皇孙子的夕雾十分不情愿地被父亲源氏强迫穿上了学生的六品"浅葱"色长袍。[4]

无论是在祝文中以将军为委托人,还是在仪式中引入幕府身份差异,这些似乎都是对仪节所作的后期修改。这些修改很可能出自参加过策划会议的林述斋,至少可以肯定是由他默许的。林述斋调整仪式以适应封建武士惯例及等级敏感性,这符合他作为大名之子及松平定信门徒的身份。但是这些最终的修改逐渐改变了释奠的本质。理想情况下,参与者在圣人的神灵面前是平等的。然而,仪式世界之外的地位差别损害了仪式超越现状的能力。与释奠有密切协同作用的幕府学问所考试制度在改革过程中也出现了类似的地位区分。就连考试成绩的奖励也按外在的世袭地位加以区别,可见对基本平等更是公然的破坏。[5] 虽然根据身份职能来区分报酬是东亚地区的常见做法,但在释奠的阈限礼仪空间中,这种做法的采用则具有特殊的意义。仪式试图神圣化的原本是年轻人以学业成绩为基础为国家做道德服务的潜力,现在却成了将世袭地位差别进行神圣化的机制。宽政礼仪改革没有挑战世袭的、先赋性的现状,而是将其神圣化了。

斋戒

在中国和日本,斋戒是古代释奠仪节的一个重要方面。[6] 它与禁食

---

[1] 参见《仲春丁祭之图》以及本书图 17.1。
[2] 《大唐开元礼》卷五十四,第九页上(第 302 页)。
[3] 《延喜式》,第 519 页。
[4] 紫式部《源氏物語》,第 2 册,第 276—278 页。
[5] 《舊事諮問録》,第 2 册,第 131 页。
[6] 有关孔子祭祀的斋戒或禁食,参见 Thomas Wilson, "Sacrifice and the Imperial Cult of Confucius," 271—277。

有关，被描述为"对教义遵守的强力主张与扩展，有助于将更虔诚的信徒与更随意的信徒区分开来"[1]。《延喜式》为参加释奠的官员规定了三日的"散斋"，两日的"致斋"。[2] 然而，宽政复兴版本放宽了这一要求，它规定，在祭祀前一天，"献官以下预享人，各致斋于家。理事如旧，唯不吊丧问疾，不作乐，不预秽恶"。措辞直接借用了《大唐开元礼》及《延喜式》，但斋戒时长缩减到了这些文本中提到的地位最低的参与者——"学生、乐师、工匠"所需的最低限度。[3] 这似乎并不是改革者的创新，因为早在18世纪的新仪中就已简化了参与者的斋戒。获生徂徕亦关注斋戒问题，他引用了一份可能与1710年八月四日将军家宣的释奠表演有关的备忘录明确指出："圣堂御参诣，不及御精进事；……御供相勤者，不及精进事。"（意为将军参拜圣堂时无须斋戒；……献祭之人亦无须斋戒。）[4] 大乡信斋没有批评改革中对斋戒的缩减，对他来说，斋戒是一种内在的主观问题："持守内外之清净者，各在其人。"从历史上看，林家仪式的起源——朱熹的精舍仪式并未要求进行斋戒，这可能是对斋戒放松的原因。不过这种放松也是日本社会的一个长期趋势，这一过程可以与马克斯·韦伯所讲的世俗的"理性化、知识化"及"世界的祛魅（disenchantment）"相比较。[5] 早在17世纪，就有人在与熊泽蕃山的对话中提出，祭礼前长达三天的斋戒"对于忙于公务的人或老人、病人来说是困难的"。熊泽蕃山对此表示同情，并建议："日本神道中有种叫'一夜神事'的仪式。因忙于公务而没有空闲或缺乏精力的人可照此行事。"[6]

---

[1] Bell, *Ritual: Perspectives and Dimensions*, 125.

[2] 《延喜式》，第517页。

[3] 《大唐开元礼》卷五十四，第一页上（第298页）；《延喜式》，第517页。有趣的是，平井澹所记录了1796年二月十日春季释奠前夜祭主林述斋在斋房开始斋戒的场景。参见平井澹所《公事私记》，第140页。

[4] 大乡信斋《釋奠私議》卷三，"斋戒"。在此对比一下江户城百道山将军祖先祠堂献祭的规定，即从前一夜就开始"致精進"（严格的斋戒）。参见大乡信斋《釋奠私議》卷三，"斋戒"。另参见《文昭院殿御實記》1710年四月二日条："（在孔庙）献祭的人不需要斋戒。正在服秽（即服丧）或正值父母忌日的人不应在将军出席时（出现）。"（第112页）

[5] Macfarlane, *Civility and the Decline of Magic*.

[6] 熊泽蕃山《集義外書》，第289页。原文为日文。

尽管如此，在《延喜式》复兴的背景下，改革后仪式对斋戒的放松显示了对强烈虔诚的长期稀释。仪式的阈限性、仪式与现状之间的潜在张力都被再次削弱。日本斋戒的做法也与中国礼典中的仪节形成对比。《大明集礼》规定，即使是明朝皇帝，在他以"降香遣官"的方式委托三位高级官员献祭时，也需要进行斋戒。直接主持祭祀的人被要求进行两日的散斋、一日的致斋。[1] 在李氏朝鲜，从君主到守卫、工匠及舞者，按各自地位及礼仪角色的不同规定了精确的斋戒方式，斋戒时长基本上都符合古代东亚的惯例。[2]

实施理念：监察制度与文化矛盾

宽政礼仪改革将释奠冠以将军的名义，使其融入了武士社会。仪式被政治化并隔离在幕府学问所内部，阈限性遭到削弱，其从祀数量、祭品及用具皆被削减。古代日本及近代林家仪式中常见的"文化展示"元素本可以吸引精英社会，但改革剥离了这种"文化展示"。不过，似乎是为了强化孔子崇祀，弥补其削弱的部分，改革后学问所的教育和仪式都在一种纪律严明的气氛中进行。正如前文提到的，宽政改革在学问所群体中强化了思想一致性，即精神的控制。幕府学问所的规章要求学生"勿议国政，勿失成宪"。此外，"切禁无稽臆说"。学校每天由"员长"巡视一次，由"司监"巡视两次，检查"勤怠"。[3] 这种监察延伸到了仪式本身，改革后的仪式中出现了官方派遣的监督者。有记录显示，从1796年八月四日起，幕府的"目付"出现在仪式现场，位于圣堂庭院西侧回廊的显眼位置。[4] 这些官员的职能不同于仪式内部任命的"监祀官"。监祀官在《延喜式》中有所规定，由来自"弹正台"的秘书及文员担任，负责检查场

---

[1] 徐一夔《大明集礼》卷十六，第二十八页上。
[2] 关于清朝的情况参见伊奈阿《大清会典》卷六十四，第六页下（第3297页）；关于朝鲜的情况参见申叔舟《国朝五礼序例》卷一，第二十三页上。
[3] 犬冢印南《昌平志》，第85页。
[4] 《日本教育史资料（七）》，第258页。

地清洁，"弹非违事"（意为查处违法行为）。[1] 弹正台是古代国家体系的一部分，建立在共同的制度基础及意识形态基础之上。它的功能是查看仪节是否被严格地遵守。相比之下，"目付"带来了外部的权威和意识形态，与儒教及《延喜式》的世界格格不入。他们的存在象征着释奠是国家的次要功能，而把控国家的人们持有着不同于释奠的理念与文化。

理念上的差异扩展到了更广泛意义上的文化矛盾。释奠所要神圣化的是在文化上、地理上和历史上都很遥远的唐代文官教育制度，《延喜式》释奠的复兴将这些强加给了武士群体。在国子监仪式中，仪式所要神圣化的教育价值观是与学生未来的官僚事业相一致的。而幕府学问所的学生缺乏这种一致性。尽管学问所由武士政权创造并服务于武士群体，但学问所的主要仪式却忽略了武士生活及价值观中的军事方面。诚然，改革者在将仪式应用于武士社会时作出了一定调整，但他们没有解决封建晚期德川社会围绕仪式长期存在的文化矛盾，这种矛盾在德川初期就已显现，其中一个代表就是德川光国曾指出的佩剑问题。

普遍的宽政教育改革在另一方面加剧了这种文化矛盾：改革既要复兴尚武精神，又要复兴儒家道德准则。改革后幕府学问所的一个重要职能是挑选幕府军政职位的候选人。不亚于世袭地位及儒家"学问"，军事成就也是职位功绩评估体系的一个显著方面。[2] 然而，学问所的正式规定中没有提到军事训练，甚至没有提到社会广泛接受的、互补且对立的"文武"一词。对许多注定要从事军政的年轻人来说，中国儒家典籍的课程以及相关的儒学考试制度、释奠仪式都是非常书生气的。[3] 天保时期（1830—1844）的"奖学令"表明，这部分学生对儒学研究缺乏热情。幕府

---

[1]　犬冢印南《昌平志》，第 150 页；《延喜式》，第 517 页。
[2]　关于宽政教育改革的这一方面及其在人员雇用中所起的作用，参见 Backus, "The Relationship of Confucianism to the Tokugawa Bakufu as Revealed in the Kansei Educational Reform," 151-154。
[3]　罗伯特·巴克斯指出："到 19 世纪 30 年代，靠学术获得官职的情况减少，可能反映出年轻武士对书本学习兴趣的减弱……而 19 世纪 40 年代学习热情的高涨可能与天保改革（1841—1843 年）有关。"参见 Backus, "The Relationship of Confucianism to the Tokugawa Bakufu as Revealed in the Kansei Educational Reform," 160。

似乎认识到了这个问题,到 19 世纪中期才迟迟建立了"讲武所",该机构刻意按照幕府儒家学问所的模式建造,旨在取得一种平衡。值得注意的是,该机构在声望上超过了儒家学问所,吸引了"许多万石以上的大名",据说甚至影响了儒家学问所的机构组织。[1]

上述理念再次体现了荻生徂徕的影响,尤其是徂徕关于社会及政治控制的权威主义、精英主义的观点。松平定信也支持同样的理念。与徂徕一样,松平定信强调团结和服从的必要性,并将其确定为教育改革的主题。当然,这也是学问所禁止异学的核心所在。[2] 然而,如果没有权力控制,就很难实现团结。现代学者相良亨(1921—2000)将宽政教育改革中具有象征意义的异学之禁看成是一种权力游戏。它不是草根运动,它"依靠的是告诫、监视及惩罚"[3]。然而,在权力强制推行正统朱子学的过程中存在一个悖论,即原始的中国朱子学重视个人,承认个人有自发实现自我的潜力,拥有一定程度的自主性。丸山真男(1914—1996)指出了这一点,称:"徂徕巨大的思想影响力更多地体现在对手的思想中,而不是追随者的思想中。"[4]正因如此,改革中的"正学"倡导者虽然在学派上敌视徂徕学派,但却试图利用徂徕的专制理念来强制推行道德纪律。[5]丸山真男认为,"异学之禁"是反动的,"实际上,这是在企图强制复兴自然秩序的意识形态,是在封建标准已失去不言自明的有效性的情况下,试图通过武力将封建标准作为自然法加以推行"[6]。松平定信及其派系对儒家道德原则进行了强制推进,实践的正是徂徕所主张的政治权力的功

[1] 《舊事諮問録》第 2 册,第 140 页。
[2] 关于荻生徂徕主张团结的思想,以及该思想作为改革重要特征的体现,参见荻生徂徕《辩名》,第 54、213—214 页;Tucker, *Ogyū Sorai's Philosophical Masterworks: The Bendō and Benmei, Translated and with an Introduction*, 187;诸桥徹次《寛政異學の禁》,第 174 页;Dore, *Education in Tokugawa Japan*, 26-27。
[3] 相良亨《近世日本における儒教運動の系譜》,第 234 页。
[4] Maruyama, *Studies in the Intellectual History of Tokugawa Japan*, 137.
[5] 关于松平定信和道德教育,参见 Backus, "Matsudaira Sadanobu and Samurai Education," 132-152。松平定信"将道德准则视为操纵手段的观点……是徂徕将政治结构视为社会秩序维持手段这一观点的换位"。参见 Ooms, *Charismatic Bureaucrat: A Political Biography of Matsudaira Sadanobu, 1758-1829*, 35。
[6] Maruyama, *Studies in the Intellectual History of Tokugawa Japan*, 282.

利性运用、"现实政治"（realpolitik）以及"硬"的儒教特质。

教育改革中普遍的权威主义特性不利于释奠仪式的成功。用罗伊·拉帕波特（Roy Rappaport）的话来说："神圣性（sanctity）本身是真实和正确的基础，由超自然性（the numinous）支撑。当它们屈从于强者时，神圣性就会变得虚假，因为它们会误导认知。即使对那些没有被蒙蔽的人来说，代价也是巨大的。对他们来说，仪式变得空洞而无意义。"[1]

信仰问题与徂徕的影响

在此需要考虑宽政礼仪改革的最后一个重要方面及其与徂徕哲学的关系，即改革中有关强制性、一致性及现状合法化的理念所涉及的最根本问题——"信仰"（belief）问题。在东亚使用这一概念时需要谨慎，因为"真理"（truth）和"信念"（faith）的概念不是单纯知识性的、批判性的，而是更加实用性的、功能性的。礼仪改革引发了对儒学或朱子学世界观的信任问题。作为一种礼仪，在原则上，释奠的前提是一种独特的世界观，即道德支撑社会。用罗伊·拉帕波特的人类学语言来说，仪式可以表达并实践一种"基本理念"（logos），一种关于"真实、道德、永恒、和谐、包容的统一秩序"的世界观。[2] 对仪式的参与构成"公众对公共秩序的接受"[3]。仪式长期保持健康所必需的正是这种信奉，而不是强制、单纯的接受或被动的服从。拉帕波特警告说："一种礼仪秩序如果不能至少在某些时候、至少被某些理解它的人的信念所支持的话，那么就像我们说的，它会变成'空洞的仪式'（mere ritual），且可能很快消失。仪式中的神灵不再是永恒的，而是消散在了过去。"[4]

为了取得成功，宽政改革后的释奠含蓄地要求其参与者拥有这种信

---

[1]　Rappaport, *Ritual and Religion in the Making of Humanity*, 447.

[2]　Rappaport, *Ritual and Religion in the Making of Humanity*, 363.

[3]　Rappaport, *Ritual and Religion in the Making of Humanity*, 396.

[4]　Rappaport, *Ritual and Religion in the Making of Humanity*, 419.

仰。但事实证明,仪式在展现它所要神圣化的儒教时是含混不清的。的确,可能只有专业的礼学者才对仪式中的这些缺陷及矛盾感兴趣。不过,仪式的某些特性使得信仰问题变得严重。其中最突出的一个特性就是对古代《延喜式》仪式的复兴。也就是说,仪式选择的古老"宇宙秩序"版本能够提供前文论述的显著思想利益和政治利益。但是,尽管进行了尝试性的调整,《延喜式》仪式在文化上仍是不协调的,在礼仪上仍是不合时宜的。这种礼仪原教旨主义可能会造成仪式与现实的脱节,它"有时会使仪式的神圣性和传统真理的基础遭遇总体的失效、篡改或至少是高度的质疑"[1]。文化上不相容的古老"宇宙秩序"仪式的复兴带来的是仪式被疏远的危险。这种情况让人想起凯瑟琳·贝尔对中国保守主义仪式的评论:"帝国的国家崇祀无法摆脱过时的宇宙霸权的束缚……这很可能促使 19 世纪及 20 世纪的帝国制度变得无足轻重了。"[2]

由于这些原因,复兴的《延喜式》释奠不太可能引起广泛幕府武士群体的持久期待或投入。无论宽政教育改革及礼仪改革如何使日本在表面上更接近中国的原型,它们都无法重现原始仪式的活力或精神内涵。与改革相关的考试制度若能真正开启"青云直上"的前景,则可能为仪式注入生命,然而,这只是一种幻想。此外,改革后的释奠亦没有保留仪式早期历史中吸引日本精英的"文化展示"。当然,它也无法与实质的世俗奖励产生联系。

时代的知识氛围及荻生徂徕的思想对改革后的释奠产生了更进一步的重要影响。徂徕认为,道德和礼仪制度是圣人在特定历史环境中为了统治目的而创造的。制度和道德原则是具有规范性的,并不是因为它们在形而上的层面具有超越性、真实性,而是因为它们产生于高级权威,并且符合功利主义的标准,即它们能产生理想的结果。但是,在特定历史时期由个人权威通过法令创造和强加的东西在后世可能会被否定。再次借用丸山真男的话,宽政改革成了"一个实行思想控制的时代",在自然法

[1]　Rappaport, *Ritual and Religion in the Making of Humanity*, 419.
[2]　Bell, *Ritual: Perspectives and Dimensions*, 188.

则"已失去不言自明的有效性"的情况下，试图强制推行自然法则。[1]
换句话说，《延喜式》在宽政时期的复兴暗中将儒家教义作为虔诚信仰的
真实对象强加给了幕府学问所群体。但是对于像徂徕一样功利主义、实
用主义的松平定信来说，"真理"（truth）本身是可变的，这取决于它在群
体中的影响。不同的社会群体履行不同的职能，一方面包括幕府家臣以
及政府官僚机构的潜在成员，另一方面包括各藩的武士、守卫、封建秩序
与国防的维护者。不同的真理指引着他们的生活，他们应该在不同的祭
坛上敬拜。释奠并非像松平定信时代的礼学者们所期望的那样——是一
个延续万代的伟大仪式。

　　因此亦可以说，荻生徂徕的影响力挑战了释奠的权威。不出所料，在
危机到来之时，与徂徕一样相信礼仪工具性效用的人认为，有必要找到一
种结构不同的、更有说服力的礼仪系统来满足国家的需要。通过这种方
式，徂徕的思想为释奠价值的质疑铺平了道路，并为基于不同假设及目标
的新仪式的出现提供了可能。

徂徕影响力的间接证据

　　前面强调了荻生徂徕对宽政礼仪改革的内容、实施及信念造成的
影响。然而相关证据主要是推论性的，依据的是徂徕思想在改革领域
的公认影响，以及在一系列主题上徂徕观点与改革内容的一致性。徂
徕的思想确实使他的追随者们倾向于采用《延喜式》版本的释奠，有间接
证据可以证明这一点：与徂徕学派有关的藩校大多与幕府学问所一样，
在释奠中选用了《延喜式》的仪节或从祀方式。这种偏好在北部的弘前
藩最为显著（100000 石，稽古馆，1796 年）。当时的第八代藩主津轻信明
（1762—1791）是荻生徂徕亲传弟子宇佐见灊水（1710—1776）的学生。
值得注意的是，津轻信明也是松平定信改革派的一员。他英年早逝，但为

---

[1]　Maruyama, *Studies in the Intellectual History of Tokugawa Japan*, 280, 282.

后来 1796 年五月藩校的建立打下了基础。[1] 藩校课程因徂徕的教义影响而十分独特：它略去了《孟子》《中庸》《大学》等徂徕所批判的儒家经典,即使这些经典在朱子学道统中极为重要。[2] 于是不难理解,弘前藩的释奠遵循的是宋学以前的《大唐开元礼》。从现存史料来看,与藩校课程类似,自 1799 年二月起仪式中对孔子和颜回的祝文亦省略了朱子学道统中的代表人物。毫无疑问,这种前宋学版本的仪式反映了该藩徂徕派学者在教义和礼仪方面的偏好。[3] 其他作出类似选择的徂徕派藩校还包括：广岛藩(426000 石,修业堂,1790 年)、高岛藩(30000 石,长善馆,1803 年)、庄内藩(170000 石,致道馆,1804 年)以及田原藩(12000 石,成章馆,1810 年)。直到维新时期,前宋学版本仍然是尼崎藩(40000 石,正业馆,1869 年)的首选。[4] 这些受徂徕派影响的藩校都倾向于使用唐代或《延喜式》版本的仪式,仅崇祀孔子和颜回,不祭祀代表朱子学道统的学者。这间接地证明,宽政礼仪改革者选择同样的做法也是受到了徂徕思想的启发。

[1] 新编弘前市史编纂委员会《弘前市史》,第 580 页。
[2] 新编弘前市史编纂委员会《弘前市史》,第 588—589 页。
[3] 关于仪节,参见新编弘前市史编纂委员会《弘前市史》,第 874—885 页。关于津轻信明的学说、藩校的规划以及仪式,参见新编弘前市史编纂委员会《弘前市史》,第 576—593 页。该藩的独特之处在于记录了当时人们对释奠的反应:"(仪式)从早晨六点持续到晚上七点,我们因筋疲力尽而痛苦不堪。"参见新编弘前市史编纂委员会《弘前市史》,第 592 页。另参见《日本教育史资料 (六)》,第 51—58 页。
[4] 关于广岛藩,参见笠井助治《近世藩校に於ける学統学派の研究》,第 1223、1236 页;James McMullen, "The Worship of Confucius in Hiroshima," 86—87, note 12. 关于庄内藩,参见《日本教育史资料 (六)》,第 66—67 页。关于高岛藩,参见《日本教育史资料 (一)》,第 543 页。关于田原藩,参见《日本教育史资料 (一)》,第 177 页。关于尼崎藩,参见中谷云汉(1812—1875)《釋奠考》,第 6 册,第 2 页。

第十七章

传统主义与苍白化：再次成为"空洞的仪式"

仪式的衰落

前文已指出，宽政时期《延喜式》的复兴是由相互冲突矛盾的志向、心理及文化所塑造和影响的。改革后的仪式传递了混杂的信息，并在纪律严明的气氛中举行。但这些特征并没有预示仪式的长期繁荣。德川政权最后数十年的孔子崇祀，需置于一更广阔的历史背景，即宽政改革与不断加剧的幕末危机。就在幕府学问所建立新制度的同时，道德复兴的计划走向式微。在改革完成之前，对程朱学派正统学说的重视程度已经减弱。尽管朱子学仍然受到"压倒性的关注"，但包括国际形势在内的更广泛的问题吸引了学问所的儒家学者。林述斋在阐释儒家经典时，不仅强调程朱正统，也提倡广泛的历史和文学研究，称"圣堂乃养才之地"，所以学生们应该"随各才之所长而发奋"。[1]

负责改革仪式的礼仪专家们很快就退出了舞台：犬冢印南在1800年春秋两季仪式之间失意地退休；大乡信斋变为江户的地方教师；平井淡窗前往桑名藩，于1820年去世。[2] 在有限的圈子之外，教育改革并不受欢迎。随着幕府学问所高级儒者柴野栗山（卒于1807年）、尾藤二洲（卒于1813年）及古贺精里（卒于1817年）的去世，学问所的学风发生了改

---

[1] 林述斋《示谕》，引自真壁仁《德川後期の学問と政治——昌平坂学問所儒者と幕末外交变容》，第111页。真壁仁将日期确定为宽政时期。
[2] 大乡信斋和平井淡窗都参加了1800年的秋季仪式。

变。有历史学家认为,释奠在德川后期开始衰落。[1] 几乎没有证据表明,孔子崇祀激发了参与者的热情。1807 年有指令谴责释奠排演期间在大殿内"聚集、休息、杂谈"是"不敬"的行为。[2] 须藤敏夫虽然承认很难找到系统的证据,但他认为在这段剩余时间里,仪式变得"衰颓""形式化"和"形骸化"了。[3] 显然,在前近代历史的最后阶段,文献记录的缺乏本身也表明仪式正在走向衰落。

作为政治领袖的松平定信于 1812 年隐退,于 1829 年去世。作为其派系支持者的老中牧野忠精(1816 年退休)及松平信明(1817 年去世)也退出了政治舞台,这使得残存的田沼派卷土重来。强化武士道德观的措施似乎收效甚微。儒学研究成了一件苦差:"完成四书五经的素读后,即可获得学问所的奖励。没人愿意在素读完成后再继续研习了。"据称,学生们"多沉迷于享乐"。[4] 1841 年的天保改革旨在遏制商业经济及"奢侈之风",但就孔子崇祀而言,此次改革只是颁布了"奖学令"。[5] 这些措施未能重振学生对儒学学习的热情。听讲座的人越来越少了。[6]

除了儒学研究萎靡不振,领导人物缺乏热情可能也导致了释奠的"衰颓"。作为幕府学问所的学头,林述斋在 1838 年退休之前一直是学问所的重要人物,但他似乎觉得儒教仪式是一种沉重的负担。学校日志记载他多年来频繁缺席仪式,原因是"不快"(不适)、"病气""病"(疾病)、"痛所"(疼痛)等。很多时候,他仅"出席"了排演或仪式,却没有扮演任何礼仪角色。1813 年秋季释奠的排演中,他被"眩晕"所困扰。[7] 有两次记录显示他有"其他事务"。[8] 作为幕府学问所学头,林述斋很可能还

---

[1] 本山幸彦《近世国家の教育思想》,第 199 页。
[2] 《日本教育史资料(七)》,第 170 页。
[3] 须藤敏夫《近世日本释奠の研究》,第 176、180、184 页。
[4] 本山幸彦《近世国家の教育思想》,第 199 页,引横山达三《日本近世教育史》,第 1904 页。
[5] 本山幸彦《近世国家の教育思想》,第 199—202 页。
[6] 须藤敏夫《近世日本释奠の研究》,第 166 页。
[7] 桥本昭彦《昌平坂学问所日记》1813 年八月某日条,第 1 册,第 59 页。
[8] 桥本昭彦《昌平坂学问所日记》1828 年八月十八日、1829 年八月十六日条,第 1 册,第 440、477 页。

有许多其他职责，这分散了他的心力。在尼古拉·列扎诺夫（Nikolai Rezanov）1804 年访问日本时，林述斋"参与了交涉提案的制定、谈判先例的调查、谈判方法的提议以及首份答复草案的拟定等"。此外，处理日本与朝鲜、琉球之间中文外交通信的任务也落在了学问所成员的肩上。[1] 林述斋的终生好友、学问所的重要儒者佐藤一斋（1772—1859）似乎也没有致力于仪式。有几次场合他至多算是"出席"了排演或仪式。众所周知，他对朱熹的公开认可与对王阳明的私下偏爱之间存在矛盾，这无法提高官方仪式的可信度。

　　没有证据表明，封建统治者曾持续试图重振孔子崇祀，或让封建精英在仪式中发挥作用。[2] 官方资助仍然受到限制。如前所述，将军既没有参与仪式，也没有观赏仪式。1843 年七月十二日的一项法令要求停止使用"圣堂"一词来指称幕府学校，转而采用"学问所"这一淡化孔子相关礼仪或崇奉的名称。[3] 这体现了幕府学问所祭祀功能的衰减。不过，将军德川家庆（1837—1853 在位）曾两次视察学问所。1843 年闰九月的初四，他参观了大成殿，了解了维修事宜。[4] 1850 年三月廿一日，可能是为了纪念火灾焚毁建筑的重建完成，他参观了"御场所"，在那里观赏了"御道具"。[5] 对于这两次访问，幕府官方编年史或学问所日志都没有记录任何的将军敬拜行为。在 1853 年二月十三日的释奠日，老中阿部正弘

[1]　真壁仁《德川後期の学問と政治——昌平坂学問所儒者と幕末外交変容》，第 151—155 页。
[2]　在 1812—1826 年间，一位被称为"筑紫右近"或"佐渡守"的显然无学术背景的官员（生卒年不详）从"奥小性"（江户城内务部门）调来担任"学问所御用"（负责学问所事务的幕府官员），同时担任"惣教"，即学头的助理。根据仪式日志记载，筑紫右近在仪式中发挥了重要作用。在 1814 年八月十九日的仪式上，他担任了初献官的角色。参见桥本昭彦《昌平坂学問所日記》，第 1 册，第 84 页。后来，他被调到非学术岗位。他的职能与代表中国皇帝执行祭祀的高官是不同的。参见第十六章"斋戒"一节。7 位"学问所御用"中，似乎有 4 位是学问所的专业儒学者。桥本昭彦《昌平坂学問所日記》，第 3 册，第 425 页。
[3]　《日本教育史資料（七）》，第 85 页；本山幸彦《近世国家の教育思想》，第 200 页。
[4]　《慎徳院殿御實記》，第 506 页；桥本昭彦《昌平坂学問所日記》1843 年闰九月四日条，第 2 册，第 322 页；铃木三八男《聖堂物語》，第 58 页。
[5]　《慎徳院殿御實記》，第 646—647 页；桥本昭彦《昌平坂学問所日記》1850 年三月二日条。关于火灾的描述，参见桥本昭彦《昌平坂学問所日記》1846 年一月十五日条，第 2 册，第 364 页。

（1819—1857）带领一群幕府官员参观了仪式,这在幕府是很罕见的。[1]
不过后来,封建精英的访问因"工作压力"而逐渐消失。[2] 孔子诞辰
2400周年的1850年十一月廿一日举行了一次"临时释奠",但这是一场
低调的校内庆典。[3] 当时的学头林壮轩(卒于1853年)正在服丧,既没
有参加1850年十一月十六日的排演,也没有参加纪念仪式。[4]

不过,孔子崇祀对于学校来讲仍是一个常规的存在。入学时,学生们
在大成殿表达敬意,并按家庭收入进行象征性的捐赠。[5] 学问所日志记
录了定期举行的释奠仪式。仪式认真遵循《延喜式》的礼仪,且在必要情
况下采用了不设观众的"雨仪"。[6] 在仪式前一个月的月底,举行检查
释奠安排的"大调"(全体会议),以便分配礼仪角色,协调仪式的各个方
面。通常在仪式前三天,有一天专门用来排演《延喜式》中规定的仪程,
中午前排演两次"晴仪",随后排演一次"雨仪"。"释奠习礼自当日迄翌
日",学校放假。[7] 在仪式的前夜举行"代礼",即幕府使者交付"仪刀"
与"马代银"的仪式,但很少有记载。此外,日志中对释奠的记录是十分
简短的,但通常会指明是否举行了晴仪或雨仪。幕府学问所高级教职员
被要求出席或参与仪式,因为日志通常会记录他们的出席或缺席,偶尔也
会记录三位献官的名字。虽然献官角色经官方许可后不再由林家垄断,
但实行时还是倾向于林家世袭的原则。(图17.1)

随着美国人佩里的到来,幕府学问所开始"被忽视"。[8] 公众对国家资
助的儒教逐渐失去了兴趣。高桥胜弘这位幕府学问所儒者门下的学生记

[1] 桥本昭彦《昌平坂学问所日记》1853年二月十三日条,第3册,第130页。
[2] 《舊事諮問録》,第140页。
[3] "告文"载于《仲春丁祭之图》中。仪式由学头助理筒井右马助主持。
[4] 桥本昭彦《昌平坂学问所日记》1850年十一月十六日、廿一日条,第3册,第95、96页。
[5] 《学规》,参见《日本教育史资料(七)》,第115页。
[6] 仪式的详细记录见《日本教育史资料(七)》,第262页。雨仪和晴仪大抵相同,但雨仪不
在露天处举行,而是在庭院东侧和西侧的走廊举行。观众无须参加雨仪。参见《日本教育
史资料(七)》第265页图表。
[7] 《教则》,见《日本教育史资料(七)》,第101—103页。这里指二月及八月释奠期间"从
排演当天起至仪式结束后的第二天"暂停课程。
[8] 本山幸彦《近世国家の教育思想》,第113页。

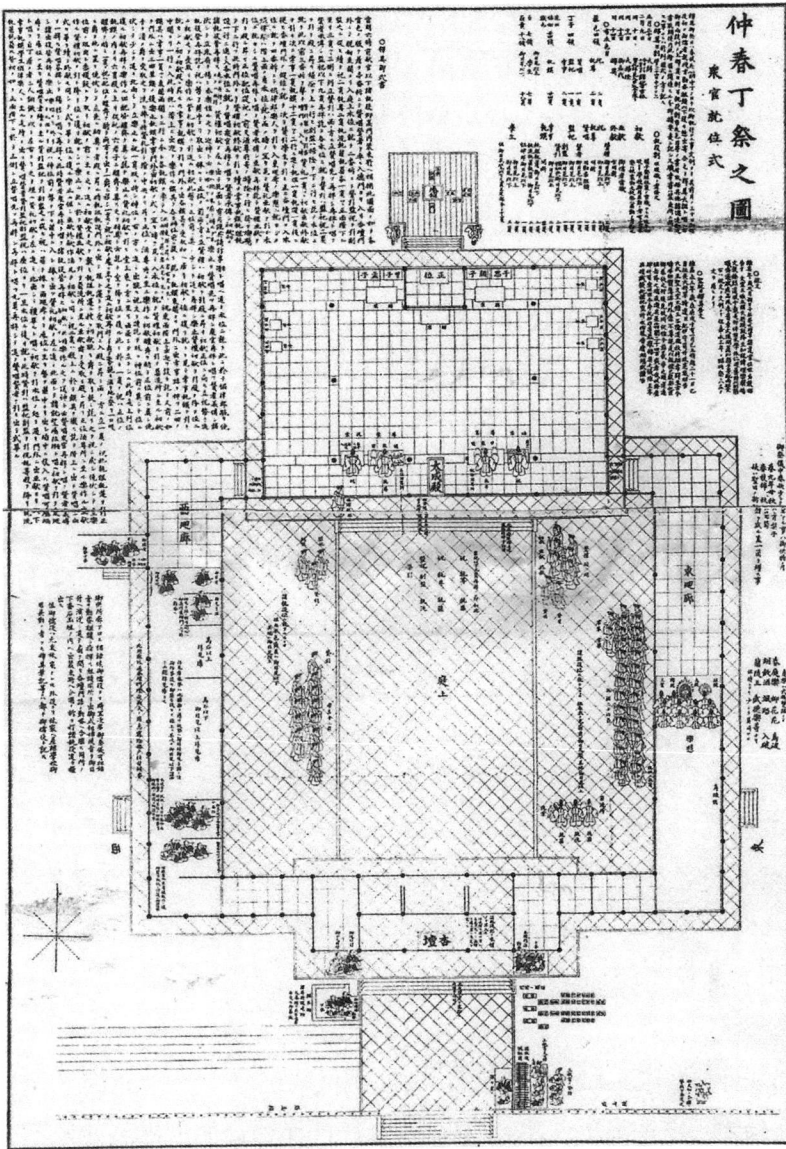

图 17.1 仲春丁祭之图

引自《旧幕府圣堂释奠图》（明治时期）。日本内阁文库（东京）提供。图中显示了宽政礼仪改革至明治维新前仪式中参与者的位置。题词包括 1850 年十一月廿一日庆祝孔子诞辰 2400 周年仪式上对孔子的告文。该图的放大图像请参阅在线附录二"礼仪细节（c）19 世纪中期的幕府释奠：示意图与仪节"。也可参阅《日本教育史资料》第 10 册的第一张折页图。

载说,当他在庆应年间(1865—1868)参加每日讲座时,听众已经减少至"四五人"。[1] 不过,幕府释奠陷入传统主义并不意味着仪式的消亡。在幕府学问所内部,没有人提出要放弃它。虽然后来有的藩以更令人信服的本土神取代孔子成为主要祭神,但幕府学问所没有出现这种状况。本书将在下一章考察江户以外地方释奠的全貌,以便了解是什么给了仪式最终的致命一击。在江户以外,儒教的影响力逐渐减弱,一些运动开始蓄力挑战学校礼仪中儒教的垄断地位。

与此同时,高桥胜弘在1866年的仪式记录中传达了仪式的气氛。当时他还是一名书生,必须获得特别许可才得以观看仪式。在高桥的回忆中,这是德川政权最后的一场儒教释奠:

> 林祭酒自东廊升降,自京都至伶人数名,着昔之衣冠,坐于西廊奏乐。……林家着异彩之唐服,穿如小袴者;持笏,穿黑木靴。学官书生二三十人,皆着青长袖之衣,谓布衣,又头被小帽。献馔,用所谓籩籩笾豆等。一同捧之于目八分,大学头捧笏,先导升降。……其步行之迟迟,云泰平之世而落附者也。迟比牛步,一步举而一步下,稍暂有其间。揖让周旋甚恭。不知大学头之升降大成殿者几回。……抑我邦有此礼,自王朝盛时以降,足利学校行之。千百年之古式,然此时其终也。参观之间,余恍然如亲游阙里,接先圣先师七十二弟子。景仰之余,徘徊而不能去。[2]

高桥的语气是告别式的。在他看来,这个仪式已经变成了充满异国情调的怀旧场面,它远离了现实,见证了一个庄严而遥远的世界。就像不久之后的孔子塑像一样,成了博物馆的藏品。它已经变得苍白化,成为一种"空洞的仪式"。

---

[1] 高桥胜弘《昌平遗响》,第9—10页。
[2] 高桥胜弘《昌平遗响》,第8—9页。

结论

在德川统治的最后一百年，朝廷及幕府的释奠意味着儒教在日本政体中拥有怎样的地位呢？许多人可能都认同史学家犬冢印南描述的宽政仪式改革后的盛况："其规模之大，气象之雄，不翅逾乎元禄。虽古昔大宝之盛，亦或莫及焉。"几十年来的事件确实见证了日本制度与儒教理想的融合。就像犬冢认为的那样，日本能够在世界文明国家中占据一席之地，在"泱泱乎东海之表"，以儒教"夸示万国"。[1] 此外，尽管幕府儒者们没有意识到，儒教的复兴并非仅限于幕府——在朝廷中，天皇亲自祭祀了中国的圣人孔子，打破了古老的禁忌。

然而，前面的章节通过详细分析两种仪式的开创、建立及发展历史，对这种观点提出了质疑。是否真的可以认为这一时期儒教在日本政体中的影响力有显著扩大？这些仪式是否重现了儒教在日本古代政体中的角色？当然，在明治维新之前，仪式实现了定期举行。然而，尽管仪式可能激发人们的抱负和希望，但实际增强的只是仪式举行群体的身份认同，且两种仪式都陷入了传统主义。其最终走向失败的原因既有仪式的内在特性因素，也有德川末期来自外部的压力。本结论部分将概括这些仪式的组织过程，以评价其结局和重要性。

必须指出的第一点是，两种仪式的举行并不代表举国一致的儒教复兴。虽然没有形成分裂，但它们也不是在合作中进行的。应该认为，两种仪式是对儒教传统和道德领导权的无声竞争。诚然，两者都借鉴了平安时代的经验，但做法却截然不同。从一般意义上讲，两者都受到了普遍存在的道德危机感的激发，且两者都从山崎暗斋的教义中汲取了道德强度。但除此之外，它们的起源、理念及吸引的支持者都是不同的。它们在礼仪上也有很大不同，因为它们采纳的是古代仪式的不同部分，朝廷采纳的是

---

[1]　犬冢印南《昌平志》，第 20 页。

"拜庙",幕府采纳的是"未明祭"。因此,它们对日本儒教的历史意义也相应地有所不同。

天皇的献祭

天皇对释奠的支持体现了古代宫廷仪式的复兴。这种复兴很大程度上源自平安宫廷在文化及非政治领域中对儒教的重视,而这无疑为仪式赋予了合法性。此时的释奠与平安时代的仪式有明显的连续性,尤其是有古代宫廷学者家族的后裔——菅原氏及清原氏的参与。仪式结合了"拜庙"这一文化仪式和在天皇面前讲学的传统宫廷仪式"内论义"。从表面上看,仪式符合幕府为朝廷指定的角色。它是弥散的、感性的,无关任何实际机构,也无关任何招募公职人员的制度。这种游离的特性既是优势也是劣势,它使天皇的儒教构想能够包容各种不同的诉求。正是这种疏离状态催生了仪式最显著的变化:它打破了日本天皇不得亲自祭祀孔子的古老禁忌。从桃园天皇到仁孝天皇,天皇们成功地利用该仪式来宣扬儒教这一维护天皇最高统治权的抽象意识形态。需要进一步研究的是,他们对儒教的信奉可能某种程度上出自从高级贵族统治中独立出来的派系欲望。不过,仪式的独立性依然很脆弱,易受摄政家族统治下的宫廷保守主义的影响。天皇仪式能否幸存既取决于现任天皇的支持,也取决于天皇及其直属侍从抵御高级贵族统治的能力。

然而,光格天皇对儒教礼仪的推崇较为特殊,其影响超出了宫廷派系斗争的范围。天皇在隔离和隐私的环境中举行仪式,但他对儒教的构想是广阔的、国家性的,其基础是自宝历事件以来天皇们所熟悉的垂加神道哲学。该学说将儒教与日本宇宙神话以及天皇实行仁政的主张联系在一起。它超越了同时代日本的社会阶层,关涉到全国范围内受苦受难的民众。在天明饥荒期间,对政治敏感的后樱町天皇及光格天皇采取了平民主义的同情姿态,举行了祈求国家安定的仪式,由此展现了统治权。

这确实可以称为"软"儒教。在不久的将来,天皇个人对孔子的崇拜可能发展为具有国家性和强力政治性的行为,最终恢复中国模式的儒家专制统治。然而,这种可能性在仁孝天皇死后被遏止了,因为摄政王利用孝明天皇的继位重新建立了自身在朝廷的权威。学习院的建立也体现出这一变化。不久,释奠改到摄政王控制下的新场所中举行,天皇对孔子的个人献祭停止了。据记载,孝明天皇曾希望在学习院举行仪式,但没有得到批准。

光格天皇和仁孝天皇的软儒教对摄政王和幕府都构成了挑战。仪式从宫廷转移到学习院可以看作是二者的反动性回应。新的学习院并不是未来行政人员的教育场所。和幕府学问所一样,它在一定程度上是纪律严明的,只有世袭宫廷贵族和一些神职人员才能进入,其目标显然在于恢复朝廷的士气和文化使命。学习院复兴了古代释奠,但受到幕府的影响,同时又强调宫廷贵族的文化身份应当是非政治性的。举行学习院释奠仪式的宫廷精英是严格世袭的、封闭的,在历史上及政治上都被剥夺了权力。但从长远来看,一个象征梦幻王土的精灵——天皇的"软"统治权,已经从瓶子里被放了出来。到一定时候,它就会失控。改头换面后,它会与其来源之一——孔子的形象背道而驰。

幕府的仪式

对幕府仪式改革的分析表明,仪式旨在复兴《延喜式》版本的庄严而可靠的儒教仪式,参与仪式的派别不同,其背后政治、行政、道德、礼仪的目标也不同。并且,包括细节及理念在内的礼仪改革在各个方面都受到荻生徂徕权威主义、功利主义思想的影响。如果说天皇的儒教是"软"的,那么幕府学问所的儒教更配得上"硬"这个词。

和学习院的创建者一样,松平定信最初推行改革是出于道德和纪律层面的目的。他招募了暗斋学派的儒家伦理学者来解决幕府家臣存在堕落行为的问题。与此同时,一些被他招为顾问的儒家学者有更广阔的视野。基里·帕拉莫尔指出,柴野栗山和古贺精里将改革视为提高幕府行政人员素质的机会,并以此推行儒教的贤能治国理念,即跳出对世袭地位的考量,让有才能、有德行的贤人治理国家。然而,无论这一理想从长远来看有何意义，它的贯彻实施都不是立即可行的。例如，古贺精里在改革问题上持谨慎和渐进的态度。就当下的实际成效而言，改革未能真正挑战德川武士社会的世袭性和先赋性，这与徂徕对他所处时代的诊断和建议相类似。[1]

在政治层面上，对《延喜式》祝文的改写表明，改革的主要目的是夺取儒教的控制权，以此显示日本儒教道德领导权在将军手中，而不是天皇。幕府从《延喜式》这一中央集权君主制国家的仪式纲要中选择仪式版本，正好符合这一目的。这与荻生徂徕对仪式目的的思考是一致的，其中之一就是实现将军的绝对权威。然而，虽然仪式是幕府官方举行的，但改革后的仪式与此前半官方的林家塾仪式相比，并没有让将军进一步参与到仪式中来。国家拨款也没能使参与者的规模或数量大幅增加。改革后的《延喜式》仪式规模仍然不大。仪式的复兴是局部的，仅涉及"未明祭"这一部分。参与者仅限于幕府学问所的专业儒学者以及世袭的幕府家臣，像老中这样的幕府高官不在仪式中担任正式角色。同样，在仪式用具及所盛祭品数量等礼仪规模方面与相对朴素的林家塾仪式保持一致。该仪式只是日本国家的表面功夫，并不是要神化对儒教的彻底转向。

对《延喜式》仪式复兴的详细分析表明，仪式顺应了晚期封建武士的现状，削弱了挑战幕府社会世袭地位制度的力量。仪式内部的阈限空间原本以儒教潜在的平等观为前提，却遭遇了世袭资格的渗透与颠覆。另一方面，仪式原本是为给未来文职官员提供儒学教育的机构设计的，这与幕府学问所武士学生的军事使命感之间存在矛盾，但这种矛盾未能得到调节。复兴一个早在武士掌权之前就已有千年历史的仪式可能有些不合时宜。无论是在古代还是新近的林家仪式中，"文化展示"都是仪式的特色，吸引了日本社会精英的参与，然而"文化展示"在改革中被剥离了，可能是出于对第八代将军德川吉宗节俭政策的响应，也可能是出于松平定信所招募的儒家伦理学者主张的道德清教主义。但由此带来的礼仪节制

---

[1]　参见古贺精里《十事解》，第 160 页。

不利于增强仪式对学生及其他参与者的吸引力。从儒家教义来讲，举行宋学以前的《延喜式》仪式并不符合幕府学问所宣称的程朱正统，而是与徂徕学派的观点一致，这引来了对仪式内部矛盾的批评。至少对于了解礼仪的人们来说，改革后的仪式透露的儒教信息是混杂的。

释奠改革后的历史表明，仪式未能让幕府学问所的学生树立远大志向。学问所继续为幕府履行着教学机构及咨询机构的职责，不过，后者由于外交事务似乎更受到重视。与外部世界日益密切的接触使学问所更多地参与到对外事务及外交关系处理中来。例如，幕府学问所的工作人员也负责外交资料的编写。在他们看来，对这些活动的参与及关注势必与释奠形成竞争，更何况他们本来就对释奠持保守态度或缺乏热情。仪式没有从它的机构设置中获得活力，因为就学生的职业前景而言，幕府学问所几乎没有带来实质性的回报。[1] 这些问题由于林述斋缺乏领导力而变得更加复杂：或出于个人喜好，或是徂徕的释奠质疑带来了影响，或是幕府学问所学头的其他职责分散了注意力，总之，林述斋没有重视释奠。由此，宽政释奠失去活力及信念也就不足为奇了。

一个共同特征：考试与协同作用

尽管朝廷仪式与幕府仪式有一些相似之处，但两者衰落的原因不同。不过，两者的苍白化有一个更深层次的原因，又将两者联系在了一起：它们共享一种基于遗传和先赋的社会政治秩序。就像在古代日本一样，两者都受到了限制，不能上演中国原始语境中使政治仪式具有活力的"社会戏剧"。两者都没有发挥儒学考试与释奠之间的协同作用，这一直是本书的主题。在中国，科举考试制度被认为是中国官方释奠经久不衰的礼仪能量源泉。在古代日本，考试制度的失败可以说是释奠衰弱的原因。在德川统治的最后一百年，学习院和幕府学问所努力效仿儒教实践，推行了儒学考试。虽然天皇无力采取这样的措施，但在 19 世纪 40 年代后期，考

---

[1]　Backus, "The Relationship of Confucianism to the Tokugawa Bakufu as Revealed in the Kansei Educational Reform," 161-162.

试制度的复兴成为学习院关注的问题。学习院考试每五年举行一次,借用了古代大学寮的"课试"这一名称。然而,它们并不比平安时代的考试制度更成功。1848年十二月廿三日,学习院首次颁发了考试的奖励,天皇也在场,但这种奖励不过是一种形式主义,是对追求学问的"热情"给予了奖金。[1] 它们几乎不可能动摇宫廷贵族群体的世袭等级制度,或为学习院仪式提供持续的活力,或将其影响扩展到宫廷群体之外。

松平定信著名的学问考试制度作为宽政幕府改革的标志性政策,其有效性是有争议的。然而,幕府学问所的领导者明确承认日本武士社会的世袭性质,这是日本孔子崇祀历史上的讽刺事件之一。1811年六月,在第十一次朝鲜通信使与林述斋等人的会面中,林述斋解释道,在日本,教育、考试和文学技能并不能为平民提供行政任职的机会。这是因为行政体系是"一切世袭"的,"毕究吾邦武教胜文教,故其讲武无人不为",而学问研究是自愿的,只有"性嗜者"才会从事。然而,尽管林述斋个人对释奠仪式缺乏热情,但他也夸口说,在宽政礼仪改革之后,"庙貌肃穆,……祀典一循用延喜旧式"。[2] 第二天,日本外交团队的另一名成员松崎慊堂(1771—1844)更清楚地向朝鲜使节说明了情况:"如敝邦无生员进士之名。诸侯下至陪臣,一切世袭。其入学者,皆其子弟。亦有三年大比之法,特不及草泽耳。"他补充说,偶尔会选拔有"奇材异能"的平民担任公职,但"特异数也"(数量极少)。[3] 这些说法与历史学家们的共识相一致。幕府考试并没有为提升阶层提供途径。罗伯特·巴克斯认为,它们"更多是奖励的性质,是荣誉激励制度的延伸,并不能证明政府有意通过聘用有能力的人来改善行政人员的结构"。其他历史学家也支持

---

[1] 大久保利谦《明治維新と教育：大久保利謙歴史著作集》,第40—41页;本多辰次郎《學習院創建及其沿革》,第57—60页。

[2] 引自真壁仁《德川後期の学問と政治——昌平坂学問所儒者と幕末外交変容》,第203—204页。

[3] 真壁仁《德川後期の学問と政治——昌平坂学問所儒者と幕末外交変容》,第205—206页。松崎慊堂是挂川藩的儒士,师从林述斋。古贺侗庵(1788—1847)拟定的草案从更广阔的视角主张推举体制是"古代地方推举及村落选举的遗存"。参见真壁仁《德川後期の学問と政治——昌平坂学問所儒者と幕末外交変容》,第206页。

这一观点。最近,日本幕府学问所及其考试制度的重要研究者桥本昭彦
得出结论称,江户时代的考试制度和评价制度更多地是为了"控制",而
不是个人的"发展"。[1]

　　无论是学习院的《延喜式》风格释奠,还是幕府学问所的宽政改革释
奠,都不存在中国释奠那样能为仪式注入活力的"社会戏剧"。两个群体
都没有去挖掘考试与释奠之间协同作用的潜力。相反,两种仪式都是传
统主义的、封闭的,对世袭现状持保守的支持态度。如果没有外部世界的
干预,它们可能会无限期地延续下去,并与它们所在群体的社会生活共同
存在。在给日本幕末带来根本性变化的暴风中心,它们形成了一个空洞。
本书的最后一部分转向京城以外的世界,追溯新的思潮如何在各藩生成
并转化为行动,它们最终汇聚,填补了京都和江户传统儒家释奠仪式的
空洞。

---

[1]　关于幕府这方面的情况,参见 Backus, "The Relationship of Confucianism to the Tokugawa
Bakufu as Revealed in the Kansei Educational Reform," 161–162。相似的观点参见石川谦
《昌平坂学問所の発達過程とその様式》,第 39 页;真壁仁《徳川後期の学問と政治——昌
平坂学問所儒者と幕末外交変容》,第 122 页。关于桥本昭彦,参见《江戸時代の評価にお
ける開発論と統制論——武士階級の試験制度を中心に》。对这件事的积极看法,参见
Kiri Paramore, "The Nationalization of Confucianism: Academism, Examinations, and
Bureaucratic Governance in the Late Tokugawa State"。

最后一幕

第十八章

多元性：藩校释奠、武家崇祀、神道、水户融合论

宗教与礼仪文化的变迁

到了 19 世纪中期，随着幕末危机的加剧，京都宫廷和幕府学问所的释奠都陷入了传统主义。尽管如此，鉴于它们所在社会的保守性，仪式的连续性并没有受到直接威胁。那么，为什么会在幕末时期受到了威胁呢？事实上，这种挑战并非来自西方的直接影响，而是来自日本国内对于儒教的反感。

幕末时期的反儒教争论起源于各藩，并在古老的帝都——京都汇聚了力量。江户幕府持续衰落，天保饥荒和"内忧外患"削弱了它的威信，因而军事政权的权威逐渐消失。由此产生的普遍不安情绪表现为卢克·罗伯茨（Luke Roberts）所说的"平民主义的宗教形态"以及"对历史和身份的新理解"。[1] 与此同时，在一种骚动的气氛中，出现了"组合"（combinatory）而非"排他"（exclusivist）的宗教行为，并放松了既定宗教传统之间的界限。宗教环境变得多元而充满活力，各种学术活动及社会运动大范围出现。宽政改革中曾引起幕府不安的"王土"情结愈来愈强烈。虽然幕府学问所仪式相对独立于上述发展，但江户以外的孔子崇祀则作出了灵活的回应。对各藩孔子崇祀的系统研究才刚刚起步，但仍有必要对德川后期各藩的释奠进行概述，探讨仪式对外部压力的敏感性，展

---

[1] Roberts, *Performing the Great Peace: Political Space and Open Secrets in Tokugawa Japan*, 136–140.

现仪式在王政复古时期的动荡历史。

日本释奠第二次演变时,各藩仪式的相关记录虽然不均衡,但内容十分丰富。[1] 进行统计研究较为困难,因为藩本身的数量是变化的,导致数据变化不定。不过,19 世纪后期的"教育爆发"使官方和非官方的学校遍布全国。随后,释奠实现了最大范围的扩散。到封建末期,大约 80% 的藩宣称对孔子有某种常规性的崇祀。与其他东亚各国及古代日本不同,德川中央政府没有要求各藩实行释奠,也没有推行统一的礼仪形式。因此,直到 1857 年还有人写道:"释奠之仪乃学校之大礼,但于本朝未能明备。其执行大概皆从各人之胸臆。"[2]德川后期孔子崇祀的显著特点是在频率、规模、仪节选择、参与范围及资助方面的多样性。有极隆盛的例子,如前面提到的深思熟虑、精心筹备的萩藩仪式,以及尝试复兴《大唐开元礼》及《延喜式》释奠的短命的弘前藩仪式。与之相反,有的仪式只是每年一度的敷衍公事,如庭濑藩(20000 石,诚意馆,1699 年)"只每岁正月八日开校之际于校内设礼场,系员生徒皆着礼服礼拜"。再如,神户藩(15000 石,教伦馆,1812 年)在正月初二"以酒馔供圣像,使生徒参拜而已"。[3] 很少有藩校把释奠视为与佛教或藩祖崇拜同等重要的仪式,简短的仪式成为主流。总体而言,在第二次演变期间,在197 个藩中,只有少数的 57 个藩在学校里设立了永久的庙宇以举行某种形式的崇祀。而在庙宇中举行一年两次完整释奠的藩则更少,只有27 个。此外,多达 70% 的仪式是在德川时期的最后一百年内才创建的。(表 18-1)

---

[1] 主要参考的两部资料是笠井助治的名作《近世藩校に於ける学統学派の研究》、文部省编纂的《日本教育史资料》。后者是基于 1883 年 2 月 5 日文部省发出的调查问卷而编纂的纲要。调查的目的是收集前政权下有关教育的资料,问卷要求在 8 月底前收到答复。其中一项内容为:"若有设置圣庙、执行释奠释菜者,记载其礼典之概状。"参见《日本教育史资料(一)》,第 12 页。该问题并没有收到所有藩的回复,这些回复很有价值,但质量参差不齐。

[2] 《日本教育史资料(二)》,第 51 页。福井藩对教授的指令。原文为日文。

[3] 关于庭濑藩,参见《日本教育史资料(二)》,第 617 页。关于神户藩,参见《日本教育史资料(一)》,第 114 页。原文为日文。

表 18-1　1624—1871 年间藩校举行的儒教仪式数量

	早期 1624—1771 （147 年）	宽政改革期 1772—1803 （31 年）	宽政改革后 及幕末 1804—1867 （63 年）	明治维新及以后 1868—1871.9 （3 年 8 个月）	总计
创立藩校	50	66	95	32	243
新设仪式	39	60	78	20	197
年度频率					
每年一次	15	26	31	7	79
每年两次	13	28	42	7	90
不明	11	6	5	6	28
总计	39	60	78	20	197
规模					
短礼仪[1]	15	25	33	9	82
长礼仪	7	18	17	1	43
礼仪不明	17	17	28	10	72
总计	39	60	78	20	197
无仪式	11	5	17	12	45[2]
孔庙	8	19	25	1	53[3]
完整程序[4]	8[5]	10[6]	9[7]	0	27

注：本表使用了 243 藩列表（参见《日本教育史资料》的藩列表，但不包括《日本教育史资料》第 1 册第 490 页中第二次出现的名古屋，也不包括琉球）。在注释中，藩名后括号内的数字指的是该时期藩规模的一种传统衡量方法，即以"石"为计量单位表示粮食的年收入量。

1. "长礼仪"的定义是具备以下 4 个或 4 个以上的礼仪元素：斋戒、上香、奠币、奠酒、献馔、读祝、掩埋或焚烧币帛或祝文（或两者兼有之）、讲经与作诗（其中一者或两者）。"短礼仪"指的是包含 3 个或少于 3 个元素的仪式。
2. 另有 1 个日期不明，即山家藩（10000）。
3. 另有 4 个日期不明，即盛冈藩（200000）、新见藩（18000）、三田藩（36000）、成羽藩（12700）。
4. 指每年两次的仪式，采用长礼仪的形式，并拥有孔庙。
5. 即名古屋藩（619000）、荻藩（368000）、冈山藩（315200）、佐贺藩（357000）、足利藩（11000）、米泽藩（150000）、佐仓藩（110000）、筱山藩（60000）。
6. 即仙台藩（625600）、赤穗藩（20000）、广岛藩（426000）、德岛藩（257000）、弘前藩（100000）、鹿儿岛藩（77000）、富山藩（100000）、三日月藩（15000）、德山藩（400000）、和歌山藩（555000）。
7. 即津藩（329000）、水户藩（350000）、大垣藩（100000）、庄内藩（170000）、胜山藩（22700）、出石藩（30000）、丰冈藩（115000）、福江藩（12500）、松山（高梁）藩（50000）。

藩校仪式的资助者及精神理念各不相同。一些大名将自己置身于庄严的古代治理体系中。对他们来说,仪式不像中国唐朝和古代日本那样将中央权力的扩张合法化,而是将自身的大名统治合法化了。他们将自己视为古代地方国长官的继承者,在《大唐开元礼》和《延喜式》中,这些长官都作为初献官亲自参与仪式。当然,大名也会遇到实际的困难,特别是每隔一年去江户执勤时,他们必须离开自己的藩。现存证据表明,只有16个藩的大名扮演了这种礼仪角色,而且并没有持续下去。许多藩的仪节只是简单地规定,如果大名出席的话,以古老的"拜庙"方式向祭坛鞠躬。被记录下来的祝文大多引用大名作为委托人,而藩校校长受其委托来进行祭祀。不过,有30多个藩的祝文表明,封建权力不干涉仪式,"学官自祭"[1]。在这种情况下,儒教似乎主要是一种内部的、学术的存在,它的仪式、信仰和意识形态显然与藩内广泛的政治生活无关,孔子一直被隔离在学校中。

各藩当局的动机无疑各不相同。在最好的情况下,藩校仪式能够神圣化人文教育及有关道德责任、仁爱与社会和谐的理想。有的藩校通过祝文来宣扬治国的家长式使命。例如,胜山藩(22700 石,成器堂,1841年)藩校在大名面前朗读的祝文很好地展现了小藩如何利用儒教社会政治思想来为社会秩序提供基础。祝文中称孔子为普世圣贤,拥有崇高而难以言表的德性,是"文明之化,浃洽四海"的推动者。在这些华丽的颂词之后,文本将目光转向了自藩:

> 我公仁惠明恕,政教普敷。百司乡民,莫大不蒙其惠而浃恩矣。兹建学校,以讲究纲常之道,阐明风化之原。庶几使百司乡民赖斯文,无以缺也。[2]

---

[1] 大乡信斋《释奠私议》卷四,"祝文"。
[2] 《日本教育史资料(六)》,第74页。措辞表明这是1841年成立学校时的落成仪式。关于类似的祝文,参见大野藩(40000 石,明伦馆,1843 年),《日本教育史资料(二)》,第70页;出石藩(30000 石,弘道馆,1767 年),《日本教育史资料(六)》,第90页。

在日本释奠的第二次演变过程中，释奠主要由武士阶层举行。然而，一些藩设有平民教育机构的"乡校"，允许平民参与仪式，其中最有名的是冈山藩的闲谷学校（1672 年成立）。在至少八所藩校中，释奠后举行的养老礼也允许平民参与。在仪式中，藩当局向老年人给予赞誉，并赠予食物和礼物，老年人中包括平民男子，有时也包括妇女。[1] 例如，丸冈藩（50000 石，平章馆，1804 年）藩校举行的养老礼中，"士卒一般，不问男女，召唤七十以上者"[2]。在秋田藩（205000 石，名德馆，1789 年），出身农民或工匠的妇女被特别包括在内。[3] 平民有时也可以进入孔庙来敬拜孔子，如新发田藩（50000 石，道学堂，1772 年）、大野藩（40000 石，明伦馆，1843 年）、大垣藩（100000 石，致道馆，1837 年）。[4] 这种记录不多的家长式作风尽管象征着施行仁政的意图，但并不能表明儒教曾广泛流行。

非官方仪式

非官方仪式的举行次数一直是难以估计的。许多私塾在早期就被藩当局收编了。独立的非官方仪式本就不多，且在德川时期呈现减少的态势。[5] 在德川时期的最后一百年间建立的 1000 多所非官方学校中，大部分是以"中国研究"为中心的汉学塾，但是关于释奠的相关记录很少。仪式甚至与最为知名的私塾都无关系，如菅茶山（1748—1827）的廉塾（1781 年）、广濑淡窗的咸宜园（1805 年）、帆足万里（1778—1852）的西崦精舍（1842 年）、大盐中斋（1793—1837）的洗心洞（1830 年）、吉田松阴（1830—1859）的松下村塾（1856 年）。当然也有例外，虔诚地祭祀孔子的

---

[1] 经典中的记录参见《礼记·王制》，桂湖村《禮記》，第 1 册，第 381—387 页。另参见《礼记·文王世子》，桂湖村《禮記》第 1 册，第 529—530 页。关于藩校的仪式，参见笠井助治《近世藩校に於ける学統学派の研究》，第 2 册，第 111 页。

[2] 《日本教育史资料（二）》，第 67 页。在荻藩春季仪式的最后阶段，"中门之内庭上铺薄席，（大名）会见百姓町人之老人"。参见《日本教育史资料（六）》，第 122 页。

[3] 《日本教育史资料（六）》，第 71—73 页。

[4] 关于新发田藩，参见《日本教育史资料（二）》，第 291 页。关于大野藩，参见《日本教育史资料（二）》，第 70 页。关于大垣藩，参见《日本教育史资料（一）》，第 468 页。

[5] 参见在线附录三"德川日本的非官方与民间孔子崇拜"。

例子也是存在的。例如在越后长冈藩,铃木文台(1796—1870)于 1833 年创建了非官方学校的长善馆。1845 年,"学校建筑扩建,最多能容纳 40 名学生。铃木文台的书房变成了圣堂,里面有一尊孔子雕像"[1]。1859 年二月十六日,在下鸭神社举行了一场基于《延喜式》的非官方仪式,这在大神社中是绝无仅有的。仪式上向孔子报告了学校和图书馆的建立情况,以及由贯名菘翁(1778—1863)捐赠的新近建成的蓼仓文库。

这种零星活动一直持续到明治维新之后,此外仍有一些非官方仪式亟待发现。但证据的缺乏也表明,尽管儒教能为个人及家庭行为提供道德指南,但它几乎无法吸引平民阶层参与信仰性的集体祭祀活动。孔子作为崇祀的象征,无法与遍及全国的 500 多座德川家康神祠相媲美。

文化展示

尽管孔子崇祀没有深入民众,很大程度上局限于武士阶层,但是什么导致了仪式广泛的传播呢? 应该说,自从首次传入日本以来,释奠就拥有了"文化展示"这一独特元素,这在藩校仪式中依然发挥了重要作用。对日本人来讲,获得中国文化技能,尤其是音乐和诗歌方面的技能,不仅对自身是有益的,同时也是一种身份地位的彰显。在各藩,随着教育和文化水平的提高,文化技能的展示变得越来越重要。在仪式中,文化元素可以带来真正的愉悦,并展现超越等级地位的才能。其中,音乐是最常见的形式。它存在于唐礼及《延喜式》释奠中,即使是放弃了乐章的极简主义的宽政改革者,也没有完全放弃音乐。只有少数藩校将音乐省掉了,如仙台藩。但对于其他藩来说,释奠仪式显然是音乐表演的好机会。德川义直对仪式的早期资助在一定程度上出于对音乐的爱好,尤其是击鼓。在广岛藩,道德上极端严格的赖氏兄弟以朱熹精舍仪式为基础制作了释菜,但与朱熹仪式不同的是,它利用了严岛神社的音乐专长,精心制作了一套体现不同季节性

---

[1] Mehl, *Private Academies of Chinese Learning in Meiji Japan: The Decline and Transformation of the Kangaku Juku*, 146.

的音乐。[1] 至少在笠间藩（80000 石，时习馆，1837 年）藩校，留在人们记忆中的是仪式的文化层面而非宗教层面："藩士加藤熙【樱老】等以嗜古乐，同志者相率奏乐，绵绵不绝。然礼典非全备，无可记载者。"[2]

被宽政改革者从幕府学问所的仪式中删除的作诗活动在各地仍然流行。在京都，天皇的宫内仪式及"学习院"的仪式显然都包含了释奠诗的创作。从德川早期开始就有不少藩校规定了释奠作诗活动，如多久邑（10000 石，东原庠社，1699 年）、米泽藩（150000 石，兴让馆，1697 年）、鹿岛藩（20000 石，弘文馆，1661—1673 年）。[3] 后来，随着仪式的广泛传播，再加上儒学及相关文化知识水平的提高，这种文化活动变得越来越流行。例如，龙野藩（51000 石，敬乐馆，1831 年）藩校原本为非官方学校，后于 1831 年被藩局接管，该校仪式对文化展示一直保持重视。在仪式最后，"诗书游艺，馨欢而止"[4]。在峰山藩（11000 石，敬业馆，1818—1830年），构成仪式显著特征的诗歌创作在人们心目中具有强烈的社交色彩。[5] 在富山藩（100000 石，广德馆，1773 年），仪式前三天人们便作好了"颂"诗。[6] 在和歌山藩（555000 石，学习馆，1713 年），人们在"送神"之前的主体祭祀仪式中吟诵诗歌，这种做法与改革前的林家仪式一致。[7] 在与京都宫廷有密切联系的三日月藩（15000 石，广业馆，1796年），乐器演奏者受到宫廷乐师的认可，在尤其重视音乐的同时，也进行了释奠诗的创作。[8] 在挂川藩（50000 石，德造书院，1802 年），汉文诗歌、散文及和歌的创作持续至夜幕降临（"迄夜分"）。[9] 在画家、兰学者渡边华山（1793—1841）发挥影响力的田原藩（12000 石，成章馆，1810 年），

---

[1] James McMullen, "The Worship of Confucius in Hiroshima," 10.

[2] 《日本教育史资料（一）》，第 365 页。

[3] 《日本教育史资料（三）》，第 189 页；《日本教育史资料（六）》，第 142 页；须藤敏夫《近世日本释奠の研究》，第 199 页。

[4] 《日本教育史资料（六）》，第 103 页。

[5] 《日本教育史资料（二）》，第 369 页。

[6] 《日本教育史资料（六）》，第 78 页。

[7] 《日本教育史资料（六）》，第 135 页。

[8] 《日本教育史资料（六）》，第 104—106 页。

[9] 《日本教育史资料（一）》，第 182 页。

"诸生揭挥毫,奉诗文,毕,奏能、狂言等,各尽欢"[1]。

在官方教育之外的领域,"文化展示"在仪式中发挥了更重要的作用,几乎成为仪式的存在理由。在复兴朝廷传统及"学习院"的过程中,"文化展示"的重要性已经得以体现。在龙野藩,藩局接管学校之前,"仍设席待之,如常仪。诗书游艺,各通其所好,以馨一日之清欢。盖效绎祭之微意云"[2]。前述下鸭神社的平民仪式中,祭仪后的步骤与平安时代仪式的做法相一致:在资助人亲自讲经、学生参与问答、举行宴会、敬酒之后,创作以儒家经典为主题的诗歌。[3]

儒教从祀对象的扩大

在藩校仪式中,有将儒教相关的本土人物纳入从祀的做法,这预示着僵化惯例的瓦解及教条界限的放宽,与幕府学问所的仪式形成了鲜明对比。这种做法在东亚世界有很多先例。在中国宋代的书院中,除了当地的先儒,甚至连"曾被贬黜和免职"的官员也被供奉其中。[4] 在李氏朝鲜,18 名朝鲜儒者被尊为从祀。[5] 在越南,从 14 世纪末开始,有 3 位本土儒者被纳入河内孔庙的祭祀对象,直到 19 世纪初阮朝政权才改变了这一做法。[6] 这种形式在德川日本的藩校中较为普遍。有的仪式在孔子配祀中选择了与儒教相关的、已被神化的日本人物,如天满神(菅原道真)。津藩(329000 石,有造馆,1820 年成立)藩校就是这样的做法:[7] "校之中央营大成殿,奉先师孔子之主安焉。以右大臣吉备公、赠太政大

[1] 笠井助治《近世藩校に於ける学統学派の研究》,第 2 册,第 1607 页;《日本教育史資料(一)》,第 177 页。
[2] 上田重圭《上丁祭儀私式》。
[3] 鸭秀文《安政六年須静書屋釋奠次第》。
[4] Walton, "Southern Sung Academies as Sacred Places," 336.
[5] 佐藤文四郎《朝鮮に於ける孔子祭に就きて》,第 3 部分,第 54 页。
[6] 关于越南的"附祀",参见《大越史记全书》,第 1 册,第 440、444、455 页;Trần-Hàm-Tấn, "Étude sur le Văn Miếu de Hà Nội," 93。
[7] 《日本教育史資料(一)》,第 85 页。另参见李月珊《近世後期の教育現場における祭祀儀礼——津藩有造館の釈奠をめぐる議論と実践》。

臣菅公配享左右，……春秋修释菜之礼。"[1]有的仪式纳入了当代的地方儒者或当代某一学派的儒者。德川光国很早就建议江户林家塾以日本朱子学者为配祀，这一建议在 1748 年的名古屋仪式及 1760 年的高知藩仪式中得以实施。[2]

多元性：平行崇祀

江户之外，在动荡时局及平民主义宗教信仰的背景下，幕府学问所中刻板的礼仪改革者们所受的强制性约束被公开地消解了。在日本封建晚期的去中心化秩序以及封建控制结构的空隙中，各藩的统治者及礼学者利用他们的自由扩大了藩校仪式入祀对象的范围，加入了非儒教的神灵。这种多元性有几种模式：一是同一藩域内的"平行"（parallel）仪式，这些仪式相互类似但又相互独立，并非仅在校舍内举行；二是"合并"（synthetic）仪式，在这种仪式中，异质的神灵被包含在学术机构的同一礼仪行为中，但没有或很少人试图解释它们之间的关系；三是极端的"排他"（exclusionism）仪式，虽然孔子的学说不一定受到排斥，但其作为受祭者遭到排斥。以上做法都将儒教视为一种独立的传统，并没有试图去修改其教义或神学结构。最后，还有第四种模式，即"融合"（syncretic）仪式，以不同的方式进行：异质的神灵被整合在一个连贯的教义结构中。这在历史上重要的水户藩思想学派中得以体现。

东亚的宗教多元性允许严格意义上不属于儒教的神灵崇祀存在，比如统治者的祖先神、武神、忠臣义士或其他神灵的崇祀等。它们与孔子崇祀在同一政治群体中共存，没有明显的紧张关系。例如在中国唐代，儒教

---

[1] 《圣庙配享义》一文就入祀两位日本人物的理由进行了详细的论证。参见《日本教育史资料（六）》，第 3 页。然而，藤田东湖就二人进行了批判，参见《常陆带》，第 182 页。
[2] 关于德川光国，参见第九章"德川光国对排演的回应"一节。关于名古屋的仪式，参见所功《宫廷仪式书成立史的再检讨》，第 565—568 页。关于高知藩，参见《日本教育史资料（六）》，第 137—138 页。

释奠与武神齐太公的官方释奠分别进行,但二者处于平衡之中。后来武神齐太公被关帝取代后亦是如此。在越南,1740年起中国武神的崇祀与孔子崇祀并行。[1] 琉球也建立了关帝的神祠,以关帝为国家守护神,每年举行三次祭礼。[2] 在日本,具有讽刺意味的是,宽政改革领导者松平定信虽是幕府学问所正统朱子学的强加者,但他同时也为这种多元性提供了有据可查的案例。这个早期例子体现了卢克·罗伯茨指出的一种趋势,即大名的神化与崇祀变得越来越重要,尤其是对大名家族创始人的崇拜。[3] 在松平定信的白河藩里,有一种结合了"藩祖"崇拜与武学元素的仪式,与儒教仪式之间保持了平衡。松平定信为他的武士群体创造了一种与儒教仪式并行的武家崇祀。1784年,他将"藩祖"松平定纲(1592—1652)奉为"大明神",由京都著名的神职家族吉田氏主持仪式,郑重地将其供奉在白河藩城附近"一座树林苍郁的山"上。[4] 该神社成为松平定信倡导的公众宗教信仰的焦点。在1784年十二月廿五日,即松平定纲的忌日这天,松平定信举行了一场独特的"武备祭",其中上演了"五武艺"。[5] 从第二年开始,为纪念松平定纲而举行了充满表演性的军事仪式,称为"御祭式",在每年的二月二十五日及八月二十五日举行两次。游行队伍由"旗本及先手一组[6]率部下"组成。礼仪用具预先安排妥当,松平定信分发"大神酒"后,"下令队伍出发"。接着:

> 有人吹响了号角,敲起了大鼓,神轿被平稳地齐肩抬出。人们站成一圈,(神轿)位于中央。【此时松平定信从矢来门处观看。】当组头手执指挥棒发出指令时,战士们开始使用弓箭、步枪和长矛进行演

---

[1] 关于中国,参见 David McMullen, "The Cult of Ch'i T'ai-kung and T'ang Attitudes to the Military"。关于越南人对武神的崇祀,参见《大越史记全书》,第3册,第1100页。

[2] 《唐荣旧记全集》,第185页。

[3] Roberts, *Performing the Great Peace: Political Space and Open Secrets in Tokugawa Japan*, chap.5, "Daimyo Gods."

[4] 田内亲辅《御行状记料》,第160—162页。

[5] 田内亲辅《御行状记料》,第165页。五项武艺为:射箭、骑马、长矛、剑术和火炮。

[6] "先手组"为江户时代的职务名称,分为弓组和枪炮组,负责警备及巡视等。——译者注

练……演练结束后,他们来到神轿前行拜礼。松平定信为他们赐酒。接
下来与此前一样,伴随号角和击鼓声,人们齐肩将神轿抬回(神殿)。[1]

与中国释奠类似,该军事仪式每年于二月和八月各举行一次。此外,
就像昌平坂释奠可以将儒教世界观及官僚机构神圣化一样,白河武备祭
旨在使武士职业及其价值观神圣化。武备祭可能受到了东亚其他武神仪
式的影响,不过对松平定信来说,它既是一种军事检阅,同时也是对大名
祖先的纪念活动,能够在意识形态方面发挥作用。

除了白河藩以外,在以军事训练为主要课程的藩校中,也有以“平
行”方式举行仪式的例子。在鸟取藩(325000 石,尚德馆,1736 年),学校
礼堂张挂了孔子及“两位武神”的画像,“两位武神”分别为“一宫武内宿
祢”及“加露神社武瓮槌命”。在 1852 年学校扩建时,首先建造了一座圣
堂。到 1859 年时,“又建了一座神社,与圣堂并列,将两位武神移至此处,
并将圣堂与神社视为文武教义的源泉”。[2] 此外,村冈藩(11000 石,明
伦馆,1832 年)也存在类似的平行崇祀,其中包括祭祀武神“鹿岛大明
神”的仪式。[3] 文久时期(1861—1864)的沼津藩(50000 石,明亲馆,
1804—1818 年)也以类似方式祭祀了孔子及作为武神的“摩利支天”与
“日本武尊”。[4]

合并

虽然幕府学问所的宽政礼仪改革者没有涉足,但这些祖先或“武神”
崇祀确实反映了在礼仪上承认武士世界军事性格的需要。不过,“文武之
艺”在理想情况下是分不开的。德川幕府 1615 年制定的基本法令《武家

---

[1] 田内亲辅《御行状记料》,第 164 页。原文为日文。
[2] 笠井助治《近世藩校に於ける学统学派の研究》,第 2 册,第 1055 页。
[3] 藤田东湖称其为“武神”。见《常陆带》,第 182 页。或称“雷神”,有时亦称“武雷”。参见
铃暎一《水户藩学问·教育史の研究》,第 281 页。
[4] 《日本教育史资料(一)》,第 206 页。

诸法度》规定："必须同时具备这两种能力。"[1]顺应文武结合的时代潮流,文神与武神的祭祀被结合在同一仪式中,也就是说,在同一学校的同一祭坛上出现了一种"合并"的布置。除了武备祭,松平定信也实行了这种"合并"祭祀。1791 年,他宣布在"武艺稽古所"旁新建"学问稽古所"。一般来讲,"文武"一词中"文"在修辞上是优先的,而藩校仪式往往也与"学问"及孔子祭祀相关联。因此,松平定信选择在"学问稽古所"(即"立教馆")举行仪式,不过,是在同一祭坛上以"合并"的方式祭祀了不同的神。在同一神圣空间中安排崇祀对象时,难免要表明它们之间的等级关系。松平定信对祭坛的布置是十分细致的。在他制定的学规"立教馆之掟"(1791 年十月)中,对壁龛祭坛作了如下安排:"学问所壁龛中央安置大神宫一万度之祓;左方纳御遗训之书物;右方纳四书五经;次纳劝学家训。"[2]"祓"是与伊势神宫有关的一种净化仪式,以转喻手法象征着皇室祖先——天照大神。因此,在江户礼仪改革的近十年前,松平定信为自藩作出了惊人的选择:他将日本国家及自身军事政权神圣权威的象征与儒家教义的象征结合了起来,不过,前者处于优先地位。在他的学校里,崇拜的中心对象不是藩校中常见的普世圣人孔子,而是象征日本特殊神道传统的主要神灵。在这个阶段,松平定信多元的"合并"式学校崇祀明显贬低了孔子形象,不再使用孔子的画像或塑像,而是用四书五经来代表,安置在右侧这一地位最低的位置。

儒教与其他异质传统的"合并"在其他藩校中也可以找到例子,尽管有时祭坛的细节安排不是很清楚。这些学校通常会选用一位武神,如日本武尊或八幡神。在彦根藩(250000 石,弘道馆,1799 年)藩校成立时,受本土主义者本居宣长的影响,"八幡宫"和"孔丘"的牌位被放置在讲堂中央朝南的位置。[3] 加纳藩(32000 石,宪章馆,1818—1830 年)也有类似

---

[1]《武家诸法度》第一条。参见《日本思想大系》,第 27 册,第 454 页。
[2] 松平定信《立教馆之定》。感谢朱全安的帮助,让我获得了这份手稿的副本。
[3]《日本教育史资料(一)》,第 426 页。孔子的这个名字带有贬义色彩,反映了本居宣长对彦根藩藩校的影响。参见本书第十二章"本土主义"一节。

的布置,祭祀对象为日本武尊、菅原道真和孔子。[1] 与松平定信的另一种做法类似,也有的地方采用了将孔子与藩祖祭祀相结合的方式,反映了该时期藩祖崇祀对封建藩域政治意识形态的重要性日益增加。例如在萩藩,明治维新前夕,"改从来之祭仪为神祭式,改文宣王为'孔子之神'而享祀之,又以毛利家之祖先为'灵社'而祀之"[2]。

排他

松平定信的白河藩不光贬低了孔子,还最终将孔子排除在学校仪式之外。具有讽刺意味的是,最早这样做的人正是松平定信。他于1791年最终决定,白河藩明确放弃对孔子的崇拜。1809年颁布的著名修订版学规《立教馆令条》中,松平定信指出:"未安置圣像,永无释奠等事。"[3] 不过,尽管松平定信的声望很高,但这种将孔子祭礼明显排除在学校崇拜之外的做法直到维新前夕才得到广泛支持。[4]

特例：水户的融合

以1791年松平定信的祭坛布置为代表的"合并"方式将普遍的儒教与特殊的神道信仰并置在一起。与"文化展示"的性质相类似,这种"合并"可能代表了为衰落中的藩校孔子崇祀注入活力的一种尝试,其方法就是融纳更能吸引躁动藩民及武士、将武士价值观神圣化的神灵。不过,它可能再次引发自古以来围绕孔子崇祀问题的紧张与矛盾,殿内不同神灵所象征并神圣化的不同理念、不同世界观及形而上学假设之间可能难以

[1]《日本教育史资料（一）》,第478页。
[2]《日本教育史资料（二）》,第772页。原文为日文。"孔子"一词在文本中有假名表示读音（读作"kushi"）。
[3] 文本参见《日本教育史资料（一）》,第90—91页。
[4] 早期的先驱是田边藩藩校（38800石,修道馆,1818—1830）,该校拒绝举行释菜仪式:"我们崇奉的是武瓮雷神、经津主神和天满天神,在每年年初都会为他们举行祭典。"

共处。松平定信没有解决这个问题,也没有明确解释他为何排斥释奠。可能的理由是,他担心过度的中国影响会使"武家的矛尖变钝",或是受徂徕的启发,担心仪式会使个人意见的表达成为可能。不管是在象征意义上还是实际意义上,他都搁置了儒教与潜在竞争对手的本土宗教之间的关系问题。

不过,在水户藩,仪式的多元性并没有止步于"合并",而是综合了当代各类崇祀的教义元素,构建了一个真正的"融合"体系。可以说,水户的教学吸纳了儒教、神道宇宙神话、崎门学派的垂加神道、徂徕学派对礼乐的信奉等各种传统,创造了具有重大历史意义的意识形态。这在水户藩的仪式中有很好的体现。水户仪式所要神圣化的是一种基于神道的信念,虽然承认儒教,但将其置于从属位置。

到了19世纪中期,水户藩自第二任藩主德川光国以来与幕府之间的紧密联系已经不复存在。1844年,主张改革的第九任藩主德川齐昭(1800—1860)被幕府勒令退职,1858年被判处居家监禁。[1] 不过,德川齐昭主导形成了一种融合式的思想学派,为明治时期及以后的日本国家意识形态奠定了基础。其中,水户学者会泽正志斋(1781—1863)的贡献尤为重要。在徂徕礼仪观的影响下,会泽正志斋精心设计了一套神道礼仪体系,引用中井凯特的话来说,即"以天照大神及天皇作为国家礼仪体系的轴心"[2]。这种体系吸纳了儒教伦理,但同时为太阳女神赋予了本体论上的优先地位,将天皇的祖先崇祀置于最高位置。鲜为人知的是,水户学派的思想家也讨论了因融合而导致的礼仪上的问题。

德川光国对孔子崇祀的早期尝试中途暂停,这使得水户藩在后世长期未能设立学校及释奠。然而,150年后的德川齐昭时代,水户藩就藩校及仪式的问题爆发了争论。这场争论再次暴露了释奠代表的普遍儒教与本土特殊传统之间自古以来的紧张关系,尤其是儒教与天皇血统的矛盾。德川齐昭在《告志篇》(1833年)中提到了这个问题。他承认,"不学者嘲

---

[1] Webb, *The Japanese Imperial Institution in the Tokugawa Period*, 230, 244.
[2] Nakai, "'Esoteric' and 'Public' in Late Mito Thought".文中描述了该系统的结构及其合法性。

笑文道乃汉国之教。而浅学者泥于其道，错以为较之天祖天孙，宜尊尧舜"[1]。在礼仪崇拜方面，德川齐昭起初似乎接受了类似于松平定信立教馆的合并式祭坛安排，其中，孔子被置于次要位置：

> 学校以孔子为本尊，在唐为当然之义。然本朝取用周孔之道，乃神皇之功。……祭神于中央。孔子、扁鹊、少彦名之神及人丸等，祭之如客。[2]

德川齐昭征求了家臣的意见，继而出现了公开的争论。显然，水户藩的人们对孔子崇祀的价值、地位及规范的问题给予了极大关注。最为显著的是，有人质疑了汉学研究的价值、日本孔子崇祀的正当性，甚至怀疑了学校教育价值本身，并坚持强调了军事训练的重要性。在这一时期，日本很多地方的人们都失望地发现，流于表面文章的正式教育在本质上是不切实际的——在分析德川政权最后几十年对孔子崇祀的敌意时，应该考虑到这一点。[3]

1834 年，水户藩士藤田主书（生卒年不详）表达了激进的想法，主张推迟学校的建设。他认为，日本各地不断新建学校，但"多为虚饰，实用少"[4]。藩儒青山延于（1776—1843）等支持办学的人也批评对中国的过分强调。青山延于在 1834 年的建议书中声称："以建校之事闻诸侯之名，频用唐风，有名无实。此乃天下之通弊。"在下文中，他的观点比藩主德川齐昭更彻底，认为不必尊崇孔子，因而也不必建造圣堂。他认为，学校仪式应遵循平行模式：一是建立"文馆"，在春季开讲时供奉吉备真备与菅原道真的画像；二是建立"武馆"，在其中祭祀鹿岛神"建御雷神"及

---

[1] 德川齐昭《告志篇》，第 212 页。原文为日文。
[2] 写给青山延于的信。参见须藤敏夫《近世日本释奠の研究》，第 250 页。原文为日文。扁鹊是战国时期的名医；少名彦是日本神道中的医药之神。
[3] 须藤敏夫《近世日本释奠の研究》，第 240 页。关于对考试制度的类似不满，参见古贺谷堂《学制管见》。引自佐贺市史编纂委员会《佐贺市史》，第 2 册，第 464 页。
[4] 须藤敏夫《近世日本释奠の研究》，第 239 页。

香取神"伊波比主命",皆为象征忠诚的武神。[1] 水户藩中影响力较大的思想领袖会泽正志斋及藤田东湖也赞成平行仪式。[2]

德川齐昭本人似乎在寻求贬低孔子的权威解释。1837 年,他写信给江户幕府学问所的杰出儒者佐藤一斋,私下征求意见:

> 孔子乃外国小邦之臣。故于神圣神州之所,欲谓之孔丘,然无须拘于孔子之格式。总之,慕其教,以为道之辅翼。以神祇为君,孔子为师,则宜然矣。[3]

据称,佐藤一斋并没有对鹿岛神的崇祀提出异议。[4]

很快,水户的神儒二元论在教义融合的方向上得到了进一步阐述,不过,已经明显侧重于神道一方。1841 年,藩校弘道馆成立。一份简短的官方章程《弘道馆记》以德川齐昭的名义起草,其中借用中国儒家话术宣称,神道诸神创造了世界,确立了标准("立极"),并为日本留下了天皇血统与"国体"。诸神的活动构成了世界政治秩序及人之"道"的基础。中国的唐虞三代之"道"是相对独立而互补的,曾经发挥了重要的历史作用。学校的目的就是通过崇奉圣人来彰显这种"道":"其营孔子庙者何?以唐虞三代之道折衷于此。欲钦其德,资其教,使人知斯道之所以益大且明,不偶然也。"[5]《弘道馆记》反映了青山延于主张的平行崇祀方式:两种传统在制度上彼此分离,也被分别崇拜,但孔子因其历史重要性而被模糊地纳入了神道的叙述中。水户城西部第三城郭处建立的弘道馆在其神

---

[1] 1834 年十二月廿四日的记录,引自须藤敏夫《近世日本释奠の研究》,第 240—241、250—251 页。伊波比主命是在天孙降临之前平定日本的一位神灵。

[2] 关于会泽正志斋的观点,参见 Nakai, "'Esoteric' and 'Public' in Late Mito Thought," 357–379; Nakai, "Chinese Ritual and Native Identity in Tokugawa Confucianism," 279–283; 藤田东湖《常陆带》,第 182 页,其中引用了德川齐昭的话。关于会泽正志斋,另参见 Wakabayashi, *Anti-Foreignism* and *Western Learning in Early Modern Japan: The New Theses of 1825*.

[3] 引自须藤敏夫《近世日本释奠の研究》,第 242—243 页。原文为日文。

[4] 须藤敏夫《近世日本释奠の研究》,第 251 页。

[5] 德川齐昭(据传)《弘道馆记》,第 231—232 页。

圣区域的场地布置上反映了孔子在崇祀中的从属地位。该区域为鹿岛神及孔子分别设立了神殿。其中，鹿岛神社占据了场地的中心，而孔子的圣堂位于东北角。1871 年的场地平面图显示，鹿岛神社为占比较大的矩形，旁边的小矩形为孔庙。[1] 该孔庙建筑十分简朴，内有一块藩主题写的牌位，即"孔子神位"。孔子称号形式的简化反映了孔子地位的下降，受到重视的仅为其历史作用。[2]

1841 年八月一日，新学校举行了"假开馆"（临时开校）的仪式。[3] 然而在仪式之后，水户藩陷入了派系紧张和财政困难，德川齐昭本人也受到了惩罚。直到改革派势力复兴后，1857 年五月八日至九日，"本开馆"（正式的开校仪式）才得以举行，仪式上向孔子宣读了"告文"。[4] 虽然在礼仪方面保留了平行模式，但该仪式最终阐明的是水户学派的教义融合。五月六日，从鹿岛提前迁出了鹿岛神。五月八日，作为崇奉"神体"的藩主亲制"宝刀"从城中移至神社，孔子的木主从德川光国的彰考馆移至大成殿。[5] 神道仪式结束后，另行儒教仪式。助教青山延寿（1820—1906）以藩主的名义宣读了给孔子的祝文。文中宣称，道德不是儒家的，而是在日本自然存在的：

> 古昔天祖经伦天业，垂训万世，君臣之义既正，父子之亲既敦。夫子在西土，阐明大道，式叙彝伦。经籍来贡，以资邦治，文教大敷。[6]

从儒家角度看，在日本崇拜孔子的历史中，这篇水户祝文是较为极端的。尽管水户藩保留了独立的、平行的仪式来祭祀孔子，但祝文清晰地阐明并

[1]　铃暎一《水戸藩学問・教育史の研究》，第 426 页。
[2]　关于德川齐昭贬损孔子尊号的解释，参见藤田东湖《常陆带》，第 183 页。
[3]　须藤敏夫《近世日本释奠の研究》，第 244—245 页。
[4]　须藤敏夫《近世日本释奠の研究》，第 254 页。
[5]　水户家臣写给江户的一封信生动地记录了这一仪式。据称，警卫和监官皆身着勇武的"野服"参加了开校仪式中的神道仪式。参见须藤敏夫《近世日本释奠の研究》，第 248—249 页。关于宝刀的问题，参见《日本教育史资料（一）》，第 345 页。
[6]　见须藤敏夫《近世日本释奠の研究》，第 255 页。

神化了水户学派所提倡的教义融合。虽然祝文是献给孔子的,但他显然
不是终极神圣所在。道德的神圣奠基者是天照大神,因而道德是日本固
有的。孔子只是进行了辅助性的、历史性的阐明而已。祝文以天照大神
为世界及道德秩序的创造者,将其至高无上的本体地位进行了神圣化。
德川齐昭制定的"学则"不仅将历史,而且将所有的伦理、文化都归入了
一个以日本为中心的整体:"凡出入学馆者,当熟读亲制记文,审知深意所
在:神道圣学之一,其致忠孝之不二,其本文武之不可歧。"[1]通过这样
的口号,儒教价值观被巧妙地操纵,用来支持日本专制政治与军事秩序的
意识形态要求。这种综合是十分全面的,它包容并超越了所有可能发挥
颠覆作用的二元性与多元性。除了"忠孝""文武"之外,它还包括以"亿
兆一心"的形式来实现的思想控制。它还试图通过"祭政一致"来实现政
府的神圣化。[2]它超越了历史和时间本身:"今日即上古,上古即今
日。"[3]无论实际的权力如何行使,从形而上的角度讲,日本是一个神权
统治下的国家。儒教具有潜在的颠覆性,它将家庭置于政治忠诚之上,并
认可基于超验价值的抗议行为的自主性。但在水户,这些特性被压制并
纳入一种束缚性的意识形态之中,即对神灵后裔天皇及日本国家的忠诚
与服从。

　　用人类学的术语来讲,水户学派将"终极神圣假设"及其相关的"宇
宙公理"进行了转移,即从揭示自然及人类世界永恒结构与过程的儒教,
转向了以日本为中心的创世神话叙事。[4]中国儒教在万物的终极起源
问题上不愿直言,而日本神话则大胆地改写了宇宙历史。特殊的宇宙生
成论(cosmogony)代替了普遍的宇宙论(cosmology),叙事和神话取代了

---

[1] 《学则》,见《日本教育史资料(一)》,第349页。原文为汉文。另见本山幸彦《近世国家
の教育思想》,第205页。

[2] 参见 Nakai, "Chinese Ritual and Native Japanese Identity in Tokugawa Confucianism," 283。
关于后期水户思想的这一特征,另参见会泽正志斋《新論》,第52—70、382—389页;
Wakabayashi, *Anti-Foreignism and Western Learning in Early Modern Japan: The* New
Theses *of 1825*, 152-171。

[3] 会泽正志斋《新論》,第56页。"今日即上古,上古即今日",引自 Nakai, "'Esoteric' and
'Public' in Late Mito Thought," 361。

[4] Rappaport, *Ritual and Religion in the Making of Humanity*, 263.

结构和分析。水户学对《古事记》及《日本书纪》中的"神代"记录进行了历史主义解读，确立了一种新的神圣经典。[1] 在终极神圣的层面上，无论好坏，儒教已经被同化到"国体"中，形成了"一种独特的儒教本土形式"[2]。在哲学层面上，几百年来一直困扰着孔子崇拜的民族认同与外国道德之间的紧张关系得到了解决。

这种在教义上是融合的整体，但在仪式上却分置并行的安排能否激发幕府学问所仪式缺失的动力呢？它能否实现维克多·特纳所说的成功仪式的功能，即减轻社会的分裂呢？同情林家传统的日本近世释奠研究者须藤敏夫对此表示怀疑。他引用了水户当局 1846 年对长期逃避学习者的惩罚规定，以此作为失败的证据。他认为，水户的礼仪政策是"强制性的，有些冲动的"。此外，它亦缺乏传统儒家形式的作诗及文化展示元素，无法为仪式注入活力。[3] 毫无疑问，须藤是部分正确的：文化展示的缺失减损了仪式。不过，仪式在水户不受欢迎还有其他更重要的潜在原因。思想史学家普遍认为，水户的融合哲学受到了荻生徂徕思想的影响。事实上，徂徕的影响表现在很多方面，例如以鬼神崇拜为统治工具的做法、其权威主义基调、对礼仪制度及一致性的强调等。此外，还有关于"个人"的基本观点，即尾藤正英所讲的"个人仅作为……整个社会中被分配了功能的组成部分"[4]。在这方面，水户的融合论与松平定信、宽政礼仪改革有着共同的理念。在这种理念下，对思想控制的强制性意图扼杀了任何可能激活成功仪式的紧张关系或"社会戏剧"。具有讽刺意味的是，荻生徂徕通常被视为日本最伟大的儒学家，可是他的教导却促进了这种意识形态的构建。我们在下一章中将会看到，徂徕的影响通过水户融合论进一步成为"明治国家主义的重要来源"[5]。

---

[1] Nakai, "'The Age of the Gods' in Medieval and Early Modern Historiography," 26-30.

[2] Nakai, "'The Age of the Gods' in Medieval and Early Modern Historiography," 28.

[3] 须藤敏夫《近世日本释奠の研究》，第 261—262 页。

[4] 尾藤正英《国家主義の祖型としての徂徕》，第 56 页。

[5] Bitō Masahide, "Ogyū Sorai and the Distinguishing Features of Japanese Confucianism," 159.

第十九章

对孔子的抨击：平田神道与长谷川昭道

平田学派

水户融合论使孔子失去了作为藩校仪式主神的地位，它将孔子贬低为本土传统的附属品。融合论虽然承认孔子在历史上非常重要，但仍然将孔子祭祀进行了分离，降低了其礼仪地位。与此同时，水户对孔子的看法也带有排外色彩，这在礼仪层面产生了影响。水户思想虽然尊重历史上的孔子，但也宣扬了日本的优越性，认为这片土地上人们的道德观念"优于万国"。正因如此，他们将儒教与佛教描述为外国的事物。藤田东湖记载了德川齐昭的思想，其中将儒教与佛教称为"异国之道"或"汉土、天竺之道"，其教义传入日本后，终结了日本本土的幸福状态。伊甸园时期的日本教育是"完全皇朝之道"。两种外国之道的出现造成了混乱，因此有必要创造"神道"这个名称来区分本土真理与外国教义。[1]

然而，至少在 19 世纪 60 年代之前，除了松平定信 1809 年在立教馆中的反传统做法之外，几乎没有一致的呼吁试图将孔子从学校祭神仪式中驱逐出去。正如已经看到的，东亚的多元主义包容不同的甚至相互矛盾的崇祀。在水户和其他地方，平行的儒教仪式与神道仪式仍在继续。然而，一些事态发展对这一点提出了极大的挑战：排外情绪加剧；平民主义者平田笃胤（1776—1843）的本土论及相关理论宣扬了排他主义神道；在无派别的反儒教论者中，有一些受到水户思想的影响，在其基础上进一

---

[1] 藤田东湖《常陆带》，第 180 页。

步贬低孔子,使其世俗化;京都出现了天皇的忠诚者,这些人带有本土主义色彩,意欲建立一个天皇神权政治下的神道教国家。

在对孔子崇祀的批评中,平田学派本土主义者的追随者数量最多、声音最高。平田笃胤的思想在平民中很受欢迎,尤其是农村上层人口。虽然受到水户学者的鄙视,但该思想也吸引了来自武士阶层的具有影响力的追随者。[1] 平田笃胤自身发现或者说发明了神道教神灵来挑战或取代学校仪式中的孔子。他提倡的日本学神有:八心思兼神(或作"八意思兼神",是拥有八个心窍和深邃思想的神,曾将天照大神从天岩户中诱导出来)、忌部广成神(忌部广成为平安早期官员,807 年的《古语拾遗》的作者,后成为神道神灵)、菅原神(菅原道真)以及久延毗古命(神话中以稻草人形象出现的神道全知神灵)。除此之外,他还添加了一些当时的本土主义学者。平田笃胤规定了神道崇拜的形式,"面向学问之神而拜之,(神拜辞)如下":

> 用虔诚的话语,我们恭敬地祈祷:愿八意思兼神、忌部神、菅原神,保佑我们古学的繁荣。我们还恭敬地向羽仓大人、冈部大人、本居大人祈祷。我们在久延毗古命的面前谨表敬意,不断行拜礼,祈祷:请您让我们在学问事业中领悟更深,更加进步;虽然您没有脚,却能令我们知晓天下之事。[2]

"学神"应为神道教的神灵,这一观念成为平田学派追随者的信条。这一信条通常带有反儒教的言论,用 19 世纪 60 年代中期平田派追随者的话来说,儒教是"传播污秽和灾难的恶棍,……它错误地主张空洞的中国教义"[3]。

---

[1] 关于平田笃胤思想和水户的关系,参见 Walthall, "Nativism as a Social Movement: Katagiri Harukazu and the Hongaku reisha," 207。

[2] 平田笃胤《玉襷》,第 479—481、530—531 页。"羽仓"可能指荷田春满(1669—1736)或其养子荷田在满(1706—1751),二人都是杰出的本土主义学者。"冈部"指的可能是本土主义学者贺茂真渊(1697—1769)。

[3] 片桐春一《祝詞》。参见 Walthall, "Nativism as a Social Movement: Katagiri Harukazu and the Hongaku reisha," 210。

到 19 世纪 60 年代,平田学派已经形成两个派系。一个派系忠于神道的排他主义及原始教义的宗教强度,另一个派系虽然也是排他的,但在精神上和意志上更具包容性,像水户学派一样承认孔子在日本历史中的作用。[1] 两者都注定要在明治危机中发挥其独特的作用。第一个派系具有幻想色彩,倡导启示论与多神论,崇拜神道教的万神,崇尚回归天皇统治下的古代日本制度,这一分支被称为"宗教派"(religious)。该派系在幕末时期的主要代表人物是平田笃胤的养子平田铁胤(1799—1880)。相较于平田笃胤,平田铁胤所著文章较少。在维新期宗教政策的第一阶段,他与其盟友曾短暂地参与神道教与儒教的对抗。

第二个平田派系宜称"伦理派"(ethical)。该派系是在日本西部的津和野藩(43000 石,养老馆,1786 年)发展起来的,那里有几位平田学者在藩校任职。[2] 该派系的创立者是大国隆正(1792—1871)。他是津和野藩的藩士,自称是平田笃胤的学生,但在教义上与水户学派有很多共同之处。[3] 大国隆正不像平田铁胤等人那样倡导启示论,他更具包容性。然而,他坚信日本应该有一个统一的信条,认为"除非全国有一套统一的教义,否则我们将无法对抗天主的宗教(指基督教)"[4]。这一派系强调儒家式的伦理准则:"我的主要教义讲的是君臣、父子、夫妇。"[5] 大国隆正赢得了津和野藩主龟井兹监(1825—1885)及其副手福羽美静(1831—1907)的支持,两者都是明治初期宗教史上的重要人物。他们都对佛教的某些方面持敌对态度,这与他们对孔子祭礼的消极态度之间可能存在某种协同作用。就像德川齐昭一样,福羽美静也认为,儒教及佛教都是"从

---

[1] 以下论述借鉴自 Breen, "Shintoists in Restoration Japan (1868–1872): Towards a Reassessment"。

[2] 笠井助治《近世藩校に於ける学統学派の研究》,第 2 册,第 1103—1109 页。

[3] 关于平田笃胤和大国隆正的关系,参见 Breen, "Shinto and Buddhism in Late Edo Japan: The Case of Ōkuni Takamasa and His School," 137。

[4] 大国隆正 1868 年 5 月对幕府的回忆,引自 Breen, "Accommodating the Alien: Ōkuni Takamasa and the Religion of the Lord of Heaven," 193。

[5] 《やまとごころ異本》,引自 Breen, "Shintoists in Restoration Japan (1868–1872): Towards a Reassessment," 591。

国外传入日本的"[1]。津和野藩校原属于山崎暗斋学派，1867 年进行了支持神道的改革。[2]　此时，孔子被排除在藩校的祭礼之外，取而代之的是中世纪忠诚于天皇的战争英雄楠木正成（卒于 1336 年）及"藩祖"龟井兹矩（1557—1612）的祭祀。[3]

长谷川昭道

对明治维新领导者产生影响的还有无派别的武士思想家长谷川昭道（1815—1897），他是松代藩世袭家臣的儿子，也是著名幕末儒者佐久间象山（1811—1864）及佐藤一斋的弟子。[4]　松代藩（100000 石，文武学校，1852 年）对本土论者及忠诚者都比较同情，这可能与第八代藩主为松平定信次子这一情况有关，且藩校是以水户弘道馆为蓝本建造的。[5]　长谷川活跃于京都，早在 1864 年就与宫廷贵族有接触。[6]　他对日本的儒教释奠怀有敌意，而且就像津和野藩一样，松代藩拒绝了释奠仪式。[7]长谷川在《学校祀神说》中阐述了他的观点，与那些更激进、更排外的神道者相比，他的思想更加开放。[8]　这些观点显示了水户学派及荻生徂徕的强大影响。他的道德、宗教及文化批判是对德川时期反儒教论辩中许多主题的有力学术总结。此外，长谷川曾作为维新领导者岩仓具视的顾问发挥影响力，因此我们有必要总结一下他的观点。

---

［1］　引自《岩倉具視関係文書》，第 7 册，第 439—440 页。参见 Breen，"Shintoists in Restoration Japan（1868—1872）：Towards a Reassessment，"580。

［2］　关于学校，参见笠井助治《近世藩校に於ける学統学派の研究》，第 1097 页。关于津和野藩对孔子的"改祀"，参见笠井助治《近世藩校の綜合的研究》，第 115 页。另参见 Breen，"Shinto and Buddhism in Late Edo Japan：The Case of Ōkuni Takamasa and His School，"147–148。

［3］　岛园进《国家神道と日本人》，第 116—118 页。

［4］　笠井助治《近世藩校に於ける学統学派の研究》，第 2 册，第 381 页。

［5］　笠井助治《近世藩校に於ける学統学派の研究》，第 374 页。

［6］　大久保利谦《明治維新と教育：大久保利謙歴史著作集》，第 364—365 页。

［7］　关口直佑《明治初頭における岩倉具視の教育思想》，第 100 页。

［8］　关口直佑《明治初頭における岩倉具視の教育思想》，第 100 页。

日本的孔子崇拜

《学校祀神说》没有注明日期,但显然是以日本封建秩序为立论前提的。[1] 长谷川否定了中日两国学校对孔子的崇拜。他顺着徂徕质疑孔子圣人地位的逻辑,冷静地得出结论,否认了释奠的正当性。他认为,人类伦理的真正创造者、"终极教义"的作者是中国远古时期的尧和舜,制度的创造者是周文王和周武王。他声称,中国学校的孔子崇拜是儒者的"私意",呼应了徂徕对"臆"的指责。作为创造者的圣人从事过生产性职业,如农夫、陶工或渔夫。与他们不同,孔子本人"几于游民",该词是对佛教徒的常见指责。[2] 在中国,应该崇祀的是尧、舜、禹、汤、文王、武王,并以周公及孔子为配祀。其余的人则应被"取舍"(淘汰),包括子思(《中庸》作者)、孟子、自唐以来备受尊崇的"十哲"等,这种做法是徂徕所赞同的。子思和孟子一直是徂徕的眼中钉,因为他们允许个人意见的存在。同样本着徂徕的精神,长谷川指责唐朝授予孔子"王"号的做法为"阿也"(奉承),后世授予的更多称号皆"佞也"。此外,"或为画像,或为塑像,或为神牌"等图像传统也十分荒谬,"甚似于僧尼之媚事释迦阿弥陀者"。

长谷川又提到,日本的情况有所不同。也许是受到浅见绚斋对日本非官方祭孔批判的影响,长谷川称,在天的视野下,存在普遍的"人民",然而从"人道"的角度来看,每个国家都是特殊的,就像每个统治者及每个父亲一样。[3] 抛弃日本神灵而崇拜他神是一种亵渎行为,日本没有理由像过去的学校那样崇拜孔子,也不应该崇拜尧、舜,因为"禅让"或"放伐"合法统治者等行为是"决不可用"的。长谷川还站在本土主义立场上严厉批评了过度的文化中国中心主义,认为它造成了难以估量的伤害,最终导致日本人"心移于汉土",失去所谓的"皇国心"。对于文化中国中心主义者,他写道:"猥炫区区之文艺而自尊大,骄公卿、慢士大夫,又恣唱邪

---

[1] 对它的总结参见长谷川昭道《學校祀神説》,第11—14页。

[2] 长谷川昭道《學校祀神説》,第12页;Ketelaar, *Of Heretics and Martyrs in Meiji Japan : Buddhism and Its Persecution*, 19。

[3] 浅见绚斋《批釋奠策》,第90—91页。参见本书第十二章"崎门学派"一节。另参见 James McMullen, "Ogyū Sorai, Matsudaira Sadanobu, and the Kansei Worship of Confucius," 9, 21(note 13)。关于更详细的探讨,参见李月珊《近世日本における孔子祭礼の研究》。

说、发妄言而害士风，败伦理、乱大道、损国体。是非特为神皇之罪人而已，抑亦尧舜之罪人也。"

长谷川声称，日本学校的主要崇拜对象应该是"八幡大神"，尽管八幡大神被誉为"武神"，但"文学亦肇于大神"，"是则万世之君师，而文武之明神也"。八幡神的配祀应该是大织冠藤原镰足（614—669，藤原家族的创始人，大化改革的推动者）、和气清麻吕（733—799，政治家，僧人道镜的告发者）、楠木父子（楠木正成与楠木正行〔卒于1348年〕，南北朝时期的忠臣，战争英雄），这些人皆为"忠孝仁义显然于世"者。在教育方面，长谷川认为应该"修邦典以明神皇之大道"。但与水户思想家一样，他为儒学研究留了一席之地，提倡"读汉籍以详尧舜之至教"。

长谷川深入而有力的论述达到了一种平衡。一方面他反对释奠，主张贬低孔子，将其去神圣化。但与此同时，他也承认了儒教道德的重要性。长谷川和水户立场类似，但是他对孔子祭祀的排斥使其论辩与水户存在不同。如果水户融合论可以归类为"一种独特的儒教本土形式"，那么长谷川的思想则很难这样归类。不过，他结合了融合主义与排他主义观点，将儒教进行了世俗化，这构成了明治时期儒教政策的基础。

独立于平田派之外还有其他主张放弃释奠的人，例如本居宣长的曾孙本居丰颖（1834—1913）就是其中一位。本居丰颖于1868年四月写的一份建议书比其先辈更进了一步。他明确谴责古代日本释奠是"颠倒主客之事"[1]。他反对天皇参与孔子崇祀：

> 如果只管主张汉国的风俗，反而会扰乱国体。光格天皇御制诗歌中云："唯织此岛大和锦（方显唐红之绚烂）。"[2]我认为，只把释奠之仪举行得很隆重、作为日神之子的天皇去礼拜孔子的做法是极不合理的。因

[1]　大久保利谦《明治維新と教育：大久保利謙歴史著作集》，第350页。
[2]　日文原诗为："敷島の、大和錦に、織りてこそから、くれないの、色も映えあれ。"天皇的这首诗吸引了希望承认儒教价值的本土主义学者。藤田东湖也引用了这首诗，参见《常陆带》，第182页。

此,此次重建大学寮,希望在春秋两季举行祭祀仪式,以思兼命为学祖,
以舍人亲王(676—735,《日本书纪》的编纂者)、太朝臣安麻吕(卒于723
年,《古事记》的编纂者)为配祀。请勿举行释奠之仪。[1]

平田学派、长谷川昭道及本居丰颖的观点在谴责日本孔子崇祀方面是一
致的。另一方面,排斥论者们对"神道学神"的建议各式各样,这表明他们
在迄今尚无公认学神祭祀的学校中艰难地探寻着一种神道崇祀的基础。

综上所述,在德川政权的最后一百年,各藩对儒教及其仪式的态度反
映了当时宗教文化的广泛趋势。他们呈现出一个光谱。其中一个极点是
对孔子及其中国从祀的传统崇拜。朝向中心位置出现了体现军事价值或
独特藩祖崇拜的独立却平行的仪式,成为对藩校孔子崇祀的补充,松平定
信白河藩校1791年学规中规定的即为此例。还有一种趋势是"组合"或
"合并",即把孔子祭祀与异质神灵、神道神、武神、地方英雄或大名祖先
等结合起来,但没有将它们整合到同一个神学框架内。逐渐过渡到另一
个极点的趋势是"融合"。这在异质神灵之间建立了教义上的联系,并对
它们加以尊崇,尽管不一定是在单一的礼仪行为中。最主要的例子是水
户,它沿袭了崎门学派垂加神道的早期尝试,但也受到了徂徕思想的影
响。水户融合论一方面结合了徂徕所强调的礼仪、服从以及对主体性的
压制,另一方面结合了皇国传统中偏重情感的、宇宙论的、基于神话的信
仰。光谱的另一个极点是对孔子的排斥与世俗化,首先由松平定信在
1809年的校规中倡导,后来平田笃胤、笃胤的追随者、长谷川昭道等人的
观点更加无情。这些类别在任何藩内都不是相互排斥的,但也不是一致
的。水户发展了一种对孔子和地方武神进行教义融合的崇拜,这反映在
藩校弘道馆对孔子神灵的"告文"中,但同时,在同一区域的两个不同神
社内进行了不同的崇拜。不过,如果说这是一种矛盾,那么它迟早将通过
激进的排他主义政策得以解决。

---

[1] 出自本居丰颖向政府办事局提交的建议书,参见大久保利谦《明治維新と教育: 大久保
利謙歴史著作集》,第358页。原文为日文。

第二十章
释奠在明治的终结：岩仓具视与神道的胜利

学习院的儒教与本土主义

在明治维新之前，松平定信具有预示性的排他性仪式活动主要影响了当地的孔子崇祀，并在德川时代后期进一步影响到了田边藩、津和野藩及松代藩等地的藩校。可是，尽管反儒情绪可能与平田神道等民众运动产生了共鸣，但它并没有与"攘夷"运动协调起来。此外，当时颇具影响力的水户学派也肯定儒教的历史作用以及儒教仪式的合法性。既然如此，幕末时期那种排他性的反儒论战又是如何转化为维新时期权力中心的一项实际政策的呢？

维新时期，官方孔子崇祀遭到的挑战背后有种务实的、自上而下的推动力。当守旧派对旧封建秩序的维护与推动维新巨变的激进思想之间出现更大规模的政治冲突之时，这种挑战浮出了水面。的确，在此时采取排儒政策似乎带有机会主义的色彩。将这种排儒转化为国家政策需要两个条件：一是有取消与替换释奠的场所；二是有能付诸实施的执行者。在日本释奠史上发生过许多讽刺之事，下面便是其中一件：为围绕释奠仪式展开的反儒论战提供场所条件及制度基础的，恰恰是原本奉行儒教理念的学习院。从表面上看，学习院在 1847 年建立，并自 1850 年起在天皇的授意下举行释奠，这似乎使儒教重新接近了政治中心。然而在接下来的二十年里，学习院的发展却使自身成了一场激烈的反儒运动的发源地。这种转变的种子很早就播下了。起初，教学强调"德性而非知识"，遵守官方制定的朱子学学规。[1] 但是,在开设儒学课程的同时,学习院也充分考虑到了宫廷在保存日本本土久负盛名的文化传统和审美传统中起到的作用。学习院的"学则"特别规定课程中要融入"皇国之懿风"[2]。由于这种双重职能,学习院继承了皇室神话起源的特殊性与儒家道德普遍性之间自古以来就存在的紧张关系。几个世纪以来,这种紧张关系表现在不同领域、不同地点:比如在神学层面,表现在孔子与天照大神之间;在仪式层面,表现在天皇即位礼的神圣空间与被取代的儒教仪式要求的场所之间;在国家层面,表现在中国和日本之间。垂加神道的神儒融合论试图调和这些传统,这种主张被桃园天皇直到仁孝天皇的历任天皇所认可。只要释奠仪式是在皇宫里私下进行的,那么潜在的矛盾关系就会一直受到抑制。

然而,日本宫廷开始接触社会上的各种价值观,这有可能动摇垂加神道的神儒融合论。虽然从某些方面来看,宫廷势力较为守旧,等级森严,目光狭隘,甚至称得上是神秘莫测,但是它的孤立性也不应被夸大。从1850年开始的二十年间,京都逐渐吸引了一大批怀揣不同政见的有志之士,宫廷也被外部世界的动荡气氛所渗透。关白鹰司政通与德川齐昭的妹妹成婚。德川齐昭是水户学派强有力的支持者,他对妹夫鹰司政通进行了"十五年的培养"。[3] 在宫廷之外,对儒教各方面的反对成为另一条重要的影响渠道:不少持有效忠天皇思想的民间学者被任命为学习院的讲师,例如浅见絅斋思想的追随者。[4] 主要神社的世袭神道祭司同时也享有世袭的宫廷等级和地位,并且有机会进入宫廷和学习院。水户思想及神道思想从19世纪40年代开始传入宫廷。

一旦释奠仪式脱离皇宫,接触到学习院更为开放的知识群体之后,天皇信奉儒教的核心,即神道与儒教之间脆弱的统一关系便开始瓦解。学

---

[1]　关于下层公家贵族的贫困及道德败坏现象、通过朱子学教育解决问题的相关建议,参见学习院百年史编纂委员会《学习院百年史・第一编》,第19—23页;大久保利谦《明治維新と教育:大久保利謙歴史著作集》,第20页。

[2]　《学则》颁布于学习院的开校演讲之际,引自学习院百年史编纂委员会《学习院百年史・第一編》,第31页。

[3]　Webb, *The Japanese Imperial Institution in the Tokugawa Period*, 240-241.

[4]　关于宫廷贵族学习团体的重要性,参见佐竹朋子《学習院学問所設立の歴史的意義》。

习院在成立的两年内,除儒学之外,还会单独讲授日本典籍,这表明学习院的儒教与本土主义是对立而并存的。[1] 相关典籍包括以天皇为中心、主张日本至上的《神皇正统记》,以及在开篇对"汉土之法"进行批判的伪书《菅家遗戒》。[2] 中国传统与"本土"传统的划分通过"汉御会"与"和御会"这一双重课程结构实现了制度化。由此,这两种传统实现了暂时的并存,没有出现明显对抗。这两种传统能够共存离不开东坊城聪长等人的贡献。东坊城聪长是菅原道真的后裔,在仁孝天皇的宫廷释奠中曾担任"侍从"。他是学习院的第一任负责人,也是《菅家遗戒》的大力倡导者。[3] 他设法以《菅家遗戒》中出现的"和魂汉才"等口号调和儒教礼仪与本土主义的关系。[4] 通过这种方式,保守的朱子学课程和释奠仪式,以及神道和日本本土经典的研究实现了暂时的共存。

维新时期的教育政策

然而,维新破坏了这种和谐局面。在 1867 至 1868 年春秋两季的重大政变之后,为了配合维新早期的"王政复古"运动,1868 年四月十五日,学习院更名为"大学寮代"。大学寮代忠于传统,保留了儒学研究课程,继续每年举行秋季释奠,直到 1868 年秋天。[5] 然而,这种保守做法却激起了本土主义者和儒者之间的对立。为了缓和双方的敌对情绪,政府在京都的不同地点分别重新成立了"汉御会"与"和御会"。这一安排将神道与本土主义教学分配给"皇学所",将儒学课程分配给"汉学所",后者继

---

[1] 学习院百年史编纂委员会《学习院百年史·第一编》,第 34 页。这种课程变化必须得到幕府的批准。

[2] "尝褅祭之法,无可因汉土之法。"见菅原道真(据传作者)《菅家遗诫》,第 124 页。对该文所作的反儒性质的解释,参见伴林光平(1813—1864)《園の池水》(1859 年),引自该书第388 页编者注。

[3] 东坊城聪长的作用在加藤仁平《日本教育思想史的研究第一卷、和魂洋才说》中有详细研究(第 244—266 页)。

[4] 关于该口号的内容,参见菅原道真(据传作者)《菅家遗诫》第 390 页编者注。

[5] 学习院百年史编纂委员会《学习院百年史·第一编》,第 56—57 页。然而,1867 年的释奠仪式被取消,可能是上一年天皇去世的缘故。

承了学习院内部保守的儒家派系。然而,可能是由于来自本土主义的巨大压力,此时的汉学所取消了学习院的传统释奠,改为在"孔子、曾子、颜子等"的画像前进行简单的祭拜。[1]

起初,反儒争论尚未转化为实际政策。不过,维新期间,一位具备此能力的领导人逐渐崭露头角,这个人就是岩仓具视。他能获得领导地位少不了宫廷贵族的支持,而这些贵族在遥远的过去以及不久前学习院成立时还一直都是儒学教育的支持者。岩仓具视是一位级别较低的朝臣,也是明治政变及其后续事件的领导人,他的祖先正是在一百多年前宝历事件中被摄政王镇压惩罚的当事人。与忠于天皇的祖先一样,他将天皇视为一种政治与战术资源。岩仓具视在很多方面与松平定信类似,是一位有着明确而激进动机的权谋家。他结识了来自社会不同领域的积极分子,并注意到了京都的平民主义及效忠情绪。[2] 由于继承了对摄政家族的怨恨,他力求终结天皇自古受到高级贵族压制的局面,并拉拢天皇进行彻底的政治变革。[3] 明治政府出台了"王政复古"及"摄关幕府等废绝"的政策。[4] 在此期间,岩仓与原教旨主义者长谷川昭道关系密切,据说他从长谷川那里收到了很多建议书。[5] 他将原教旨主义神道视为取代旧秩序的意识形态动员的基础。也可能像长谷川一样,岩仓将释奠与旧的权势集团联系起来,认为废除它的时机已经成熟。[6]

岩仓具视利用了保皇派、本土派、皇学所神道派与汉学所保守派之间

---

[1] 大久保利谦《明治維新と教育: 大久保利謙歷史著作集》,第 118 页。这里暂且将大久保利谦原文中误写的"庄子"改为"曾子"。

[2] 岩仓具视的想法在关口直佑《明治初頭における岩倉具視の教育思想》中有详细讨论(第102—106 页)。另参见岩仓具视的日记内容,引自 George Wilson, *Patriots and Redeemers in Japan: Motives in the Meiji Restoration*, 108。

[3] 有研究将朝臣和大名分为"进步"一方和"高度保守"一方,参见 Breen, "The Imperial Oath of April 1868: Ritual, Politics, and Power in the Restoration," 418–419。

[4] 1868 年 1 月 3 日的大号令,参见大久保利谦《明治維新と教育: 大久保利謙歷史著作集》,第 53 页。

[5] 关口直佑《明治初頭における岩倉具視の教育思想》,第 100、104—105 页。

[6] 约翰·布林(John Breen)推测岩仓具视"很可能赞同"尊皇派人士江藤新平的主张,即"期盼有一天佛教、儒教及地方崇拜都从日本消失,所有人都敬奉'神道'"。参见 Breen, "Ideologues, Bureaucrats, and Priests: On 'Shinto' and 'Buddhism' in Early Meiji Japan," 241–242。

的分歧,为新政权制定了一套不同于以往的神道式的教育政策。这一政策打破了两个机构之间的平衡。皇学所现在受命负责学校的仪式。皇学所的优势地位在明治维新初期很快对孔子崇祀产生破坏性的后果。最初被任命为教职员的是三位与岩仓具视关系密切的神道原教旨主义者,他们是平田神道"宗教"派的传承者:平田铫胤、矢野玄道(1823—1887)、玉松操(1810—1872)。这三人早已制定了适合神权国家的教育计划,即"学舍制"。1868年三月,他们受命起草神道教育政策。政策的制度结构基于律令制下的大学寮,但仪式是完全神道式的,而非儒教式的。[1] 随后,皇学所受命编写教学大纲,用来教授"皇道",并在精力允许的范围内研究儒学及外国政策。同时提议在学校举行"合祭"仪式,祭祀一个庞大而纯粹的神道神灵体系,中间位置依次为天御中主大神、皇产灵大神、伊邪那岐大神、伊邪那美大神、天照皇大御神、历代天皇、大后御子;左右两侧为二十位有名字的神及其他没有名字的神,包括"天神地祇八百万神"。[2] 京都二条城内的皇学所场地上新建了神社,并于1868年十二月十三日举行了仪式,将神灵迁往此处。[3] 这个庞大的祭神群体似乎不单纯是为学问所设计的宗教崇祀,因为作为平田"学神"的八心思兼神、久延毘古命偏离中心,被安置在了祭坛右侧不起眼的地方。更确切地说,这是一次雄心勃勃的尝试,提议者希望根据平田神道"宗教"派的愿景,创造一个盛大的神道式"宇宙秩序"仪式,为整个国家提供新的神道式神权基础。在这里,孔子和释奠没有立足之地。

迁都东京及1869年八月二日的仪式

1869年春,随着宫廷和首都迁至江户,明治政府顺势将国家教育设

[1] 大久保利谦《明治維新と教育：大久保利謙歷史著作集》,第256—260页。
[2] 《皇学所规则》,作于1868年四月。文本载于文部省《日本教育史资料（八）》,第144—150页;大久保利谦《明治維新と教育：大久保利謙歷史著作集》,第360页。
[3] 大久保利谦《明治維新と教育：大久保利謙歷史著作集》,第363页。

施也迁至东京。此举为神道者及本土主义者提供了巩固优势地位的机会。1869 年六月十五日,政府指定两年前曾举行德川时代最后一场释奠的前幕府学问所为新的国立教育机构。[1] 该机构是由三处分校组成的"大学校",包括主要致力于"本国学术"的"本校"、进行西洋教学的"开成学校"以及"医学校"。来自京都皇学所的平田铁胤及其追随者权田直助(1809—1887)都搬至江户成为博士。[2] 一些来自旧幕府学问所的儒学者也重新受到雇用。[3] 如此一来,前些年分别位于京都和江户的两个相互独立的国家级释奠举行地,最终在新首都东京实现了合并。但此时,反对儒教及释奠仪式的潮流已然不可阻挡。引用现代历史学家大久保利谦的话就是,儒教被"皇学"及本土主义"夺走了宝座"。[4]

随着各种筹划工作在江户的开展,位于昌平坂的旧儒家幕府学问所成了上演本土派与儒学派之间对立冲突的最后舞台,最终,儒学派一方失败了。按照儒教惯例,新设立的国家教育机构应该以仪式的形式进行神圣化。但在当时的主流思潮影响下,仪式不可避免地选择了神道风格。1869 年八月二日,此处发生了日本释奠史上最具戏剧性的事件之一。在旧儒家幕府学问所的讲堂里,人们为新成立的"大学校"举行了一场反传统的盛大开校祭祀仪式。仪式用神道的"学神祭"取代了儒教释奠。这一改变向世人宣告神道在明治新时代的地位超过了儒教。神道与儒教之间长期的对立迎来了一次爆发,最终以神道的胜利结束。

然而,对于平田神道内部的"宗教派"及其庞大的祭神群体来说,这并不是一场绝对的胜利。受到水户藩及长谷川昭道的影响,岩仓具视开始更加赞同温和而普世的大国隆正"伦理派",并与该派成员保持着广泛联系。明确的礼仪特色与司仪人员的选择体现出平田学派内部"宗教

---

[1]　关于 1867 年的最后一场释奠仪式,参见须藤敏夫《近世日本释奠の研究》,第 183 页。

[2]　这些京都机构最终在 1869 年九月二日关闭。参见学习院百年史编纂委员会《学习院百年史·第一编》,第 63 页。

[3]　真壁仁《德川後期の学問と政治——昌平坂学問所儒者と幕末外交変容》,第 514 页,注 69,其中列举了三位重新受到雇用的旧幕府学问所儒者。

[4]　大久保利谦《明治維新と教育: 大久保利謙歴史著作集》,第 368—369 页。

派"与"伦理派"之间的妥协。"宗教派"的平田铁胤与权田直助皆在司仪之列，但祭祀对象并没有选择京都皇学所中的庞大祭神群体，而是更保守地选择了八心思兼神作为主神，以久延毗古神为配神。这种安排的直接原因似乎来自明治政府新近重建的古老机构"神祇官"，由信奉平田神道"伦理派"的福羽美静负责管理。[1] 现存仪节中记载，福羽美静担任"视礼"，头衔为"神祇少副"。[2] 可以猜测，肯定是他批准了仪式通过，并可能同时负责了仪式设计。

仪式本身是很简单的。1869 年八月一日晚上，神祇官内举行了将神道"学神"迁出的仪式。[3] 次日辰时，旧儒家幕府学问所再次成为祭祀学神的仪式场所。一位宫廷贵族使者代表天皇出席。曾是旧幕府学问所学生的高桥胜弘也出席了仪式。他曾在两年前见证过学问所的倒数第二场儒教仪式。但现在，仪式的形式令他惊讶不已：

> 大成殿之圣像锁蛛网而无顾者，言学神可祭，明治二年七月三日行其式。祭八心思兼命于新筑大讲堂。自朝廷遣姊小路殿为敕使。[4] 时平田博士白发鬖鬖，着衣冠，悦迎之。学官一同着青绢之长袖，大小丞以上肃然出立，供物三盆盛而捧之。时皆以白纸蔽口，席上膝行而相授受之样，甚见异样也。学神之前敷荒莚，上张引绨绳。如此，古来之汉学校俄而如社务所也。[5]

祭品包括清酒、大鳍鱼、小鳍鱼、腌制蔬菜、新鲜蔬菜、水果。仪式的举行步骤如下：少监及职位低于少监者聚集；在"五常乐"的伴奏下奠馔；奠

---

[1] 参见 1868 年十一月廿五日神祇官建议书的记载及"注释"，其中将八心思兼神列为主神，将斋部广成和菅原道真列为配神。见《法规分类大全》，第 13—14 页。

[2] 《法规分类大全》，第 13 页。

[3] 《法规分类大全》，第 9 页。迁神细节详见第 10 页。

[4] 大久保利谦《明治维新与教育：大久保利谦歴史著作集》第 368 页及《法规分类大全》第 11 页都记载"绫小路"为天皇使者。如果无误的话，可能指的是按察使绫小路有长（1876 年去世，享年 90 岁）。

[5] 高桥胜弘《昌平遺響》，第 32—33 页。相关仪节、告文、指令的内容参见《法规分类大全》，第 9—14 页。

币;"从四位大学少监兼大藏朝臣(秋月)种树"(1833—1904)读祝词;天皇使者进前,献币,读"宣命";使者退下;撤馔;奏"庆德乐";所有参与者退出,仪式结束。

在此有必要对祝词及宣命稍作概述。它们明确了新政权下被神圣化的教育计划的范围。祝词的设计符合天皇"五条御誓文"中普遍强调的内容,比如祝词中提到了对古制的复兴、天皇家族在日本及世界的作用、医学知识的重要性及自我克制的必要性。与很多本土主义理论一样,祝词保留了一种几乎不加掩饰的儒家伦理。这种强调再次彰显了平田神道大国隆正"伦理派"及长谷川昭道的影响力。大概是因为长谷川的影响,祝词中也可以看出水户学派的影响。不过,不可避免的是,祝词自始至终都是以天皇为中心的。[1] 祝词讲道:"以侍奉天皇朝廷的亲王、诸臣、百官等为首,天下公民皆一心拥护大政,服从大政。天皇作为世间君主的威望与日俱增,声名日益显赫。祝愿天皇的统治永远昌盛。"[2]同样,宣命也用宏大的、咒语般的古老语言来呼唤皇祖时代至现代的天皇神灵,其中同样体现了几乎不加掩饰的儒家道德传统:"生于此国之人,贵者、贱者……不掺杂己之狡智、己之机巧,不左右强求,不矫饰。学习神之大道,忠于君、神,孝于亲,慈于子,兄弟亲,夫妻睦。"该宣命还承认了日本以外的世界,确定日本是"中心之国",并欢迎外国向日本进贡医学知识,以造福人民。宣命以仿古的命令结尾:"学得神皇之道自不待言,亦宜习取诸外蕃国之学风。不令己向私心,但顺朝廷大趣。值此伟大新时代,勇敢学习进取,以此来召唤作为学神的神灵。"[3]

仪式还有另一个象征意义:它是由神祇官举行的,该机构原是古代负责国家仪式及皇室祭祖仪式的高级部门,在明治政府的主导下得以复兴。因此,明治政府相当于从最高的政府层面宣布了学神是神道的,而不是儒教的;学习本身和教育被视为本土产物,不再是舶来品。纵观日本历

---

[1] 关口直佑《明治初頭における岩倉具視の教育思想》,第100、104—105页。
[2] 《法規分類大全》,第11页。
[3] 《法規分類大全》,第11页。

史,当律令是法理上的国家法律时,国家教育的礼仪方面在形式上始终是边缘化的,属于大学内部事务,与宫廷的国家中心机构无关。如今,在废除封建制度的前夕,日本政府夺取了对国家教育及其祭祀仪式的控制,将其纳入政府机构的中心事务。同时,政府清除了其中与孔子相关的内容。最终,教育在教义上和礼仪上都被日本这个神权国家的宇宙生成论及形而上学结构所同化。从制度上讲,教育建立在国家机构的顶端,体现了彻底的全能主义。本次仪式对于近代日本的国家孔子崇祀来说无疑是致命一击。

毫无疑问,新的神道仪式旨在成为一种常规仪式。不过,尽管1869年秋季的神道仪式声势浩大,但仪式很快就宣告了失败,从此再也没有举行。两个新的学神形象单薄,缺少吸引力,又因为是新近才被创造出来的,未能令人信服。仪式观察者高桥胜弘将其对仪式的描述总结如下："如此,古来之汉学校俄而如社务所也。何故?教官十二名,控机于讲堂,然无出质问者,顿本校废矣。"[1]

事实证明,新的神道崇祀及其所在的大学校主校并不稳定。它们由神道支持者创造,但又很快成了神道派系斗争的牺牲品。主校遗留下来的纠纷演变成了大范围的争论,争论既发生在以福羽美静与平田铁胤为首的两大平田派系的代表人物之间,也发生在铁胤派神道家与岩仓具视之间。此外,亦有本土论者与儒学者形成同一阵营,与主张西学的学者之间展开辩论。[2]　然而,这些争论并没有阐明可能借助礼仪进行调解的结构紧张关系。事实证明,主校的运营不善,被迫停课。最后,1870年七月十二日,主校被迫关闭,仪式再也没有举行过。

反应

然而,明治政府的行政统治尚未在全国范围内建立起来。东京大学校

---

[1]　高桥胜弘《昌平遗響》,第33页。
[2]　大久保利谦《明治維新と教育：大久保利謙歴史著作集》,第368—369页;Breen, "Ideologues, Bureaucrats, and Priests: On 'Shinto' and 'Buddhism' in Early Meiji Japan," 245;Hardacre, *Shintō and the State, 1868-1988*, 30-31.

主校采用神道仪式，并不代表仍处于封建制度下的藩校也必须采用同样的崇祀。大学校放弃了儒教释奠，但并没有立刻导致东京以外的地区放弃祭祀孔子。诚然，有五所维新前成立的藩校在近期放弃了此前延续的释奠，改成了神道崇祀，它们分别是：松江藩（186000 石，修道馆，1758 年）、岭冈藩（11000 石，入德馆，1830—1844 年）、福山藩（110000 石，诚之馆，1786 年）、菰野藩（11000 石，丽泽馆，1816 年）、高锅藩（27000 石，明伦堂，1778 年）。[1] 但从大学校神道仪式结束不久后展开的意见调查和维新后建立的藩校对仪式的选择上不难看出，顽固的保守派仍不愿废除释奠。

上述神道仪式举行的一个多月后，在 1869 年九月十二日，政府本着"五条御誓文"第一条的精神，令咨询机构"集议院"调查关于本土化教育计划的意见。提案被提交到一个由来自各封建藩的"诸藩士及农、工、商"组成的议会上。[2] 这些问题在"博士"等"合议"的基础上经"朝裁"制定而成。第一条建议是："祭皇国学神，废止孔庙释奠之事。"[3]《集议院日志》九月十七日的记录记载了议员的回应。不过，回应的指导原则早已在敕令中有所规定，即"以皇祖遗训为基础，合乎人情与时宜"[4]。日志记录了按藩分组的 6 种回应，而其余的 177 种观点被总结为："要之，皆从学校之古典，规则可无变更。"[5]对释奠问题的大多数回答都带有明显的水户学派色彩，也就是既肯定天皇制的权威，也承认儒教在提供客观道德方面的作用。日志列出的回应中有 4 种主张保留仪式，2 种赞成废除。作第一种回应的有 13 个藩，包括和歌山、福井和佐贺等大藩，回应大意如下：邀请百济学问博士、将儒教引入日本的应仁天皇（5 世纪初在位）是"万世亿兆之君师"，应该被奉为"学神"。不过，应仁天皇引入的儒教，其

---

[1]　松江藩、岭冈藩、福山藩、菰野藩的相关内容，参见笠井助治《近世藩校の綜合的研究》，第116—117 页。高锅藩的相关内容，参见笠井助治《近世藩校に於ける学統学派の研究》，第 2 册，第 1892 页。

[2]　《集議院規則》，第 3 页。

[3]　《集議院日誌》，第 169 页。

[4]　《集議院規則》，第 1 页。

[5]　《集議院日誌》，第 176 页。更准确地说，有 177 位议员作了回答。此外，上述六种回答来自成组的藩或单独的藩。

创始人也值得崇拜。"而如废止孔庙释奠者，甚不可也。……今上之御誓文相违，其罪古今不容。纲常伦理，将拂于地。"有人指责，本土主义学者应当为废除释奠的提议负责。这些本土主义者否认儒教是日本之道，而"以荒唐缪悠之说，为我国之道"，废除自文武天皇以来的释奠无疑是对过去天皇的不敬。

饫肥藩及佐仓藩可能受到了荻生徂徕实用主义观点的影响，他们基于儒教对缺乏学养的日本的贡献，保守地请求沿用旧制度。他们认为，日本选取了儒家学说中对自身有益的部分，并"祀其当祀"。同时，对本土神灵的崇拜确实起到了工具性的作用，是"先王之所以长安海内也"。而古代大学之所以没有供奉本土神灵，"非尊彼而卑我也。道德文章者，以原始于彼，非我所创也"。[1]

只有两种回答赞成放弃释奠。唐津藩认为："吾邦自古祠孔庙者，只儒道为职而尊重，轻视皇道之由也。今千载维新之际，洗因袭之滥习，断然取本释末者，则初得本然之理也。"[2]柳河藩和矢岛藩否认孔子是日本之"道"的创始人，"如然云，是过于自卑，而过恭人也"，"皇国有皇道"。他们指出了一个新的风险："今果祀孔庙，则洋学者至请祀洋神，不保无纷纭，是亦不可不豫防也，故以孔庙废止决可。"[3]

因此，总体来看，大多数被咨询的人都赞成在学校中保留儒家释奠。由于对集议院这次调查是通过结构上仍具有封建性质的藩进行的，这些回答自然被解读为当时受过藩校儒学教育的人的保守反应。然而，对于独裁和寡头政治野心日益膨胀的明治政府来说，这种咨询似乎没有产生多大影响力。集议院的大部分调查结果都遭到无视，集议院也在1870年九月被关停。然而，那些释奠的捍卫者主要是以水户派的天皇中心主义为前提才会主张保留释奠，这点比他们对废除释奠的反对本身更为重要。水户思想已成为日本维新时期占优势地位的政治思想。

---

[1]　《集議院日誌》，第174—175页。
[2]　《集議院日誌》，第172页。
[3]　《集議院日誌》，第175页。

明治初期创建的藩校

保留释奠的保守愿望也反映在维新后成立的藩校中。在 1871 年废除封建制度之前的明治初期,由于教育的后来者们试图跟上时代的步伐,当时出现了兴建藩校的最后热潮。释奠仪式还在继续举行。这些年创建的 32 所藩校中,有 12 所没有举行任何仪式,但 18 所藩校仍然规定举行儒教仪式。不过,这 4 年中只有尼崎藩藩校(40000 石,正业馆,1869 年)一处修建了孔庙,这象征着儒教影响力的衰落。[1]

然而,无论这种短期的保守反应如何,随着西方影响下教育重建的势头越来越强,释奠的发展前景很快就破灭了。1871 年的"废藩置县"敲响了释奠仪式的丧钟。藩校被关闭,对孔子的崇祀也迎来终结。研究者翠川文子指出:

> 后来,有的校舍直接用作新制度下的小学校舍,有的转用为政府建筑,有的拆除后移至别处,建为神社或佛寺,也有的作为餐馆的一部分被重新使用,……此时,孔子像(的命运)也各不相同,有的被新学校接管,有的被转让给藩校儒者或家塾,也有的由藩主家或政府保管,不过现在有迹可循的仅占整体的极少部分。[2]

东京孔庙的命运似乎也比较类似。1871 年九月,旧幕府儒家学问所成为日本首座博物馆,大成殿成了"动物、化石及天然矿物"的展厅(图 20.1)。[3] 据高桥胜弘记载,1875 年,圣人的画像在幸桥的博物馆内展

---

[1] 文部省《日本教育史资料(一)》,第 51 页。

[2] 翠川文子《孔子像を訪ねて》,第 262—263 页。翠川文子见过的"八十多幅"画像中,有 5 幅仍存于德川时代建立的藩校或乡校中,有 12 幅存于现代学校中,其余则存于"地方自治政府机构、美术馆、博物馆、档案馆"。其中有 8 幅仍被用于释奠仪式。参见《孔子像を訪ねて》,第 267 页。

[3] 中村玲《湯島聖堂と日本初の文部省博覧会》。

图 20.1 用作博览会展览馆的汤岛圣堂

升斋一景（活跃于 19 世纪 70 年代）作。木版印刷。出自西山松之助《汤岛圣堂与江户时代》，图 C1。由汤岛圣堂与斯文会（东京）提供。1871 年，幕府学问所祭祀孔子的功能被取消，此地改为博物馆，大成殿作为展厅向公众开放。

出,不过令他愤怒的是,这幅画像暴露在"田夫野人"的注视下。[1] 显然,直到 1879 年,它才被移回旧的昌平坂孔庙,之后孔庙开始向外开放,允许公众在一个更适宜的环境中参拜孔子像。[2]

然而在 1872 年,新的国民教育体系使官方儒学教育彻底画上了句号。至此,日本儒教仪式使教育神圣化的近 1200 年历史迎来了终结。

---

[1] 高桥胜弘《昌平遗響》,第 9 页。
[2] 真壁仁《德川後期の学問と政治——昌平坂学問所儒者と幕末外交変容》,第 26 页。

结　论

明治维新背后的策略

明治维新结束了日本对孔子的国家崇拜。直到近四十年后,对孔子的公开崇祀才正式恢复,但此时仪式的地位与精神内涵已再次发生变化。在明治维新前将近 1200 年的历史中,释奠仪式有时得到相当多人的支持,也有许多人反对放弃它。为什么释奠的故事会在维新时期这样结束呢?为什么日本没有坚持利用儒教及释奠作为改革社会和对抗西方危险的资源呢?毕竟,儒教传统提供了一些显然有益的教条,例如社会一贯的道德基础,以及将考试作为行使政治权力资格的理性信念,这些既有利于近代化,也有利于危机时期的社会稳定。

其他崇拜孔子的东亚国家则将儒教当成了一种对抗近代世界的资源。中国的同治中兴(1862—1874)及清末新政(1902—1911)、朝鲜的东学党运动及"斥邪卫正"运动都广泛借鉴了儒教及其价值观。[1] 在越南,成立于 1802 年的阮朝奉行中国化政策,并采纳了皇室参与的祭孔仪式。在第四位阮朝皇帝嗣德帝(1848—1883 在位)这位"虔诚儒士"的统治时期,"大批知识分子"建议在"儒家学说的框架内"进行官僚制度改革。[2] 诚然,在日本亦存在儒教的影响,如 1877 年萨摩叛乱(西南战争)

---

[1] 关于中国的例子,参见 Mary Clabaugh Wright, *The Last Stand of Chinese Conservatism: The T'ungChih Restoration*, *1862-1874*; Kuo, "'The Emperor and the People in One Body': The Worship of Confucius and Ritual Planning in the Xinzheng Reforms, 1902-1911"。关于朝鲜的例子,参见 Chung, "Religion and Cultural Identity — The Case of 'Eastern Learning'"; Chung, "In Defense of the Traditional Order: Ch'oksa Wijong"。

[2] Vu Minh Giang, "Reform Tendencies in Nineteenth Century Vietnam," 415-416, 421.

领导者对儒教的个人信仰,尤其是对阳明学说的信奉。但日本阳明学说是主观主义的、反制度的,一直受到压制,因此很难将这次叛乱看作是为了维护国家儒教及其体制而进行的抗议。儒教并没有在个人层面上消亡,但明治维新导致了对孔子公开崇祀的中断。明治维新过了几十年后,释奠才得以复兴。

那么,如何解释日本政府对儒教的放弃呢?这其中显然有战术性的、短期性的原因。也就是说,明治维新后的实际压力将孔子崇祀从明治早期的教育计划中排除了出去。封建制度及封建藩校的废除为教育体制带来了紧迫的任务——设计并实施一种普遍而实用的新时代教育体系,包括受西方影响的新课程,以及多元化新大学的创建。教育体制的重构使传统的儒家经典研究被边缘化了。[1]

但是,如果没有为重组日本社会政治秩序作好准备,这种试图实现近代化的努力是不会有效的。1868 年明治维新的领导者利用人们对现状的普遍不满,发动了一场戏剧性的政变。其动力主要来自三方面:一是萨摩藩与长州藩的联盟,他们对幕府及封建制度各方面感到失望;二是级别较低的京都朝臣,他们对高级宫廷贵族的保守主义感到沮丧;三是包括平民在内的诸多日本人,他们被一种皇国理想所煽动,认为这种理想可以减轻武士政权的压迫,对其失职追责,并保护国家不受外敌侵略。要把这些迥然不同的阶层联合起来,需要的是一种没有历史污点的意识形态,这种意识形态既要超越幕府政治,也要超越朝廷内部的保守主义,同时也能控制不满情绪,赢得更广泛的公众认可。

为了满足这种需求,岩仓等人虚构了一种过去,结束了日本社会与制度历史间的尴尬分裂,创造了一种神道共同体的海市蜃楼。幕末天皇的平民主义姿态强化了人们对皇族血统的广泛同情,而这种感情被岩仓等人加以利用。在中国,对现状不满的思想家把理想国定位在遥远的、制度模糊的时代,即文化英雄伏羲、神农、黄帝或圣王的时代。在日本,明治维

[1] 加藤弘之《孔子を崇拝する理由》,第 23—24 页。

新的推动者同样认为,在神话时期或古代日本,有超越了历史及现状的天皇实行了理想统治。平田神道运动中的宗教派就提出了这一设想。这种设想在社会各阶层都有大批追随者,不仅有封建领主,也有朝臣、平民及其他对朝廷或封建制度不满的人。这种设想具有强烈的宗教热忱、强大的领导力,其中的天皇统治概念亦具有模糊性,从而为维新者提供了使维新政变神圣化的资源,也为重构当下提供了自由。由于幕府、高级宫廷贵族、封建藩主及武士藩校丧失了威信,他们曾经庇护的儒教及其仪式也失去了立足之地。因此,在有关新国家仪式的首批提议中出现了天照大神的直系后裔及整个神道神灵群体。维新者向这些信仰的权威倡导者——京都的皇学所与平田神道的宗教派寻求了帮助,由此诞生了一个基于神道与本土主义的全新国家教育计划。1868 年秋,京都皇学所举行了崇祀神道群神的仪式,从而将该教育计划神圣化。1869 年秋,江户的旧幕府学问所亦举行了神道仪式,象征着该计划在日本的短暂胜利。

　　但是,释奠的废除引起了反对,其中既有理性的声音,也有明显的利己主义。在神道仪式举行的几天后,就出现了集议院中大多数人提出的反对释奠废除的意见。尤其是礼仪学者,他们一定害怕其生活的神圣化源泉被消除。许多受过儒学教育的大名及其高级家臣也都认同儒教,释奠的废除威胁到了他们作为统治者的道德使命。其他喜欢仪式音乐或诗文的人可能仅将仪式的废除看作文化上的损失。在为释奠辩护的言论中,还有一些基于史实及道德的更微妙的论据,它们与维新的核心——以天皇为中心的意识形态有关。在古代,释奠是在天皇的明确委托下举行的。近期的部分天皇,尤其是光格天皇,表达了对儒教的个人信仰,并亲自主持了仪式。因此,废除释奠可以被认为是对天皇判断力的批评。此外,也有现实主义的历史观点认为,儒教提供了管理家庭、社会及政治生活的道德范畴。释奠能使和睦及顺从的品质、天皇的最高统治权、政府的家长式领导得以神圣化,因此,对释奠的保留难道不符合新政权的利益吗? 此外,对释奠的保留并不会挑战民族主义意识形态,水户思想就已表明,维护日本皇族血统的首要地位并不需要排除孔子崇拜的辅助性作用。

然而，这些论据并没有占据上风。既得利益者的痛苦抗议以及更微妙、更合理的论据都没有阻止维新者对官方孔子崇拜的废除。不过，维新成功后，岩仓及寡头们就放弃了原教旨主义的"宗教派"神道——"新政权的领导人决定，宗教生活不应干涉国家结构的形成"[1]。也许是因为原教旨主义神道过于平民主义，也过于激进，且在赋予权力的时候不加区分，因此无法吸引明治寡头。从1869年开始，岩仓转而青睐更加务实的"伦理派"大国隆正神道，该派别活跃于复兴后的神祇官机构，由福羽美静领导。除了排斥孔子祭祀这一点以外，政府的立场开始逐渐接近水户学派，放弃了原教旨主义神道。与之类似，主张恢复古代治理方式的原教旨主义观念也被削弱了，"一旦寡头们感到有足够力量制定全面近代化的计划时，复古就不再受到重视了"[2]。

近因

然而，策略性动机仅能解释新政权建立过程中对儒教的排斥。到了新政权建立之后，反儒教的政策为什么没有更快地缓和呢？为什么与佛教不同，对儒教最初的敌意没有更快地减轻呢？在此，有必要超越眼前事实及神道的排他主义信条来寻找维新者反应背后的原因。这些原因有直接的，也有长期的。前面在讨论朝廷传统主义及宽政仪式改革时曾提到过类似的明显因素，也就是说，当对现状的不满及外国威胁的恐惧引发了对近代化的剧烈兴奋时，儒教被认为是软弱的、书生气的，在本质上是外来的，与名誉扫地的旧制度紧密相连，因而是无关紧要的、迂腐的。

与维新者反应相关的因素还有当时的反传统情绪，以及对拥抱西方近代美好新世界的期望。当时的论调没有任何妥协的余地。四十年后的1907年，支持释奠复兴的政治家、教育家加藤弘之（1836—1916）在一次

---

[1] Harootunian, *Things Seen and Unseen: Discourse and Ideology in Tokugawa Nativism*, 390-391.
[2] Shively, "Nishimura Shigeki: A Confucian view of Modernization," 193.

演讲中称,明治维新"一切都要西化",比法国大革命还要激进。当时盛行的反传统思想威胁到了儒教,"很快,就像法国废除耶稣纪元法一样,(在日本)人们甚至认为如果不拆除圣庙就没有真正的革新"。在1872年八月二日颁布的"学制"(太政官第214号)中,使用了"沿袭之弊"一词来控告明治维新前的学问:

> 士人以上之少数学者动辄宣称其为国家,但不知立身之基,或趋于词章记诵之末,或陷于空理虚谈之途。其论虽似高尚,而多不能身行事施也。[1]

这或许与天皇"五条御誓文"第四条中"旧来之陋习"的表述产生了共鸣。[2] 不应忘记的是,幕府及诸多大名都与理学正统或藩校儒学教育有联系。正如福泽谕吉(1834—1901)在维新后讲述的那样,可以认为,儒教对僵化的社会等级约束负有责任。[3] 在神道神话基础上创造的新神权政治国家以及与之相伴的新的国家礼仪秩序,将儒教从国家礼仪中驱逐了出去,甚至使儒教的某些方面具有了潜在的颠覆性。[4]

中长期原因

其他一些不太直接的因素也阻碍了对孔子的崇祀。首先,释奠与中国有着不可磨灭的联系。前近代时期,日本采纳孔子崇祀的一个动机是,日本政治领导人认为中国是文明的典范,是政治及道德智慧的权威来源。但日本以外世界的发展阻碍了对中国的崇敬。长期以来,在武士中一直

---

[1] 《明治政治史》上卷,第165页。
[2] Breen, "The Imperial Oath of April 1868: Ritual, Politics, and Power in the Restoration," 410.
[3] Blacker, "Fukuzawa Yukichi, Kyūhanjō."
[4] 对明治政府仪式计划的精湛论述,参见 Breen(ブリイーン・ジョン)《近代の宮中儀礼——天皇に求められた政治》。

存在对中国书本主义及儒教的批判。17 世纪清朝推翻了明朝,这使得德
川初期对中国的崇敬遭遇挫折。到了 19 世纪中期,将中国作为典范国家
的意识再次减弱。第一次鸦片战争的战败损害了中国在日本人中的声
望。与此相对,维新的目标是使日本"富国强兵",而孔子这一人物被视
为中国衰弱的象征与根源,因此,不太可能对孔子崇祀产生兴趣。

此外,国际认识的扩展使日本意识到,除了中国以外,还有其他成功
的政治组织模式。到了幕末时代,中国已"失去了话语特权地位"。用本
土主义者的话来说,它不再是"中土",这个位置已经让给了日本。对中
国的过度偏爱是对"国家政体"有害的。[1] 与贬低中国相辅相成的是 18
世纪以来日益强大的沙文主义,最终导致了声称日本是上等国的仇外思
维模式。长期以来,一直有观点认为日本的"民族实质"优于中国。日本
天皇统治、民族团结的特征之一是无可挑剔的皇朝连续性,即岩仓本人所
说的"万世一系"。[2] 相比之下,中国的缺陷表现为分裂、不忠,以及估
计多达 36 次的政权更迭。[3] 此外,日本人通过对西方的了解证实,中国
人对世界的认识比不上西方的实用知识,特别是在医学及作战方面。这
种沙文主义表现最强烈的就是本居派和平田派的本土主义学者,他们都
批评中国对日本造成的影响。这种态度无疑影响了岩仓及其神道盟友的
政策。

反儒教政策的推动因素之一,可能还有长期以来对同为外来宗教的
佛教的反对运动。从德川初期开始,有些藩就实行了以肃清佛教寺院为
主要形式的排佛政策。同样的现象也出现在幕末时期,并在维新后爆发
了全国性的迫害行动。尽管这其中有意识形态、经济因素等方面的复杂
原因,但也包含了本土主义运动中的沙文主义及仇外心理。[4] 这种心态
可能扩展到了对孔子祭祀及孔子教义的贬损,或使孔子被驱逐出了崇祀

[1] 参见 Harootunian, "The Function of China in Tokugawa Thought," 29-36。
[2] 岩仓具视《王政復古議》(1867 年十月),引自岛善高《律令制から立憲制へ》,第 308 页。
[3] 北畠亲房《神皇正統記》,第 48 页。
[4] 关于佛教的外来性,参见 Ketelaar, *Of Heretics and Martyrs in Meiji Japan: Buddhism and Its Persecution*, 30-36。

对象的行列。这不是单纯的巧合,对待外国教义的态度之间可以发生某种协同作用。例如,尊重孔子历史地位但贬损了孔子崇祀的水户藩、直接废弃了释奠的津和野藩都在维新前几年对佛教寺院进行了肃清。在幕末及维新期的沙文主义气氛下,与佛陀一样,孔子的外国人身份会阻碍日本人对他的崇敬。

对释奠的抑制还有更长期的、更狭隘的政治因素,这种因素在第二次演变过程中就已发展起来。新的专制手段及国家意识形态会在无形中损害崇敬孔子的虔诚仪式,尤其是在不断鼓吹团结一致、试图抑制个人意见表达的时候。这一直是日本政治意识形态的主题,从荻生徂徕甚至更早的时期就出现了,并在宽政改革中得到重申。在徂徕政治哲学的影响下,这也成为水户学派的一个首要主题。徂徕曾批评仪式中授予儒者以贵族头衔的做法是一种"僭",与此相呼应,长谷川昭道认为释奠是一种"私意"的表达。在维新时期,大国隆正等人呼吁以唯一的正统教义来应对基督教的威胁。"五条御誓文"的第二条承诺:"上下一心,盛展经纶。"[1]首次"学神祭"中的宣命也要求天皇的臣民"不掺杂己之狡智、己之机巧"。岩仓及明治早期政治家江藤新平(1834—1874)等人也许认为,儒教中包含了可能颠覆新兴专制寡头政治的元素,因此才摒弃了释奠仪式。

水户思想体系所具有的说服力进一步促进了反儒教心态。明治寡头及其意识形态顾问一定已经察觉到,垂加神道的神儒一致论、水户学派、大国隆正、长谷川昭道等已将儒家伦理中的可取元素完美地融合到了使皇族血统及日本政体完全拥有特权的意识形态结构中。他们清除了儒教中潜在的颠覆性因素,并将政治忠诚放到了家庭价值之上,由此,从儒教中抽离出了一种促进国家凝聚力的、关乎上下团结的整体性观念。孔子本人及其追随者,尤其是孟子,往好处说是无足轻重,往坏处说则是游手好闲,是颠覆性主体意识的纵容者。在一些人看来,对圣人的崇祀可能会阻碍意识形态的动员,甚至造成对天皇的亵渎。抛弃这种崇祀并不会威

---

[1]　参见 Breen, "The Imperial Oath of April 1868: Ritual, Politics, and Power in the Restoration," 410。

胁到国家的基本道德纪律及凝聚力。水户学倡导的对儒教的重构与替换取得了成功,这有助于解释为何没有任何持续性尝试来将儒教作为抵制西方化的资源。

维新后对释奠的放弃还有其他中期原因。很容易看出,在德川政权的最后一百年,孔子崇祀的传播虽然广泛,却很薄弱。这种普遍的弱点,再加上它与旧制度及武士阶级统治的联系,使它的废除很容易成为激进维新者的目标。如果新政权将儒教视为一种资源,则会利用京都及江户的两个重要仪式传统,但两者都已陷入传统主义。同时不应忘记的是,孔子崇祀总体上是一种基于艰深而学究气的外文经典诠释的精英崇祀。儒教精神与武士统治阶层的精神在文化上始终是不一致的,这持续削弱了儒教对众人的吸引力。它没有令人信服的救赎论,只能提供极少的、苍白的、世俗的或超验的奖励。此外,它也缺乏神道或佛教那样的独立组织来帮助它在封建制度废除后幸存下来。它没有教会,没有权责层次,也没有事业的最高代表。很多人可能认为幕府学问所是日本最高级别的儒教机构,但其权威性来自其咨询功能,依赖于林氏家族不可靠的继承能力。在维新后的几年里,似乎没有一位杰出的护教者站出来成功地推动儒教制度的改革,或去维护儒家强调的通过考试来分配行政责任的贤能主义。

在这些近因及中期原因的背后,儒教的脆弱性还存在更深层次的根本原因,需要在这里作最后的重申。本书的一个主题是,长期以来,日本官方孔子崇祀与大陆、朝鲜半岛的官方崇祀存在分歧,由此产生了不稳定性与苍白化的循环,这源于日本与中国(及其附属国)之间的政治结构差异。作为中国的国家仪式,经典释奠仪式的活力源于中国政体中"内"皇宫与"外"官僚之间的结构性紧张。中国政体的前提是专制世袭君主和强大官僚机构之间的联盟,二者共享同一个由社会政治道德及历史的相关儒家文本组成的理性知识体系。该结构所依赖的支点是考试制度,这一制度与中国官方释奠协同运作,使儒教学问与广大社会之间的联系变得神圣化。中国政体的这一特征被东亚其他附属国采用,这些国家的孔子崇祀亦遵循了中国模式。受唐代中国文化传播的影响,同时期的朝鲜

与越南在学习儒教的同时,也确立了考试制度。同样的情况也发生在 18
世纪的琉球。但是在维新前的日本,无论是古代还是德川时代,除了封建
晚期熊本藩的时习馆等少数例子外,都没有采纳挑战世袭地位的真正持
久有效的考试制度。从表面上看,德川时代的最后一百年是儒家理想与
日本实践最大程度融合的时期,幕府学问所从 1792 年开始、学习院从 19
世纪 40 年代后期开始都作出了建立考试制度的积极姿态。但无论它们
在为教育、功绩及公职选拔之间建立思想联系方面作出了何等贡献,在实
践中,它们都没有使考试成为入仕的既定途径,因此,也都未能真正挑战
统治日本前近代社会的世袭制及先赋制。这种失败是前近代日本释奠不
断周期性苍白化的主要原因。

释奠与日本政体

　　由于与强大的大陆邻国地理位置接近,在日本国家形成的早期,孔子
崇祀这一具有历史局限性、政治性及多元价值的仪式就已传到了日本。
但日本的社会政治发展阶段与大陆或朝鲜半岛不同。在中国,"内"皇宫
与"外"官场之间的紧张关系为释奠赋予了礼仪活力,但这种紧张关系在
日本未能得到发展。也就是说,使中国释奠充满生机的"戏剧"并没有在
古代日本寡头政治结构中上演。日本统治者发现,释奠仪式有助于日本
国内君权的合法化,也是东亚秩序中国际地位的象征。它是日本政体的
装饰品,也象征着日本作为东亚国家共同体成员的身份。但是,它对普遍
的贤能主义价值观的重视可能会威胁到寡头政权的利益。其结果就是,
在整个前近代的日本历史中,政治当权者对仪式的态度始终是矛盾的。
古代日本采纳仪式时,将其进行了彻底改造,发展出了独特的礼仪形式,
打破了其原有的统一性,将仪式的不同部分拆分给政体内不同的世袭阶
层,并赋予了不同的精神内涵。

　　在第一次演变时,释奠未被允许进入日本国家仪式拥挤的中心舞台,
也不允许妨碍将世袭君主制、皇室姻亲或寡头血统进行神圣化的仪式。

占据中心舞台的仍然是特殊的"神道"祖先崇祀、起源于道教的风水信仰以及本土化的佛教。仪式上的改造使孔子崇拜变得边缘化，皇室与寡头不再直接参与。孔子成为与政治相对无关的学问之神、中国文化之神，而不像在中国及其附属国那样成为官僚之神。大学寮与国家最高职位之间的脱节固化了孔子的边缘位置，再加上日本未采纳有效的考试制度，这种边缘化被进一步加强。日本掌权者对仪式保留了有条件的支持，但他们将礼仪中可能引起麻烦的方面进行了持续的转移，将重点放在了威胁性较少的文化展示以及大学寮中对下级官员进行的专业性培训上。对于寡头精英来说，释奠仪式具有彰显寡头高雅文化及政治霸权的性质。改造后的平安时代释奠生动地展现了古代日本的寡头政治结构。

　　日本与中国政体之间的这种结构性分歧在封建晚期德川时期日本释奠的第二次演变中得以延续。日本保留了一种先赋性的、世袭的社会政治秩序，将特权赋予了寡头。德川时期，释奠的发展轨迹与古代第一次演变时相似。在教育程度更高、更加成熟的德川社会，在更为广泛和清晰的言论场域中，对释奠的矛盾心理再次出现。围绕仪式的讨论逐渐多样化。在仪式引进初期，林家在江户成功地创造了一种释菜传统，借鉴了平安风格的文化展示。本书前面亦分析过，此后不断有人试图将仪式置于国家礼仪生活的中心，或探索了其可能性：德川光国未能成功；第五代幕府将军德川纲吉及新井白石看似华丽的成功也只是暂时的、表面的；宽政礼仪改革虽然提供了充足的物质资源，但在精神上是反动的，礼仪上也是有缺陷的，传递了混杂的信息。宽政礼仪改革的实施理念受到荻生徂徕政治哲学的启发，具有权威主义、工具主义色彩，这不利于礼仪真正发挥作用。释奠仍然象征着武士统治的合法性及日本在东亚秩序中的成员身份，保留了意识形态上的价值。在礼仪上，相关的调整使仪式适应了晚期封建社会的现状。然而，尽管仪式被表演得很认真，但它没有形成"社会戏剧"，仍然缺乏中国及朝鲜仪式所具有的活力。释奠陷入了传统主义与苍白化。与此同时，各藩的发展为学校仪式带来了其他的神圣化来源。最终，维新时期的策略性操作使官方的释奠仪式成为历史。

对释奠仪式的论述表明,日本发生的"儒家转型"不过是表面现象。[1] 日本儒教没有成为统治者的信仰,也没有被真正地合法化。从最广义的角度讲,与儒教发源地的距离不利于日本儒教事业的发展。显然,没有一个日本领导者可以模仿中国君主在孔子墓前献祭。在日本,也没有一个统治者像中国历代开国皇帝、朝鲜国王或越南国王那样公开表示信奉儒教。日本没有出现李氏朝鲜早期的那种"儒家转型",而使这种转型神圣化的正是君主定期参加的释奠仪式。

明治维新正式消除了世袭职业与世袭地位造成的结构性障碍,也消除了阻碍实现"贤能主义"价值的身份差异。它引入了更平等的秩序。这是否代表了儒教理想的实现呢? 可以说,日本人从儒教思想及中国历史中早已熟悉了这种理想,但迄今为止几乎毫无例外地止于一种幻想。抑或是,这种平等秩序是迫于追赶西方的压力而对西方近代原则的效仿? 也许两者都有。总之,尽管在实践中有很多平等原则并没有被遵守,世袭制度的废除和普及教育的引入在原则上消除了日本成为儒教国家的历史障碍。但即使该平等理想已经被实现,孔子这位象征东亚平等理想并激励欧洲平等思想发展的人物,仍然会被日本排除在祭神之外。日本人从孔子教义中清除了所有颠覆明治日本新寡头政治的可能性,成功地将孔子教义纳入了以对日本皇族血统及国家政体的忠诚为最高准则的融合性信仰形式,并以这种信仰取代了对中国圣人的崇拜。

释奠、水户以及忠诚的系谱

水户融合论的主张可以说是前近代时期日本与释奠两次接触后留下的重要遗产。在礼仪方面,水户仪式及其衍生品可以被看作是日本解决儒教普遍主义与日本执着的特殊主义之间紧张关系的独特方式。本书关注的是这种紧张冲突在礼仪上的表现,尤其关注儒教对日本社会政治秩

---

[1] 术语借用自 Deuchler, *The Confucian Transformation of Korea: A Study of Society and Ideology*。

序的挑战是怎样通过礼仪手段被消解的。在日本,孔子被隔离在学校中,这种做法的影响可以说是超出了礼仪的领域,延伸到了日本的价值体系。在这个价值体系中,忠诚的观念拥有绝对的支配价值,而对孔子的贬低作为一种催化剂,能对忠诚的系谱(genealogy of loyalty)产生特殊的间接影响。人们对日本的忠诚观进行过深入研究,但没有充分认识到忠诚观的独有特性与 9 世纪礼仪选择之间的历史关联。在中国式释奠所神圣化的中国式世界观中,最高忠诚的对象是儒教中具有普遍性的"道"。相比之下,在日本,孔子的移位带来了不同的结果,占主导地位的世界观、政体的形而上学基础在历史进程中走到了不同的位置。与它们紧密关联的是系谱所决定的特殊性叙事及血统,由神话及仪式赋予了神圣性。在日本,不论是孔子的形象,还是象征超越性道德准则的外来神祇,不论是道德戒律,还是完美道德的理想、自我实现的理想,都无法轻易干涉君主、寡头及其代官、下属之间受系谱及礼仪保护的联系。就像本研究的主题一贯强调的那样,孔子本人被放到一个辅助性的位置。

在日本,受儒学教育并忠于"道"这一超然原则的强大中国式官场是缺失的,这为不同的政治统治理念留下了发展空间,尤其是日本特殊主义的忠诚价值观。忠诚观在经历了嬗变与强化后,最终被明确地置于日本价值观体系的顶层,统摄了其他所有的道德命令。日本中世及近世的军事化发展维持并极大地强化了这种忠诚观——自我牺牲的、英勇的战场式忠诚被誉为日本人的理想典范,无论是作为天皇的臣民,还是作为军事首领或封建领主手下的武士。忠诚变成了绝对的、无条件的,它集中于系谱中确定的对象,且对许多人来说,是未经考虑的。随着时间的推移,它发展为一种以太阳女神及皇室血统崇拜为核心的国家意识形态,并存在于大名祖先崇拜、神道神灵及武神崇拜中。最终,这种忠诚以水户融合论的方式与"神道"及天皇结合,在 20 世纪的极端民族主义意识形态中悲剧地上演。

此外,日本孔子崇祀的历史在实际经验方面与其他东亚国家存在显著不同,尤其与中国形成鲜明对比,这也体现了中日两国孔子崇祀历史中价值观的不同。中国和日本的孔子崇祀在礼仪形式及执行人员构成方面都具有连续性,也都在发生变化。虽然有将问题过于简单化的风险,但大致来说,它们以截然相反的方式保持了这些特性。在帝制中国,跨越不同朝代的仪式在形式上是基本稳定的,这反映出中国国家制度的稳定性。相比之下,发生变化的是支持仪式的王朝统治者、参与和监督仪式的官僚,他们是不稳定的,有周期性更替。而在日本,情况正好相反:仪式本身在礼仪上是分裂的、不稳定的,其波动性一直是本书关注的主题。但是,负责该礼仪传统的专门人士却经常保持惊人的家族连续性,尽管经历了动荡的年代,但仍依靠收养继承人等方式延续了下来。例如,林氏家族对江户仪式的控制长达两百多年,不过,最好的例证还是与宫廷仪式相关的家族——菅原氏与清原氏长达千年之久的非凡连续性。从价值观的角度来看,两国释奠的不同也正体现了中国国家行政管理中的官僚普遍主义与日本系谱的特殊主义之间的差异。

文化影响

本书的主旨及结论表明,对于寻求释奠意义的少数人来说,日本释奠在很大程度上是一个失败的故事。尽管这种失败可能为日本独特政治文化的形成开辟了道路,但总体上说,释奠在日本从未真正地兴盛过,它容易分裂或变得边缘化,经常沦为虚礼及简略形式。这样的观点有一定道理,不过也有将问题简单化的嫌疑。几百年以来,释奠仪式一直被认真而顽强地执行着。它所要神圣化的儒教传统本身就有多重意义,且承载释奠的日本社会在发展过程中也越来越复杂和多样化。不言而喻,仪式对不同的参与者及礼仪学习者的意味也并不相同。事实上,"矛盾心理"的主题已经暗示,仪式既引起了消极反应,也引起了积极反应。

如果将日本人对释奠的反应进行单独的甚至负面的描绘,则可能导致过度以中国为中心的判断。事实上,释奠在更广义的文化领域产生了积极影响。在古代日本,释奠转向了文化展示,与仪式紧密相连的中国政体模式也被拒绝,但这反而促进了日本举世闻名的辉煌宫廷文化的发展(当然,女性在这种文化中扮演了杰出角色)。平安宫廷文化对日本的文化敏感性产生了永久影响,但它的基础是对世袭特权的强烈意识。若没有这种意识,宫廷文化的最高丰碑《源氏物语》就不可能被创造出来。此外,释奠本身也起到了作为文化载体的直接作用。前面的叙述表明,东亚的释奠在起初就存在二元性:一方面,它将儒教的政治观、世界观、社会观神圣化;另一方面,通过与教育的联系,培养和展示了儒教的文化技能。在中国六朝时期的宫廷释奠中,这两方面是并存的,但是到了唐代以后,前一方面的"宇宙秩序"功能在官方仪式中得到凸显。尽管如此,《大唐开元礼》及《延喜式》的祝文仍然要求"游艺",即文化展示。无论是不是受到了唐代以前仪式的影响,日本自古以来释奠的文化方面都得到了突出的强调。审美活动与宴会的存在是释奠在历史上一直受到欢迎的原因。在第一次演变时,释奠诗的创作是一项享有盛誉的活动。应仁之乱后一直到 16 世纪,释奠诗的创作甚至能够脱离祭祀仪式而独立存在,这象征着该活动对于朝廷贵族的重要性。这一传统也是林家仪式版本的重要特色。在林家,除了诗歌以外,先儒的肖像画艺术也十分卓越。

保守的宽政改革对文化展示的取消令礼仪学者感到沮丧,同时,诸多藩校仪式及非官方仪式表演的记录中都出现了文化展示的内容,这些都凸显了日本释奠传统中文化展示的重要性。松永尺五等人一时成功的释菜实例表明,德川时期的释菜或释奠经常被有意识地作为一种文化庆典来举办。这可以看作是对古老中国仪式根源的回归,因为仪式复兴了中国六朝时期孔子崇祀的独特气氛。潘尼或颜延之曾举行过的诗歌庆典在日本得以重现。因此,从某些方面来讲,与中国六朝时期后强调"正统"学说、严肃而专制的"官僚之神"相比,日本的孔子作为学问之神及中国文化之神,显得更加仁慈、多才多艺,也更富有创造力。在理想状态下,日本释奠为音乐、文学甚至少数舞蹈提供了灵感。这些活动为仪式参与者赋予了合法身份,即使不是政治代表,也是文化代表。仪式可以在愉悦的气氛中将地位不平等的人们聚集在一起。对于许多日本人来说,参加藩校释奠可能比参加儒教家庭仪式的次数多,这构成了他们对文化传统的最深刻体验。仪式及随后的讲学、社交活动所产生的效果类似于西方学校礼拜堂仪式加上了学校演讲或学校开放日活动。诚然,就像在西方一样,这样的场合可能很无聊或令人厌烦,在日本也确实有类似的反应,例如弘前藩的一份日志记载,在被要求站着出席为期一天的宏大中国式藩校仪式后,"所有的家臣……疲惫不堪"[1]。但对于一些有世袭资格参加仪式的少数人来说,释奠一定是他们生活中的一个参照点。无论世袭等级如何,那些才华横溢的人可以在这一天穿上最好的衣服,享受美酒、欢宴、音乐和诗歌。日本释奠作为文化活动载体的特殊性质与中国唐代以来的释奠截然不同,但并没有改变该仪式的本质。

此外,日本的释奠不单纯是一种狭隘的政治仪式或政治统治的工具。在古代及近世时期,它增强了儒学教育机构的权威。尤其在封建晚期日本的各藩,在理想状态下,释奠可以将人文教育神圣化,弘扬道德责任、仁爱及社会和谐的理念。当然,尽管反儒教的偏见是本书研究的一个子课题,但是对于孔子及其追随者的神圣形象及教义的广泛接触一定对几代年轻人的性格形成产生了影响。一方面,仪式无疑使压迫性的等级制度得以合法化,但另一方面,它也神圣化了对于基本平等、道德转型、仁爱的和谐社会及东亚和平秩序的愿景。它为一些人带来了文艺及音乐创作机会。它能潜在地为处于弱势或不利地位的男性提供道德实现、能力认可及权力获得的机会,有时甚至可以少量地、间接地为女性提供机会。本书仅作了肤浅的考察,日本释奠有待未来更加丰富的研究。[2]

---

[1]　《遠眼鏡》,引自新编弘前市史编纂委员会《弘前市史》,第 592 页。
[2]　参考文献中引用的水口拓寿和李月珊的文章为释奠研究开辟了新篇章,未来可期。

后记：近现代日本的释奠

维新后的十年

明治维新标志着官方孔子崇拜的中断以及儒教在日本地位的变化。然而,废藩置县及 1872 年全民义务教育制度的建立并没有导致儒教及其礼仪的消亡。[1] 相反,它们只是被剥夺了特权地位。儒学教义不再作为关乎自然及人类秩序的智慧被植入官方教育中,释奠作为国家仪式的功能被废除。

释奠并没有永久消失。不过,维新后释奠的历史在制度上和理念上与维新前有很大的区别。在工业资本主义的新世界中,社会流动性比以往更大,西方及其价值观带来了深刻的智识挑战。作为回应,儒教及其主要公共仪式被重新诠释,具有了新的意义。释奠最终复兴后,政界和商界精英们认为,在这个快速变化的时代,释奠及仪式后的讲演作为一种手段,有利于维护社会稳定,确保对权力的服从。此外,在日本施行帝国主义扩张的过程中,释奠成为外交政策的一个组成部分。从历史上看,维新后复兴的释奠规模经历了显著发展。最初由志愿团体发起,从大正时代(1912—1926)开始,逐渐获得了政府的支持。尽管所处的环境及整体基调发生了变化,但从教义层面看,此时的释奠可以被视为对水户融合论的一种实现。

对于在明治时期仍坚持儒教传统的人来说,他们的早期任务是面对维新中取代了儒教地位的神道,宣示自身的主张。神道在当时看来是坚

---

[1] 真壁仁声称在汤岛圣堂"明治政府禁止对孔子像的崇祀"。参见《德川後期の学問と政治》,第 26 页。目前支撑这一说法的证据尚不明晰。

不可摧的。作为神道推动者的明治寡头试图用神道来建立新的礼仪秩序，通过神道仪式来使新的教育神圣化。之所以能做到这一点，是因为他们发明了一种"宇宙秩序"类型的纯粹神道仪式，或者用他们自己的话来说，"恢复"了这种仪式。但是，神道的成功不应被夸大。可以看到，1869年时明治寡头首次尝试创建一种正统的神道学术仪式，只取得了短暂的成功。神道的学神无法长久满足日本学术界的诉求。神道缺乏教义深度、宗教权威及国际视野，难以构建一种令人信服的仪式来包容或整合政体内不同成员的诉求。相反，神道传统不过是再次被利用，服务于寡头专制利益。新政权进行了一段时期的摸索，试图在教育中为神道教义找到一种制度地位，既能满足国家意识形态的需求，又能满足外国势力对宗教自由的期望。不过，神道机构本身也不太稳定，常常难以遵守"五条御誓文"中的国际主义，先后几经变迁：起初是纷争不断的神祇官；1871年，神祇官被"神祇省"取代；1872年至1877年改为"教部省"；1877年起又改为"内务省"的"社寺局"。结束这一局面的是1889年《大日本帝国宪法》《皇室典范》及1890年基于水户学的《教育敕语》的颁布。这些"皇室文本"将神道神话确立为立国之基，即日本近代"内在神权政治"及"民族中心主义"的基础。[1] 从1910年起，"每所学校"都设立了"奉安殿"，供奉天皇、皇后的照片及《教育敕语》复制本。在学校集会上，强制要求对《教育敕语》进行准宗教礼拜式的致敬。这种礼拜仪式是明治维新后对德川时代释奠的历史继承。[2] 但是，即使在当时，这种崇祀行为也被批评为"不自由的、蒙昧的"。它的神话色彩让人难以信服。就像1886年起任东京帝国大学日语教授的巴兹尔·霍尔·张伯伦（Basil Hall Chamberlain，1850—1935）所说，对于这种崇祀，"人们相信它，尽管知道它是不真实的"[3]。对许多人来说，这种强制性的致敬行为不过是一种

---

[1] Gluck, *Japan's Modern Myths*, 139; Joseph Kitagawa, *Religion in Japanese History*, 191.
[2] 小野泰博《釈奠をめぐって——学神祭と簠簋の意味》，第318页。
[3] Chamberlain, "Bushidō," in *Things Japanese*, 94.

"空洞的仪式"[1]。

正如神道的成功不应被夸大一样,儒教的失败也不应被过度强调。儒教并没有被消灭,而只是被削弱了。[2] 在很长一段历史时期,有无数人对其投入了大量的文化及知识成本,因而它不会完全消失。在仪式层面,尽管释奠的废除在维新后立即遭到了封建各藩的反对,但官方释奠仪式的举行被搁置了几十年。不过,玛格丽特·梅尔(Margaret Mehl)的研究指出,非官方的"汉学塾"在维新中幸存了下来,在此类学塾中,小规模的非官方崇祀行为很可能在继续进行。[3] 这种非官方活动在明治维新后得以持续。在岩国,藩儒东泽泻(1832—1891)因组建"必死队"而于1866年被流放,但在维新时被赦免,重新开放了他的非官方学校"立志塾"。[4]《泽柘立志塾释奠记》记录了相关释奠仪节,规定在卷轴前举行简单的仪式,其各环节由钟声进行划分。焚香迎神,供品包括水、酒、鱼、水果、经书,还包括不太常见的供品——剑。学生要上交铜钱,校内生交10枚,校外生交5枚。立志塾在明治时期延续了教学活动,也就很可能延续了该仪式。[5]

儒教的复兴

不久以后儒教出现了复兴的迹象,又经过一段时期后,儒教祭祀仪式亦得以恢复。甚至从明治初年开始,维新时期对儒教的否定就引发了相关反应。起初,有人试图延续德川时期发展起来的儒教事业。"明治初期"成立了试图重振儒教的社团"思齐会"[6],其创设者是"冲动"但多才

---

[1] 关于"空洞的仪式",参见 Rappaport, *Ritual and Religion in the Making of Humanity*, 419。
[2] 以下简述参见 Smith, Warren W., Jr, *Confucianism in Modern Japan: A Study of Conservatism in Japanese Intellectual History*。
[3] 例如无穷会神习文库收录的短篇仪节手稿《沢柘立志塾釈奠記》。
[4] 关于该学校的更多信息,尤其是明治时期的建制,参见广瀬秀雄《岩国市史》,第509、1132—1134页。
[5] 参见本书第十八章"非官方仪式"一节。
[6] 取意于《论语》第四篇第十七章"见贤思齐焉"、《诗经·大雅·思齐》。

多艺的探险家、旅行家、教育家、汉文散文家冈本监辅（1839—1904）。有趣的是，这项倡议得到了与寡头仅有极微弱联系的马场辰猪（1850—1888）、政治评论员福地源一郎（1841—1906）及记者矢野文雄（1851—1931）的支持。不过，思齐会在 19 世纪 70 年代中期未能获得太多支持。该组织也没有尝试重振释奠。

但没过多久，寡头就恢复了对儒教的支持。明治维新过去十年后，在萨摩之乱及自由民权运动兴起的背景下，社会领袖们对西化的批判态度更加坚决。维新前深受藩校儒学影响的人自然成为这种风潮的拥护者。儒教伦理再次被视为一种可取的资源，尤其是在其融入水户意识形态下的"国体思想"之后。如果说岩仓具视在维新政变时是反儒教的排他主义者，那么如今作为右大臣的他已经改变了想法。1880 年，他支持重组了思齐会，在其建议下，更名为"斯文学会"。

岩仓进行了全国动员，招募了 1500 名成员，[1] 筹集到 1000 元的私人赠款。[2] 岩仓本人及太政大臣三条实美（1837—1910）都亲自捐赠了资金。1880 年 6 月 6 日，在迁至东京神田地区的学习院举行了盛大的成立仪式。天公作美，"是日朝来天晴气朗，薰风吹绿树。堂上揭出圣迹图，忆孔夫子之盛德"，"我朝野之名公、巨卿、硕学、宿儒尽参集，充满如此之大讲堂"。[3] 一大批国家领导人到场，除了岩仓以外，还有亲王有栖川炽仁（1835—1895，学会会长、左大臣）、三条实美以及来自国外的清朝大臣何如璋（1838—1891）。旧制度时期的职业儒者也出席了仪式。例如，股野蓝田（1838—1921）原为龙野藩藩校儒者，后成为有影响力的官僚，他谈论了财务问题；重野安绎（1827—1910），原为鹿儿岛藩藩校的助理教授，就学会的宗旨进行了长篇演讲；川田瓮江（1830—1896）原为松山藩（备中）儒者，宣读了一篇献词，哀叹了西方风俗对日本世界的腐化：

---

[1]　陈玮芬《斯文学会の形成と展開》，第 91 页。
[2]　筹款自此持续进行了 10 年，每年 1400 日元。见陈玮芬《斯文学会の形成と展開》，第 92 页。
[3]　山本邦彦《斯文學會時代の回顧》，第二部分（1926 年），第 45 页。

> 是以中兴以还,采用洋学。……道德变为功利;敦厚化为轻浮;
> 俭素移为华奢。语政体,则不曰立君而曰共和;语教法,则不曰周孔
> 而曰耶稣;语伦理,则不曰夫唱妇从而曰男女同权。呜呼! 彼不辨国
> 体土俗之同异。[1]

这是对保守姿态的反动回归,但不是对所有西方事物的彻底拒绝。著名
将领、政治家谷干城(1837—1911)在仪式上宣读了"告文",在谴责西方
影响、痛惜维新后儒教衰落的同时,主张西学与儒学并重。[2]

斯文学会开展了办学、讲学、出版三项活动。[3] 该学会的主要活动
是创设了学校"斯文黉",它几乎被视作学习院及幕府学问所的延续。
1883 年 4 月 28 日,在有栖川亲王出席的情况下,举行了约 200 人参加的
落成仪式,随后举行了宴会。1883 年 7 月 21 日,学校在修史馆旧址开课,
开设了伦理、文学、历史、法律、书法及算术课程。有兼职讲师进行英语及
德语教学。

儒家经典中规定学校创始之时要举行释奠或释菜仪式,但没有记录
显示斯文黉举行了这样的正式仪式。不过,学校亦存在对圣人的礼敬
行为:

> 每年一月讲义开始之日,于讲堂正面揭孔夫子之像。其前陈设
> 三实,奠神酒、镜饼、牛肉、鱼肉、蔬菜、果实等,以拟簠簋笾豆。会长
> 以下诸员顺次焚香礼拜。随后开始演讲,以为例。学校闭止后亦年
> 年继续之。[4]

然而,对于创办斯文黉这样一个公开的、广受关注的事件来说,这是

---

[1]　山本邦彦《斯文學會時代の回顧》,第二部分(1926 年),第 46 页。
[2]　谷干诚《斯文学会開設告文》,收录于《斯文學會時代の回顧》,第三部分(1926 年),
　　　第 61 页。
[3]　山本邦彦《斯文學會時代の回顧》,第五部分(1926 年),第 52 页。
[4]　山本邦彦《斯文學會時代の回顧》,第五部分(1926 年),第 52 页。

敷衍了事的做法，后人亦不认为这是释奠。此外，这个机构很快就废止了。大约送走了 113 名毕业生后，1887 年 7 月，斯文学会迁到了神田地区一个更为偏狭的地点，斯文黉被迫关闭。[1]

斯文学会主办的讲座等其他活动及出版物一直延续到了明治时代末期。至少在意识形态上，该学会成功达成了使命。在 19 世纪 80 年代，将水户式儒教作为一种国家资源的看法得到了普遍肯定。这一趋势在1890 年《教育敕语》颁布时达到了高潮，其文本深受儒教的影响。[2] 曾留学德国的井上哲次郎（1855—1944）对该文本的阐释颇具影响力，他的《敕语衍义》受到了广泛认可。井上哲次郎尝试将水户融合式儒教进行近代化，使其成为以日本国家为中心兼具有普遍性的教义。他可以说是推动这一进程的领军人物。敕语与衍义共同强化了体现近代日本儒教传统的意识形态。其宗旨坚定地贯彻了皇权至上与国家主义，且主张"日本例外论"（exceptionalist）。与强调整体性的水户思想家一样，他认为，民族团结处于首要地位："国家乃一个体，可以唯一之主义贯之。决不可二三民心。"[3]对于井上来说，就像他的灵感来源黑格尔所讲的那样，国家超越一切："假令有生命，然于国家无益者，与既死者无异。"[4]虽然敕语和井上的衍义都大量借鉴了儒教道德思想，但两者都没有提及孔子的名字，更不用说以祭祀来表达敬意了。在这个阶段，尽管孔子的遗留影响力仍然很大，但孔子仍然被排除在日本祭神之外。

不过，也有试图恢复仪式的零星尝试。黑田秀教列举了"1889 年左右开始"的一场恢复释奠的行动，当时向宫内厅进行了提议，最后以失败告终。他还研究了 1896 年汉学家宫本正贯（19 世纪后期）组织的"学礼

[1] 关于学校组织和教职人员，参见山本邦彦《斯文學會時代の回顧》，第五部分（1926 年），第52 页；第二十五部分（1928 年），第 64—68 页。陈玮芬《斯文学会の形成と展開》第 92 页给出的毕业生数目为 130 人。
[2] 关于该文本的英文译本及朱子学背景的相关注解，参见 de Bary, Gluck, and Tiedemann, *Sources of Japanese Tradition*. 2：251-254, 779-782。
[3] 井上哲次郎《勅語衍義》，第 1 册，第六页上至第六页下。出自《论语》第四篇第十五章。另参见 Paramore, *Ideology and Christianity in Japan*, 144。
[4] 井上哲次郎《勅語衍義》，第 2 册，第 20 页上。参见 Hegel, *Philosophy of Rights*, trans. T. M. Knox, para 258，引自 Hall and Ames, *Thinking through Confucius*, 150。

会",宫本曾作为初献官亲自主持仪式。但这场仪式是在东京麒祥院这一佛教寺院中举行的,宫本本人的服饰显得不协调,混合了古代日本、中国、欧洲及印度的服饰特色。黑田秀教没有提供进一步的资料,此外,这些举措似乎影响不大。[1]

释奠的复兴

然而,在十年之后,人们作出了更持久的努力来复兴仪式。为实现目的,仪式发起人依靠的正是弱化后的水户式儒教。与此前仪式的始创或复兴一样,日本与外部东亚世界的接触提供了直接的推动力。1906 年 9 月,黄绍箕(1854—1908)带领的 26 位中国教育者使团被带到孔庙进行了参观,当时的孔庙在东京高等师范学校的管理下被作为教育博物馆使用。当时的向导是校长嘉纳治五郎(1860—1938),他是一位著名的教育家——顺便一提,他还被誉为"柔道之父"。11 月,又有 8 位清朝使者试图参观孔庙,但日本方面没有妥善地接待他们,他们只被允许从门外看了一眼,一行人失望而回。[2] 面对由此产生的尴尬处境,学校向教育部副部长申请复兴释奠并成功获得许可。1907 年 1 月 16 日,孔子祭典会成立。[3] 该组织的顾问来自明治时期著名的教育家、学者等,其中包括嘉纳治五郎本人、佛教哲学家井上圆了(1858—1919)、井上哲次郎、加藤弘之、谷干城等杰出人物。它显然利用了广泛的亲儒情绪。到 1908 年 4 月 26 日,会员人数已达到 879 人。[4]

1907 年 4 月 28 日,孔子祭典会在汤岛圣堂的大成殿正式复兴了释奠(图 E.1)。[5] 仪式的仪节规定较为简单。一个显著特征是神道"神官"

---

[1] 黑田秀教《日本における儒教祭祀の敗北: 懐徳堂記念祭の意義》,第 113—114 页。

[2] 关于清朝使团的细节信息,参见《湯島聖堂の復興》;http://blog.livedoor.jp/Narabamasaru-ekigaku;奈良场胜《近世易学研究》,但笔者尚未能获取该书。

[3] 福岛甲子三《孔子祭典並に儒道大會に就いて》,第 358—359 页。

[4] 中村久四郎《孔子祭典會沿革略》,第 7 页。

[5] 明治维新以后,孔庙与东京区的汤岛联系更加紧密。自那时起至今,汤岛一直是孔庙的所在地。而在维新之前,人们通常将孔庙与昌平坂联系在一起。

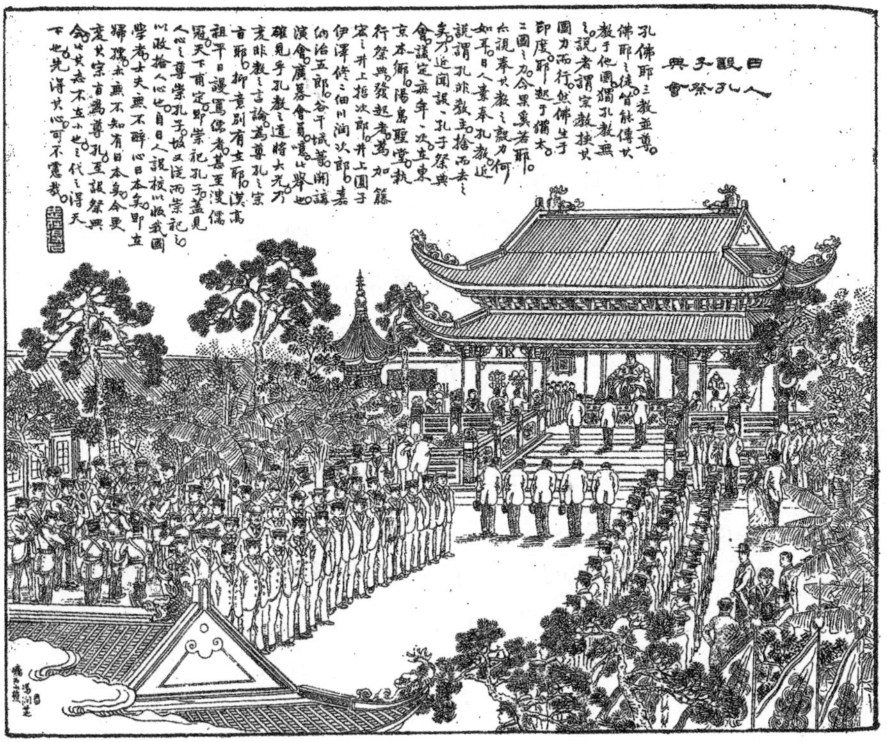

图 E.1　日人设孔子祭典会

出自《时事画报》第二期(1907 年 1 月)。由康奈尔大学科赫图书馆提供。
此图为当时中国期刊对 1907 年春季复兴仪式的描述。题跋称赞这一事件，称
孔教与佛教、基督教一样，超越了国界。

的参与,这显然反映了水户学派的关注重点,并在祭典会的章程中有所规定。[1] 代表祭典会的首席司仪是法学家、教育家细川润次郎(1834—1923)。仪式的主要祝文改用自明朝官方版本,但其开头颂扬了日本在世界上不断扩大的影响力:"扶桑之树弥茂,辉扬西邦。猗嗟! 盛哉!"[2]

仪式之后分别是身体欠佳的加藤弘之以及井上哲次郎做的演讲,此外还有对旧幕府学问所的各种追忆。加藤的演讲《崇拜孔子的理由》批判了维新中反儒的激进行为,声称自己从"十年多前"就有复兴释奠的愿望。他认为,儒教千余年来给日本带来的益处"不应被抹杀",儒教与武士道一起,推动了日本的进步。他赞同荻生徂徕的观点,即儒教是统治者的关切所在,儒教的职责在于"安邦"。但加藤补充说,儒教亦应该解决个人的道德问题,推广"忠诚、善意和兄弟般的尊重"。他还指出,儒教并不是一种宗教,而是一种基于常识的世俗传统。当下迫切需要的是认识到儒教的世俗规约作用,而不是纠结于与死后生命有关的宗教。[3]

井上哲次郎的讲座《关于孔子的人格》显示出更大的雄心。他主张"儒教复兴",在此背景下集中讨论了两个主题:首先,他评价孔子是"平凡中的非凡",是非对抗性的、"圆满"的;其次,他声称孔子的教义具有世界意义,可与佛陀、耶稣或苏格拉底的教义相媲美。[4] 井上声称,儒教传统是一种"道德教育",是世俗的,而不是宗教的。[5] 不过他也断言,"祭孔子之事对日本教育意义重大"。这表明,他认为孔子崇祀的主要目的是使天皇敕令下的教育神圣化,而不是崇敬孔子本人。[6] 在次年的另一场

---

[1]　中村久四郎《孔子祭典會沿革略》,第 19 页。

[2]　中村久四郎《孔子祭典會沿革略》,第 4 页。

[3]　以上是对孔子祭典会《諸名家孔子觀》第 22—31 页主要观点的总结。

[4]　井上哲次郎《孔子の人格に就いて（孔子祭典會講演）》,收入《日本朱子學派之哲学》附录四,第 727、704、702 页。

[5]　井上哲次郎《日本朱子學派之哲学》,第 236 页。井上曾对仪式的宗教性质及孔子的神性表示了模糊的肯定,声称孔圣人比普通人要更具有"灵性"。参见《孔子の人格に就いて（孔子祭典會講演）》,第 705 页。

[6]　井上哲次郎《孔子の人格に就いて（孔子祭典會講演）》,第 740—741 页。

演讲中，井上再次强调了儒教的世俗特征，声称儒教没有"宗教仪式"。[1] 虽然这让人联想起天主教礼仪之争中耶稣会的观点，但这种提法还是有些出人意料。他重申："儒教的'形式'与教育敕语是没有丝毫差别的。"[2] 井上认可了敕语中将孔子进行还原与去神圣化的观点，进而支持了其中体现的皇权意识，这是将水户意识形态在近代世界作的进一步推进：日本民众一生的主要忠诚对象是天皇和国家；儒教是一种世俗的、附属的但仍然具有普遍性的教义。尽管看似矛盾，甚至可能在理智上造成困扰，但井上公然宣称的世俗儒教传统此时正通过释奠这一祭祀仪式而在公众中获得权威。

自此，汤岛圣堂每年 4 月的第 4 个星期日举行仪式，仪式结束后举行讲座。[3] 翌年，主题讲座将儒教传统塑造为一个有利于 20 世纪商业发展的实践。讲座的题目有著名实业家涩泽荣一（1840—1931）的《从实业界看孔夫子》，以及道德哲学家吉田静致（1875—1945）的《职业分工与人格的完整性》。[4] 仪式也与日本天皇制关系更加密切。1910 年，久迩宫邦彦（1873—1929）亲王出席，此后"年年各皇族殿下驾临，几成恒例"[5]。1918 年，包括斯文学会和孔子祭典会在内的各种儒学及汉学团体合并为一个充满生机的新机构——"斯文会"。斯文会月刊《斯文》成了儒教事业的发声阵地。[6] 1922 年，东京及首都以外的 16 个地方举行了纪念孔子逝世 2400 周年的活动。[7] 然而在 1923 年 9 月 1 日，灾难袭

---

[1] 井上哲次郎《儒教の長所短所（哲學會講演）》，收入《日本朱子學派之哲学》附录五，第 761 页。天主教徒对于释奠是宗教仪式还是世俗崇圣礼展开了争论，参见 Minamiki, *Chinese Rites Controversy: From its Beginning to Modern Times*, 1985。

[2] 井上哲次郎《儒教の長所短所（哲學會講演）》，第 797 页。

[3] 中村久四郎《孔子祭典會沿革略》，第 17 页；Warren Smith, *Confucianism in Modern Japan: A Study of Conservatism in Japanese Intellectual History*, 90。

[4] 关于以上文本及 1907 年至 1909 年间释奠仪式后的其他讲座文本，参见孔子祭典会《諸名家孔子觀》，第 1—214 页。

[5] 福岛甲子三《孔子祭典並に儒道大會に就いて》，第 359 页。

[6] Warren Smith, *Confucianism in Modern Japan: A Study of Conservatism in Japanese Intellectual History*, 98-103.

[7] 参见《孔夫子祭典号》。

来。关东大地震和随之而来的火灾彻底摧毁了汤岛圣堂，包括其中的孔子像。此后为举行仪式临时搭建了"厂殿"。1924 年，大正天皇将其"始终爱藏"的明代孔子铜像赐予了斯文会，该像是由忠义楷模朱舜水带到日本的。[1] 斯文会成员如"久旱逢甘雨"般喜悦。天皇恩赐的消息传遍了全国，"多数人"被动员起来捐献"一钱或十钱"，这种全国性的捐款为重建提供了资金。不过，重建一直拖到了 1934 年 10 月。

1925 年至 1945 年期间的释奠

1926 年 4 月 25 日，另一场孔子逝世纪念仪式在东京举行，宣称这一天是"孔子殁后二千四百年，儒学传入一千六百年"。三位亲王、总理大臣、宫内大臣、文部大臣参加了仪式，隆重地表达了他们的祝贺。宫内大臣一木喜德郎（1867—1944）发言时间最长，基本上重申了水户的立场："顾之，我国民道德，实以神代以降之我良风美俗为之根柢，虽固不俟言，而擅其精华绚烂之美者，亦不无恃于儒教之所涵养也。"维新后，许多人认为儒教是"陈腐"的，但如今"欧美之文化使人有途穷道塞之感"，于是人们开始"染指东洋之学术"。其他大臣发言简短，但大意相似，都强调了儒教在历史及当代积极的道德作用。[2] 1935 年，文部省负责接管了仪式的主办与资金筹集。据说当时的仪式"可称'国祭'或'官祭'"[3]。

随着极端民族主义和日本殖民主义达到顶峰，无论是在日本国内，还是在日本占领的朝鲜半岛及中国大陆，儒教与儒教礼仪作为东亚共同遗产得到了更加深入的推广。在日本国内，1935 年春末，该倾向达到了高潮——在东京举行了纪念汤岛圣堂重建的"儒道大会"，并举行了释奠。

---

[1] 关于这尊孔像的来源，参见阪谷芳郎《孔子祭典に就いて》，第 12—13 页。

[2] 关于这些发言，参见《斯文》第 8 卷第 3 期（1926 年 6 月），第 1—4 页。更多相关细节参见 Warren Smith, *Confucianism in Modern Japan: A Study of Conservatism in Japanese Intellectual History*, 136-137。

[3] 福岛甲子三《孔子祭典並に儒道大會に就いて》，第 7 页。

这场精心策划、大肆炫耀、具有国际化色彩的集会计划持续 10 天。[1] 政府及企业提供了资金。[2] 孔子后裔孔昭润、颜回后裔颜振鸿及两位朝鲜圣贤后裔出席了活动，以示庆贺。除了日本的儒学者和思想家以外，还有来自外国的儒学者及拥护者，包括中国大陆 20 名、台湾 5 名、伪满洲国 10 名，以及朝鲜 10 名。[3] 欧洲人也出席了仪式，如德国记者、佛教学家布鲁诺·佩佐德（Bruno Petzold，1873—1949）、捷克汉学家雅罗斯拉夫·普鲁塞克（Jaroslav Prusek，1906—1980）以及日法文化会馆的主席吉里奥·德拉·莫兰德尔（Gulio de la Morandel）。1935 年 4 月 6 日，在大会正式开始之前，日本昭和天皇在东京车站迎接了伪满洲国的傀儡皇帝溥仪（1906—1967）。溥仪于 1935 年 4 月 13 日参观了修复后的汤岛圣堂，也就是现在普遍所称的旧昌平坂圣堂。根据日本汉诗人为此写作的一首庆贺诗，溥仪在那里"亲奠苹蘩礼素王"[4]。

大会庆祝活动十分盛大，包括广播宣传、会议、寡头等人的演讲、对宅邸和名胜的参观、仪式以及宴会。[5] 著名汉学家和理论家发表了演讲，如服部宇之吉（1867—1939）、盐谷温（1878—1962）、井上哲次郎，以及杰出的汉语词典编纂者诸桥辙次（1883—1982）。日本，尤其是汤岛圣堂，被认为是东亚儒教的活力中心，而儒教是东亚和平的基础。大会的高潮是 1935 年 4 月 30 日在汤岛圣堂举行的庆祝活动（显然由于倾盆大雨而作了推迟）。人们向孔子像致敬，其两侧分别是颜回、子思、曾子、孟子四配的木主。主要用具为三豆、三笾，较为朴素，祭品为鲤鱼。主持仪式的祭主为斯文会会长德川家达（德川将军世家第十六代首领，1863—1940）。不过，尽管仪式盛大，且有政府资助，但这不是一个天皇授权委托

［1］ 福島甲子三《孔子祭典並に儒道大會に就いて》，第 8—9 页。
［2］ 福島甲子三《孔子祭典並に儒道大會に就いて》，第 10 页。
［3］ 福島甲子三《孔子祭典並に儒道大會に就いて》，第 4 页。出席人员名单，见福島甲子三《孔子祭典並に儒道大會に就いて》，第 13—16 页。
［4］ 参见汉诗人国分高胤（国分羯南，1857—1944）所作的庆贺诗，收录于福島甲子三《湯島聖堂復興記念儒道大會誌》"复兴汇芳"，第 475 页。溥仪献祭的日期参见阪谷芳郎《儒道大會に就いて所感を述ぶ》，第 324 页。
［5］ 以下总结基于福島甲子三《第二十九回孔子祭典》。

的仪式。德川家达在献祭后,以自己的权威及名义宣读了一段简单的对孔子的传统祝文,称"风教遍被东邦,化泽永垂后昆"。随后,笛声和舞蹈表演打破了片刻的沉寂,演奏的是名为"五常乐"及"地久"的雅乐。在斯文会会长伏见博恭亲王(1875—1946)以及孔子后裔、颜回后裔行过拜礼后,当地小学儿童唱起了赞美诗。接下来由各种人物献上贺词,包括文部大臣、内阁总理大臣(由秘书官代读)、宫内大臣、内务大臣(由秘书官代读)、东京府知事及东京市长等。其中,宫内大臣再次提到了水户意识形态下儒教的"忠孝"精神与"我神代以降固有之国体与民俗"之间的契合。

这场"大会"是极端民族主义对儒教进行利用的一个高潮。其中一个动机显然是"为安抚两国(日本和中国)之间的感情而做些事情"[1]。然而,虽然大会从日本最高层召集了参与者,却延续了日本国家释奠的讽刺局面以及由来已久的矛盾心理。首先,对孔子死后灵魂进行供养的仪式本身就存在悖论,因为精明的近代仪式推动者坚信孔子是世俗的,对来世不感兴趣。更有趣的讽刺在于日本天皇制与孔子崇祀的关系。伪满洲国皇帝曾在圣堂献祭,但日本天皇及其他东亚君主并没有陪他一起向孔子表达敬意,即使他们一定都希望孔子能够代表一种普遍教义,超越令人担忧的民族分裂和对抗。1935 年 4 月 30 日的仪式由国家资助,声称具有国家仪式的地位。但它没有得到天皇本人的批准、委托,更不用说执行了。相反,承担主要礼仪角色的是无政治实权的德川将军家的直系后裔,历史上,德川幕府对仪式的态度一直反复无常。仪式的用具及供品仍然保持幕府学问所的有限规模,并没有呈现东亚国家的宏伟阵势。有人指出,这种礼仪是一种成功的妥协,"既不完全依赖中国的形式,也不触犯神道的禁忌"[2]。日本国家极端民族主义达到高潮后的姿态再次反映了古老的矛盾心理,这种心理是日本释奠漫长历史的一个主题。孔子是日本寡头及其同路人的可利用资源,但再次出现的问题是,孔子的崇敬不可以挑战他们权威的最终来源——神裔天皇的神圣性及其至高礼仪地位。这

---

[1] 出自会议副主席阪谷芳郎的发言。见福岛甲子三《第二十九回孔子祭典》,第 6 页。

[2] 近藤春雄《我國に於ける釋奠に就いて》,第 131 页。

项政策的具体制定过程及维新后儒教政策的其他方面应该成为未来研究中有价值的课题。

这些国内事态发展的同时，在日本帝国主义进行东亚扩张的背景下，儒教和释奠被赋予了"促进……日本、（伪）满洲、中国之人民和解"的使命。[1] 该政策首先在朝鲜得以实施，在那里，儒教无疑拥有东亚最强的制度基础。[2] 1911 年 10 月 24 日，也就是 1910 年 10 月吞并朝鲜后不久，日本让朝鲜政府强制实行《教育敕语》。接着，日本政府以"经学院"取代了旧朝鲜王朝时期的成均馆，理由是"后世唱斯道者，往往陷于无为徒食，以空论横议为事"。与之相对，新成立的日本机构旨在"紧切"实现"德化之普及"。其维持资金来自天皇捐赠的 25 万日元所获的利息。[3] 学校负责人每年主持两次释奠仪式。在日本统治时期，仪式出现了一些变化。主要体现为仪式不再是精英的封闭仪式，扩大了参加者的范围。此外，仪式时间改在了清晨，程序中增加了讲演会，仪式后举行了"茶果会"，场地向公众开放等。最重要的是，在 1916 年 3 月 11 日的仪式上，一直以来由初献官伴随奠帛执行的焚香步骤改为在释奠结束时单独举行，参加者包括总督（或总督代表）、日本任命的高级官员、经学院的讲师及其他"一般参拜人代表者"。[4] 可见，日本殖民政府掌握了对仪式的控制权。

正如沃伦·史密斯（W. Warren Smith）明确指出的那样，日本在入侵朝鲜后对儒教的支持"显然"是为了寻求"缓和、转移朝鲜人民敌对情绪的方法"。[5] 一方面，这种策略可以说取得了成功。日本 1928 年的一项

[1] 朝鲜可能被视为日本的一部分。近藤春雄《我國に於ける釋奠に就いて》，第 133 页。该部分的内容主要参考 Warren Smith, *Confucianism in Modern Japan: A Study of Conservatism in Japanese Intellectual History*, chap.4, "Confucianism in Japan after 1933 and Its Characteristics in Japanese Overseas Possessions and Japanese Dominated Areas"。

[2] 关于该时期日本对朝鲜儒教的支持，参见 Warren Smith, *Confucianism in Modern Japan: A Study of Conservatism in Japanese Intellectual History*, 166-184。

[3] 孔子祭典会《朝鲜京城文廟釋奠誌》，第 14—15 页。

[4] 丁世弦《日本植民地期韓国経学院の釈奠祭について》，第 411—412 页；孔子祭典会《朝鲜京城文廟釋奠誌》，第 1、4、6 页。另参见 Warren Smith, *Confucianism in Modern Japan: A Study of Conservatism in Japanese Intellectual History*, 178。

[5] Warren Smith, *Confucianism in Modern Japan: A Study of Conservatism in Japanese Intellectual History*, 90.

调查发现,朝鲜有 329 座地方文庙,有 227546 人自称是儒者。1937 年 4 月 15 日在首尔举行的释奠仪式有 5300 人出席,地方文庙的参与者合计约"十万人"。[1] 日本的原始意图是使仪式成为日本释奠的复制品。祭祀对象被限于正殿中,因此必须将此前成均馆仪式中包含的 18 位朝鲜儒者排除在外。这遭到了朝鲜相关人员的抗议,从 1922 年开始,朝鲜儒者的从祀资格得到恢复。[2]

1931 年日本入侵中国东北后,以对儒教"王道"的跨国传播为由,为其侵略行为辩护。祭祀仪式是这项政策的重要组成部分。儒教仪式的当日被定为国定假日,"到 1939 年,已恢复了 88 所文庙"[3]。从 1937 年开始,在中国北方,日本侵略政府的行政管理得到了"新民会"活动的支持。该组织以儒教为基础在日本人与占领区保守分子之间建立"道德纽带"。从 1940 年起,日本扶持的南京政府也同意把儒教作为"中日合作"的基础。1941 年 8 月 27 日孔子诞辰纪念日,在南京,"中日高官出席了孔子堂的仪式"[4]。与此同时,包括年逾八旬的井上哲次郎在内的日本思想家介入其中,通过宣扬儒教传统的普遍性以及日本作为儒教国家的卓越地位,为日本在东亚的活动提供了理由。

战后的仪式

这一切都随着日本在二战中的失败而结束。汤岛圣堂在 1945 年 4 月 13 日的空袭中遭受到了轻微的损坏。但不久之后即被修复(图 E.2),仪式再度举行。孔子崇祀又经历了一次复兴。1949 年 10 月 30 日,汤岛

---

[1]　数据来源于一份日本殖民政府文件:朝鲜总督府《釋奠、祈雨、安宅》,第 31—32、42 页;另参见 Warren Smith, *Confucianism in Modern Japan: A Study of Conservatism in Japanese Intellectual History*, 179。

[2]　丁世弦《日本植民地期韓国経学院の釈奠祭について》,第 408—409 页。

[3]　Warren Smith, *Confucianism in Modern Japan: A Study of Conservatism in Japanese Intellectual History*, 194.

[4]　Warren Smith, *Confucianism in Modern Japan: A Study of Conservatism in Japanese Intellectual History*, 223.

图 E.2 当今的汤岛圣堂

引自西山松之助《汤岛圣堂与江户时代》，图 A2。由汤岛神社与斯文会（东京）提供。圣堂在 1923 年关东大地震后被大火烧毁，1934 年重建。在 1945 年的空袭中被损坏，后又进行了修复。

圣堂举行了纪念圣人诞辰 2500 周年的释奠仪式。与幕府学问所 1849 年举办的 2400 周年庆典相比，这显然更为盛大，据说有 1000 人参加。1956年，仪式重归斯文会管理，圣堂再次成为常规的儒学研究、汉学研究和仪式活动的中心。从这个意义上讲，当时的日本仪式又回到了六朝传统的原初状态。而仪式由德川将军直系后裔主持，则体现出与新近历史的联系。不过，神道祭司出席的同时，有女子合唱团在便携式管风琴的伴奏下歌唱颂歌，这一场景可能会使过去的礼仪正统主义者惊讶不已。

在全国范围内，复兴进行得较为温和。根据最近的一项调查，除了汤岛以外，孔子现在于东京以外的约八个地方受到奉祀（图 E.3）。[1] 其中多数为祭孔旧址，尤其是少数保存完好的德川时代藩校。举行仪式的地

---

[1] 特别史迹旧闲谷学校彰显保存会《全国孔子廟・釈奠（釈菜）等に関する調査結果》，第171—175 页。

图 E.3 日本"文宣王"

照片由作者拍摄。九州多久圣庙内的孔子铜坐像(高 82 厘米)。此像是多久藩大名多久茂文(1670—1711)委托京都儒者中村惕斋于 1700 年在京都监督铸造的。孔子衣服上有象征宇宙权威的十二章。该像曾取代从中国购买的孔子铜像(见卷首),如今在每年的春秋释菜仪式中仍然受到崇祀。

方包括福岛县会津若松市的会津藩校日新馆、栃木县足利市的足利学校、佐贺县大久市的多久圣庙等。在冈山县闲谷学校这一风景秀丽的"乡校"，释菜仪式让德川时代儒家大名池田光政的高尚风范一直延续至今。还有的仪式是为了纪念历史上的华人移民群体，例如长崎市孔子庙的仪式，以及琉球地区起源于久米村华人移民的仪式。[1] 也有地方展现了时兴的国际主义潮流，如福岛县磐城市东日本国际大学的孔子祭。一个特例是在佐贺县的白木神社举行的仪式：明代的孔子铜像（见卷首）被供奉在这一地方守护神社中，祭拜仪式每年举行两次。

　　战后的日本释奠是否最终摆脱了与水户式日本民族主义的联系？显然，这些仪式的内在精神已经改变了。总的来说，战前时期的民族主义基调已被取代，取而代之的是一种更平静的、与政治无关但在文化上仍然总体保守的氛围。与以往一样，仪式的动机似乎仍是多样的。在中国台湾地区经常出现关于仪式在国家生活中的意义或礼仪细节方面的争论，但这在日本并不存在。[2] 有一些人重新审视了孔子的重要性；有人将儒教视为一种和平主义的东亚国际新秩序的共同遗产；有人认为现代释奠反映了以儒教为世界主要传统之一的要求；也有人持有文化怀旧的基调，或是拥有好古的兴趣。此外，仪式还反映了各地方独特的历史经验及自我认同，是一种旅游资源。它或是一个中产阶级的社交场合，或是对传统价值观的重申，抑或代表一种文化好奇心。不知是否有人考虑过仪式与天皇的关联，这一点将很有趣。不过，所有这些不同的仪式形式都反映出，就像世界上其他主要的信仰传统一样，儒教拥有自我更新的能力。

[1] 参见本书在线附录七"朝鲜、越南和琉球的孔子崇祀"。
[2] 例如可参见水口拓寿《孔子廟の礼楽に投影される「中華」と「本土」——台北市孔廟の弘道祠入祀典礼と春季祭孔をめぐって》。

关于本书的附录

　　本书正文聚焦的是日本奈良、平安京及江户这三处权力中心的精英群体对释奠、释菜的资助与执行。然而，在德川时代日本释奠的第二次演变过程中，除了与江户幕府有直接联系的城市精英以外，独立的个人思想家及封建各藩都对孔子崇祀表现出关心。为了比正文更加详细地描述仪式的这些方面以及其他方面，本书增添了七份"附录"，其中亦包括对中国和日本以外的仪式历史的调查。该材料可通过牛津大学研究档案馆（ORA）的在线存储库获取英文版本。每份"附录"都是一篇独立的文章，带有脚注及参考文献，可以下载。

　　该材料的链接是：

　　https：//doi.org/10.5287/bodleian：rJoJMDB8n

　　单击页面中标题为"访问文档"（Access Document）的链接即可获取PDF文档。

　　附录列表（与本书正文中的相关章节相对照）：

附录一　东亚孔子崇祀中的术语

　　该部分对东亚已知的各类祭孔仪式名称进行了分类，可以理解为是对本书凡例中"祭孔仪式用语"一节的详述。

附录二　礼仪细节

　　（a）《延喜式》：仪式的官僚制基础

　　（b）1670 年林家释菜仪式

　　（c）19 世纪中期的幕府释奠：示意图与仪节

该部分是对日本释奠重要版本的详细描述。在(c)部分仔细分析了幕府学问所以外的武士在仪式中发挥的作用。阅读时可结合第四章"《延喜式》中的释奠"一节、第八章"1670年的释菜"一节以及第十七章"仪式的衰落"一节。

附录三　德川日本的非官方与民间孔子崇拜

该部分描述了两个早期短暂的非官方仪式版本及一个德川中期仪式版本的精神与结构,指出了这些仪式未能幸存或保持其非官方地位的可能原因。阅读时可结合第七章"释奠对封建日本的挑战"一节和第十八章"非官方仪式"一节。

附录四　德川初期儒者对释奠的态度

该部分总结了德川初期身为武士或与武士阶层密切相关的儒学思想家对仪式持有的观点。这些观点通常是谨慎的,而最后提到的荻生徂徕却从权威主义意识形态的角度批评了仪式的历史发展。阅读时可结合第七章"释奠对封建日本的挑战"一节、第十二章"荻生徂徕"一节、第十四章"狄生徂徕与本土主义的影响"一节以及第十六章"徂徕影响力的间接证据"一节。

附录五　彰考馆文献及朱舜水《改定释奠仪注》文本的注解

该部分分析了朱舜水礼仪文本的演变,表明它是一部汇集了不同资料的综合研究,阅读时可结合第九章"外国仪式的排演"。

附录六　早期的武士仪式

该部分考察了在名古屋藩、冈山藩、会津藩、米泽藩、多久邑及萩藩创建仪式的六次早期尝试,描述了不同的动机、遇到的压力及实践困难。阅读时可结合第七章"释奠对封建日本的挑战"一节及第十一章"对第一阶段的回顾"一节。

附录七　朝鲜、越南和琉球的孔子崇祀

该部分概述了其他东亚地区的仪式历史。将这些地区的仪式动态与日本的释奠、释菜相对比,有助于更好地理解日本孔子崇祀的独特历史与仪式特征。

缩略语对照表

AA：*Acta Asiatica: Bulletin of the Institute of Eastern Culture.*

CC：Legge，James，trans. *The Chinese Classics.* Original ed.，1865－1893. Reprint. 5 vols. Hong Kong：Hong Kong University Press，1960.

CHJ：*Cambridge History of Japan.* Edited by John Whitney Hall. 6 vols. Cambridge：Cambridge University Press，1988-1999.

CSJC：王云五编《丛书集成》,上海：商务印书馆,1935—1940 年。再版,3467 册,北京：商务印书馆,1991 年。

GR：塙保喜一編纂『群書類從』29 巻，続群書類従完成会，1959—1960 年。

HABKK：『東アジア文化交渉研究』。

HAHBK：『東アジア比較文化研究（特集東アジア儀礼文化）』。

HJAS：*Harvard Journal of Asiatic Studies.*

JJS：*Journal of Japanese Studies.*

KKS：『近世儒家文集集成』16 巻，ぺりかん社，1985—1999 年。

KJBS：『國書刊行会叢書』260 巻，国書刊行会，1905—1941 年。

KR：神宮司廳『古事類苑』51 巻，宇治山田：神宮司庁，1896—1914 年。

KSS：『改定史籍集覧』33 巻，近藤出版部，1882—1903 年。

KT：黒板勝美編纂『新訂増補国史大系』62 巻，吉川弘文館，1962—1967 年。

MN：*Monumenta Nipponica.*

NKB：同文館編纂『日本教育文庫』，1910—1911 年；再版，13 巻，日本図書センター，1977 年。

NKBT：『日本古典文学大系』100 巻，岩波書店，1957—1967 年。

NKS：滝本誠一編『日本経済叢書』54 巻，啓明社，1928—1930 年。

NKSS：文部省編纂『日本教育史資料』10 巻，富山房，1890—1892 年。

NKT：滝本誠一編纂『日本經濟大典』54 巻，啓明社，1928—1930 年。

NST：『日本思想大系』67 卷，岩波書店，1970—今。

SBBY：《四部备要》348 册，上海：中华书局，1936 年。

SIKKZ：『先哲遺著漢籍國字解全書』『先哲遺著追補漢籍國字解全書』45 卷，早
　　稻田大学出版部，1909—1917 年。

SKQS：文渊阁《四库全书》，台北：商务印书馆，1986 年。

SKS：物集高見『新註皇學叢書』12 卷，広文庫刊行会，1927—1931 年。

SQS：『叢書日本の思想家（第一期）』50 卷，明德出版社，1977—今。

ST：日本史籍保存会編纂『史料通覧』18 卷，日本史蹟保存会，1918 年。

SZKS：『新訂増補故實叢書』39 卷，吉川弘文館、明治図書，1951—1957 年。

TKJ：藤井讓治、吉岡眞之編『天皇皇族実録』135 卷，ゆまに書房，2005—今。

ZGR：塙保己一編『續群書類從』72 卷，続群書類從完成会，1928—1937 年。

ZKS：『増訂故實叢書』41 卷，吉川弘文館，1928—1933 年。

ZST：増補史料大成刊行会編『増補史料大成』29 卷；再版，臨川書店，1965 年。

ZZGR：『續々群書類從』16 卷，国書刊行会，1906—1909 年。

参 考 文 献

英文文献

Ackroyd, Joyce, trans. *Told Round a Brushwood Fire: The Autobiography of Arai Hakuseki Translated and with an Introduction and Notes*. Princeton: Princeton University Press, 1979.

Analects. Translated by James Legge. *Confucian Analects*. In *CC* 1.

Backus, Robert L. "The Kansei Prohibition of Heterodoxy and Its Effects on Education." *HJAS* 39, no. 1 (June 1979): 55-106.

Backus, Robert L. "Matsudaira Sadanobu and Samurai Education." In *18th Century Japan: Culture and Society*, edited by C. Andrew Gerstle. Richmond, Surrey: Curzon Press, 2000, 132-152.

Backus, Robert L. "The Motivation of Confucian Orthodoxy in Tokugawa Japan." *HJAS* 39, no. 2 (December 1979): 275-338.

Backus, Robert L. "The Relationship of Confucianism to the Tokugawa Bakufu as Revealed in the Kansei Educational Reform." *HJAS* 34, no. 1(June 1974): 97-162.

Bitō Masahide. "Ogyū Sorai and the Distinguishing Features of Japanese Confucianism." Translated by Samuel Yamashita. In *Japanese Thought in the Tokugawa Period*, edited by Tetsuo Najita and Irwin Scheiner, 153-160. Chicago: University of Chicago Press, 1978.

Blacker, Carmen. "The Angry Ghost in Japan." In *Collected Writings of Carmen Blacker*, edited by Hugh Cortazzi, 51-59. London: Routledge, 2000.

Blacker, Carmen, translated with introduction and notes. "Fukuzawa Yukichi, Kyūhanjō." *MN* 9 (April 1953): 304-329.

Bock, Felicia. *Engi-shiki: Procedures of the Engi Era* (Books I-V). Sophia University, 1970.

Bodart-Bailey, Beatrice M. *The Dog Shōgun: The Personality and Policies of Tokugawa*

Tsunayoshi. Honolulu: University of Hawai'i Press, 2006.

Bodart-Bailey, Beatrice M. "The Persecution of Confucianism in Early Tokugawa Japan." *MN* 48, no. 3 (Autumn 1993): 293-314.

Boot, W. J. *The Adoption and Adaptation of Neo-Confucianism in Japan: The Role of Fujiwara Seika and Hayashi Razan*. Leiden, 1992.

Boot, W. J. "The Death of a Shogun: Deification in Early Modern Japan." In Breen and Teeuwen, eds., *Shinto in History*, 144-166.

Boot, W. J. "De drie Levens van Zhu Shunshui." In *Het verre Gezicht: Politieke en culturele Relaties tussen Nederland en Azië, Africa, en Amerika: Opstellen Aangeboden aan Prof. Dr. Leonard Blussé*, edited by J. Thomas Lindblad and Alicia Schrikker, 247-263. Franeker: Van Wijnen, 2011.

Boot, W. J. "Education, Schooling, and Religion in Early Modern Japan." In W. J. Boot and Shirahata Yōzaburō, eds., *Two Faces of the Early Modern World: The Netherlands and Japan in the 17th and 18th Centuries*, *International Symposium in Europe, 1999*, 15-34. Kyoto: International Research Center for Japanese Studies, 2001.

Borgen, Robert. *Sugawara no Michizane and the Early Heian Court*. Cambridge, MA: Harvard University Press, 1986.

Bowring, Richard. *In Search of the Way: Thought and Religion in EarlyModern Japan, 1582-1860*. Oxford: Oxford University Press, 2017.

Breen, John. "Accommodating the Alien: Ōkuni Takamasa and the Religion of the Lord of Heaven." In Kornicki and McMullen eds., *Religion in Japan*, 179-197.

Breen, John. "Ideologues, Bureaucrats, and Priests: On 'Shinto' and 'Buddhism' in Early Meiji Japan." In Breen and Teeuwen, eds., *Shinto in History*, 230-251.

Breen, John. "The Imperial Oath of April 1868: Ritual, Politics, and Power in the Restoration." *MN* 51, no. 4 (December 1996): 407-429.

Baxter, James C., and Joshua A. Fogel, eds. *Writing Histories in Japan: Texts and Their Transformations from Ancient Times through the Meiji Era*. Kyoto: International Research Center for Japanese Studies, 2007.

Bell, Catherine. *Ritual: Perspectives and Dimensions*. Oxford: Oxford University

Press, 1997.

Bell, Catherine. *Ritual Theory, Ritual Practice*. Oxford: Oxford University Press, 1992.

Bellah, Robert N. *Tokugawa Religion: The Values of Pre-Industrial Japan*. New York: Free Press, 1957.

Berling, Judith A. "Channels of Connection in Sung Religion: The Case of Pai Yü-ch'an." In *Religion and Society in T'ang and Sung China*, edited by Patricia Ebrey and Peter N. Gregory eds., 307–333. Honolulu: University of Hawai'i Press, 1993.

Breen, John. "Shinto and Buddhism in Late Edo Japan: The Case of Ōkuni Takamasa and His School." *Occasional Papers No. 14: Current Issues in the Social Sciences and Humanities*. International Center of Hosei University (1997): 135–148.

Breen, John. "Shintoists in Restoration Japan (1868–1872): Towards a Reassessment." *Modern Asian Studies* 24, no. 3 (1990): 579–602.

Breen, John, and Mark Teeuwen. *A New History of Shinto*. Chichester: Wiley-Blackwell, 2010.

Breen, John, and Mark Teeuwen, eds. *Shinto in History: Ways of the Kami*. Richmond, Surrey: Curzon Press, 2000.

Brownlee, John S. "Ideological Control in Ancient Japan." *Historical Reflections* 14, no. 1 (Spring 1987): 113–133.

Butler, Lee. *Emperor and Aristocracy in Japan, 1467–1680: Resilience and Renewal*. Cambridge, MA: Harvard University Asia Center and Harvard University Press, 2002.

Chamberlain, Basil Hall. *Things Japanese*. 1st ed. Shūeisha, 1890.

Chan, Wing-tsit, *Chu Hsi: Life and Thought*. Hong Kong: The Chinese University Press, 1987.

Chan, Wing-tsit, trans. *Reflections on Things at Hand: The Neo-Confucian Anthology Compiled by Chu Hsi and Lü Tsu-ch'ien, with Notes*. New York: Columbia University Press, 1967.

Chard, Robert L. "Zhu Shunsui's Plans for the Confucian Ancestral Shrines (Zongmiao 宗廟) in Kaga Domain." 東洋文化研究所紀要 164 (2013): 348–317.

Chavannes, Edouard, trans. *Mémoires historiques de Se-ma Ts'ien*. 5 vols. Paris: E. Leroux, 1895–1905.

Chung, Chai Sik. "In Defense of the Traditional Order: Ch'oksa Wijong." *Philosophy East and West* 30, no. 3 (1980): 355–373.

Chung, Chai Sik. "Religion and Cultural Identity—The Case of 'Eastern Learning.'" *International Yearbook for the Sociology of Religion* 5 (1964): 118–132.

Commons, Anne. *Hitomaro: Poet as God.* Leiden: Brill, 2009.

Como, Michael I. *Shōtoku: Ethnicity, Ritual, and Violence in the Japanese Buddhist Tradition.* New York: Oxford University Press, 2008.

de Bary, Wm. Theodore, Carol Gluck, and Arthur E. Tiedemann. *Sources of Japanese Tradition.* 2nd ed. 2 vols. New York: Columbia UniversityPress, 2005.

Deuchler, Martina. *The Confucian Transformation of Korea: A Study of Society and Ideology.* Cambridge, MA: Harvard University Press, 1992.

Doctrine of the Mean (*Zhongyong* 中庸). In *CC* 1.

Doolittle, Rev. Justus. *The Social Life of the Chinese.* 2 vols. New York: Harper Bros., 1865.

Dore, R. P. *Education in Tokugawa Japan.* Berkeley: University of California Press, 1965.

Ebrey, Patricia. *The Aristocratic Families of Early Imperial China: A Case Study of the Po-ling Ts'ui Family.* Cambridge: Cambridge University Press, 1978.

Ebrey, Patricia. *Chu His's "Family Rituals": A Twelfth-Century Chinese Manual for the Performance of Cappings, Weddings, Funerals, and Ancestral Rites.* Princeton: Princeton University Press, 1991.

Farris, William Wayne. *Population, Disease, and Land in Early Japan, 645 – 900.* Cambridge, MA: Council on East Asian Studies, Harvard University, and the Harvard Yenching Institute, 1985.

Faure, David. "The Emperor in the Village: Representing the State in South China." In McDermott, ed., *State and Court Ritual in China,* 267–298.

Feuchtwang, Stephen. "School-Temple and City God." In *The City in Imperial China,* edited by G. William Skinner, 581–608. Stanford: Stanford University Press, 1977.

Geertz, Clifford. *The Interpretation of Cultures.* New York: Basic Books, 1973.

Geertz, Clifford. *Negara: The Theatre State in Nineteenth-Century Bali.* Princeton:

Princeton University Press, 1980.

Gluck, Carol. *Japan's Modern Myths*. Princeton: Princeton University Press, 1985.

Graham, A. C. *Two Chinese Philosophers: Ch'êng Ming-tao and Ch'êng Yi-ch'uan*. London: Lund Humphries, 1958.

Grapard, Allan G. "The Economics of Ritual Power." In Breen and Teeuwen, eds., *Shinto in History*, 68-94.

Grapard, Allan G. "Religious Practices." In *CHJ* 2: 517-575.

Gray, John Henry. *China: A History of the Laws, Manners, and Customs of the People in Two Volumes*, edited by William Gow Gregor. London: MacMillan and Co., 1878.

Great Learning (*Da xue* 大学). In *CC* 1.

Griffis, William Elliot. *The Mikado's Empire*. New York: Harper and Brothers, 1876.

Griffis, William Elliot. *The Religions of Japan: From the Dawn of History to the Era of Meiji*. New York: Charles Scribner's Sons, 1907.

Haboush, JaHyun Kim, and Kenneth R. Robinson, eds. and trans. *A Korean War Captive in Japan, 1597-1600: The Writings of Kang Hang*. New York: Columbia University Press, 2013.

Hall, David L., and Roger T. Ames. *Thinking through Confucius*. Albany: State University of York Press, 1987.

Hall, John Whitney. "The Bakuhan System." In *CHJ* 4: 128-182.

Hall, John Whitney. "The Confucian Teacher in Tokugawa Japan." In Nivison and Wright, eds., *Confucianism in Action*, 268-301.

Hall, John Whitney. "Feudalism in Japan—A Reassessment." In *Studies in the Institutional History of Early Modern Japan*, edited by John W. Hall and Marius B. Jansen, 15-51. Princeton: Princeton University Press, 1968.

Hall, John Whitney. *Government and Local Power in Japan, 500-1700: A Study Based on Bizen Province*. Princeton: Princeton University Press, 1966.

Hardacre, Helen. *Shintō and the State, 1868-1988*. Princeton: Princeton University Press, 1989.

Harootunian, Harry D. "The Function of China in Tokugawa Thought." In *The Chinese and the Japanese: Essays in Political and Cultural Interactions*, edited by Akira Iriye,

9-36. Princeton: Princeton University Press, 1980.

Harootunian, Harry D. *Things Seen and Unseen: Discourse and Ideology in Tokugawa Nativism*. Chicago: University of Chicago Press, 1988.

Hart, V. C. *The Temple and the Sage*. Toronto: William Briggs, 1891.

Huang Chin-shing. "The Cultural Politics of Autocracy: The Confucius Temple and Ming Despotism, 1368-1530." In Thomas A. Wilson, ed., On Sacred Grounds, 267-296.

Jensen, Lionel M. "The Genesis of Kongzi in Ancient Narrative: The Figurative as Historical." In Thomas A. Wilson, ed., On Sacred Grounds, 175-221.

Kertzer, David I. *Ritual, Politics, and Power*. New Haven: Yale University Press, 1988.

Ketelaar, James Edward. *Of Heretics and Martyrs in Meiji Japan: Buddhism and Its Persecution*. Princeton: Princteon University Press, 1990.

Kitagawa, Joseph M. *Religion in Japanese History*. New York: Columbia University Press, 1966.

Klein, Susan Blakely. *Allegories of Desire: Esoteric Literary Commentaries of Medieval Japan*. Cambridge, MA: Harvard University Press, 2002.

Konishi, Jin'ichi. *A History of Japanese Literature, Volume Two: The Early Middle Ages*, translated by Aileen Gatten, edited by Earl Miner. Princeton: Princeton University Press, 1986.

Kornicki, Peter Francis. *The Book in Japan: A Cultural History from the Beginnings to the Nineteenth Century*. Leiden: Brill, 1998.

Kornicki, Peter Francis. "Hayashi Razan's Vernacular Translations and Commentaries." In *Towards a History of Translating: In Commemoration of the 40th Anniversary of the Research Centre for Translation*, edited by Lawrence Wang Chi Wong, 3: 189-212. Hong Kong: The Chinese University of Hong Kong, 2013.

Kornicki, P. F., and I. J. McMullen, eds. *Religion in Japan: Arrows to Heaven and Earth*. Cambridge: Cambridge University Press, 1996.

Kuo, Yapei. " 'The Emperor and the People in One Body': The Worship of Confucius and Ritual Planning in the Xinzheng Reforms, 1902-1911." *Modern China* 35 (March 2009): 123-154.

Lam, Joseph S. C. "Musical Confucianism: The Case of 'Jikong yuewu.' " In Thomas

A. Wilson, ed., *On Sacred Grounds*, 134–172.

Legge, James, trans. *The Chinese Classics*. Original ed., 1865–1893. Reprint. 5 vols. Hong Kong: Hong Kong University Press, 1960.

Levenson, Joseph B. "The Suggestiveness of Vestiges: Confucianism and Monarchy at the Last." In Nivison and Wright, eds., *Confucianism in Action*, 244–267.

Li chi: Book of Rites, translated by James Legge, edited by Ch'u Chai and Winberg Chai. 1885. Reprint. 2 vols. New York, University Books, 1967.

Lidin, Olof G., trans. *Ogyū Sorai's Discourse on Government (Seidan): An Annotated Translation*. Wiesbaden: Harrassowitz Verlag, 1999.

Macfarlane, A. *Civility and the Decline of Magic*. Cambridge, 2002.

Maclay, Robert Samuel. *Life among the Chinese: With Characteristic Sketches and Incidents of Missionary Operations and Prospects in China*. New York: Carlton & Porter, 1861.

Maruyama, Masao. *Studies in the Intellectual History of Tokugawa Japan*. Translated by Mikiso Hane. University of Tokyo Press, 1974.

Maruyama Yumiko. "The Adoption of the Ritsuryō Codes and Their Civilizing Influence." AA 51 (1987): 39–58.

McCullough, William H. "The Heian Court, 784–1070." In CHJ 2: 20–96.

McDermott, Joseph P. "Emperor, Élites, and Commoners: The Community Pact Ritual of the Late Ming." In McDermott, ed., *State and Court Ritual in China*, 299–351.

McDermott, Joseph P., ed. *State and Court Ritual in China*. Cambridge: Cambridge University Press, 1999.

McMullen, David. "Bureaucrats and Cosmology: The Ritual Code of T'ang China." In *Rituals of Royalty: Power and Ceremonial in Traditional Societies*, edited by David Cannadine and Simon Price, 181–236. Cambridge: Cambridge University Press, 1987.

McMullen, David. "The Cult of Ch'i T'ai-kung and T'ang Attitudes to the Military." *T'ang Studies* 7 (1989): 59–103.

McMullen, David. "Disorder in the Ranks: A Political Analysis of Tang Court Assemblies." *T'ang Studies* 28 (2010): 1–60.

McMullen, David. "Historical and Literary Theory in the Mid-Eighth Century." In

Perspectives on the Tang, edited by Arthur F. Wright and Denis Twitchett, 307-342. New Haven: Yale University Press, 1972.

McMullen, David. *State and Scholars in T'ang China*. Cambridge: Cambridge University Press, 1988.

McMullen, James. "Confucianism, Christianity, and Heterodoxy in Tokugawa Japan" (review article). *MN* 65. no. 1 (Spring 2010): 149-195.

McMullen, James. *Idealism, Protest, and The Tale of Genji*. Oxford: Clarendon Press, 1999.

McMullen, James. "Ogyū Sorai and the Definition of Terms." (review article). *Japan Forum* 13 (2001): 249-265.

McMullen, James. "Ogyū Sorai, Matsudaira Sadanobu, and the Kansei Worship of Confucius." アジア日本研究センター紀要 6(2011): 1-22.

McMullen, James. "Rehearsing the Rite: A Collaboration between Tokugawa Mitsukuni and Zhu Shunshui." In *The Eighth Tokugawa International Symposium: The Summaries of Presentations*, 203-231. Mito: Tokugawa Museum, 2016.

McMullen, James. "Reinterpreting the *Analects*: History and Utility in the Thought of Ogyū Sorai." In Baxter and Vogel, eds., *Writing Histories in Japan*, 127-174.

McMullen, James. Review of John A. Tucker, ed. and trans., *Ogyū Sorai's Philosophical Masterworks: The Bendō and Benmei. Japonica Humboldtiana* 10 (2006): 213-225.

McMullen, James. "Unofficial and Commoner Worship of Confucius in Tokugawa Japan." First published in *Japan Society: Proceedings*, no. 153 (2017): 3669; and in Hugh Cortazzi, ed., *Carmen Blacker: Scholar of Japanese Religion, Myth, and Folklore* (Folkestone: Renaissance Books, 2017), 41339. (该文修订版参见本书在线附录三"德川日本的非官方与民间孔子崇拜")

McMullen, James. "The Worship of Confucius in Ancient Japan." In Kornicki and McMullen, eds., *Religion in Japan*, 39-77.

McMullen, James. "The Worship of Confucius in Hiroshima." *Japonica Humboldtiana* 16 (2013): 83-107.

Medhurst, W. H. *China: Its State and Prospects*. Boston: Crocker and Brewster, 1838.

Mehl, Margaret. *Private Academies of Chinese Learning in Meiji Japan: The Decline and*

Transformation of the Kangaku Juku. Copenhagen: NIAS Press, 2003.

Mencius [Mengzi 孟子; *The Works of Mencius*]. In *CC* 2.

Miller, Alan L. "Ritsuryō Japan: The State as Liturgical Community." *History of Religion* 11, no.1 (August 1971): 96-124.

Miller, Richard. *Ancient Japanese Nobility: The Kabane Ranking System*. Berkeley: University of California Press, 1974.

Moore, Oliver. "The Ceremony of Gratitude." In McDermott, ed., *State and Court Ritual in China*, 97-236.

Moule, Right Rev. G. E. "Notes on the Ting-Chi or Half-Yearly Sacrifice to Confucius: Paper Read before the Society on 17 th January 1901." *Journal of the China Branch of the Royal Asiatic Society* 33 (1899-1900): 37-77.

Nakai, Kate Wildman. "'The Age of the Gods' in Medieval and Early Modern Historiography." In Baxter and Vogel, eds., *Writing Histories in Japan*, 11-39.

Nakai, Kate Wildman. "Chinese Ritual and Native Japanese Identity in Tokugawa Confucianism." In *Rethinking Confucianism: Past and Present in China, Japan, Korea, and Vietnam*, edited by Benjamin A. Elman, John B. Duncan, and Herman Ooms, 258-291. Los Angeles: University of California Press, 2002.

Nakai, Kate Wildman. "'Esoteric' and 'Public' in Late Mito Thought." In *The Culture of Secrecy in Japanese Religion*, edited by Bernhard Scheid and Mark Teeuwen, 256-279. London: Routledge, 2006.

Nakai, Kate Wildman. "The Naturalization of Confucianism in Tokugawa Japan: The Problem of Sinocentrism." *HJAS* 40, no. 1 (June 1980): 157-199.

Nakai, Kate Wildman. *Shogunal Politics: Arai Hakuseki and the Premises of Tokugawa Rule*. Cambridge, MA: Council on East Asia Studies, Harvard University Press, 1988.

Nakai, Kate Wildman. "Tokugawa Confucian Historiography: The Hayashi, Early Mito School, and Arai Hakuseki." In *Confucianism and Tokugawa Culture*, edited by Peter Nosco, 62-91. Princeton: Princeton University Press, 1984.

Naumann, Nelly. "The State Cult of the Nara and Early Heian Period." In Breen and Teeuwen, eds., *Shinto in History*, 47-67.

Nivison David S., and Arthur F. Wright, eds. *Confucianism in Action*. Stanford: Stanford

University Press, 1959.

Nosco, Peter. "Keeping the Faith." In Kornicki and McMullen, eds., *Religion in Japan*, 135–155.

Nylan, Michael. "Kongzi, the Uncrowned King." In Nylan and Wilson, eds., *Lives of Confucius*, 67–100.

Nylan, Michael, and Thomas Wilson, eds. *Lives of Confucius: Civilization's Greatest Sage through the Ages*. New York: Doubleday, 2010.

Okada Shōji. "The Development of State Ritual in Ancient Japan." *AA* 51 (1987): 22–41.

Ooms, Herman. *Charismatic Bureaucrat: A Political Biography of Matsudaira Sadanobu, 1758–1829*. Chicago: University of Chicago Press, 1975.

Ooms, Herman. *Imperial Politics and Symbolics in Ancient Japan: The Tenmu Dynasty, 650–800*. Honolulu: University of Hawai'i Press, 2009.

Ooms, Herman. *Tokugawa Ideology: Early Constructs, 1570–1680*. Princeton: Princeton University Press, 1985.

Ōsumi Kiyoharu. "The Acceptance of the *Ritsuryō* Codes and the Chinese System of Rites." *AA* 99 (2010): 59–79.

Palmer, Samuel J. *Confucian Rituals in Korea*. Berkeley: Asian Humanities Press and Seoul: Po Chin Chai, 1984.

Paramore, Kiri. *Ideology and Christianity in Japan*. London: Routledge, 2009.

Paramore, Kiri. *Japanese Confucianism: A Cultural History*. Cambridge: Cambridge University Press, 2016.

Paramore, Kiri. "The Nationalization of Confucianism: Academism, Examinations, and Bureaucratic Governance in the Late Tokugawa State." *JJS* 38, no. 1(2012): 25–53.

Piggott, Joan R. *The Emergence of Japanese Kingship*. Stanford: Stanford University Press, 1997.

Purchas, Samuel. *Hakluytus Posthumus or, Purchas His Pilgrims. 1625*. Reprint. 20 vols. Glasgow: James MacLehose and Sons, 1905–1907.

Raft, David Zebulon. "Four-Syllable Verse in Medieval China." PhD diss., Harvard University, 2007. UMI Microform no. 3265224.

Rappaport, Roy. *Ritual and Religion in the Making of Humanity.* Cambridge: Cambridge University Press, 1999.

Roberts, Luke S. *Performing the Great Peace: Political Space and Open Secrets in Tokugawa Japan.* Honolulu: University of Hawai'i Press, 2012.

Rudolph, Susanne Hoeber. "Presidential Address: State Formation in Asia — Prolegomena to a Comparative Study." *Journal of Asian Studies* 46, no. 4(November 1987): 731-746.

Sansom, George. *A History of Japan to 1334.* 1958. Reprint. Folkstone: William Dawson and Sons, 1978.

Sansom, George. *Japan: A Short Cultural History.* London: Cresset Press, 1952.

Sawyer, Ralph D, trans. *The Seven Military Classics of Ancient China, Including* The Art of War. Boulder: Westview Press, 1993.

Screech, Timon. *The Shogun's Painted Culture: Fear and Creativity in the Japanese States, 1760-1829.* London: Reaktion Books, 2000.

Shijing 诗经. In *CC* 4.

Shively, Donald H. "Motoda Eifu: Confucian Lecturer to the Meiji Emperor." In Nivison and Wright, eds., *Confucianism in Action*, 302-333.

Shively, Donald H. "Nishimura Shigeki: A Confucian view of Modernization." In *Changing Japanese Attitudes Toward Modernization*, edited by Marius B. Jansen, 193-241. Princeton: Princeton University Press, 1965.

Shryock, John K. *The Origin and Development of the State Cult of Confucius: An Introductory Study.* 1932. Reprint. New York: Paragon Reprint Corporation, 1966.

Shujing 书经 *The Shoo King, or The Book of Historical Documents.* In *CC* 3.

Shu Zen'an 朱全安. "Cultural and Political Encounters with Chinese Language in Early Modern Japan: The Case of Kinoshita Jun'an (1621 - 1698)." D. Phil. thesis, Oxford, 2009.

Smith, Warren W., Jr. *Confucianism in Modern Japan: A Study of Conservatism in Japanese Intellectual History.* Hokuseido Press, 1959.

Sommer, Deborah. "Destroying Confucius: Iconoclasm in the Confucian Temple." In Thomas A. Wilson, ed., *On Sacred Grounds*, 95-133.

Spaulding, Robert M., Jr. *Imperial Japan's Higher Civil Service Examinations*. Princeton: Princeton University Press, 1967.

Steele, John, trans. *The I-Li, or, Book of Etiquette and Ceremonial*. 1917. Reprint. 3 vols. Taibei: Ch'eng-wen Publishing Company, 1966.

Steininger, Brian, "The Heian Academy: Literati Culture from Minamoto no Shitagō to Ōe no Masafusa." In *The Cambridge History of Japanese Literature*, edited by Haruo Shirane and Tom Suzuki, with David Laurie, 176 – 183. Cambridge: Cambridge University Press, 2016.

Strange, Mark. "Representations of Liang Emperor Wu as a Buddhist Ruler in Sixth and Seventh-century Texts." *Asia Major* 24, no. 2 (2011): 53-112.

Sutton, Donald S. "Prefect Feng and the Yangchou Drought of 1490: A Ming Social Crisis and the Rewards of Sincerity." *Minsu quyi* 民俗曲芸 (*Journal of Chinese Ritual, Theatre, and Folklore*) 143(2004): 19-55.

Tcheou-li, ou rites des Tcheou. See Biot, Feu Édouard.

Teeuwen, Mark. *Watarai Shintō: An Intellectual History of the Outer Shrine in Ise*. Leiden: CNWS Publications, 1996.

Toby, Ronald. "Why Leave Nara? Kammu and the Transfer of the Capital." *MN* 40 (Autumn 1985): 331-347.

Totman, Conrad. *Politics in the Tokugawa Bakufu, 1600 – 1843*. Cambridge, MA: Harvard University Press, 1967.

Tsuji Tatsuya (辻達也). Translated by Harold Bolitho. "Politics in the Eighteenth Century." In *CHJ* 4: 425-477.

Tucker, John A., trans. *Ogyū Sorai's Philosophical Masterworks: The* Bendō *and* Benmei, *Translated and with an Introduction*. Honolulu: Association for Asian Studies and University of Hawai'i Press, 2006.

Turner, Victor. *The Anthropology of Performance*. New York: PAJ Publications, 1987.

Twitchett, Denis. *The Birth of the Chinese Meritocracy: Bureaucrats and Examinations in T'ang China*. London: China Society, 1975.

Tyler, Royall, trans. *The Tale of Genji*. 2 vols. New York: Viking (Penguin Putman), 2001.

Vu Minh Giang. "Reform Tendencies in Nineteenth Century Vietnam." In *The Last Stand of Asian Autonomies: Responses to Modernity in the Diverse States of Southeast Asia and Korea, 1750 - 1900*, edited by Anthony Reid, 411 - 424. Basingstoke: Macmillan, 1997.

Wakabayashi, Bob Tadashi, trans. *Anti-Foreignism and Western Learning in Early Modern Japan: The* New Theses *of 1825*. Cambridge, MA: Council on East Asian Studies, Harvard University, 1986.

Waley, Arthur. *The Life and Times of Po Chü-i*. London: George Allen and Unwin, Ltd., 1949.

Walton, Linda. *Academies and Society in Southern Sung China*. Honolulu: University of Hawai'i Press, 1999.

Walton, Linda. "The Institutional Context of Neo-Confucianism: Scholars, Schools, and Shu-yüan in Sung-Yüan China." In *Neo-Confucianism: The Formative Stage*, edited by Wm. Theodore de Bary and John W. Chafee, 457-492. Berkeley: University of California Press, 1989.

Walton, Linda. "Southern Sung Academies as Sacred Places." In *Religion and Society in Tang and Sung China*, edited by Patricia Ebrey and Peter N. Gregory, 334 - 363. Honolulu: University of Hawai'i Press, 1993.

Walthall, Anne. "Nativism as a Social Movement: Katagiri Harukazu and the *Hongaku reisha*." In Breen and Teeuwen, eds., *Shinto in History*, 205-229.

Walthall, Anne. *The Weak Body of a Feeble Woman: Matsuo Taseko and the Meiji Restoration*. Chicago: Chicago University Press, 1998.

Watanabe Hiroshi 渡部浩. *A History of Japanese Political Thought, 1500 - 1901*, translated by David Noble. I-House Press, 2012.

Webb, Herschel. *The Japanese Imperial Institution in the Tokugawa Period*. New York: Columbia University Press, 1968.

Wechsler, Howard J. *Offerings of Jade and Silk: Ritual and Symbol in the Legitimation of the T'ang Dynasty*. New Haven: Yale University Press, 1985.

Wilson, George M. *Patriots and Redeemers in Japan: Motives in the Meiji Restoration*. Chicago: University of Chicago Press, 1992.

Wilson, Thomas A. "The Canonical Confucius from Han through Song." In Nylan and Wilson, eds., *Lives of Confucius*, 101-137.

Wilson, Thomas A. "The Cultic Confucius in the Imperial Temple and Ancestral Shrine." In Nylan and Wilson, eds., *Lives of Confucius*, 165-191.

Wilson, Thomas A. "Introduction." In Thomas A. Wilson, ed., *On Sacred Grounds*, 1-40.

Wilson, Thomas A. "Sacrifice and the Imperial Cult of Confucius." *History of Religions* 41, no. 3 (February 2002): 251-287.

Wilson, Thomas A. "The Supreme Sage and the Imperial Cults: Ritual and Doctrine." In Nylan and Wilson, eds., *Lives of Confucius*, 138-164.

Wilson, Thomas A, ed. *On Sacred Grounds: Culture, Society, Politics and the Formation of the Cult of Confucius.* Cambridge, MA: Harvard University Asia Center and Harvard University Press, 2002.

Woodside, Alexander. "The Divorce between the Political Center and Educational Creativity in Late Imperial China." In *Education and Society in Late Imperial China, 1600-1800*, edited by Benjamin Elman and Alexander Woodside, 458-492. Berkeley: University of California Press, 1994.

Wright, Arthur F. "The Formation of Sui Ideology, 581-604." In *Chinese Thought and Institutions*, edited by John K. Fairbank, 71-104. Chicago: University of Chicago Press, 1957.

Wright, Mary Clabaugh. *The Last Stand of Chinese Conservatism: The T'ungChih Restoration, 1862-1874.* Stanford: Stanford University Press, 1957.

Yamashita, Samuel Hideo, trans. *Master Sorai's Responsals: An Annotated Translation of Sorai sensei tōmonsho.* Honolulu: University of Hawai'i Press, 1994.

中文文献

安积澹泊《悼朱先生文》,《朱舜水集》,第 2 册。

安积澹泊《朱文恭遗事》,《朱舜水集》,第 2 册。

杜佑《通典》,北京:中华书局,1988 年。

范晔《后汉书》,北京:中华书局,1965 年。

高明士《中国教育制度史论》,台北:联经出版,1999 年。

顾沅《圣庙释典图考附迹图》,吴门顾氏赐砚堂,1826 年。

黎靖德《朱子语类》,北京:中华书局,1986 年。

李东阳《大明会典》,扬州:江苏广陵古籍刻印社,1989 年。

李之藻《泮宫礼乐疏》,SKQS。

林俊宏《朱舜水在日本的活动及其贡献研究》,台北:秀威资讯科技,2004 年。

刘昫《旧唐书》,北京:中华书局,1975 年。

龙文彬《明会要》,北京:中华书局,1956 年。

欧阳修《欧阳修全集》,1936 年;再版,2 卷,北京:北京市中国书店,1986 年。

欧阳修、宋祁《新唐书》,北京:中华书局,1975 年。

庞钟璐《文庙祀典考》,1878 年;影印版,10 卷,扬州:江苏广陵古籍刻印社,1988 年。

彭定求《全唐诗》,北京:中华书局,1960 年。

生云龙《中国古代书院学礼研究》,北京:清华大学出版社,2013 年。

司马迁《史记》,北京:中华书局,1959 年。

宋濂等《元史》,北京:中华书局,1976 年。

苏冕、崔铉、王溥编《唐会要》,CSJC。

脱脱等《宋史》,北京:中华书局,1977 年。

王洪军、李淑芳《唐代尊祀孔子研究——祭孔祀奠礼乐研究》,齐鲁文化研究中心。

王圻《三才图会》,万历(1573—1619)版。

萧统《文选》,北京:中华书局,1977 年。

徐兴庆编《新订朱舜水集补遗》,台北:台湾大学出版中心,2004 年。

徐兴庆《朱舜水集补遗》,台北:台湾学生书局,1992 年。

徐一夔《大明集礼》,1530 年序。

伊奈阿《大清会典》162 卷,《近代中国史料丛刊,第三编、第 72 辑》29 卷,台北:文海
    出版社,1993 年。

张暐《大金集礼》,SKQS。

郑居中《政和五礼新仪》,SKQS。

朱谦之编《朱舜水集》,北京:中华书局,1981 年。

朱熹《沧州精舍释菜仪》,《朱子文集》,第 8 册,收入 SBBY。

朱熹《绍熙州县释奠仪图》,SKQS。

朱熹《诗经朱传》,孙庆甲编,山花书局,1892 年。

日文文献

『百練抄』, KT 第 11 卷。

『常憲院殿御實記』, KT 第 43 卷。

『朝野群載』, KT 第 29 卷上。

『塵添壒嚢抄』 (1532), 『大日本佛教全書』, 佛書刊行会編, 卷 150, 有精堂, 1912 年。

『大辭典』26 卷, 平凡社, 1934—1936 年。

『大學校學習院雜記』卷 8, 写本, 書陵部蔵, 番号 456/36/8。

『法規分類大全〔第 35〕學政門第 1：學政總, 學校上』, 内閣記録局, 1891 年。

「各地祭典記事」, 『斯文』 (孔夫子祭典号) 4, 第 6 号 (1922 年 11 月), 48—68 頁。

『庚申仲秋釋奠儀注』, NKSS 第 7 卷, 250—258 頁。

『光格天皇實録』5 卷, TKJ 第 126—130 卷。

『国史大辞典』, 国史大辞典編集委員会編, 15 卷, 吉川弘文館, 1979—1997 年。

『恒貞親王傳』, ZGR 第 8 卷。

『弘仁式』, KT 第 26 卷。

『後桃園天皇實録』2 卷, TKJ 第 124—125 卷。

『後桜町天皇實録』4 卷, TKJ 第 120—123 卷。

『懷風藻』, 小島憲之編, NKBT 第 69 卷。

『集議院規則』, 『法令全書』第 949 号, 1869 年 9 月。

『集議院日誌』, 吉野作造『明治文化集』卷 4。

『建武年中行事』, SKS 第 5 卷。

「舊幕府聖堂釋奠圖」 (明治時代), 内閣文庫, 請求番号：和 12153/177-/338。

「舊事諮問録会」, 進士慶幹編『舊事諮問録』2 卷, 岩波書店, 1986 年。

『浚明院殿御實記』, KT 第 47 卷。

「寬政十二年仲秋釋奠記」, NKSS 第 7 卷, 248—250 頁。

『類従三代格』, KT 第 25 卷。

『禮記』, 桂湖村編, 2 卷, SIKKZ。

『律令』，井上光貞編，NST 第 3 巻。

『明治政治史第五編』，吉野作造編『明治文化全集』第 2 冊（上巻），日本評論
　　社（再版）、1955 年。

『墓誌』（犬塚印南墓誌，著者不明），NKSS 第 7 巻，584 頁。

『仁孝天皇實録』3 巻，TKJ 第 131—133 頁。

『日本後記』，KT 第 3 巻。

『日本紀略前篇』，KT 第 10 巻。

『日本三代實録』，KT 第 4 巻。

『慎徳院殿御實記』，KT 第 49 巻。

『史料稿本』，大日本史料資料データベース。

「釋奠圖」絵巻，土佐武士、古物収集家小谷守本（1751—1821 年）複写，藤原守
　　重跋文（1789 年），徳川博物館，水戸（04987）。

「釋奠之圖」絵巻，岩瀬文庫，愛知県西尾市，番号：午 48。

『唐榮舊記全集』，『琉球國由来記』巻 9（1713 年），伊波普猷、東恩納寬惇、横
　　山重編『琉球史料叢書 1』，井上書房，1962 年。

『桃園天皇實録』3 巻，TKJ 第 117—119 巻。

『童子問』，NKBT 第 97 巻。

『尾府聖堂記』，名古屋市教育委員会編『校訂復刻名古屋叢書』第 1 冊，220—
　　234 頁。

『文恭院殿御實記・附録』，KT 第 49 巻。

『文昭院殿御實記』，KT 第 44 巻。

『武富市郎右衛門咸亮傳』，NKSS 第 5 巻，334—336 頁。

『孝明天皇實録』2 巻，TKJ 第 134—135 巻。

『新見正路記』，『文恭院殿御實記』（附録），KT 第 49 巻。

『新堂釋菜儀』，名古屋市教育委員会編『校訂復刻名古屋叢書』第 1 冊，293—
　　316 頁。

『續日本後紀』，KT 第 3 巻。

『續日本紀』，KT 第 2 巻。

『延喜式』，KT 第 26 巻。

『儀式』（『貞觀儀式』），藤原氏宗、南淵年名編，ZKS 第 4 巻。

『有徳院殿御實記』，KT 第 49 巻。

「仲春丁祭之圖・衆官就位式」，折畳図，NKSS 第 10 巻。

『朱舜水全集』，稲葉岩吉編，文会堂，1912 年。

ブリイーン・ジョン［Breen, John］明治維新史学会編『近代の宮中儀礼——天皇に求められた政治』，『講座明治維新史 11：明治維新と宗教，文化』，160—188 頁，有志舎，2016 年。

ジェームズ・マクマレン［McMullen, James］「武家の釈奠をめぐって——徳川時代の孔子祭礼」，笠谷和比古編『公家と武家 3——王権と儀礼の比較文明的考察』，166—192 頁，思文閣出版，2006 年。

阿部吉雄『日本朱子学と朝鮮』，東京大学出版会，1965 年。

阿部吉雄「山崎闇斎と其の教育」，福島甲子三編『近世日本の儒學』，335—356 頁。

安東省庵『舜水先生文集序』，菰口治、岡田武彦編『安東省庵, 貝原益軒』，SNS 第 9 巻，215—216 頁。

安積澹泊『舜水朱氏談綺』3 巻，多左衞門，1707 年。

安積澹泊『桃原遺事』，ZZGR 第 3 巻。

安積澹泊『西山遺事』，『水戸文学叢書』巻 1—2，水陽書院，1910 年。

白木豊『閑谷聖堂釋菜之儀に就きて』，白木豊，1931 年。

阪谷芳郎「孔子祭典に就いて」，『斯文』（10）第 1 号（1928 年），1—14 頁。

阪谷芳郎「儒道大會に就いて所感を述ぶ」，福島甲子三編『湯島聖堂復興記念儒道大会誌』，324 頁。

坂本太郎、平野邦夫編『日本古代氏族人名辞典』，吉川弘文館，1990 年。

北畠親房『神皇正統記』，岩佐正編，NKBT 第 87 巻。

貝原益軒「和漢名数續編」，『益軒全集』巻 2，益軒全集刊行部，1910 年。

本多辰次郎「學習院創建及其沿革」，『史學雜誌』26，第 4 号（1915 年），1—74 頁。

本居宣長『くず花』，大野晋、大久保正編『本居宣長全集』（23 巻）、第 8 巻，筑摩書房，1968 年。

本居宣長『玉勝間』，NST 第 40 巻。

本山幸彦『近世国家の教育思想』，思文閣出版，2001 年。

本田忠籌「匡正論」，井上哲次郎、佐伯有義編『武士道全書』巻 5，時代社，1942 年。

波戸岡旭「島田忠臣の釈奠詩」，HAHBK 第 13 号（2014 年），32—46 頁。

波戸岡旭『宮廷詩人——菅原道真』，笠間書院，2005 年。

倉林正次「釈奠の百度座」，『国学院雑誌』86，第 2 号（1985 年 2 月），1—14 頁。

倉林正次「釈奠内論義の成立」，『国学院雑誌』86，第 11 号（1985 年 11 月）、328—338 頁。

倉員正江（長谷川正江）「水戸藩編『大日本史』編纂記録（往復書案）に見る知識人の交流と出版文化の研究」，『平成 13 年度　平成 16 年度科学研究費補助金研究成果報告書』，2006 年 1 月。

藏中しのぶ「『翰林学士集』の釈奠詩——貞観二十一年許敬宗の上奏をめぐって」，HAHBK 第 13 号（2014 年），17—31 頁。

柴田篤『中村惕斎』，SNS 第 11 巻。

柴野栗山『栗山上書』，NKS 第 17 巻。

長谷川昭道『學校祀神説』，信濃教育會編『長谷川昭道全集』巻 2，信濃新聞社，1936 年。

朝尾直弘『新版角川日本史辞典』，角川書店，1996 年。

陳鎬『闕里誌』，孔胤植補遺，24 巻，刊本（1669 年跋文），京都大学文学院図書館蔵。

陳瑋芬『斯文学会の形成と展開——明治期の漢学に関する一考察』，『中国哲学論集』21 号（1995 年），86—100 頁。

程順則「琉球國新建至聖廟記」，NKSS 第 6 巻，170 頁。

程順則「廟學記略」，NKSS 第 6 巻，171 頁。

池田温編『大唐開元禮』（1886 年中国語版の再版），古典研究会，1972 年。

川口久雄『平安朝日本漢文学史の研究：増訂版』，明治書院，1964 年。

翠川文子「孔子像を訪ねて」，庄野寿人編『江河万里流る——甦る孔子と亀陽文庫』，257—272 頁，亀陽文庫・能古博物館，1993 年。

翠川文子「三條西実隆の釈奠詩会——三條西家所蔵釈奠懐紙の紹介をかねて」，『文学語学』57 号（1970 年 9 月），97—107 頁。

日本的孔子崇拝

翠川文子「釈奠（二）——孔子像」，『川村短期大学研究紀要』11 号（1991 年 3
　　月），226—210 頁。

翠川文子「釈奠（六）——太政官太政官庁釈奠復元（3）寮饗、論義、百度座」，
　　『川村短期大学研究紀要』17 号（1997 年 3 月），212—199 頁。

翠川文子「釈奠（七）——太政官太政官庁釈奠復元（4）宴座，穏座」，『川村短
　　期大学研究紀要』18 号（1998 年 3 月），196—183 頁。

翠川文子「釈奠（三）——釈奠図」，『川村短期大学研究紀要』12 号（1992 年 3
　　月），212—176 頁。

翠川文子「釈奠（四）——太政官太政官庁釈奠復元（1）」，『川村短期大学研究
　　紀要』13 号（1993 年 3 月），142—124 頁。

翠川文子「釈奠（五）——太政官太政官庁釈奠復元（2）」，『川村短期大学研究
　　紀要』14 号（1994 年 3 月），238—224 頁。

翠川文子「釈奠（一）——前期釈奠年表」，『川村短期大学研究紀要』10 号
　　（1990 年 3 月），258—237 頁。

村尾次郎『桓武天皇』，吉川弘文館，1963 年。

大江匡房『江家次第』，SZKS 第 2 巻。

大江匡衡『江吏部集』，GR 第 9 巻，文筆部。

大久保利謙『明治維新と教育：大久保利謙歴史著作集（四）』，吉川弘文館，
　　1987 年。

大郷信齋『釋奠私議』巻 4 及び付録，1800 年 12 月序文，写本，日本国立国会図書
　　館，請求番号：136-25。

大塚英子「〈文章経国〉の比較文学的一考察」，『国文学解釈と鑑賞』55，第 10
　　号（1990 年 10 月），103—107 頁。

島善高『律令制から立憲制へ』，成文堂，2009 年。

島田忠臣『田氏家集』，GR 第 9 巻，文筆部。

島薗進『国家神道と日本人』，岩波書店，2010 年。

徳川光圀『西山公随筆』，『日本随筆大成，第二期』巻 14，吉川弘文館，
　　1957 年。

徳川斉昭「告志篇」，NST 第 53 巻。

徳川齊昭（伝）「弘道館記」（1838 年），NST 第 53 巻。

徳富猪一郎『近世日本国民史，松平定信時代』，『日本國民史』74 巻，明治書院，1936 年。

徳田武「『尺五堂先生全集』解題・解説」，KJBS 第 11 巻，2—37 頁。

荻生徂徠『辯名』，NST 第 36 巻。

荻生徂徠『徂徠集』，平石直昭編，KJBS 第 3 巻。

荻生徂徠「徂徠先生答問書」，今中寛司、奈良本辰也編『荻生徂徠全集（六）』。

荻生徂徠『論語徴』，小川環木編，2 巻，平凡社，1994 年。

荻生徂徠『蘐園十筆』，今中寛司、奈良本辰也編『荻生徂徠全集（一）』。

荻生徂徠『政談』，NST 第 36 巻。

丁世弦（Jeong Sehyeon）「日本植民地期韓国経学院の釈奠祭について」，HABKK 第 6 号（2013 年），403—416 頁。

渡邊晃「〈聖堂絵図〉及び〈聖堂之画図〉について」，筑波大学大学院日本美術史研究室『孔子祭復活百周年記念事業—草創期の湯島聖堂—よみがえる江戸の「学習」空間』，108—111 頁。

渡部浩『近世日本社会と宋学』，東京大学出版会，1985 年。

多久茂文「文廟記」，NKSS 第 6 巻，144—145 頁。

多久市史編纂委員会『多久市史第二巻近世』，多久市，2002 年。

飯田須賀斯「江戸時代の孔子廟建築」，福島甲子三編『近世日本の儒学』，第 947—1013 頁。

服部宇之吉「中和位育」，孔子祭典会編『諸名家孔子観』，155—171 頁。

福島甲子三編『近世日本の儒學』，岩波書店，1939 年。

福島甲子三編『湯島聖堂復興記念儒道大會誌』，1936 年。

福島甲子三「第二十九回孔子祭典」，福島甲子三編『湯島聖堂復興記念儒道大会誌』，91—112 頁。

福島甲子三「孔子祭典並に儒道大會に就いて」，福島甲子三編『湯島聖堂復興記念儒道大会誌』，357—362 頁。

福田俊昭『平安朝の釈奠詩』，『日本文学研究』24 号（1985 年），15—31 頁。

岡部明日香「釈奠儀礼の文学及び文化への影響について——日本の釈奠の変転からの考察」，HAHBK 第 13 号（2014 年），3—16 頁。

岡田千昭「本居宣長の松平定信への接近」，藤野保先生還暦記念会編『近世日本

の政治と外交』，359—395 頁，雄山閣，1993 年。

岡田重精『古代の斎忌（イミ）：日本人の基層信仰』，国書刊行会，1982 年。

高階積義『本朝麗藻』，GR 第 8 巻，文筆部。

高橋勝弘『昌平遺響』，私人出版，序言 1912 年。

高橋章則「弘文院学士号の成立と林鷲峰」，『東北大学文学部日本語学科論集』第 1 号（1991 年），159—147 頁。

高橋章則「近世初期の儒教と〈礼〉——林家塾における釈菜礼の成立を中心として」，源了圓、玉懸博之編『国家と宗教』，235—259 頁。

宮城栄昌『延喜式の研究』（2 巻），第 1 巻：資料篇，第 2 巻：論述篇，大修館書店，1955—1957 年。

宮崎修多「国風・詠物・狂詩——古文辞以前における遊戯的漢詩文の側面」，『語文研究』56（1983 年 11 月），1—14 頁。

宮田俊彦『吉備真備』，吉川弘文館，1961 年。

古賀精里『十事解』，NKSS 第 17 巻。

古瀬奈津子『日本古代王権と儀式』，吉川弘文館，1998 年。

関口直佑「明治初頭における岩倉具視の教育思想」，『ソシオサエンス』19 号（2013 年 3 月），93—108 頁。

關修齢（松窓）『國學釋奠儀注』，写本，内閣文庫蔵，請求番号 90-37-35705。

広瀬秀雄『岩国市史』，岩国市役所，1957 年。

和島芳雄『日本宋学史の研究』，吉川弘文館，1962 年。

和島芳雄『中世の儒学』，吉川弘文館，1965 年。

黒崎輝人「日本古代の神事と仏事：大嘗会と御齋会を中心に」，源了圓，玉懸博之共編『国家と宗教：日本思想史論集』，51—68 頁。

黒田秀教「日本における儒教祭祀の敗北：懐徳堂記念祭の意義」，『中国研究集刊』53（2011 年），100—121 頁。

後水尾天皇『後水尾院當時年中行事』，KSS 第 27 巻。

後桜町天皇『禁中年中の事』，写本，東山御文庫蔵。

虎尾俊哉『延喜式』，『日本歴史叢書』巻 8，吉川弘文館，1964 巻。

戸川点「釈奠における三牲」，虎尾俊哉編『律令国家の政務と儀礼』，200—220 頁，吉川弘文館，1995 年。

荒木敏夫「伊場の祭祀と木簡、木製品」，竹内理三編『伊場木簡の研究』，249—272 頁，東京堂出版，1981 年。

会沢正志斎『草偃和言』，NKB 宗教篇。

会沢正志斎『新論』，NST53。

吉野作造編『明治文化集』巻 4，日本評論社，1928 年。

紀斎名『扶桑集』，GR 第 8 巻，文筆部。

紀宗長「釋奠供物圖」，NKSS 第 8 巻，131—133 頁，水野忠央編『丹鶴叢書』巻 3，1847—1853 年，NDLno.841-30-64。

跡部佳子「徳川義直家臣団形成についての考察（七）」，『金鯱叢書』（第九輯，1982 年 3 月），355—396 頁。

加藤弘之「孔子を崇拝する理由」，孔子祭典会編『諸名家孔子觀』，22—31 頁。

加藤仁平『日本教育思想史の研究第一巻、和魂洋才説』，培風館，1926 年。

加藤仁平『伊藤仁斎の学問と教育』，第一書房，1979 年。

加田哲二『明治初期社会経済思想史』，岩波書店，1945 年。

菅原道真『菅家文藻・菅家後集』，川口久雄編，NKBT 第 72 巻。

菅原道真（伝）『菅家遺誡』，大曽根章介編，NST 第 8 巻。

姜沆『看羊録』，鈴木博訳『日本庶民生活史料集成』第二十七巻，『三国交流誌』，三一書房，1985 年。

皆川美恵子『頼静子の主婦生活——《梅颸日記》にみる儒教家庭』，雲母書房，1997 年。

今井弘済，安積澹泊『朱舜水先生行實』，『朱舜水集』，612—624 頁。

今中寛司、奈良本辰也編『荻生徂徠全集』6 巻，河出書房，1973—1978 年。

近藤春雄「我國に於ける釋奠に就いて」，『大東文化』8 号（1934 年），122—133 頁。

近藤磐雄『加賀松雲公』3 巻，羽野知顕出版，1909 年。

井上哲次郎『教育勅語』2 巻，敬業社，1890 年。

井上哲次郎「孔子の人格に就いて」（孔子祭典會講演），井上哲次郎『日本朱子学派之哲学』付録 4，702—743 頁。

井上哲次郎『日本陽明學派之哲学』，富山房，1926 年。

井上哲次郎『日本朱子學派之哲学』，富山房，1924 年。

井上哲次郎「儒教の長所短所」（哲學會講演），井上哲次郎『日本朱子学派の哲学』付録 5，745—807 頁。

九条兼實『玉葉』3 巻，KKS。

久木幸男『大学寮と古代儒教』，サイマル出版会，1968 年。

橘成季『古今著聞集』，長積安明、島田勇雄編，NKBT 第 84 巻。

孔子祭典会編『朝鮮京城文廟釋奠誌』，孔子祭典会，1919 年。

孔子祭典会編『諸名家孔子觀』，博文館，1910 年。

堀勇雄『林羅山』，吉川弘文館，1963 年。

李月珊「近世初期林家塾の釈菜礼と聖人の道」，『文藝研究』10 号（2015 年）。

李月珊「近世後期の教育現場における祭祀儀礼——津藩有造館の釈奠をめぐる議論と実践」，『日本思想史学』48 号（2016 年 9 月），155—172 頁。

李月珊『近世日本における孔子祭礼の研究——釈奠・釈菜をめぐる「道」と「礼」』，東北大学文学研究科博士論文，2016 年。

李月珊「近世日本の釈奠をめぐる思想の一実態——浅見絅斎を例として」，『日本思想史研究』45（2013 年 3 月），19—37 頁。

李月珊「寛政期昌平坂学問所の釈奠改革と〈礼〉の問題——教育世界の敬神と秩序」，『日本思想史研究』47 号（2015 年 3 月），37—56 頁。

笠井助治『近世藩校に於ける学統学派の研究』2 冊，吉川弘文館，1969—1970 年。

笠井助治『近世藩校の綜合的研究』，吉川弘文館，1960 年。

林鵞峰『鵞峰林學士文集』，KJBS 第 12 巻。

林鵞峰『庚戌釋菜記』（抄本），内閣文庫蔵，請求番号 19043-218。

林鵞峰『國史館日録』2 巻，付録巻，林鵞峰『本朝通鑑』，KKS，16—17 頁。

林鳳谷『聖堂事實紀』（1757），NKSS 第 7 巻，240—244 頁。

林陸郎『長岡平安京と郊祀円丘』，『古代文化』26 号（1974 年 3 月），11—22 頁。

林羅山『林羅山文集』，京都史蹟會編，光文社，1930 年。

鈴木三八男『昌平黌物語』，斯文会，1973 年。

鈴木三八男『日本の孔子廟と孔子像』，斯文会，1974 年。

鈴木三八男『聖堂物語』，斯文会，1989 年。

鈴暎一『徳川光圀』，吉川弘文館，2006 年。

鈴暎一『水戸藩学問・教育史の研究』，吉川弘文館，1987 年。

霊元天皇「聖像之御畫並御賛」，毎日新聞社『皇室の至宝・東山御文庫御物』，
　巻 3，毎日新聞社，1999 年。

梅渓昇『大坂学問史の周辺』，思文閣，1991 年。

弥永貞三「古代の釈奠について」，『続日本古代史論集』3，坂太郎博士古希記念
　会編，355—467 頁，吉川弘文館，1972 年。

米田雄介「朝儀の再興」，辻達也編『天皇と将軍』，155—167 頁。

名古屋時正『水戸学の研究』，神道史学会，1975 年。

名古屋市教育委員会編『校訂復刻名古屋叢書』1，名古屋市教育委員会，
　1982 年。

名古屋市役所『名古屋市史・政治編第一』，名古屋市役所，1915 年。

南摩綱紀「書生時代の修學状態」，孔子祭典会編『諸名家孔子觀』，1—21 頁。

内田周平「望楠軒諸子の學風」，伝記學會編『増補山崎闇斎と其門流』，196—
　221 頁，明治書房，1943 年。

平井澹所『公事私事』，橋本昭彦「官学移行期の林家塾昌平黌に関する史料」。

平田篤胤「玉襷」，『新修平田篤胤全集』巻 6，名著出版，1977 年。

浅見絅斎『批釋奠策』，KJBS 第 2 巻，90—91 頁。

橋本義彦『藤原頼長』，吉川弘文館，1964 年。

橋本昭彦編『昌平坂学問所日記』3 巻，斯文会，年不明。

橋本昭彦「官学移行期の林家塾昌平黌に関する史料——寛政八年『公事私記』翻
　刻ならびに解題」，幕末維新期漢学塾研究会編『幕末維新期における漢学塾の
　総合研究』第 3，135—169 頁，佐賀市，1999 年。

橋本昭彦「江戸時代の評価における開発論と統制論——武士階級の試験制度を中
　心に」，『国立教育政策研究所紀要』第 134 集，11—30 頁。

秦蕙田《五礼通考》266 巻，SKQS。

清原夏野『令義解』，KT 第 22 巻。

犬塚印南『昌平志』，NKB 學校篇。

仁井田陞『唐令拾遺』，1933 年；再版，東京大学出版会，1964 年。

日本史広辞典委員会編『日本史広辞典』，山川出版社，1997 年。

日野龍夫「延宝前後の江戸詩壇――『荘子』受容をめぐって」，『日本文学』25，第 9 号（1976 年 6 月），58—71 頁。

三条西實隆『實隆公記』12 巻，ZGR。

三宅和朗「日本古代の大儺儀の成立」，『日本歴史』522（1991 年 11 月），1—17 頁。

桑原朝子『平安朝の漢詩と法：文人貴族の貴族制構想の成立と挫折』，東京大学出版会，2005 年。

澁澤榮一『樂翁公傳』，岩波書店，1937 年。

山本邦彦『日本儒學年表』，斯文会，1922 年。

山本邦彦「斯文學會時代の回顧」27 篇，『斯文』（8）4—9 号（1926 年）；『斯文』（9）1—10 号（1927 年）；『斯文』（10）1—10 号（1928 年）；『斯文』（11）1 号（1929 年）。

山本泰一「尾張徳川家初代義直の儒学尊崇とその遺品について」，『金鯱叢書』23 号（1996 年 3 月），137—163 頁。

山鹿素行「年譜」，『山鹿素行全集』巻 1，絵広瀬豊編，岩波書店，1940 年。

山崎闇斎『大和小學』，NKB 教科書篇。

上田正昭「殺牛馬信仰の考察」，上田正昭編『神々の祭祀と伝承・松崎健教授古希記念論文集』，19—34 頁，同朋舎，1993 年。

上田重圭（序文）『上丁祭儀私式』2 巻，写本，龍野文庫蔵。

辻達也編『天皇と将軍』，『日本の近世』巻 2，中央公論者，1991 年。

辻達也「朝幕体制の変質と朝幕関係」，辻達也編『天皇と将軍』，203—250 頁。

辻善之助編『歴代詔勅謹釋』，目黒書店，1944 年。

辻善之助『江戸時代』上，『日本文化史』巻 5，春秋社，1950 年。

辻善之助『歴代詔勅集』，目黒書店，1938 年。

石川謙「昌平坂学問所の発達過程とその様式」，『お茶の水女子大学人文科学紀要』第 7 号（1955 年 10 月），1—46 頁。

石田一郎『伊藤仁斎』，吉川弘文館，1960 年。

石原道博『朱舜水』，吉川弘文館，1961 年。

矢沢利彦「孔子崇拝儀礼（釈奠）について」，『思想』792 号（1990 年 6 月），70—86 頁。

室鳩巣『兼山麗沢秘策』，NKT 第 6 巻。

室鳩巣『鳩巣小説』，『続史籍集覧』6，1930 年；再版，臨川書店，1985 年。

狩野直喜『読書纂餘』，みすず書房，1980 年。

滝川昌楽『尺五堂恭儉先生行荘』（序文 1669 年），徳田武編『尺五堂先生全集』，KJBS 第 11 巻。

水口拓寿『孔子廟の礼楽に投影される「中華」と「本土」——台北市孔廟の弘道祠入祀典礼と春季祭孔をめぐって』，鈴木正崇編『東アジアにおける宗教文化の再構築』，389—418 頁，風響社，2010 年。

水口拓寿「〈尼父〉と〈大神宮〉——『古今著聞集』神祇編十二話の一解釈」，小島毅編『中世日本の王権と禅，宋学』，137—166 頁，汲古書院，2018 年。

松平定信「大學經文講義」，松平定信『樂翁公遺書』第 3 巻。

松平定信『燈前漫筆』，『樂翁公遺書』第 1 巻。

松平定信『花月草子』，西尾実、松平定光編，岩波書店，1939 年。

松平定信『樂翁公遺書』，江間政発編，3 巻，八尾書店，1893 年。

松平定信「立教館令條」，NKSS 第 1 巻，90—91 頁。

松平定信「立教館之定」，廣瀬蒙齋『雨林源公傳』付録（写本），内閣文庫蔵，請求番号：和 35832。

松平定信『説得秘書』（写本，1790 年十二月），岡鼎編『耕獵録』，国立国会図書館，請求番号：142-128。

松平定信『修身録』，『樂翁公遺書』第 1 巻。

松平定信「政語」，松平定信『樂翁公遺書』第 1 巻。

松永昌琳『尺五堂恭儉先生行狀』，徳田武編『尺五堂恭儉先生全集』，5—7 頁，KJBS 第 11 巻。

松永尺五『尺五先生全集』，ZZGR 第 13 巻。

松永尺五『釋奠儀例』（写本），内閣文庫，請求番号：19044-218-9。

速水房常『公事根源愚考』，SZKS 第 23 巻。

所功『宮廷儀式書成立史の再検討』，国書刊行会，2001 年。

所功「後桜町女帝の書写伝授された仮名論語」，『京都産業大学日本文化研究所紀要』19 号（2014 年 3 月），18—61 頁。

所功『平安朝儀式書成立史の研究』，国書刊行会，1985 年。

所功『三善清行』，吉川弘文館，1970 年。

湯島聖堂の復興，http：//blog. livedoor. jp/narabamasaru-ekigaku（accessed April 25，2015）。

湯浅邦弘『懐徳堂研究』，思文閣，2007 年。

特別史跡旧閑谷学校顕彰保存会「全国孔廟・釈奠（釈菜）等に関する調査結果」，『閑谷学校研究』6 号（2002 年 6 月），171—175 頁。

藤田東湖『常陸帯』，橋川文三編『日本の名 29：藤田東湖』，中央公論社，1974 年。

藤田覚『国政に対する朝廷の存在』，辻達也編『天皇と将軍』，307—358 頁。

藤田覚『近世政治史と天皇』，吉川弘文館，1999 年。

藤田覚『幕末の天皇』，講談社，1994 年。

藤原安辰『大成殿上梁の私記』（1799 年），KSS 第 17 巻。

藤原定家『釋奠次第』，GR 第 7 巻，公事部。

藤原敦光『柿本影供記』，GR 第 16 巻，和歌部。

藤原公任『北山抄』，ZKS 第 4 巻。

藤原季綱『本朝續文粋』，KT 第 29 巻下。

藤原頼長『臺記』，ZST 第 23—25 巻。

藤原明衡『本朝文粋』，KT 第 29 巻下。

藤原通憲『本朝世紀』，KT 第 9 巻。

藤原惺窩『惺窩先生倭謌集』，ZZGR 第 14 巻。

藤原宗忠『中右記』，ST 第 5 巻。

田内親輔『御行狀記料』（序文 1835 年），『日本偉人言行資料 17』，国史研究会，1916 年。

田原嗣郎『徂徠学の世界』，東京大学出版会，1991 年。

田中義成「我が國に於ける釋奠に就て」，『斯文』（1）第 6 号（1919 年 12 月），44—49 頁。

田中重太郎『枕草子全注釈』5 巻，角川書店，1972—1995 年。

土田直鎮「上卿について」，坂太郎博士還暦記念会編『日本古代史論集』2，565—578 頁，吉川弘文館，1962 年。

汪楫『册封琉球使録』，原田禹雄訳注，榕樹書林，1997 年。

惟宗允亮『政治要略』，KT 第 28 巻。

尾藤二洲「序」，犬塚印南『昌平志』，18—19 頁。

尾藤二洲『自誌銘』，NKSS 第 7 巻，581 頁。

尾藤正英「国家主義の祖型としての徂徠」，尾藤正英『日本の名著 16：荻生徂徠』，7—61 頁，中央公論社，1974 年。

尾藤正英『日本封建思想史研究』，青木書店，1961 年。

尾藤正英「正名論と名分論——南朝正統論の思想的性格をめぐって」，家長三郎教授東京大学退官記念論集刊行委員会『家長三郎教授東京大学退官記念論集：近代日本の国家と思想』第 2 冊，2—22 頁，三省堂，1979 年。

吾妻重二「池田光政と儒教喪祭儀礼」，HABKK 第 1 号（2008 年），80—104 頁。

吾妻重二「日本における『家礼』の受容——林鵞峰『泣血余滴』・『祭奠私儀』を中心に」，HABKK 第 3 号（2010 年），17—40 頁。

吾妻重二「水戸徳川家の儒教儀礼——祭礼を中心に」，『アジア文化交渉研究』第 3 号（2008 年），219—245 頁。

吾妻重二「朱熹の釈奠儀礼改革について——東アジアの視点へ」，HABKK 第 4 号（2011 年），3—10 頁。

五弓久文『松平定信行実』（1874 年），五弓豊太郎（久文）、五弓友太郎編『事實文編』巻 3，202—225 頁。

五弓豊太郎（久文）、五弓友太郎編『事實文編』5 巻，KKS。

西村天囚『日本宋學史』，梁江堂書店，1909 年。

西山松之助編『湯島聖堂と江戸時代』，斯文会，2001 年。

相良亨『近世日本における儒教運動の系譜』，理想社，1965 年。

小高敏郎『新訂松永貞徳の研究』，臨川書店，1988 年。

小野寺節子「釈奠儀礼と雅楽——現在の足利学校釈奠を中心に」，HAHBK 第 13 号（2014 年），86—99 頁。

小野泰博「釈奠をめぐって——学神祭と簠簋の意味」，岩倉規夫、大久保利謙編『近代文書学への展開』，318—331 頁，柏書房，1982 年。

新編弘前市史編纂委員会編『新編弘前市史、通史編 3（近世 2）』，弘前市企画部企画課，2003 年。

新井白石「鬼神論」，『新井白石全集』第 6 巻。

日本的孔子崇拜

新井白石「祭祀考」，『新井白石全集』第 6 巻。

新井白石「聖像考」，『新井白石全集』第 6 巻。

新井白石『新井白石全集』6 巻，KKS。

新井白石『新井白石日記』，史料編纂所編集，2 巻，『大日本古記録』，岩波書店，1953 年。

熊沢蕃山『集義和書』，『増訂蕃山全集』巻 1。

熊沢蕃山『集義外書』，『増訂蕃山全集』巻 2。

熊沢蕃山『源語外傳』，『増訂蕃山全集』巻 2。

熊沢蕃山『増訂蕃山全集』7 巻，谷口澄夫、宮崎道夫編集，名著出版，1978 年。

須藤敏夫『近世日本釈奠の研究』，思文閣，2001 年。

徐葆光『完譯中山傳信録』，原田禹雄訳，言叢社，1982 年。

学習院百年史編纂委員会『学習院百年史・第一編』，学習院，1981 年。

鴨秀文「安政六年須静書屋釋奠次第」（写本），京都大学図書館蔵。

延慶『武智麿傳』，GR 第 5 巻，伝部。

一条兼良『公事根源』，SKS 第 5 巻。

伊藤弘允『家訓大略』，加藤仁平編『伊藤仁斎の学問と教育』，874—887 頁。

伊藤たまき「『聖堂之画図』の跋文」，筑波大学大学院日本美術史研究室編『孔子祭復活百周年記念事業—草創期の湯島聖堂—よみがえる江戸の「学習」空間』，112—113 頁。

伊藤たまき「湯島聖堂の孔子像」，筑波大学大学院日本美術史研究室編『孔子祭復活百周年記念事業—草創期の湯島聖堂—よみがえる江戸の「学習」空間』，42—53 頁。

俣野太郎『松永尺五』，猪口篤志、俣野太郎編『藤原惺窩、松永尺五』，SNS 第 1 巻，157—279 頁。

原徳斎『先哲像伝』4 巻，河内屋茂兵衛，1844 年。

原念斎『先哲叢談』，源了圓、前田勉編『東洋文庫』巻 574，平凡社，1994 年。

源高明『西宮記』2 巻，SZKS 第 6—7 巻。

源了圓，玉懸博之編『国家と宗教』，思文閣出版，1992 年。

曽我部静雄「日唐の郷飲酒の礼と貴族政治」，曽我部静雄『律令を中心とした日中関係の研究』，564—583 頁（第 7 章第 3 節），吉川弘文館，1968 年。

真壁仁『徳川後期の学問と政治──昌平坂学問所儒者と幕末外交変容』，名古屋大学出版会，2007 年。

真壁仁「神の宿るところ──徳川後期の釈奠における迎送神と神像」，『学士会会報』915 号（2015 年），53─62 頁。

鄭麟趾「朝鮮京城文廟釋奠儀次第」，孔子祭典会編『朝鮮京城文廟釋奠誌』，朝鮮総督府『釋奠，祈雨，安宅』（1938 年序文），国書刊行会，1972 年（再版）。

鄭麟趾『高麗史』3 巻，KKS。

志方正和「菊池氏の孔子堂について」，小山鷹二編『九州古代中世史論集』，195─227 頁，志方正和遺稿集刊行会，1967 年。

中村久四郎「孔子祭典會沿革略」，孔子祭典会編『諸名家孔子観』「付録」，1─20 頁。

中村玲「湯島聖堂と日本初の文部省博覧会」，筑波大学大学院日本美術史研究室編『孔子祭復活百周年記念事業─草創期の湯島聖堂─よみがえる江戸の「学習」空間』，122─125 頁。

中村惕斎「肥州佐嘉武富氏孔子祠記」，柴田篤、辺土名朝邦編『中村惕斎・室鳩巣』，279─280 頁，SNS 第 11 巻。

中村惕斎『聖像章服考議』，写本，九州大学図書館碩水文庫蔵，請求番号：テ13。

中村惕斎『釋菜儀節考並序』，写本，日本国立国会図書館蔵，『明遠館叢書』巻22，請求番号：33-9-63。

中谷雲漢『釋奠考』，NKSS 第 6 巻，1─2 頁。

中泉哲俊『日本近世学校論の研究』，風間書房，1976 年。

中野昌代「唐代の釈奠について」，『史窓』8（2001 年），197─208 頁。

塚本学『徳川綱吉』，吉川弘文館，1998 年。

塚越義幸「俳諧に見える釈奠（釈菜）──其角句〈聖堂にこまぬく蝶の袂哉〉をめぐって」，HAHBK 第 13 号（2014 年），60─71 頁。

朱全安「弘文院学士号取得にみる林家の大望──幕府文教施策との関連性の視点から」，『千葉商大紀要』（50）第 1 号（2012 年 9 月），21─35 頁。

朱舜水「祭前一日省牲圖」（写），彰考館蔵，番号：MS04998。

朱舜水『釋奠習禮儀』（副タイトル：朱舜水指授），和綴じ本一冊，彰考館，番

号：MS04985，延宝元癸丑年之冬（1673 年）。

朱舜水『釋奠儀註・全』（副タイトル：朱舜水指授），和綴じ本一冊，彰考館，
　　番号：MS04986。

朱舜水「望瘞行路圖圓揖附」（写），彰考館蔵，番号：MS04989。

朱熹、呂祖謙編『近思録』，中村惕斎訳注，SIKKZ。

朱熹（伝）『家礼』，浅見安正（絅斎）編，3 巻，1675 年；木版再版，秋田屋平左衛門，
　　1792 年。

諸橋徹次『大漢和辞典』13 巻，大修館書店，1955 年。

諸橋徹次「寛政異學の禁」，福島甲子三編『近世日本の儒学』，157—178 頁。

筑波大学大学院情報デザイン研究室「湯島聖堂大成殿内陣空間の在現」，筑波大
　　学大学院日本美術史研究室『孔子祭復活百周年記念事業—草創期の湯島聖堂—
　　よみがえる江戸の「学習」空間』，130—135 頁。

筑波大学日本画研究室「復元大成殿内陣壁画」，筑波大学大学院日本美術史研究
　　室『孔子祭復活百周年記念事業—草創期の湯島聖堂—よみがえる江戸の「学
　　習」空間』，56—83 頁。

紫式部『源氏物語』，山岸徳平編，5 巻，NKBT 第 12—17 巻。

佐賀市史編纂委員会『佐賀市史』（第二冊，近世編），佐賀市，1977 年。

佐々木孝浩「六条顕季邸初度人麿影供考」，『国文学研究資料館紀要』21 号
　　（1996 年 3 月），75—106 頁。

佐々木源六、山県周南『本朝釋奠考』，NKSS 第 6 巻，116 頁。

佐藤文四郎「朝鮮に於ける孔子祭に就きて（二）」，『斯文』（15）8 号（1933
　　年），41—47 頁。

佐藤文四郎「朝鮮に於ける孔子祭に就きて（三）」，『斯文』（15）9 号（1933
　　年），48—54 頁。

佐藤文四郎「朝鮮に於ける孔子祭に就きて（一）」，『斯文』（15）7 号（1933
　　年），19—22 頁。

佐藤一斎「嚴師述齋林公墓碑銘並序」，五弓豊太郎、五弓友太郎編『事實文編』
　　巻 3，288—292 頁。

佐竹朋子「学習院学問所設立の歴史的意義位」，『京都女子大学大学院文学研究
　　科紀要』（史学編）2 号（2003 年），57—86 頁。

其他文献

Biot, Feu Édouard, trans. *Le Tcheou-li*, *ou Rites des Tcheou*. 3 vols. Paris：Imprimerie
　　Nationale, 1851. Reprint. Taibei：Ch'eng Wen Publishing Co, 1969.

吳士連（Ngô Sĩ Liên）『大越史記全書』（Đại Việt sửký toàn thư）3 卷,東京大学東洋文
　　化研究所附属東洋学文献センター委員会,1984—1986 年。

Khâm định Đại Nam hội điển sự lệ 欽定大越南會典事例. Fonds vietnamien, A-54, no.
　　179；microfilm；Ecole française d'Extrême-Orient.

Pak Yongdae 朴容大. *Chǔngbo munhǒn pigo*, *ha hakkyogo* 增補文獻備考,下學校考.
　　Vol. 3. Seoul：Tong'guk Munhwasa, 1957.

Sin Sukchu 申叔舟. Kukcho orye sǒrye 國朝五禮序例（1474）. Reprint. Hansǒng：
　　Minch'ang Munhwasa, 1994.

Sǒnggyun'gwan 成均館 Publishing Dept. Chosǒn Sǒnggyun'gwan 朝鮮朝成均館. Seoul：
　　Sǒnggyun'gwan Publishing, 1999.

Trần-Hàm-Tấn. "Étude sur le Văn Miếu de Hà Nội（Temple de la Littérature）." *Bulletin
　　de l'École Français d'Éxtreme-Orient* 45（1951）：89-117.

译 后 记

非常荣幸能翻译这本书,同时也有些惶恐。我未曾从学于麦振斯老师,但对其像恩师一样崇敬。在读硕期间,我曾读到麦振斯老师关于日本德川时期释奠的研究论文,感到十分新奇。当时我将论文的每句话进行了反复研读,并将 60 多个脚注中涉及的所有日本文献进行了查找、复印,这成了我课题研究的起点。

后来我在日本攻读博士学位,延续了对日本释奠的研究。读博期间,有幸与麦振斯老师取得了邮件联系,并与当时的日本导师等人合作,将麦振斯老师关于宽政期释奠的英文论文翻译成了日文,刊登在了日本学术杂志上。2014 年,麦振斯老师赴日本东北大学及国士馆大学举办讲座,我有幸担任评议人,得以当面请教。令我非常感动的是,当时已 75 岁高龄的麦振斯老师在赴日之前不慎摔伤,却强忍腿脚疼痛完成了日本之行。讲座之外,麦振斯老师还亲赴日本多个史料馆展开文献调查。他对学问研究的无比执着与巨大热情令我感到震惊与惭愧。麦振斯老师亦十分谦虚,完全没有作为名校资深学者的架子,待人亲切。当时他表示准备出版书籍,我认为那将是一部集大成的作品,对于推进日本释奠研究具有重要意义。

自此,我密切关注麦振斯老师的研究进展及书籍出版事项,并提出要将书籍翻译成中文。2020 年初该书终于问世,麦振斯老师第一时间将样书寄了过来,我激动不已,立刻开始研读。翻译该书的初心,其实是源自我的一种想法:只有将英文翻译成母语,我才能最好地理解书中所讲的内容,才能无遗漏地掌握书中引用的所有史料与文献。当然,能够将该书介绍给更多的中国学者与读者,也是我的强烈愿望及工作价值所在。当时有幸得到了山东大学哲学与社会发展学院"人文东亚研究"丛书项目的支持,由中西书局协商了版权事宜。我感到责任重大,不敢懈怠,全身心地投入该书的翻译中。

翻译过程经历了两年的时间,对初稿进行了五次审修。其间有幸邀请了十余位英语专业研究生进行了各章的校对,多位英语专业教师参与指导。麦振斯老师亦慷慨地为我寄送史料,解答相关疑惑,使我受益匪浅。我经常在凌晨三四点钟时悄悄起床,在键盘的敲击声中迎来天边的曙光。事后回想,虽似有些辛苦,但收获的却是内心的满足与充实。同时又颇感惭愧,虽已尽最大努力试图准确传达原文的观点与内容,但仍不可避免地存在疏忽与纰漏之处,真诚地希望本书出版后能得到各位专家、读者的批评、指正。另外,我未能对原著的网上在线附录进行翻译,不过附录是网上公开的,感兴趣的读者可以自行查阅。

日本的孔子崇拜是一个非常有趣的课题,它涉及政治、思想、宗教、文学、艺术等诸多方面,并能为中日政治及社会的对比提供新的视角。麦振斯老师在书中提出的贤能政治与寡头政治问题、孔子崇祀与科举考试制度的协同作用问题、先赋性与平等性的问题、"可视化儒教"的问题等都值得广泛探讨与深入研究。在日本,孔子成为学问之神,但没有像在中国那样成为官僚之神,其背后原因及日本人的矛盾心理反映了中日政治社会秩序的差异。不过,就像书中所说,日本释奠的历史并不是一个失败的故事。与政治色彩相比,日本释奠体现出更多的文化色彩,它将儒教的政治观、社会观、世界观进行神圣化的同时,通过与教育的联系,培养和展示了儒教所要求的文化技能("游艺")。当今日本多地每年仍在举行释奠仪式,仪式几经兴衰,在新的时代不断地被赋予新的意义。这是一个值得持续关注与深入挖掘的课题,今后我将继续这一研究,并期待学界就此展开更多的讨论。

衷心感谢山东大学人文东亚研究中心的支持,感谢牛建科、李海涛、邢永凤等编委老师的帮助。感谢申鹏丽、赵霄彤、杨嘉怡、郭聪、李沁怡、孙昌勇等山东大学英语系同学的仔细校对,感谢肖迪、刘真、冯伟等山东大学英语系同事提供的协助。感谢程永超、范帅帅、李春晓等日本东北大学的老师与同学在史料查阅及插图版权事宜上提供的协助。感谢中西书局各位编辑老师的认真校对与辛勤付出。最后,感谢家人们为我提供的长期支持,尤其是为本书改正中文语法错误并对本书"翻译腔"感到不满的父亲,我会牢记教诲,不断鞭策自己取得进步。

李月珊
于山东济南

图书在版编目（CIP）数据

日本的孔子崇拜／（英）麦振斯著；李月珊译.
上海：中西书局，2025. -- （人文东亚研究丛书）.
ISBN 978-7-5475-2349-0

Ⅰ.B222.05；B313

中国国家版本馆 CIP 数据核字第 202454DA44 号

版权合同登记号：图字 09-2020-440 号

THE WORSHIP OF CONFUCIUS IN JAPAN by James McMullen
Copyright © 2020 by the President and Fellows of Harvard College
Published by arrangement with Harvard University Asia Center
Simplified Chinese translation copyright © 2025
by Shanghai Zhongxi Book Company
ALL RIGHTS RESERVED

日本的孔子崇拜

［英］麦振斯　著　李月珊　译

责任编辑	徐　衍	
装帧设计	梁业礼	
责任印制	朱人杰	
出版发行	上海世纪出版集团	
	®中西書局（www.zxpress.com.cn）	
地　　址	上海市闵行区号景路 159 弄 B 座（邮政编码： 201101）	
印　　刷	上海商务联西印刷有限公司	
开　　本	700 毫米×1000 毫米　1/16	
印　　张	29.5	
字　　数	410 000	
版　　次	2025 年 3 月第 1 版　2025 年 3 月第 1 次印刷	
书　　号	ISBN 978-7-5475-2349-0/B·145	
定　　价	128.00 元	

本书如有质量问题，请与承印厂联系。电话： 021-56044193